전통사회의
사회질서와 경제발전

17~19세기 일본과 중국

이 책은 동아시아 역사연구소 총서 2권입니다.

先人

전통사회의 사회질서와 경제발전
- 17~19세기 일본과 중국 -

초판 1쇄 발행 2007년 12월 31일

저 자 ‖ 구태훈 · 박기수
펴낸이 ‖ 윤관백
편 집 ‖ 전돈효
표 지 ‖ 전돈효
교정 · 교열 ‖ 김은혜 · 이수정
펴낸곳 ‖ 선인
인 쇄 ‖ 한성인쇄
제 본 ‖ 광신제책
등 록 ‖ 제5-77호(1998. 11. 4)
주 소 ‖ 서울시 마포구 마포동 324-1 곶마루B/D 1층
전 화 ‖ 02)718-6252
팩 스 ‖ 02)718-6253
E-mail ‖ sunin72@chol.com

정가 ‖ 21,000원
ISBN 978-89-5933-104-8 93900

전통사회의 사회질서와 경제발전

17~19세기 일본과 중국

_ 구태훈 · 박기수 _

서문

2006년부터 시작된 성균관대학교 사학과 BK21사업단(한·중·일역사분쟁연구전문인력양성사업단)에서는 '한·중·일 역사분쟁' 문제에 대한 체계적 연구를 추진하기 위한 기초적 단계로 우선 전근대 동아시아의 정치, 사회, 경제 상황 전반을 개괄적으로 검토하고자 하였다. 이러한 장기적 연구기획 아래 이루어진 공동저술 작업 성과 중의 하나가 바로 이 책이다. 여기에 실린 글들은 동아시아의 일각을 이루는 일본과 중국을 연구대상으로 삼아 오랫동안 연구해온 필자들이 성대 사학과 BK21사업과 관련된 주제로 기왕에 발표한 논문들을 모아 새롭게 정리한 것이다. 필자 두 사람은 이 책의 간행을 계기로 전근대 동아시아사에 대한 연구방법과 관점을 새로이 정립하고, 앞으로 거시적인 시각에서 동아시아 역사상 수립이라는 문제에 도전해 가는 의미 있는 출발을 하려고 한다.

본 서의 1부는 일본의 사회질서라는 커다란 그림 아래 연구를 진행해 온 구태훈 교수가 기왕에 발표한 5편의 논문을 모아 유기적인 재구성을 시도한 것이다.

제1장은 일본근세사회의 성립과 봉건질서의 재편에 관한 문제를 고찰한 것이다. 도쿠가와 이에야스(德川家康)는 전국(戰國) 시대=하극상의 시대에 종지부를 찍고 평화 시대의 기틀을 마련한 인물이다. 이러한 역사적 역할을 담당한 이에야스가 어떤 사상에 근거하고 있었는지 구체적으로 살펴보았다. 그는 사회질서와 민중의 일상성을 회복하려고 의도하였고, 절대적인 법적 권위를 확립하려고 하였다고 평가할 수 있다.

제2장은 에도막부(江戸幕府)의 帶刀統制와 帶刀政策의 전환을 통하여 에도막부가 지향한 신분질서의 구체상을 검출하려고 하였다. 일본사에서 17세기 중기는 무단통치에서 문치정치로 전환한 시기였다. 즉 무가사회가 질적으로 변환한 사회였다. 그 전환 과정을 대도를 소재로 하여 구체적으로

살펴보았다. 그 결과 에도 막부는 신분질서의 일환으로 대도 정책을 실시하였다고 결론지을 수 있었다. 이에 따라 서민의 대도는 금지되었음은 물론, 무사의 실업자인 로닌(牢人)도 통제의 대상이 되었음을 밝힐 수 있었다.

제3장은 직역(職役)의 관점에서, 사농공상의 질서에서 돌출한 '중간적' 존재의 존재 형태를 살펴본 것이다. 조선의 '중간적' 존재는 중인이었고, 일본의 그것은 로닌, 고시(鄕士), 무가봉공인 등이었다. 중인의 존재형태는 일본의 '중간적' 존재와 비교하기 위하여 제시하였다. 일본의 '중간적' 존재를 권력이 어떻게 파악하고 있는가에 초점을 맞추어 살펴보았다.

제4장은 에도시대 무가사회의 신분과 형식을 논하였다. 에도 시대는 철저한 격식과 형식의 사회였다. 격식과 형식은 신분질서의 구체적인 표현이었다. 신분질서에 상응하는 격식과 형식이 당연한 질서로 수용되었다. 그 실태를 무사의 작법과 법령을 통하여 살펴보았다.

제5장에서는 에도시대의 무사와 직분론에 대해 살피고자 하였다. 무사는 전투원이었다. 에도 시대는 일본 역사상 전례가 없는 긴 평화시대였다. 평화의 도래는 무사에게 어떤 의미가 있었을까? 일본 무사는 평화 시대에도 자신들의 존재가치를 증명해 보이지 않으면 안 되었다. 그래서 무사가 '무'의 가치와 직분을 어떻게 인식하고, 또 설명하고 있는지에 대하여 살펴보았다.

이상의 5편의 논문들은 일본 근세의 사회질서와 신분질서라는 코드를 통해 근대로 전환되기 이전 일본사회의 속살을 헤집어 보려고 한 것이다. 일본이 근대사회로 나아가는 도정에서 어떤 근세적 특질이 있었고 그것이 어떠한 과정을 통해 근대로 성숙되어 갔는지 비밀의 열쇠가 근세사회 자체 내에 있었기 때문에 근세사회에 대한 심층적 연구가 요청되었던 것이다.

서문

본 서의 2부는 중국의 경제발전을 강남에서 찾으려 했던 종래의 연구경향과 달리, 유일한 대외무역창구가 있었던 광동을 대상으로 하여 재평가하려는 노력을 기울여 온 박기수 교수의 논문 5편을 모아 재구성한 것이다.

제1장은 최근 중국의 명청시대 사회경제사 분야에서는 지역사 연구가 하나의 유행을 이루어 놀랄만한 연구성과가 축적되고 있는데, 그러한 상황을 조감하기 위하여 淸代 광동지역을 중심으로 지역사 연구상황을 개괄하고자 한 것이다. 이를 위해 지역사의 개념과 중국의 지역구분을 설명하였고, 청대 광동지역 경제사를 대외무역사, 생산부문, 유통부문으로 나누어 서술하였으며, 아울러 지역사 연구의 전망과 과제를 피력하였다. 이를 통해 청대 광동지역은 대외무역의 발전에 따라 수공업 생산의 증대와 상업 유통의 번성을 통해 지역경제가 날로 발전하였음을 연구사적으로 확인할 수 있었다.

제2장은 청대 후반 廣東 廣州府에서 여타 지역에 비교할 수 없을 정도로 농촌시장 墟市가 놀랍도록 증가하였던 사실에 주목하여, 이러한 상황을 초래한 이유와 결과를 규명하고자 한 것이다. 허시의 급증은 주로 특정 상품 한 가지만을 거래하는 전문시장의 설립과 발전에 기인한 것이었고, 전문시장의 발전은 바로 珠江三角洲에서 과수재배, 양잠업 등 경제작물 재배가 성황을 이룬 데서 비롯하였던 것이다. 특히 양잠업의 성황은 1870년대 근대적 제사공장에 원료를 제공하기 위한 것이었고, 근대적 제사공장의 설립은 중국생사에 대한 국제적 수요(즉 수출)에 기인한 것이었음을 밝혔다.

제3장은 청대 광동에서 국가권력과 사회세력이 시기에 따라 어떠한 영향력과 위상을 지니는지 시장의 개설문제를 통하여 고찰하려 한 것이다. 시장(墟市)을 설립한 주체를 地方官, 紳士, 宗族, 그리고 個人과 鄉의 집단

들로 나누어 살펴보았다. 설립 주체를 확인할 수 있는 사례는 모두 125개였는데, 이 중 지방관이 설립한 것은 43개, 신사 18개, 종족 45개, 개인 7개, 鄕 12개였다. 청 康熙年間 지방관에 의한 시장의 개설이 주류를 이루다가 乾隆年間 이후 그 본 장가 신사나 종족으로 바뀐다. 특히 청대 후반 이후 종족이 시장개설의 주요 담당자로 나타났다. 이를 통해 청대 후기로 갈수록 종족세력이 광동지역사회에서 차지하는 위상이 높아지고, 역할은 더욱 강화되었음을 확인할 수 있었다.

제4장은 天下4大鎭, 天下4大聚의 하나로 불린 광동의 佛山鎭의 발전과정을 추적하려 한 것이다. 명청시기 불산진은 철기 제조업이라는 手工業의 發展을 기초로 하고 여기에 水路交通의 便利라는 요인에 힘입어 상업이 크게 발전하였다. 특히 바로 이웃한 廣州가 청대 유일한 대외무역항이었으므로 對外貿易에 의해 그 발전이 극대화될 수 있었다. 이러한 불산진의 수공업과 상업의 발달은 불산진의 인구를 증가시키고 도시규모를 확대시켜 불산진은 중국에 天下四大鎭, 天下四大聚의 하나가 될 수 있었다.

제5장은 불산진의 수공업과 상업의 발전을 이끈 수공업자와 상인의 조직인 行會와 會館에 대해 여러 측면에서 고찰한 글이다. 불산진의 도시구조나 인구에서 수공업도시의 성격이 잘 드러나는 것처럼, 행회나 회관의 종류에서도 철기제조업 관련 행회나 회관이 다수를 이루어 수공업도시로서 발전한 측면을 잘 보여주고 있었다. 수공업 · 상업의 행회나 회관이 아편전쟁 이후 더욱 왕성하게 설립되었다는 사실을 통해 통설과는 달리 아편전쟁 이후에도 도시의 발전이 이루어졌다는 사실을 확인할 수 있었다. 이런 사실은 아편전쟁 이후 서양자본주의 침략하에서도 중국의 수공업과 상업이 일정한 경쟁력을 유지하고 있었음을 반영하는 것이다. 동시에 이에 따라 상인이나 수공업자의 사회적 지위가 제고되고 있었던 것을 확인

할 수 있었다.

이상 광동의 사회경제에 대한 5편의 논문들은 시장과 도시를 코드로 하여 중국의 경제발전이 나아간 방향과 성격을 규명하려 한 것들이었다. 실증적 사료분석에 기초하여, 종래 江南에만 집중되었던 경제사연구를 탈피하고 현재 중국에서도 경제적 선진지역으로 꼽히는 광동지역의 경제발전의 배경과 역사성을 규명하고 있다. 아울러 경제의 주체가 국가권력으로부터 민간의 신사나 종족으로 이동하는 현상을 포착함으로써, 〈전제적 국가권력 중심의 사회로부터 민간 사회집단 위주의 사회로〉라는 가설을 제시해 볼 수도 있을 것이다. 대표적 수공업도시 불산진의 사례는 아편전쟁 이후 광동의 경제가 침체했다는 종래의 정설을 반박하기에 충분한 논리와 증거를 제공해 준다. 이런 점 역시 중국경제발전의 새로운 측면이라 하겠다.

일본 근세의 사회질서에 대한 연구는 근세 일본을 해명하는 열쇠의 하나로서 동아시아 사회 일원인 일본이 여타 국가와 다른 방향의 근대를 걸어 나간 배경을 이해하는 중요한 개념이자 이론이라 생각된다. 중국 전근대 경제발전에 대한 연구는 근대로 이어진 중국사회를 이해하는 열쇠의 하나로서 동아시아 사회의 중심적 지위에 있던 중국이 나아간 방향과 성격을 설명해주는 또 다른 방법론이라 판단된다. 일본과 중국은 근대에 들어서서 본격적으로 해후하고 경쟁하면서 '분쟁'을 경험한다. 양국의 본격적 해후 · 경쟁 · 분쟁 시대 이전의 사회를 탐구함으로써 근대 이후 과정을 조망하는 데 기여할 수 있다고 믿는다.

마지막으로 이 책의 기획에 도움을 준 성균관대학교 동아시아역사연구소와 산학협력 차원에서 출판을 쾌히 승낙한 선인의 윤관백 사장께 감사한다. 특히 실무 작업에서 번거로운 일을 기꺼이 도맡아준 BK21사업단의 임송자 연구교수, 김영수 박사와 교정과 교열에 정성을 다한 선인의 편집진에게 고마운 마음을 전하고 싶다.

2007년 12월

구태훈과 박기수가 삼가 몇 마디 올립니다.

차 례

서문 4

제1부 일본의 사회질서

제1장 일본 근세사회의 성립과 봉건질서의 재편 17

1. 머리말 _ 17
2. 도쿠가와 막부의 성립과 하극상의 부정 _ 18
3. 근세적인 질서관념의 형성 _ 27
4. 맺음말 _ 40

제2장 江戶幕府의 帶刀統制와 帶刀政策의 전환 43

1. 머리말 _ 43
2. 寬文8년(1688) 이전의 帶刀統制 — '異流異形'의 도검 단속에 중점을 둔 통제 _ 45
3. 寬文8년(1688) 이후의 대도통제 — 帶刀人 파악에 중점을 둔 통제 _ 49
4. 帶刀 統制政策이 전환하게 된 정치 · 사회적 배경 _ 54
5. 맺음말 _ 63

제3장 '사'와 '농공상' 사이의 인간존재 — 직역의 관점에서 살펴본 신분의 주변 — 65

1. 머리말 _ 65
2. 조선시대 후기의 중인 _ 67
3. 에도시대의 대도인 _ 75
4. 맺음말 _ 85

제4장 에도시대 무가사회의 신분과 형식 89

1. 머리말 _ 89
2. 형식은 내용의 표현 _ 91
3. 신분에 상응하는 형식 _ 95
4. 다이묘 행렬과 형식 _ 98
5. 치밀하게 다듬어진 형식 사회 _ 100
6. 맺음말 — 신분질서와 형식 — _ 102

차 례

제5장 에도시대의 무사와 직분론 105

1. 머리말 _ 105
2. 전국시대의 무사와 전투 _ 107
3. 평화의 도래와 에도시대의 무사 _ 109
4. 무사의 유민화 현상과 무사 직분의 '究明' _ 115
5. 무(武)의 가치와 직분론 _ 118
6. 맺음말 _ 122

제2부 중국의 경제발전

제1장 최근 中國에서의 明淸時代 地域史硏究
— 淸代 廣東地域 經濟史硏究를 중심으로 — 127

1. 地域史의 槪念과 中國의 地域區分 _ 127
2. 最近 明淸時代 地域史 硏究의 槪況 _ 132
3. 淸代 廣東地域 經濟史 硏究 _ 136
4. 지역사 연구의 전망과 과제 _ 162

제2장 淸代 廣東 廣州府의 經濟作物 栽培와 農村市場의 發展 165

1. 머리말 _ 165
2. 淸代 廣州府 農村市場의 發達 _ 168
3. 廣州府 墟市 流通商品의 分析 _ 174
4. 經濟作物 栽培의 擴大 _ 180
5. 맺음말 _ 198

제3장 明淸 시기 廣東에서의 국가권력 · 宗族의 위상
— 定期市 설립 주체의 분석을 통하여 본 — 203

1. 머리말 _ 203
2. 지방관의 墟市 개설 _ 206
3. 신사의 허시 개설 _ 213
4. 종족의 허시 개설 _ 219
5. 개인과 鄕의 허시 개설 _ 228
6. 맺음말 _ 232

CONTENS

제4장 清代 佛山의 手工業 · 商業 발전과 市鎭의 擴大 235

1. 머리말 _ 235
2. 清代 佛山의 手工業 展開 _ 237
3. 清代 佛山의 商業의 繁榮 _ 249
4. 清代 佛山 市鎭의 擴大와 그 特徵 _ 267
5. 맺음말 _ 278

제5장 清代 佛山의 都市 發展과 手工業 · 商業 行會 281

1. 머리말 _ 281
2. 清代 佛山의 都市 發展 _ 282
3. 佛山의 手工業 行會 · 會館과 그 盛衰 _ 293
4. 佛山의 商業 行會 · 會館과 그 盛衰 _ 307
5. 맺음말 _ 322

찾아보기 327

제1부

일본의 사회질서

_ 구태훈 _

제1부

일본의 사회질서

제 1 장

일본 근세사회의 성립과 봉건질서의 재편

1. 머리말

일본 근세사회는 오다 노부나가(織田信長)가 중세사회의 질서와 가치, 그리고 권위를 파괴하고, 그 기반 위에 도요토미 히데요시(豊臣秀吉)가 전국을 통일하면서 서서히 성립되게 되었다. 도요토미 정권의 정책을 계승한 도쿠가와 이에야스(徳川家康)가 1603년에 에도(江戸)에 막부(幕府)를 세우면서 260여 년의 긴 평화의 시대가 시작되었다.

그러나 평화의 시대가 열렸다고는 해도 전국시대(戰國時代)의 여풍이 여전히 남아 있었다. 특히 도요토미씨에게 동정심을 갖고 있었던 교토(京都)의 민심은 도쿠가와 막부에 대해 결코 호의적이지 않았다. 농촌의 치안도 불안하였지만, 특히 도시에서는 소위 '가부키모노(かぶき者)'라고 하는 일탈자들이 매우 이상한 행장을 하고 거리를 활보하고 있었다. 그들의 존재는 사회질서를 안정시키려고 하는 막부에게 적지 않은 부담이 되었다.

이러한 분위기 속에서 도쿠가와 이에야스는 전국시대를 통하여 끈질기게 생명력을 유지하고 있었던 하극상(下剋上)의 풍조를 종식시키고 봉건질서를 재편하려고 하였다. 도쿠가와 이에야스는 유학을 봉건교학으로 수용하고, 유학의 근본이라고 할 수 있는 충효를 축으로 하는 상하질서를 일본사회에 뿌리내리려고 노력하였다. 이러한 노력을 통하여 근세사회의 질서가 형성되었다.

본 고에서는 주로 도쿠가와 이에야스의 봉건질서 재편 사상에 초점을 맞추어 그 내용을 살펴보기로 하겠다. 다시 말하자면, 도쿠가와 이에야스가 주로 어떠한 사상적 입장에서 사회질서를 구상하고 있었는지를 구체적으로 살펴보겠다. 그 과정에서 도쿠가와 이에야스의 사상과 하극상 사상은 어떻게 대립하고 있었고, 도쿠가와 이에야스는 그러한 저해 요인을 어떻게 극복하였는지가 밝혀질 것이다. 이어서 도쿠가와 이에야스의 신분질서 사상을 도리관념에 초점을 맞추어 구체적으로 살펴볼 것이다. 이러한 작업은 근세적 신분질서 사상을 해명하는 실마리를 제공할 것이라고 생각한다.

2. 도쿠가와 막부의 성립과 하극상의 부정

(1) 전국시대와 하극상의 사상

도쿠가와 정권의 신분질서 정책은 도요토미 히데요시 정권의 정책의도를 계승하였다고 이해하는 것이 일반적이다. 그러나 도쿠가와 정권은 도요토미 정권에 의하여 '병영국가' 건설의 수단으로 편성되었던 '사농공상'의 질서를 평화시대에 걸맞는 신분질서로 정착시킨다는 방향성을 갖고 있었다. 그것은 하극상의 사상을 부정하는 것을 그 출발점으로 하고 있었다.

일본에서 하극상이라는 말은 고대사회가 새로운 전기를 맞이하는 헤이안(平安) 시대에 등장하였으나, 그것이 사상적인 의의를 갖게 되는 것은 일본 사회가 극도로 혼란해지기 시작하는 남북조 시대였다. 일본의 남북조 시대는 1333년 5월에 가마쿠라(鎌倉) 막부가 멸망한 후, 두 계통의 천황이 서로 정통성을 주장하며 양립하고 있었던 약 60여 년의 기간을 말한다. 무로마치(室町) 막부가 옹립한 북조와 고다이고(後醍醐) 천황이 요시노(吉野)로 도망하여 세운 남조가 대립하였다. 남북조 시대에는 무사사회도 양분되어 대립하였다. 이 시대는 또한 지역의 토착 무사세력이 대두하면서 전통적인 권위와 충돌하는 경우가 빈발하였다.

하극상 풍조는 전국시대에 이르러 더욱 만연하였다. 주종관계가 이완되어 가신이 주군을 몰아내고 권력을 찬탈하는 사례가 증가하였다. 특히 오닌의 난(応仁の乱) 이후, 호소카와씨(細川氏)는 가신인 미요시씨(三好氏)에게 권력을 빼앗겼고, 미요시씨는 다시 그 부하인 마츠나가씨(松永氏)에게 실권을 빼앗겼다. 15세기 말에는 신분도 확실하지 않은 호조 소운(北條早雲)이 이즈(伊豆) 아시카가씨(足利氏)의 내분을 교묘하게 이용하여 세력을 넓혔다. 시바씨(斯波氏)가 지배하던 광대한 영지는 이마카와씨(今川氏), 오다씨(織田氏), 아사쿠라씨(朝倉氏)에게 분할되었다. 도키씨(土岐氏)는 신원도 확실히 알려져 있지 않은 가신인 사이토 도산(齊藤道三)에게 제거되었으며, 교고쿠씨(京極氏)는 가신인 아사이씨(淺井氏)에게 실권을 빼앗겼다. 무력에 의존하는 극단적인 실력주의와 현실주의는 무가사회의 주종관계를 변질시켰을 뿐 아니라, 일반사회의 질서를 혼란스럽게 하였다.

도쿠가와 이에야스의 측근이며, 전국시대를 몸으로 체험한 장본인이기도 한 혼다 마사노부(本多正信)는 자신이 살아온 시대를 회상하며, 하극상의 시대에 대해 사람들은 은혜를 모르고, 정도 모르고, 주군을 죽이고 부모를 죽이고서라도 입신출세하려고 골몰하는 사회라고 개탄하였다.[1] 유학자로 도쿠가와 이에야스의 참모였던 후지와라 세이카(藤原惺窩) 또한 하극상 시대를 체험한 인물이었다. 1561년에 태어나 1619년에 사망한 그는 하극상 시대의 실상에 대하여 "수십 년간 너무나 괴이하고 너무나 변화

1) 『藤原惺窩 林羅山』(日本思想大系 28), 岩波書店, 1974年, p.298.

무쌍하여, 세상의 도리는 각박해져서 혼란과 반역이 그칠 날이 없었다. 자기 아비를 죽이는 자가 비일비재하였고, 그가 출세하여 관직에 오르고 고귀하게 되어도 사람들은 일상적인 일이라고 하여 말하지 않는다."[2]라고 증언하고 있다.

이런 시대를 헤쳐 나오면서 승리를 쟁취한 사람들이야말로 사실은 하극상을 능란하게 실천한 사람들이었다. 오다 노부나가는 겉으로는 무로마치 쇼군(將軍)에게 충성을 다하는 것처럼 하였으나, 실제로는 천하는 자신이 관장한다는 의지를 표명하여 쇼군을 압박하였고, 급기야는 쇼군을 추방하여 무로마치 막부를 멸망시키는 하극상을 자행하였다. 도요토미 히데요시는 오다 노부나가 생전에는 주군에게 충성을 다하는 것처럼 행동하였으나, 오다 노부나가가 아케치 미쓰히데(明智光秀)에게 기습당하여 사망한 후, 경쟁자들을 제거하고 그 자신이 일본 최고의 실력자로 부상하자, 오다 노부나가의 3남인 오다 노부다카(織田信孝)를 공격하여 죽게 하였다. 또, 노부나가의 2남인 오다 노부카쓰(織田信雄)를 자신의 부하로 삼아서 주종관계를 전도시켰다. 도요토미 히데요시는 이렇게 하여 얼마 전까지도 자신의 주군이었던 오다 노부나가 가문을 멸망시키고, 그 일족들을 죽게 하거나 수치스럽게 하였다. 이러한 하극상 시대의 실상을 꿰뚫고 있었던 모리 모토나리는 자손들에게는 남긴 유훈서에서, "우리 가문을 마땅하게 생각하는 사람은 다른 가문의 사람은 말할 것도 없고 우리 가문에 속해 있는 사람도 한 사람도 없다."[3]고 말하며 경계심을 늦추지 말 것을 당부하였다.

전국 다이묘들은 자기 자신이 하극상을 거듭하면서 성장하였기 때문에 오히려 부하가 하극상을 꿈꾸는 것을 경계하였다. 전국 시대 말기가 되면서 지배 지역 내의 질서를 확립하려고 노력하였던 선진적인 다이묘들은

2) 柴田 純, 「近世的思想の形成」, 『變革期の文學 II』(岩波講座 日本文學史 卷7), 岩波書店, 1996年, p.180.

3) 石井 進 · 石母田正 外編, 『中世政治社會思想 上』(日本思想大系 21), 岩波書店, 1972年, p.362.

가훈을 남겨, 자손이나 가신들을 훈계하면서 충효 사상을 강조하는 경우가 많았다. 특히 오다 · 도요토미 정권 시대에 이르면 전국 통일이 진행되면서 가부장제 원리와 주종제 원리가 강조되었다.

난폭한 정복자로 알려져 있었던 오다 노부나가도 윤리를 강조하면서 지배권의 신장을 꾀하였다. 오다 노부나가는 천황(天皇)과 쇼군인 아시카가 요시아키(足利義昭)에게 신하로서의 충성을 다하는 모습을 보였다. 1573년 3월, 오다 노부나가와 아시카가 요시아키의 사이가 벌어졌을 때도, 오다 노부나가는 쇼군인 아시카가 요시아키의 행위는 용서할 수 없는 일이지만, 자기와 아시카가 요시아키는 군신관계이기 때문에 분노를 억누르고 신하로서의 충성을 다했다고 강조하였다.[4]

오다 노부나가가 1582년 6월, 불의에 사망하자 도요토미 히데요시는 정적들을 차례로 제거하고 단기간 내에 패권을 장악하였는데, 이때 히데요시는 주군의 원수를 갚는다는 명분을 앞세워서 세력을 규합하여 전쟁에 임하였다. 그는 부하들에게도 충성을 요구하였다. 1593년 6월, 도요토미 히데요시는 불충하다는 이유로 우메기타 구니카네(梅北國兼)를 응징하였다.[5] 서부 일본의 실력자인 모리 모토나리(毛利元就)는 자손들이 일치단결할 것을 부탁하는 유훈을 남긴 것으로 유명한데, 그는 가신들에 대해서도 주군의 은혜를 모른 척하는 자는 천도가 그를 벌할 것임을 강조하면서 주군에 대하여 충성을 서약하게 하였다.[6]

전국 시대의 통치자들이 충효사상의 중요성을 인식하고 있었다고 하여도, 현실적으로 그 사상이 관철되기는 어려웠던 것이 하극상 시대였다. 주군에게 충성하는 것처럼 보이는 자들도 마음속으로는 반역을 꿈꾸고 있는

4) 石毛 忠, 「戰國 · 安土桃山時代の思想」, 『思想史 Ⅱ』(石田一郎 編, 體系日本思想叢書 23), 山川出版社, 1976年, p.31.

5) 石毛 忠, 「戰國 · 安土桃山時代の倫理思想」, 『日本における倫理思想の展開』, 吉川弘文館, 1965年, p.158.

6) 위의 논문, p.153.

경우가 많았다. 전국 다이묘들이 충효의 질서를 강조하지 않을 수 없었던 것은 실태적으로 충효의 질서가 거의 붕괴될 지경에 이르렀음을 오히려 웅변하는 것일 수도 있다.

하극상 사상이 얼마나 가공할 파괴력을 지녔는가를 누구보다도 절실하게 인식하고 있었던 것은 하극상의 시대였기 때문에야말로 권력의 정점에 도달할 수 있었던 도요토미 히데요시 자신이었다. 도요토미 히데요시의 여러 정책은 기본적으로는 하극상 사상의 부정이라고 하는 방향성을 갖고 있었다. 하지만 도요토미 히데요시는 한편으로 하극상 사상을 부정하면서도 다른 한편으로는 그것을 용인하지 않을 수 없었다. 민중을 전쟁에 동원하기 위해서는 하극상 사상이 내포하고 있는 에너지를 이용할 필요가 있었기 때문이다.

두말할 필요도 없이 전쟁의 목표는 승리이다. 승리는 실력주의에 근거하지 않을 수 없다. 그리고 실력주의는 신분질서 사상과 대립하는 것이다. 신분질서의 사상은 실력주의를 무시하고 단지 혈통주의에 입각한 질서이기 때문이다. 하극상 사상은 실력주의가 요구되었던 전국시대에 한시적으로 용인되었다. 즉 하극상 사상은 전국시대가 통일되고, 신분제 사회가 재편되는 과정에서는 부정되지 않으면 안 될 운명에 놓이게 되었다.

(2) 도쿠가와 이에야스와 '가부키모노'의 탄압

도요토미 히데요시가 사망하자, 도요토미 정권의 실력자로 부상한 도쿠가와 이에야스는 조선을 침략하고 있던 일본군에게 철수령을 내렸다. 도쿠가와 이에야스는 1600년에 세키가하라(關ケ原) 전쟁에서 승리하여 도요토미 히데요시를 추종하는 세력을 제거하고 정국의 주도권을 장악하였다. 그는 이어서 1603년에 쇼군에 취임하면서 에도 막부를 개설하였다.

도쿠가와 이에야스는 치안을 확보하고 질서를 안정시키는 데 모든 역량을 집중시켰다.[7] 그러나 오랜 세월에 걸쳐서 왕성하게 분출된 하극상의 에너지는 도쿠가와 이에야스가 의도했던 것과는 달리 단기간 내에 부정될 수 있는 것이 아니었다. 하극상 사상이 끊이지 않고 생성해낸 일탈적 인간상은 곧바로 근세적인 신분질서 속으로 해소되어 버리는 것은 아니었기 때문이다. 전국시대의 시대정신을 계승한 일탈적 인간상은 바로 '가부키모노' 라고 하는 자들이었다. 이들은 도쿠가와 이에야스가 구상하는 사회질서의 형성에 걸림돌이 되는 존재들이었다. 도쿠가와 이에야스가 구상하는 질서는 수직적 신분질서였고, 가부키모노들은 수평적 연대를 근간으로 하는 전국시대의 시대정신을 계승하고 있었기 때문이다. 도쿠가와 이에야스가 충효를 축으로 하는 수직적 신분질서를 사회질서의 근간으로 세우려면, 이러한 질서의식에 정면으로 배치되는 가부키모노들이 먼저 부정되지 않으면 안 되었던 것이다.

보통 가부키라고 하면 일본 고전 예능의 가부키(歌舞伎)를 연상할 것이다. 그러나 여기에서 말하는 가부키는 원래 일본어 가부쿠(傾く)의 활용형이다. 불안정한 모양을 나타내는 말에서 전용된 것으로 이단(異端), 이풍(異風)을 의미하는 말이다. 의미를 더욱 확대하면 정상적이 아닌 일탈적인 행동을 의미한다. 또 그러한 행동을 하는 자들을 가리킨다. 위정자의 눈으로 보았을 때 가부키모노는 질서를 어지럽히고 법을 파괴하고 사회혼란을 조장하는 존재로 비쳐졌던 것이다.

가부키모노들은 상식을 뛰어넘는 이상한 복장을 하고 거리를 활보하였다. 머리의 상투 모양을 파격적으로 하고, 상상을 초월하는 커다란 도검을 허리에 지르고, 복장 또한 뭇 사람들의 시선을 끄는 이상한 차림을 하고 있었다. 게다가 그들은 작당을 하거나 무리를 지어 거리를 배회하고 있었다. 이러한 가부키모노를 사회질서를 문란하게 하는 위협적인 존재로 인식하게 된 사건이 발생하였다.

---

7) 『德川實紀』(新訂增補國史大系) 篇1, 吉川弘文館, p.331 참조.

『當代記』 1606년의 기록 중에는 교토의 키다노(北野) 부근을 산보하고 있던 조닌(町人)이 가부키모노들에게 치욕을 당했다는 아주 간단한 기록이 보인다. 그 내용은 "요즈음 교토의 町人이 北野의 가모가와(賀茂川) 근처에 나들이하였을 때에 가부키모노(이들을 當世에 異相이라고 일컫는다)에 조우하여 이로 인하여 치욕을 당하였다."[8]라는 것이다. 이상의 내용만 보면, 이 사건은 흔히 발생할 수 있는 시정의 무뢰한들이 아녀자들을 희롱한 아주 작은 사건에 불과한 것처럼 보인다. 그러나 그 내용을 구체적으로 살펴보면 이 사건은 결코 작은 사건이 아니었다. 사건의 피해자들은 교토의 유력한 상인으로 도쿠가와 이에야스의 측근을 구성하는 특권적 호상(豪商)인 고토가(後藤家)와 차야가(茶屋家) 양가의 부녀자들이었기 때문이다.[9] 더구나 이 사건은 우발적이었다기보다는 다분히 고의성이 농후한 사건이었다.

당시의 특권상인인 고토와 차야는 도쿠가와 이에야스와 수시로 독대하여 음식을 나누어 먹을 정도로 가까운 측근이었다. 도쿠가와 이에야스의 측근의 사람을 치욕스럽게 하였다는 것은 곧 도쿠가와 이에야스를 치욕스럽게 한 것이나 다름이 없었고, 또 도쿠가와 정권에 대한 극도의 증오심을 나타낸 것이라고도 볼 수 있는 사건이었다.

사건이 발생한 1606년은 세키가하라 전쟁이 있은 지 6년째이고, 도쿠가와 이에야스가 에도에 막부를 개설한 지 3년째인 해이다. 당시에 시정에서는 도쿠가와 이에야스가 정권을 장악하긴 하였으나, 도요토미 히데요시의 아들인 도요토미 히데요리(豊臣秀頼)가 장성하여 20세가 되면 정권은 도요토미씨로 넘어간다는 소문이 돌고 있었다. 특히 교토는 도요토미씨의 기반이었고, 도쿠가와씨에 대한 감정이 좋지 않았다. 시정의 소문이 도쿠가와 이에야스의 마음을 동요하게 하였을 것은 미루어 짐작할 수 있다. 도쿠

8) 「當代記」, 『史籍雜纂』 卷2, 國書刊行會, 1911年, p.95. 이하 「당대기」의 인용은 같은 책에 의한다.

9) 守屋毅, 『「かぶき」の時代』, 角川書店, 1976年, p.117.

가와 이에야스는 그러한 소문을 잠재울 필요가 있었다. 그는 쇼군에 취임한 지 2년 만에 서둘러 그 지위를 아들인 도쿠가와 히데타다(德川秀忠)에게 물려주었다. 쇼군 지위의 상속은, 즉 천하는 도쿠가와씨가 자손에게 상속하는 것이라는 것을 분명하게 선언한 것이었다. 또한 그것은 천하는 실력이 있는 자가 손에 넣는 것이라는 하극상의 사상을 부정하는 것이기도 하였다.

도쿠가와 히데타다의 2대 쇼군 취임으로 도요토미씨의 정권 회복의 가능성은 희박해졌다. 이 사건은 도요토미씨에게 특히 동정적이었던 로닌(牢人)들과 도요토미씨에게 은혜를 입었던 무사들에게 허탈감을 안겨주어, 그들 사이에 도쿠가와 막부에 저항하는 분위기가 서서히 고조되고 있었다. 바로 이때 '가부키모노' 들이 도쿠가와 이에야스 측근의 부녀자를 수치스럽게 한 사건이 발생하였던 것이다.

극도로 예민해 있었던 도쿠가와 이에야스는 크게 노하여 그 사건에 관련된 가부키모노들의 검거를 명하였다. 막부의 관리는 1년이 넘는 추적 끝에 범인들을 체포하였는데, 그 사건의 주모자들은 역시 도요토미 히데요시의 가신이었던 무사들이었다. 이 사건으로 10여 명의 무사들이 처벌되었다.

당시에 교토에는 가부키모노들이 적지 않았다. 그들은 조직을 결성하고, 집단을 이루어 거리를 활보하면서 시정을 불안하게 하였다. 그중에서도 가장 대표적인 조직은 이바라쿠미(荊組)라는 조직이었다. 이바라쿠미라는 집단의 이름인 가부키모노들에 의하여 매우 선호되었던 것 같다. 이와 같은 이름의 집단이 관동 지방에도 있었고, 규슈(九州)에서도 같은 이름의 집단이 일상적으로 법질서를 어지럽히고 있었다는 기록이 확인된다.[10] 가부키모노들은 비단 교토에서 뿐만이 아니라 각 지방의 도시에서도 치안을 어지럽히고 있었는데, 가부키모노에 대한 기록에서 특히 주목되는 것은 가부키모노들은 보통 무사들이 소지하고 있는 도검보다 그 길

10) 『大日本史料』 12篇6, 東京帝國大學, 1919年, p.515.

이가 매우 긴 도검을 소지하고 있었다는 점이다. 긴 도검 또한 단번에 사람들의 눈길을 끄는 '異類異形'의 행장이었다. 특히 도검은 무사들이 일상적으로 소지하고 있었던 무기였던 만큼 다른 이상한 장식이나 표식보다도 그 상징성은 매우 큰 것이었다. 『柳亭筆記』에는 "상식에 벗어난 긴 도검을 차고 의류도 호기를 부려서 모양을 내는 모든 異形을 가부키모노라고 한다"[11]고 하는 기록이 보인다. 또 『我衣』에는 땅에 끌릴 정도로 긴 일직선의 長刀를 차고 보행하는 가부키모노의 모습이 묘사되어 있다.[12] 가부키모노를 상징하고 있는 것은 유난히 긴 도검이었던 것이다.

1612년 6월, 이번에는 에도에서 가부키모노를 둘러싼 사건이 발생하였다. 오토리 이치베에(大鳥一兵衛) 사건이 그것이다. 『當代記』에 전하는 사건의 개요는 다음과 같다. 도쿠가와 막부의 하타모토 시바야마 겐에몬(芝山權右衛門)이 봉공인(奉公人)을 처벌하려고 하였다. 그런데 그 자리에 있었던 그 봉공인의 동료가 역으로 주군인 시바야마 겐에몬을 살해하였다. 막부는 범인을 체포하여 취조하였는데 그 범인이 가부키모노라는 것이 밝혀졌다. 그 실상은 놀라운 것이었다. 범인이 속한 가부키모노 집단의 규모는 에도 주변에만 300여 명이나 되었다. 다른 지역에 거주하고 있는 구성원을 포함하면 2,000여 명에 달하였다. 막부는 즉시 이들 가부키모노들의 검거에 나서서 70여 명을 체포하였으나 나머지는 모두 도망하였다. 그 도당의 두령은 오토리 이치베에를 비롯하여 여러 명이 있었는데, 그들은 하나같이 이상한 이름을 가진 무사, 무가의 봉공인, 로닌 등이었다. 그들은 서로 혈판(血判)을 하여, "구성원이 어려움에 처했을 때에는 신명을 바쳐서 그 상대가 비록 군부(君父)라고 하여도 두려워하지 않고 힘을 합하여 돕는다."라고 맹서하였다. 그들에게 있어서 유일하게 지켜야만 하는 것은 동지적 연대를 위한 의지였으며, 그것은 군부와의 관계보다 중요한 것이

11) 『日本隨筆大成』 卷2, p.631.
12) 『燕石十種』 卷1, 圖書刊行會, 1911年, p.163.

었다. 그들의 맹약은 절대적이었다. 시바야마의 살해 동기를 묻는 관리에게 범인은 설령 주군이라고 하여도 도리에 어긋난다면 그 원수를 갚아야 한다고 당당하게 주장하였다.

이 사건의 내용을 파악한 도쿠가와 이에야스는 큰 충격을 받았다. 동지 상호 간의 수평적 연대가 수직적인 주종관계를 우선한다는 가부키모노들의 생각은 도쿠가와 이에야스가 구상하는 봉건질서의 재편 계획을 근본적으로 부정하는 것이었기 때문이었다. 가부키모노의 사상, 즉 수평적 연대를 우선시하는 생각이야말로 하극상 사상의 근간이었다. 도쿠가와 이에야스는 하극상 사상을 부정하고 봉건질서를 재편하기 위해서는 가부키모노를 발본색원하지 않으면 안 된다고 생각하였다. 가부키모노 탄압은 도쿠가와 이에야스가 사망한 후에도 약 30여 년에 걸쳐서 일관되게 추진되었다.

3. 근세적인 질서관념의 형성

(1) 도쿠가와 이에야스의 질서사상

도쿠가와 이에야스는 수시로 측근들과 역사에 관한 이야기, 또 정치에 관한 이야기를 즐겨하였다. 도쿠가와 이에야스는 어느 날, 측근들과 함께 가마쿠라(鎌倉) 막부를 창건한 미나모토노 요리토모(源頼朝)라는 인물과 정치에 관하여 이야기하고 있었다. 이때 측근 중의 한 사람이 미나모토노 요리토모가 카마쿠라 막부를 세우는 데 지대한 공헌을 하였던 그의 동생들인 노리요리(範頼)와 요시쓰네(義經)를 비정하게 죽게 한 것은 도리가 아니었다고 비판하였다. 그 이야기를 들은 도쿠가와 이에야스는 다른 사람들은 어떻게 생각하느냐고 물었다. 그들은 모두 미나모토노 요리토모가 비정했다는 의견에 동조하였다.

측근들의 이야기를 다 듣고 난 도쿠가와 이에야스는 자신의 의견을 개진하였다. 그는 아무리 형제 간이라고 하여도 정(情)을 앞세워 주군의 권위를 침해할 때는 단호하게 처벌해야 한다는 생각을 피력하였다. 특히, 도쿠가와 이에야스는 천하를 다스리는 자, 즉 쇼군과 그의 형제들과의 관계는 사적인 관계로 이해해서는 안 되며, 주종관계로 파악해야 한다는 생각을 갖고 있었다.[13] 그는 차남들이 쇼군과 형제라고 하여 동등하다는 의식을 갖거나 방자하게 처신하는 데 이른다면 극형에 처해서라도 상하관계를 엄정하게 유지해야 한다는 생각을 갖고 있었다. 도쿠가와 이에야스가 "사람들은 그 신분의 고하에 의하여 대우하는 바가 또한 다르다."[14]고 말하고 있는 것에서도 확인할 수 있듯이, 그는 엄정한 상하관계의 분별을 전제로 하는 질서의 유지를 강조하였다. 그리고 그 질서를 문란하게 하는 것은 그것이 모든 사람들이 보편타당하다고 인식되는 것, 즉 도리라고 하더라도 권력이 제시한 질서 즉, 법을 저촉하는 것이라면 부정되지 않으면 안 되었다. 그와 같은 정신은 도쿠가와 이에야스의 다음과 같은 태도에도 명확하게 표현되어 있다.

> 어느 날 가신이 御前에 열석하였을 때, "訴訟은 어떻게 裁斷하는 것이 옳은가" 하고 하문하였다. 모든 사람이 공정하게 재단하는 것이 상책이라고 생각한다고 말씀올리자, "그렇게 하면 안된다. 道理에 의하여 이기게 하고 싶다고 생각하는 쪽을 이기게 하는 것이 옳다. 父子間의 소송이라면 아버지를 이기게 하고 싶은 것이 당연하다. 理非에 관계없이 아버지를 이기게 하고, 君臣間의 소송이라면 主君을 이기게 하는 것이 옳은 것이다." 라고 말씀하시었다.[15]

위의 일화는 도쿠가와 이에야스가 상하관계를 움직일 수 없는 질서로 정립하려고 하고 있다는 것을 엿볼 수 있는 내용이다. 일반적으로 소송에

13) 앞의 책, 『德川實記』 篇1, p.248 참조.
14) 위의 책, p.362.
15) 위의 책, p.327.

서 재판관이 취해야 할 태도는 다툼이 있는 양자의 말을 선입견 없이 성실하게 경청한 다음에, 상식과 법률에 따라서 공정하게 판결을 내려야 한다. 판결이란 결국 재판 당사자의 의견을 경청하고 공정한 중재자의 입장에서 옳고 그름을 선언하고, 당사자들이 수긍할 수 있는 공정한 결정이어야 한다. 동아시아 사회 특히 한국, 일본, 중국에는 예부터 치우침이 없이 공정하다는 것을 의미하는 도리라는 개념이 있었다. 도리란 상식에 근거하고 있다.

그런데 위 사료에서 도쿠가와 이에야스가 언급하고 있는 도리라는 말은 상식과는 매우 거리가 먼 개념이었던 것을 알 수 있다. 도쿠가와 이에야스가 측근들에게 소송이 있을 경우 재판은 어떻게 해야 마땅한가라고 물었고, 측근들은 공정하게 판결을 내리는 것이 상책이라고 대답하였다. 공정한 판결이란 어느 편에도 치우치지 아니하고, 누구나 수긍할 수 있는 결론이라고 할 수 있다면, 측근들은 전통적인 도리관념에 입각한 재판을 염두에 두고 있었다고 할 수 있을 것이다. 그런데 도쿠가와 이에야스의 생각은 측근들의 생각과는 달랐다. 도리라는 말을 쓰고 있지만 도쿠가와 이에야스가 제시하고 있는 도리라는 개념은 양 편에게 공정한 것이 아니었다. 극단적으로 말하면 재판을 하기 전에 이미 결론은 나 있다고 해도 틀린 말이 아니다. 도쿠가와 이에야스는 충효를 축으로 한 상하관계를 움직일 수 없는 것으로 전제하여, 그러한 절대적인 잣대를 모든 소송 사건을 재단하는 근거로 삼고자 하였던 것이다. 도쿠가와 이에야스의 관점에서 본다면 옳고 그름을 판단해 가는 행위, 즉 시비(是非)를 논하는 재판의 과정은 필요가 없는 것이다.

그렇다면 도쿠가와 이에야스는 무엇을 염려하고 있었을까? 앞에서도 살펴보았듯이 도쿠가와 이에야스는 봉건질서의 재편을 의도하고 있었다. 그가 의도하고 있던 봉건질서는 충효의 사상을 원리로 하는 상하관계였다. 봉건질서의 기축인 상하관계는 곧 존비관계(尊卑關係)라는 생각에 근거하고 있다. '상'은 존귀한 것이고, '하'는 비천한 것이라는 것이다. 그런데 동양의 전통적인 관념은 비천한 것이 존귀한 것을 극하는 것은 있어서는 안 되는 것이었다. 그래서 하극상의 사상은 바람직한 봉건질서를 붕괴시킨 것이고, 그렇기 때문에 봉건질서가 바로 서려면 비천한 '하'가 존귀한 '상'을 극하는 일이 두 번 다시 있어서는 안 되었다. 그런 관점에서 보았을 때 '상'과 '하'가 재판에 동등하게 임한다는 것 자체가 상하질서를 문란하게 하는 것이다. 만약 재판에서 양자의 입장을 존중하여 공정하게 판단한 결과 '하'가 '상'을 이기게 되었을 경우에는 낭패가 아닐 수 없다. 비천한 것이 존귀한 것을 극하였을 뿐만이 아니라, '상'은 '상'이기 때문에 존귀하고, '하'는 '하'이기 때문에 비천해야 마땅한 봉건질서가 붕괴될 수도 있는 것이 아닌가?

이상과 같은 관점에서 본다면, 도쿠가와 이에야스는 왜 바람직한 소송이란 '공정하게 재단하는 것이 상책'이 아니라, '이비(理非)'에 관계없이 즉, 상식에 부합되건 그렇지 않건 간에, 권력이 '이기게 하고 싶다고 생각하는 쪽'을 이기게 하는 것이 '옳은' 판결이라고 주장하였는지 이해할 수 있을 것이다.

(2) 일본 근세의 법관념

도쿠가와 이에야스의 입장에서 본다면, 권력자의 의지에 의하여 제시된 법의 권위가 세상 사람들이 일반적으로 옳다고 생각하는 도리관념에 우선하고 있는 것인데, 여기에서 사람들은 '비리법권천(非理法權天)'이라고 하는 일본 근세사회의 법격언을 상기할 것이다. '비리법권천'이란 무슨 의미인가? 근세 초기에 성립된 「貞丈家訓」에서는 다음과 같이 설명하고 있다.

> 非라는 것은 無理를 말하는 것이다. 理라는 것은 道理를 일컬음이다. 法이라고 하는 것은 法式을 의미하는 것이다. 權이라고 하는 것은 權威를 말

> 하는 것이다. 天이라고 하는 것은 天道를 일컫는 것이다. 非는 理를 능가할 수 없는 것이다. 理는 法을 능가할 수 없는 것이다. 法은 權을 능가할 수 없는 것이다. 權은 天을 능가할 수 없는 것이다.[16]

위의 설명에 따르자면, '비리법권천'은 각각 무리(無理), 도리, 법, 권력, 천도를 말함이고, 그 순서대로 무리는 도리에 의하여 규제되고, 도리는 법에 의하여 규제되고, 법은 권력에 의하여 규제되고, 권력는 천도에 의하여 규제되는 것이었다. 다시 말하면, '비리법권천'이란 非는 理를 능가하지 못하고, 理는 法을 능가하지 못하고, 法은 權을 능가하지 못하고, 權은 天을 능가하지 못한다라는 4개의 문장을 압축한 것이다.

여기서 '法'과 '理', 즉 법과 도리에 초점을 맞추어 살펴보기로 하자. 理는 非의 반대 개념이며, 도리에 부합되고 모든 사람이 옳다고 하는 것을 말한다. 법은 불법이라고 할 때의 법도 아니고, 자연법이라고 할 때의 법을 의미하는 것도 아니다. 이는 막부의 법령을 비롯한 성문법을 말하는 것이다. 그런데 일본 근세 사회의 法이란 '法度' 혹은 '禁令'이라고 일컬어지는 것에서도 알 수 있듯이, 오로지 민중을 통제하기 위하여 권력이 제시한 명령을 말하는 것이었다. 그것은 '理' 즉 '正義'의 관념에 상당하는 도리와는 거리가 먼 것이었다. 그리고 유학사상에도 포함되어 있는, 즉 세월이 지나도 변하지 않는 것으로 여겨져 강조되어 온 가치 판단의 기준으로서의 의미가 결여되어 있다. 이러한 특징을 지니는 일본 근세사회의 법은 당시 통치자가 임의로 정하는 것이었다.[17]

여기에서 잠시 조선시대의 왕명과 일본의 쇼군의 법을 비교하여 보기로 하자. 조선시대의 왕명은 무소불위인 것처럼 인식되고 있으나 실제로는 왕명을 견제하는 많은 장치가 있었다. 왕명이 도리에 벗어났을 시에는 사

16) 石井柴郎, 『近世武家思想』(日本思想大系 27), 岩波書店, p.99.
17) 水林 彪, 「近世の法と國制研究序說」 1, 『國學學會雜誌』 卷90 第1 · 2號, 1977年, p.6.

간(司諫)들이 반대할 수 있었다. 그리고 사간들은 반대의 이유를 절대적인 기준인 도리관념에서 찾았다. 조선사회의 도리관념은 유교적 교양에 입각하고 있었다. 아무리 왕명이라고 하더라도 상식에서 벗어나거나 전통적인 유교윤리에 저촉이 되면 견제할 수 있는 장치가 있었다. 하지만 일본의 경우에는 쇼군 권력을 견제할 장치가 상대적으로 미약한 편이었다.[18] 공개적으로 왕명을 견제하는 조선과는 많은 차이가 있음을 알 수 있다.

쇼군이 하달하는 법도는 어떠한 권력보다도 우월하다는 생각이 당연하게 수용되었다. 실제로 법이 도리보다 우월하다고 하는 법관념은 도쿠가와 시대 법조문이나 서민들을 대상으로 하는 교훈서에도 자주 나타나고 있다. 도쿠가와 쇼군가 다음으로 높은 권위를 가지고 있었던 기슈(紀州) 도쿠가와가의 「春廻之節讀聞書付」에도 법의 절대적인 권위가 강조되고 있다. 농민들이 청원하는 것이 비록 상식에 부합되고 나름대로의 정당성을 지니고 있다고 하더라도 법을 어겼다면 처벌을 면할 수 없다는 점을 분명히 하고 있다. 극단적인 경우, 농민들이 법 규정의 내용을 미처 숙지하지 못하여 법을 지키지 못한 경우라고 하여도 법에 저촉된 이상 "是非를 논하지 아니하고 罰을 내릴 것"[19]이라고 선언하고 있다.

기슈 도쿠가와가는 도쿠가와 막부의 고산케(御三家)에 해당하는 권위있는 다이묘 가문이었다. 고산케의 법령은 막부의 법령을 충실하게 수용하고 있다고 보아야 한다. 그렇다면 위의 내용은 막부의 법이라고 볼 수 있으며, 다른 다이묘들이 참고해야 하는 매우 권위있는 법령이라고 해야 할 것이다. 기슈 도쿠가와가는 상기의 법령을 농촌사회에 관철되도록 노력을

18) 물론 쇼군의 명령이 상식을 벗어나거나 체제를 문란하게 할 수 있다고 판단되었을 때에는 측근들이 간언을 하는 경우가 있었다. 그러나 측근들은 쇼군의 심기를 살펴야 하는 존재였다. 조선의 관리와 같이 객관적인 제도에 의하여 신분이 보장되는 존재가 아니었고, 또 간언이 관료기구의 제도 속에서 정당하게 보장되어 있었던 것도 아니다. 그렇기 때문에 일본에서 측근들의 간언은 어디까지나 사적으로 은밀하게 이루어지지 않을 수 없었다. 실제로 충성된 자는 아무도 없는 곳에서 부드럽고 은밀하게 간언을 하여 주군의 심기를 상하게 하지 말 것을 권고하는 것이 일반적이었다.

19) 『南紀德川史』 第1冊 所收. 위의 논문, 水林 彪, 「近世の法と國制硏究序說」 1, p.6.

기울였다. 지방 관리는 매년 관할 지역을 순찰하였는데 그때마다 교훈서는 농민들에게 낭독하였다. 그 내용 속에도 법은 도리보다 우월한 것이라고 하는 관념이 분명하게 표현되어 있었던 것이다.

도리가 비리보다 우월하다는 것은 지극히 자연스러운 일이다. 그러나 도리가 법을 능가하지 못한다고 하는 것은 어떻게 보면 자연스럽지 못하고 인위적인 요소가 강하게 내재되어 있다. 다시 말하자면 그것은 법질서를 존중하는 하나의 사상인 것이다. 도리보다도 법을 중요시하지 않으면 안 된다고 하는 사상은 사회 질서를 특히 강조할 때 나타날 수 있을 것이다. 사회질서를 특히 강조하는 정신은 법가의 사상에서 기원한다고 할 수 있다.[20]

근세 일본사회는 사회와 개인의 관계에 대하여 매우 민감하게 반응하는 사회였다. 근세사회의 일본인들은 어려서부터 사회의 구성원으로서 다른 구성원들에게 피해를 입혀서는 안 된다고 교육받았다. 개인의 가치보다 사회의 질서를 우선시하는 풍토에서는 자연스럽게 법질서를 준수하지 않으면 안 된다고 하는 생각이 일반적으로 수용되었다. 이러한 분위기 속에서는 개인적으로 아무리 정당한 이유가 있다고 하더라도, 또한 그 이유가 전통적인 윤리에 부합된다고 하더라도 그것이 법질서를 저촉하거나 나아가 법질서를 문란하게 할 가능성이 있다고 판단되었을 때에는 두말할 필요 없이 법질서를 우선하게 된다.[21] 근세 일본사회는 조선사회와 비교하여 보았을 때, 법의 권위가 우선시되는 사회였다. 이러한 풍토 속에서 법

20) 丸山眞男, 『日本政治思想史研究』, 東京大學出版會, p.16 참조.

21) 이에 비하여 조선사회는 사회와 개인의 관계에 있어서 개인의 가치보다 법질서를 우선한다는 관념이 일본에 비하여 상대적으로 미약한 편이다. 교육의 내용을 살펴보아도 학문에 힘써서 입신출세하면 부모를 영예롭게 하고, 나아가 가문과 지역사회의 이름을 빛낸다는 것을 강조하며 학업을 독려하는 것이 일반적이었다. 조선사회에서는 모든 행위는 결과론보다도 원인론에 초점을 맞추어 그 뜻이 가상하였는가 그렇지 않았는가가 중요하게 인식되었다. 예를 들면 어떤 농부가 경작지를 이탈하여서는 안 된다는 법을 어기고 도망한 사건이 발생하였다고 하자. 그런데 그 농부가 그때 늙은 어머니를 업고 도망했다고 하자. 이 사건에 접근하는 방법을 살펴보면 유교의 사상이 지배하고 있는 조선사회와 법가의 사상이 강조되는 일

이 모든 상식이나 개인적인 정당성에 우선하여 마땅하다는 법 관념이 일반적으로 수용될 수 있었을 것으로 생각된다. 이로 인해 한국인의 입장에서 보았을 때는 너무나도 생소한 '비리법권천'이라는 법관념이 일본사회에는 커다란 저항 없이 수용되었던 것이다.

(3) 근세적인 법질서의 확립

사회 질서의 확립을 당면과제로 인식하고 있었던 도쿠가와 이에야스는 1615년 7월, 여러 다이묘들을 통제하기 위하여 무가제법도(武家諸法度)[22]를 제정하였는데 그것의 제3조에는 "법으로서 理를 타파할 수 있으나 理로서 법을 타파할 수 없는 것이다. 법을 위반한 무리는 그 죄가 가볍지 않을 것이다."라고 다이묘를 엄중하게 경고한 대목이 있다. 여기에서도 막부의 법은 그 어떠한 정당성이나 가치보다 우선한다는 것을 분명하게 선언하고 있었다.[23] 실제로 무가제법도를 위반한 다이묘에게는, 설령 그가 에도 막부의 충신이라고 하여도 영지를 몰수하고 가문을 폐절하는 가혹한 형벌이 내려졌다. 법의 지엄함을 보인 것이다.

본사회의 방식은 크게 다를 수 있다. 조선사회에서는 그 농부가 법을 어겼다는 사실보다도 도망할 때 늙은 어머니를 업고 도망하였다는 점에 주목한다. 즉 법은 어겼으나 효자라는 점이 강조된다. 그래서 결국 관대한 처분이 내려질 가능성이 있고, 뿐만 아니라 지역사회에서는 오히려 효자라는 것이 선전되어 전화위복이 될 수 있을 가능성이 농후하다. 그러나 일본사회에서는 정반대의 결론에 도달할 가능성이 많다. 즉 늙은 어머니를 업고 도망하였다는 사실에 초점이 맞추어지는 것이 아니라, 법을 어겼다는 사실에 초점이 맞추어진다. 다시 말하자면 어떠한 가치도 법의 권위를 능가할 수 없다는 것이다.

22) 『德川禁令考』 前集 卷1, 創文社, p.63.

23) 무가제법도는 도쿠가와 이에야스가 처음으로 제정하였는데, 주로 다이묘들을 견제하기 위한 것이었다. 군사력을 앞세워 일본열도의 다이묘들을 압도하고, 막부를 창립한 도쿠가와 이에야스는 다이묘들이 항상 불안하였다. 실제로 다이묘들의 입장에서 보면 도쿠가와씨는 자기 가문과 법적으로는 동등한 가문이었다. 다만 군사적·경제적 실력이 월등하였기 때문에 막부를 열었을 뿐이었다. 그리고 다이묘들은 전국시대를 헤쳐 나온 장본인들이었다. 비록 에도막부가 성립되었다고는 하지만 그들의 마음은 실력주의 정신에 경도되어 있었다. 다이묘들은 막부의 군사력이 약해지면 언제라도 도쿠가와씨를 멸망시켜도 무방하다고 생각하고 있었다. 이런 다이묘들의 마음을 정확하게 간파하고 있었던 것은 다름 아닌 도쿠가와 이

「德川成憲百箇條」[24]에도 "法度는 道理를 부정할 수 있으나, 道理는 法度를 부정할 수 없다." 혹은 "유사시에 도리를 깨뜨릴 때 法度로서 할 수 있으나, 반드시 法度를 깨뜨릴 때 道理로서 하지 말 것이다."라는 내용이 있다. 「德川成憲百箇條」는 무가제법도와는 그 성질을 달리한다. 그러나 엄밀한 의미에서 법도라고는 할 수 없다. 이것은 일설에는 도쿠가와 이에야스의 저작이라고 널리 유포되었으나 실제로는 위서(僞書)일 가능성이 높다.[25] 하지만 위서에서조차도 법도는 도리보다 우월하다는 사상이 강조되고 있다는 사실을 통해서 에도시대에는 그러한 법질서가 이미 당연한 것으로 정착되어 있었다는 것을 엿볼 수 있다.

법은 권력이 임의로 정할 수 있는 것이며, 도리보다 우월하다는 질서관념은 도쿠가와 이에야스 시대에 처음으로 등장한 것은 아니다. 전국시대를 거치면서 법의 절대적인 우위가 강조되었다. 전국 다이묘들은 영국(領國)을 효율적으로 지배하기 위하여 기본법을 제정하였다. 그리고 폭력을 배경으로 하여 법의 수용을 강제하였다. 막부권력과 같은 지배의 정당성을 보유하지 못하였던 전국 다이묘들은 스스로 정한 법을 관철시킴으로써 스스로의 권위를 지키려고 하였던 것이다.[26] 전국 다이묘들이 법을 운용

에야스였다. 그래서 그는 다이묘들의 세력을 약화시키고 막강한 막부의 군사력을 배경으로 하여 다이묘들을 압박하려고 하였다. 그 결과의 산물이 무가제법도였던 것이다. 무가제법도는 주로 다이묘를 견제하는 내용으로 구성되어 있었다. 몇 가지만 예를 들어보면 다음과 같다. 다이묘들이 서로 동맹관계를 맺는 것을 원천적으로 봉쇄하였다. 다이묘 상호 간에 사사로이 혼인관계를 맺는 것도 금하였다. 혼인관계는 돈독한 동맹관계로 발전할 수 있었기 때문이다. 부득이한 경우에는 사전에 막부의 허가를 얻도록 하였다. 그리고 다이묘의 거성을 제외한 모든 성을 허물도록 하였다. 성은 곧 방어진지였기 때문에 혹시 다이묘가 막부에게 도전하였을 때 군사거점이 되기 때문이다. 거성도 사사로이 수축하거나 수리하지 못하게 하였다. 수리할 필요성이 있을 경우에는 사전에 막부의 허가를 얻도록 하였다. 성을 손질한다는 것 자체가 전쟁을 준비하는 행위로 간주되었던 것이다. 거대한 배도 건조하지 못하도록 하였다. 거대한 배는 곧 병력을 수송하는 수단이 될 수 있었기 때문이다. 특히 에도는 해안에 인접해 있는 도시였기 때문에 다이묘가 큰 배를 건조하여 공격해 온다면 매우 취약한 입지에 위치해 있었다. 그렇기 때문에 그러한 가능성을 사전에 방지하고자 하였던 것이다.

24)『德川禁令考』前集 卷1, p.60.

25) 石井紫郎, 「近世の國制における武家と武士」, 『近世武家思想』(日本思想大系 27), p.488.

26) 앞의 논문, 石田 忠, 「戰國・安土桃山時代の思想」, p.19.

함에 있어서 주목되는 점은, 곤란한 사태를 설득하거나 강력한 처벌을 행하는 근거로서 자주 법의 권위를 들고 있다는 사실이다. 실제로 몇 가지 예를 들어보기로 하자.

16세기 중기에 제정된 이마카와씨(今川氏)의 가법(家法)으로, 동부 일본 최고의 다이묘법인 분국법(分國法)으로 일컬어지는 '今川假名目錄'[27]의 제4조에는 소송 중에 법을 위반한 자에 대하여는 "道理에 부합한가 그렇지 않은가를 불문하고 敗訴로 하는 것은 오래전부터 정하여진 法度다."라고 하여 법의 권위를 강조하고 있다. 사사로운 이의제기가 상식에 입각하고 있고, 또 아무리 정당한 것이라고 하여도 법의 권위를 능가할 수 없다고 선언하고 있는 것이다. 그러나 그렇다고 하여 다이묘의 법이 왜 최고의 권위를 가지고 있는가를 설명하고 있는 것도 아니다. 굳이 말하자면 다이묘의 법은 다이묘가 정한 법이라는 것이 유일한 권위라고 밖에는 다른 말로 마땅히 설명할 수 없었던 것이다.

1536년에 제정된 다테씨(伊達氏)의 분국법인 '塵芥集' 제39조에는 사투(私鬪)를 한 자는 비록 그 자의 행동이 도리에 부합된다고 하여도 사투를 금지한다는 법을 위반한 이상 처벌의 대상이 되어야 마땅하다는 내용이 기록되어 있다.[28]

전국시대뿐만이 아니라 에도시대를 통하여서도 사투는 일상적으로 발생하였다. 무사 상호 간의 사소한 다툼이 결투로 이어질 수 있었고, 아니면 한 무사가 현장에서 즉시 도검을 빼어 공격을 하여 큰 싸움으로 비화될 수가 있었다. 아니면 복수를 하려고 적을 불의에 공격하는 경우도 있었다. 그것이 어떠한 경우이든 사투의 당사자들은 치명상을 입는다. 대개의 경

27) 1526년에 이마카와 우지치카(今川氏親)가 정한 家法33조와 1553년 그의 아들인 요시모토(義元)가 정한 추가법 21조를 총칭하여 '今川假名目錄'이라고 하는데, 이 가법은 甲州法度을 비롯하여 다른 다이묘들의 가법에도 많은 영향을 미쳤다. 앞의 책, 『中世政治社會思想』 上, p.193.

28) 위의 책, p.216.

우 두 사람 중에 한 사람이 사망하여야 싸움이 끝나는 것이 일반적이다. 그때 사투를 금지하고 있는 다이묘의 입장에서 보면 살아남은 자는 살인자로 신병을 구금하게 되는 것이다. 다테씨의 법은 그 경우에 살아남은 자의 처리방침에 대하여 언급하고 있는 것이다. 살인자가 사투에 개입되게 된 경위가 아무리 정당한 경우였다 할지라도 사투를 금지하고 있는 법을 어긴 이상 처벌을 하지 않을 수 없다는 입장을 분명히 하고 있다.

다이묘가 상식과 관습적인 차원에서 정당성을 지니고 있는 문제제기를 법의 권위로 억누르려고 의도한 것은 유키씨(結城氏)의 경우도 마찬가지였다. 1556년에 성립되었고, 가신은 물론 상인과 하인 등의 인신을 규정한 것으로 유명한 '結城家法度'의 제80조에는 다음과 같은 규정이 보인다.

> 어느 곳인가에서 싸움(喧嘩)이 발생하여 이런저런 말을 하여 오라고 하여도 누구도 그곳에 달려가서는 안 된다. 이와 같이 법도를 정하여 놓았는데 달려가서 가담해서는 안된다. 그리고 第三者가 옆에서 손을 써서 다른 사람을 살해한다든지 해서는 안 된다. 싸움은 당사자 상호 간의 일이라고 정해 놓은 이상, 설령 父子, 親戚, 친한 사람이라고 하여도, 싸움하는 그 장소에 달려가서는 안 된다.[29]

다급한 경우에 처한 자가 무사에게 도움을 청하였을 경우, 그것을 거절하는 것은 무사도에 부합되지 않는 것이었다. 도쿠가와 시대에도 그러하였지만, 특히 전국시대에는 남이 도움을 청할 때 못 본 척하는 무사는 진정한 무사가 아니라고 일컬어졌다. 생면부지의 남도 위기에서 구해야 하는데 하물며 부자, 친척, 동료가 위험에 처하여 구원을 요청하였다면 달려가는 것이 당연한 도리였을 것이다. 만약 그렇지 못하였다면 그 무사는 극도의 수치심을 감당하기 어려웠을 것이다. 그런데 유키씨는 위와 같은 법도를 정하여 이런 관습법 차원의 감정을 억누르려고 하였던 것이다.

29) 위의 책, p.286.

전국 다이묘들의 법에 대한 관념의 의도적인 강조는 그 법에 의하여 규제되는 측에 그 관념의 수용기반이 없었다면 의미가 없었을 것이다. 그렇기 때문에 어느 정도의 수용기반이 있었을 것이라고 추정되는데, 전국시대에는 촌법(村法), 잇키세력(一揆勢力)이 서로 맹약한 계장(契狀) 등, 사회의 여러 계층이 스스로 법을 정하여 자신들이 속한 집단의 행위를 규제하려는 현상이 일반적으로 보인다. 그러한 현상이야말로 전국 다이묘가 정한 법도의 수용 기반이었다고 말할 수 있을 것이다.[30] 이러한 현실을 전제로 하여 전국 다이묘 권력은 법도를 제정하여 그 권위를 강조하였고, 그런 과정을 통하여 도리보다 우월한 법의 권위를 절대시하는 관념이 성립되었던 것이다.

전국 시대를 거치면서 권력자가 정한 법이기 때문에 시비를 논하지 않고 법질서로서 강제되었던 것으로, 에도 시대에 관습법으로 계승된 것으로서 가장 대표적인 것이 겐카료세이바이법(喧譁兩成敗法)이다. 겐카료세이바이법은 사투를 벌인 자에 대하여 옳고 그름을 논하지 않고 양편을 모두 처벌하는 것이었다. 도쿠가와 이에야스가 세키가하라(關ヶ原) 전투에 즈음하여 내린 군법에도 사사로운 싸움을 금지하는 내용이 보인다. 만약에 법을 위반하는 자는 옳고 그름을 논하지 않고 양방 모두를 사형에 처하거나 벌을 내릴 것이라는 내용이다. 물론 사사로운 싸움이 발생하였을 때 설령 잘 아는 사이라고 하여도 그 싸움에 가담하여서는 안 된다는 것을 강조하고 있다. 그 경우에는 싸움 당사자보다 더 잘못을 하는 것이라고 경고하고 있다.[31] 이 내용에서도 싸움이 발생하였을 때, 동료로서 그 싸움에 가담하는 것을 금지한 것은 앞에서 살펴본 '結城家法度'에 보이는 내용과 동일하다. 그런데 '結城家法度'에서는 싸움 그 자체를 금지하지는 않았다. 그것은 당사자 상호 간의 싸움에는 권력이 개입하지 않았다는 것을 시사하는 것이

30) 위의 책, 勝俣鎮夫, 「武家家法」, p.501.
31) 『德川禁令考』 前集 卷1, p.77.

다. 그러나 도쿠가와 이에야스가 내린 군법에서는 싸움은 물론 언쟁까지도 금지하였고 나아가 그 규정을 어긴 자에 대하여서는 옳고 그름을 논하지 아니하고 쌍방 모두 사형에 처하거나 벌을 내리는 조치를 취하였던 것이다. 물론 군법이라는 특수한 사정을 염두에 두어야 할 것이나, 법의 권위가 전국시대보다도 더욱 강화되었다는 점은 부인할 수 없을 것이다.

겐카료세이바이법은 무사들의 관습법적인 차원에서 일반적으로 수용되어 있었던 법질서였다. 다툼이 발생하였을 때 옳고 그름을 따지지 않고 양편의 당사자 모두를 똑같이 처벌하는 이 관행은 법의 공정한 집행이라는 관점에서 보았을 때 매우 타당하지 못한 법 집행의 태도라고 말하지 않을 수 없다.

일반적으로 전근대 사회의 국가는 지배 범위 내의 토지와 그 토지에 예속되어 있는 경작자를 함께 지배하였다. 그러면서 토지에서 생산되는 생산물을 수취하였고, 또 경작자, 즉 민중을 군역이나 요역에 동원하였다. 이러한 권력을 행사할 수 있었을 때 비로소 국가라고 할 수 있었던 것이다. 그러면 법의 관점에서 보았을 때, 어떠한 요건을 갖추면 국가라고 할 수 있을까? 필자는 어떤 권력이 그 세력이 미치는 범위의 영토를 독자적인 법에 의하여 지배하며, 그 법을 집행함에 있어서 재판권을 행사할 때 비로소 국가라고 할 수 있다고 생각하고 있다.

이러한 필자의 주장이 수용된다면, 그 다음에는 재판권을 행사한다는 것은 무엇인가가 문제가 될 것이다. 재판이란 기본적으로 재판의 담당자, 즉 국가가 법을 집행하는 장소, 즉 법원으로 소송자와 피소송자를 소환하여 당사자들이 충분히 의사를 개진할 수 있게 기회를 주고, 그 변론을 참고로 하여 옳고 그름을 분명하게 가리는 것이라고 할 수 있다. 즉 재판을 주재하는 자에게는 중재자의 역할보다도 심판자의 역할이 더욱 강조되는 것이다. 그렇기 때문에 재판은 옳고 그름을 가리는 것, 즉 시비를 논하는 것이다. 이러한 중재자와 심판자의 권위는 곧 국가가 존재하고 있다는 것을 선언하는 것이며, 그렇기 때문에 재판에 의하여 결정된 사항은 절대적인 권위를 갖게 되는 것이다.

이런 관점에서 보았을 때, 겐카료세이바이법의 치명적인 약점은 옳고 그름을 논할 수 있는 가능성을 원천적으로 봉쇄하였다는 데 있다. 즉 국가는 중재자, 심판자의 역할을 포기한 것이다. 정당한 국가의 정당한 법 집행 행위라고 볼 수 없는 매우 특이한 법이라고 하지 않을 수 없다.

그렇다면 전국시대 이래 다이묘 권력은 왜 중재자, 심판자의 역할을 포기하면서까지 매우 특이한 이 법을 일본사회에 제시하지 않으면 안 되었을까? 필자는 다이묘가 무사단을 결속시키는 것이 급선무였기 때문에 어떻게 보면 폭력에 가까운 겐카료세이바이법을 강제하지 않을 수 없었을 것이라고 생각한다. 그 배경에는 무가사회를 통하여 일본사회에 존속된 복수의 전통이 있었다고 생각된다. 복수에 대한 고찰은 본 고에서 논의할 사항이 아니기 때문에 다음 기회에 고찰하기로 하겠는데, 이와 같이 매우 폭력적인 겐카료세이바이법이야말로 다이묘가 제시한 법이라는 권위만으로, 법이 모든 상식과 사사로운 정당성에 우선한다는 법 질서를 상징하는 것이었다.

4. 맺음말

전국시대 다이묘들의 목표는 분열되어 있는 일본열도를 통일하는 것이었다. 다이묘들은 일본열도를 통일하기 위하여 끊임없는 영토 확장 전쟁을 전개하였다. 매번 전쟁에서 승리하지 않으면 영국(領國)은 순식간에 역사에서 지워지는 운명이었기 때문에 다이묘들은 한시도 긴장감을 늦출 수가 없었다. 그들은 부국강병 정책을 추진하였다. 경제력이 튼튼하였을 때 비로소 강력한 군사력을 보유할 수 있었기 때문이다. 다이묘들은 모든 면에서 효율성을 추구하지 않을 수 없었는데, 그러한 과정에서 실력주의가 자연스럽게 수용되었다.

실력주의는 신분제와 대립되는 개념이었다. 신분제하에서는 실력에 관계없이 혈통과 직분이 신분을 결정하는 가장 중요한 요인이었기 때문이다. 이런 관점에서 보았을 때, 일본 역사에 있어서 전국시대는 매우 특이한 시대였다. 전근대사회는 신분제 사회라고 할 수 있고, 신분제 사회에서는 실력주의가 인정될 수 없는데, 그럼에도 불구하고 실력주의가 시대의 정신으로 부각되었던 것이다.

그런데 바로 이 실력주의가 하극상 사상의 내용을 형성하고 있었다는 점을 간과해서는 안 될 것이다. 하극상 시대를 상징하는 역사적인 인물은 다름 아닌 도요토미 히데요시였다. 만약에 에도 막부가 성립되고 봉건적 신분질서가 확립된 시대에 도요토미 히데요시가 태어났다면, 과연 전설과도 같은 그의 출세가 가능하였을까? 아마 아닐 것이다. 그는 실력이 있다고 하여도 농민의 자식이었기 때문에 토지에 긴박되어서 평생 농업에 종사할 수밖에 없는 운명이었을 것이다. 그는 바로 하극상 시대였기 때문에 일본 최고의 실력자로 부상하여 무소불위의 권세를 누릴 수 있었던 것이다.

하극상 시대였기 때문에 출세할 수 있었던 도요토미 히데요시야말로 하극상의 에너지가 얼마나 가공할 위력을 지니고 있는지를 가장 잘 파악하고 있는 인물이었다. 그렇기 때문에 그는 하극상의 시대를 종식시키려고 노력하였다. 하지만 전쟁의 와중에 있었던 그는 하극상 시대의 종지부를 찍지 못하였고, 그 과업은 도요토미 정권을 계승한 도쿠가와 이에야스에게로 넘겨졌던 것이다.

도쿠가와 이에야스는 에도에 막부를 개설하고 봉건적인 신분질서를 재편하기 위한 정책을 구체적으로 시행하였다. 그의 당면과제는 말할 필요도 없이 하극상의 사상을 부정하는 것이었다. 하극상 사상의 부정 없이는 절대적인 상하관계가 유지될 수 없었고, 상하관계=존비관계라는 관념이 사회 일반에 수용되지 않으면 봉건적 신분질서의 확립은 불가능한 것이었기 때문이다. 하지만 전국시대를 통하여 끈질긴 생명력을 얻은 하극상 사상은 17세기 전기까지 전국시대의 유산으로 남아 있었다. 그것은 '가부키모노' 라는 일탈자들에 의하여 계승되고 있었다. 그래서 도쿠가와 정권은 가부키모노를 철저하게 탄압하지 않을 수 없었던 것이다. 가부키모노들은 17세기 중기에 이르러서 서서히 근세적인 신분질서의 틀 속으로 흡수되게 된다. 가부키모노의 소멸은 곧 근세적 질서의 확립을 의미하는 것이었다.

근세적 질서는 강력한 막번권력(幕藩權力)의 법에 의하여 유지되었다. 근세 사회에 있어서 법은 모든 상식과 정당성에 우선하는 것이었다. 도리라는 말이 근세 시대의 법규 내용에도 여전히 사용되고 있었으나 그 도리가 의미하는 내용은 곧 권력이 의도하는 것과 동일한 의미로 사용되었다. 이와 같은 법 관념은 대의 그것과 상이한 것이었다.

중세시대의 도리는 누구나가 타당하다고 인정할 수 있는 것, 즉 정의에 부합되는 것으로 인식되고 있었다. 그것은 당시 무가사회의 관습이나 전례를 의미하기도 하였다. 도리는 또한 가치 판단의 기준, 즉 객관적인 척도이기도 하였다. 그러니까 막부는 소송이 제기되면 이 기준에 따라 사안의 옳고 그름을 재판하였다. 재판은 도리가 어느 쪽에 있는지를 판단하는 것이었다. 그러나 근세시대의 도리는 이미 누구나가 수용할 수 있는 공정한 기준이 아니었다. 그것은 권력에 의하여 규제되는 법의 하위 개념으로 전락되어 있었다. 요컨대 대의 도리관념은 전국시대를 커다란 축으로 하여 근세 시대의 도리관념으로 전환하였던 것이다. 도쿠가와 이에야스는 바로 그러한 도리관념이 관철되는 사회, 절대적인 국가권력의 폭력장치에 의하여 보장되는 봉건적 신분질서를 재편하려고 의도하였던 것이다.

제 2 장

江戸幕府의 帶刀統制와 帶刀政策의 전환

1. 머리말

일본 근세사회를 통해서 지배계급인 무사는 일상적으로 대도(帶刀)를 하고 있었다. 즉 무사는 길고 짧은 두 개의 도검을 패용하고 있었다. 긴 칼을 가타나(刀)라고 하고, 짧은 칼을 와키자시(脇指)라고 하였다. 에도시대에는 이 두 자루의 검을 일반적으로 양도(兩刀), 또는 대소(大小)라고 부르기도 하였다. 에도시대에는 무사만이 이 두 자루의 도검을 패용할 권리가 있었다. 즉 대도는 무사의 특권이었다. 그렇기 때문에 대도는 무사의 신분을 상징하는 것이었다. 당연히 서민의 대도는 법에 의하여 금지되어 있었다. 병농분리가 진행되고, 또 도요토미(豊臣) 정권에 의하여 가타나가리(刀狩) 정책이 시행되면서 도검을 비롯한 무기는 무사신분에 의하여 독점되었고, 그 과정에서 서민들은 점차로 도검을 패용하지 않게 되었을 것으로 여겨진다. 하지만 서민들의 대도가 법에 의하여 명확하게 금지된 것은 간분(寛文)8년(1688)이었다.

간분8년이 조닌대도금령(町人帶刀禁令)의 획기에 해당된다는 것에 대해서는 일찍이 후지키 히사시(藤木久志)가 지적한 바 있고,[1] 필자도 이미 조닌대도금령이 일본 근세사회에서 어떠한 의미를 갖고 있었는지에 대하여 살펴본 적이 있다.[2] 그리고 구마타니 미쓰코(熊谷光子)는 막부의 조닌(町人) 대도금지 정책을 검토하여, 막부가 어떠한 의도를 갖고 대도인을 파악하려고 하였는지, 그리고 대도인이란 어떠한 존재인지를 구체적으로 밝혔다.[3] 그러나 이상의 연구들은 17세기 후기의 조닌 대도금지 정책을 17세기 전기의 정치 상황과 관련하여 검토하지는 못하였다. 그런데 17세기 후기의 조닌의 대도금지 문제와 17세기 전기의 정치상황의 관련성에 주목한 것이 아사오 나오히로(朝尾直弘)였다.[4] 그는 로닌(牢人) 문제의 시점에서 대도통제 문제를 살펴보려고 하였다. '로닌' 이란 말하자면 실업자인 무사를 뜻하는데, 에도시대 초기에는 정치적인 격변기였던 만큼 많은 수의 로닌이 양상되었다. 그들은 막부에 대하여 반감을 가지고 있었기 때문에, 17세기 전기에는 막부가 로닌을 직접 장악하고 통제하였다. 그러나 17세기 후기에 이르면 막부는 무사 신분의 외형적 표식인 대도의 패용 여부를 기준으로 하여 로닌을 간접적으로 통제하려고 하였다. 이것은 다시 말하면 간분8년의 조닌대도금령이 성립되면서 로닌 정책은 서민을 대상으로 한 대도금지 정책의 일환으로 전환되기에 이르렀다는 것이다.

아사오의 문제 접근방식을 염두에 두면서 17세기 전기의 막부 정책을 검토해 보면, 막부가 17세기 전기에도 대도통제 정책을 지속적으로 시행하였다는 점이 주목된다. 물론 17세기 전기에 시행된 대도통제 정책과 17세기 후기에 시행된 조닌 대도금지 정책은 그 내용에 있어서 다르다. 전자는 '異類異形' 의 도검에 초점이 맞추어져 있었고, 후자는 신분론의 시점

1) 藤木久志,『豊臣平和令と戦國社会』, 東京大學出版会, 1985年.
2) 拙稿,「帯禁令と近世身分秩序の特質」,『史境』19號, 1989年.
3) 熊谷光子,「帯人と畿內町奉行所支配」,『身分的周縁』, 部落問題研究所, 1994年.
4) 朝尾直弘,「近世京都の牢人」,『京都市歴史資料館紀要』10號, 1992年.

에서 서민의 대도 패용의 자격의 문제에 초점이 맞추어져 있었다. 하지만 막부의 대도통제 정책이라는 측면에서는 공통점을 갖고 있었다. 그렇다면 17세기 전기의 대도통제 정책과 후기의 대도통제 정책은 어떠한 관련성을 갖고 있었을까? 또 어떠한 정치 · 사회적인 배경하에서 대도통제 정책이 전환되었을까? 이런 문제점을 밝히는 것은 17세기 일본사회의 특질을 해명하는 데 중요한 실마리가 될 것이다.

본 고는 17세기 일본사회를 대상으로 하여 막부의 대도통제의 실태를 살펴보는 것을 목적으로 한다. 본 고에서는 먼저 간분8년을 기점으로 하여, 그 이전과 이후의 대도통제의 내용이 어떠하였는지를 살펴보고, 다음에는 막부의 대도통제 정책이 전환된 정치 · 사회적 배경을 구체적으로 살펴보고자 한다. 이러한 작업 과정을 통하여 막부의 조닌 대도금지 정책의 결과 부각된 존재인 '帶刀人'이 '사농공상'의 신분질서에 어떻게 위치되었는가 하는 문제도 자연히 밝혀질 것이라고 생각한다.

2. 寛文8년(1688) 이전의 帶刀統制 — '異流異形'의 도검 단속에 중점을 둔 통제

에도막부가 대도를 통제하려고 의도한 최초의 법령은 慶長8년(1603) 9월에 교토(京都)의 귀족을 대상으로 하여 내린 5개조 금령이었다.[5] 그 5조에는 "오와키자시(大脇指)의 패용을 금한다. 단 장소와 때를 구분하여 패용하여도 무방하다. 대체로 異類異形의 몸단장은 각기 분별이 있어야 할 것이다."라는 내용이 보인다. 여기서 "異類異形"이란 보통과 다른 모양, 혹은 상식을 벗어난 형태를 의미한다고 이해하여도 무방할 것이다. 이러한 시점에서 보았을 때, 大脇指[6]는 보통보다 긴 와키자시(脇指)를 가리키

5) 「慶長日件錄」, 『日本古典全集』, 日本古典全集刊行會, 1929年, p.60.

는 것을 의미한다고 할 수 있는데, 막부는 "異類異形의 몸단장"을 해서는 안 된다는 취지에서 大脇指의 패용을 금지하였던 것이다.

위와 같은 취지의 금령은 무가(武家)에서도 발령되었다. 慶長16년(1611) 3월, 오카야마(岡山) 이케다가(池田家) 가법인 '今度上洛供之法度',[7] 동년 8월의 카가(加賀) 마에다가(前田家)의 '覚'[8] 등에 大脇指 금지 조항이 보인다. 이와 같은 금령은 무가의 구성원 중에서도 주로 무가봉공인(武家奉公人)을 대상으로 한 것이었다. 慶長20년(1615) 5월에 발령된 막부법에는 '異類異形'에 대하여 보다 구체적으로 "大刀를 패용하는 것, 大脇指를 패용하는 것, 붉은 색이 나는 칼집을 사용하는 것, 일반적인 상식보다 크거나 모양이 이상한 도검 장식을 하는 것"[9]이라고 명시되어 있다. 여기에서는 大脇指뿐만이 아니라 大刀, 그리고 유난히 남의 눈에 띄는 붉은 색이 나는 칼집과 도검 장식까지 포함하여 '異類異形'의 범위에 포함시키고 있다.

元和5년(1619) 4월, 데와(出羽) 사다케가(佐竹家)는 막부의 법령에 의거하여 도시 상공인을 대상으로 하여 금령을 내렸다.[10] 이 금령은 서민의 풍속에 관한 일반적인 법령의 성격을 띠고 있는데, 그 내용 중에는 "1尺 8寸보다 긴 脇指, 손잡이가 긴 도검, 붉은 색이 나는 칼집"의 사용을 금지하는 내용이 보인다. 그 내용을 살펴보면 이 금령이 1615년에 내려진 막부의 법령과 대체적으로 동일한 기조하에서 발령되었다는 것을 알 수 있고, 大脇指라는 말 대신에 "1尺 8寸보다 긴 脇指"라는 표현을 쓰고 있는 점이 주목된다.

막부가 大脇指를 규제하려면 무엇이 大脇指인가에 대하여 명확한 규정을 내리지 않으면 안 되었다. 즉 막부는 일정한 기준을 설정할 필요가 있었던 것이다. 이상한 몸단장과 도검 장식은 그 모습이 구체적으로 전달되

6) 오와키자시는 보통의 와키자시보다 길이가 긴 것을 말하는 것이다.
7) 「武州様法令」 21, 『藩法集』 1-下, 創文社, 1959年.
8) 「典制彙纂」 189, 『藩法集』 4, 創文社, 1963年.
9) 『德川禁令考』 前集 卷4, 創文社, 2219號.
10) 「梅津政景日記」 4, 『大日本古記錄』, 岩波書店, 1957年.

나, 도검의 길이를 규제하려면 일정한 척도를 규정할 필요가 있었다.

大刀 · 大脇指와 관련된 금령은 도검의 장식과 관련된 내용과 같이 발령되는 것이 일반적이었다. 그러나 이하에서는 편의상 大刀 · 大脇指의 문제, 즉 도검의 길이 규제에 관한 문제에 초점을 맞추어 막부의 도검통제의 내용을 살펴보기로 한다.

앞에서 살펴본 사다케가의 금령에 大脇指라는 말 대신에 "1尺 8寸보다 긴 脇指"를 금지한다고 하고 있는 점과, 사다케가의 금령은 막부의 법령에 의거하여 발령한다는 사실을 내용 중에 분명하게 밝히고 있다는 점이 주목된다. 그렇다면 막부는 위의 금령이 발령되기 이전에 무가를 대상으로 하여 어떤 형식으로든 풍속에 관한 금령을 발령하면서 大脇指란 "1尺 8寸보다 긴 脇指"라는 것을 명확하게 규정하였을 가능성이 크다.

실제로 이후에 발령되는 무가의 법령에는 脇指의 최대 척도를 정하고 그 이상의 脇指는 大脇指라고 규정하여 그 패용을 금지하고 있다. 寬永元(1624)년 6월 10일에 발령된 오카야마 이케다가의 금령 중에는 "行軍 중에 大脇指 壹尺 七寸 이상은 금지하고, 가타나와 와키자시 모두 붉은 색이 나는 칼집을 사용하지 말 것"[11]이라는 내용이 보인다. 카가 마에다가도 동년 10월에 "脇指 1尺 3寸 이상을 패용하지 말 것"[12]을 무사단에 지시하고 있다. 이러한 예는 각 다이묘가(大名家)가 막부가 정한 脇指의 최대 척도를 기준으로 하여 각기의 사정에 따라 적절하게 脇指의 최대 尺度와 상식을 벗어난 도검 장식의 구체적인 내용을 규정하였음을 알 수 있게 한다.

막부가 脇指의 척도와 함께 가타나의 척도를 구체적으로 제시한 것은 寬永3(1626)년 7월 1일에 발령된 '將軍在洛中法度'[13]를 통해서였다. 이 금령은 이미 앞에서 살펴본 금령의 내용과 같이, 상식에서 벗어난 칼집의 색깔과 날밑과 같은 도검의 장식을 규제하면서 "大脇指 1尺 8寸, 大刀는 2

11) 「忠雄樣法令」 5, 앞의 책, 『藩法集』 1.

12) 위의 책, 「法例集卷之七 第三十九 武器城郭」, p.359.

13) 『德川實紀』(新訂增補國史大系) 第2篇, 吉川弘文館, p.372.

尺 8-9寸" 이상의 도검이라고 규정하고, 길이가 그 이상이 되는 도검의 패용을 금지하고 있는 것이다.

앞에서도 살펴본 바와 같이, 慶長20(1615)년 5월에 발령된 막부법에도 大刀 금지의 조항이 보인다. 하지만 그 당시의 금령에는 大刀가 어느 정도 이상의 가타나를 의미하는지에 대하여는 명확한 규정이 없었다. 그런데 위에서 살펴본 寬永3(1626)년 7월 1일에 발령된 '將軍在洛中法度'를 통하여 大刀란 2尺 8-9寸 이상의 가타나라는 원칙이 제시됨으로써 막부의 도검에 관한 규정이 확정되었던 것이다.

막부에 의하여 大刀·大脇指에 관한 규정이 확정되면서, 다이묘들은 막부의 규정을 기준으로 하였을 것으로 여겨진다. 막부의 금령과는 조금 시간 차이는 있으나, 다이묘 중에서도 가장 가격(家格)이 높은 고산케(御三家)의 하나였던 오와리(尾張) 도쿠가와가(德川家)도 寬永10(1633)년 9월에 "太刀·大脇指의 패용을 금지한다. 가타나(刀)는 2尺 7-8寸, 脇指는 壹尺 7-8寸까지는 상관이 없다."[14]라는 금령을 내리고 있다. 太刀와 大刀는 모두 "타치"라고 발음하기 때문에 太刀와 大刀는 동일한 의미로 쓰여졌다고 보아도 무방하다. 여기에서 오와리(尾張) 도쿠가와가는 도검의 최대 척도를 "가타나(刀)는 2尺 7-8寸"까지, "脇指는 壹尺 7-8寸"까지라고 규정하고 있는데, 그 척도가 막부가 정한 것보다 같거나 약간 짧은 정도로 규정하고 있는 점이 인상적이다. 寬永13(1636)년, 아키(安藝) 아사노가(淺野家)도 "刀·脇指의 척도는 규정된 법도대로"[15] 준수할 것을 명령하고 있다. 사츠마(薩摩)의 시마즈가(島津家)가 寬永16(1639)년 7월 朔日에 발령된 법령에도 "刀의 척도 2尺 8寸 이상, 腋差의 척도 壹尺 8寸 이상, 그리고 붉은 색을 칠한 칼집, 각이진 날밑(鍔)"[16]을 금지한다는 내용이 보인다. 아키 아사노가가 동년에 발령한 법령에도 도검의 길이와 도검 장식을 규

14) 「源敬様御代御定書」, 『名古屋叢書』 卷2(法制篇 1), 名古屋市教育委員會, 1960年, p.203.
15) 『廣島縣史』 1 (近世史料篇 Ⅲ), 1973年, p.65.

제한 규정이 확인된다.[17] 그리고 연대는 조금 내려가지만 承應2(1653)년의 도쿠시마(德島) 하치스카가(蜂須賀家)의 법령[18]과 간분4(1664)년의 돗토리(鳥取) 이케다가(池田家)의 법령에 동일하게 "刀는 貳尺 8寸, 칼집을 포함해서 함께, 脇指는 壹尺 8寸"[19]이라고 규정되어 있다.

이상과 같은 내용과 법령의 존재를 종합해 볼 때, 적어도 1630년대에는 大刀와 大脇指를 포함한 '異類異形'의 도검의 패용을 금지하는 법령은 막부의 법도로 확립되었고, 이 법령은 적어도 17세기 중기를 통하여 지속적으로 시행되었음을 알 수 있다. 뿐만 아니라 이 금령은 각 다이묘가에도 전달되었고, 각 다이묘가는 막부법을 충실히 존중하면서 자체적으로 구체적인 규정을 정하여 시행하였다.

3. 寛文8년(1688) 이후의 대도통제 — 帶刀人 파악에 중점을 둔 통제

17세기 후기에 이르면 대도통제 정책이 크게 전환된다. 그 전환의 출발점이 되는 대도통제 정책은 간분8(1668)년에 발령된 주로 조닌(町人)을 대상으로 하는 금령이었다.[20] 동년 3월 15일부의 '覚' 3개조의 제1조에 보이는 "조닌이 도검을 패용하고 에도(江戶) 시내를 徘徊하는 것을 엄하게 금한다. 단 免許를 얻은 자는 예외로 한다."[21] 라는 규정이 그것이었다. 여기에서 "免許를 얻은 자"란 주로 무가에 각종 물품을 납품하는 어용상인

16) 「島津家列朝制度」, 『藩法集』 8, 鹿兒島藩 上, p.63.
17) 앞의 책, 『廣島縣史』, p.77.
18) 앞의 책, 藤木久志, 『德川平和令と戰國社會』, p.203.
19) 「御舊法御定制」 594, 『藩法集』 2, 鳥取藩法, 1962年.
20) 앞의 책, 藤木久志, 『德川平和令と戰國社會』, p.205.
21) 『正寶事錄』 卷1, 日本學術振興會, 343號.

및 막부에 예속된 직인(職人)들이었다.[22] 그런데 이 간분8년의 조닌 대도 금지에 관한 금령은 예외규정이 많은 금령이었다.

위 금령이 발령된 지 일주일 후인 22일부의 '覚'에는 "조닌이 여행을 떠날 때, 또는 화재가 일어났을 때는 각별한 경우임으로 그때에는 도검을 패용하는 것을 허용한다."[23]라는 내용이 보인다. 이것은 간분8년을 기점으로 하여 조닌의 대도는 원칙적으로 금지되었으나, 여행을 할 때나 화재가 발생하였을 때, 말하자면 일상적인 공간에서 비일상적인 공간으로 '외출'하여 자위(自衛)의 필요성이 대두되었을 때에는 특별히 대도가 허용되었다는 것을 알 수 있다. 조닌대도금령이 발령되었던 간분8년 이전에도 대부분의 조닌들은 일상적인 공간에서는 대도를 하지 않고 생활하였을 것이라고 여겨진다. 그러나 여행을 할 때, 화재가 발생하였을 때, 혼례를 거행할 때, 장례식을 거행할 때 등의 비일상적인 공간에서는 대도를 하는 관행이 있었다. 그런데 간분8년에 조닌대도금령이 내려지면서 혼례식장에서의 대도 관행과 장례식장에서의 대도 관행이 막부에 의하여 부정되었다.[24] 그러나 여행을 할 때나 화재가 발생하였을 때의 대도 관행은 너무나 뿌리 깊은 관행이었기 때문에 막부도 그것을 용인하지 않을 수 없었을 것으로 여겨진다.

동년 5월 4일부의 금령에는 "猿樂을 비롯하여 鼓吹手, 狂言師 등의 무리

22) 막부는 대도가 허용된 어용상인 및 직인(職人)들을 구체적으로 지정하였다. 『德川禁令考』(第320號)에 기록되어 있는 내용을 살펴보면, 吳服所七人, 金銀座七人, 本阿彌七人, 狩野九人 등 총 40명이었다.

23) 앞의 책, 『正寶事錄』 440號.

24) 享保6년(1720) 6월, 막부는 교호(享保) 개혁의 일환으로 서민의 帯刀人을 장악하고, 또 帯刀의 원칙을 구체적으로 정하려고 의도하였다. 幕閣의 수뇌부는 정책을 추진하기에 앞서 조닌의 대도가 금지되게 된 경위를 江戸의 町年寄인 樽屋藤右衛門에게 자문한 적이 있었다. 이에 대하여 樽屋藤右衛門이 "旧記를 살피고, 古格을 검토하여" 답신서를 제출하고 있다(『日本財政経済史料』 巻7, p.750). 그 답신서의 제2조에 "일찍부터 일반 조닌은 칼을 차지 않았었다. 단 여행, 화재, 혼례, 장례 때에는 칼을 찼다고 전해진다. 그러나 53년 전인 寛文8년 3월에 조닌이 칼을 차는 것이 금지됨에 따라서 그 후에는 칼을 차지 않았다. 하지만 여행할 때와 화재가 났을 때에는 특별한 경우인 만큼 허용되었다."라는 내용이 보인다. 조닌 帯刀禁止令의 성립과 전개 과정이 매우 정확하게 기록되어 있는 것을 알 수 있다.

들까지 도검을 패용하는 것을 금지한다."[25]라는 내용이 보인다. 예능인들이라고 할 수 있는 猿樂, 鼓吹手, 狂言師 등은 조닌대도금령이 발령된 뒤에도 계속하여 도검을 패용하다가 이후에 금지되었다는 것을 알 수 있다.

간분8年의 조닌대도금령은 그 후에도 지속성을 가지고 시행되었다. 막부는 동년 7월 16일부로 "오는 21일부터 대도를 단속하려고 하는 바, 막부가 허락한 자 이외에는 위반하지 않도록 널리 알려야 할 것이다."[26]라는 내용의 금령을 내려 조닌이 법을 어기고 대도를 하면 단속하겠다는 것을 예고하였다. 그런데 이 금령은 단속을 예고하고 있다는 점에서 주목된다. 이 단계에서는 막부의 단속이 처벌위주가 아니고, 계도 차원의 단속의 성격을 띠고 있었던 것이다.

그러나 다음 해인 간분9(1669)년 12월 3일부로 발령된 5개조로 구성된 금령의 제1조에는 "조닌 등으로 막부의 허락을 얻지 않은 자는 칼을 찰 수가 없다. 조만간에 단속하여 위배하는 자가 있을 시에는 체포할 것이다."[27]라는 내용이 보인다. 이 단계에서는 강력한 처벌위주의 단속이 이루어졌다는 것을 알 수 있다. 이러한 처벌위주의 단속은 이후에도 지속성을 갖고 시행되었다. 간분11(1671)년 4월 14일부의 금령에 "조닌으로 막부의 허락을 얻지 않고 칼을 차면, 치안을 유지하는 관리들은 보는 즉시 체포하도록 엄히 명령하는 바이다."[28]라는 내용이 보이는데, 역시 금령을 위반한 자를 강력하게 처벌하겠다는 의지가 분명하게 드러나 있다.

지금까지 열거한 금령을 살펴보면 막부는 조닌대도금령을 지속성을 갖고 추진하면서도 처음에는 계도 위주의 단속을 펼쳤으나 시간이 지나면서 단속의 강도가 점차로 강화되었다는 것을 알 수 있다. 단속이 점점 강화되는 것은 막부가 대도금령을 관철시키겠다는 의지를 분명히 한 것이었다.

25) 『德川實紀』(新訂增補國史大系) 篇5, 吉川弘文館, p.16.
26) 앞의 책, 『正宝事録』 441號.
27) 위의 책, 459號.
28) 위의 책, 482號.

그것은 또한 금령의 관철이 결코 용이하지 않았다는 것을 보여주는 것이기도 하다.

앞에서도 지적하였지만 간분8년의 조닌대도금령은 그 후에 약간 보강되었다고는 하여도 예외가 인정되었던 만큼 원칙에 충실한 금령이었다고는 할 수 없었다. 그것은 대도금령이 신분법령으로서는 미흡한 점이 많았다는 것을 의미하는 것이다.

엔보(延寶)8년(1680) 도쿠가와 쓰나요시(德川綱吉)가 제5대 쇼군(將軍)에 취임하였다. 쓰나요시는 문치주의를 표방하면서, 원리원칙에 입각하여 사회 각 분야의 질서를 세우려고 하였다. 조닌대도금령도 이러한 정책 방향과 밀접한 관련성을 가지고 전개되었다.

막부는 덴나(天和)3년(1683) 2월 17일부로 5개 조로 구성된 금령을 발령하였는데, 그 제2조에 "조닌인 舞舞, 猿樂는 설령 막부의 봉록을 받는 家臣이라고 하여도 향후에는 칼을 차지 말 것"[29]이라는 내용이 보인다. 대도와 관련한 天和3년의 금령이 발령되기 이전에는 신분적으로 무사가 아니어도 쇼군가나 다이묘가로부터 봉록이나 경제적인 지원을 받으면서 직접적이든 간접적이든 주종관계를 유지하고 있었던 존재에게는 대도가 허용되었다. 그러나 天和3년에 이르러 비록 막부로부터 봉록을 받고, 막부와 주종관계를 맺고 있는 존재라고 하여도 신분적으로 무사가 아닌 자는 대도가 금지되었던 것이다. 다시 말하면 이전에는 주종제의 논리가 신분제의 논리보다 우선되었던 면이 있었지만, 天和3년에 이르러서는 철저하게 신분제의 논리에 입각하여 조닌의 대도를 금지시켰던 것이다.

이어서 막부는 위의 금령이 내려진 지 3일 후인 2월 20일에 "화재가 났을 때, 또는 여행을 할 때, 조닌이 칼을 차던 것을 일체 금지한다."[30]라는 내용의 금령을 내리고 있다. 이 금령이 내려지기 전까지는 막부가 조닌이라

29) 위의 책, 655號.
30) 위의 책, 658號.

고 하여도 여행을 할 때나 화재가 났을 때에는 예외적으로 대도를 허용하지 않을 수 없었는데, 이러한 배경에는 자신과 가족의 목숨, 그리고 재산은 자신이 지키지 않으면 안된다는 전국시대 이래의 자력구제(自力救濟) 관념이 조닌사회에도 17세기를 통하여 강고한 사회관념으로 존속해 왔기 때문이었다.[31] 자위의 필요성은 일상의 장에서보다 비일상의 장에서, 즉 비상시에 더욱 절실하게 요구되었는데, 그때 도검은 자위를 위한 가장 유용한 무기 중 하나였다.[32] 막부는 여행을 할 때, 화재가 발생하였을 때를 비상시로 인정하였으며, 그때는 조닌에게도 자위를 위하여 도검의 패용을 허용하였던 것이다. 요컨대 전국시대 이래의 전통적인 자력구제의 논리는 天和3년 이전까지 비상시 조닌 대도의 논리적 근거가 되었던 것이다. 그러나 막부는 天和3년의 조닌대도금령을 내릴 때, 신분제의 논리를 관철시키기 위해서 주종제의 논리를 부정하지 않을 수 없었듯이, 관습적 차원의 전통에 입각하고 있었던 自力救濟의 논리도 부정하지 않을 수 없었을 것이다.

天和3년에 내려진 조닌의 대도와 관련한 일련의 금령은 신분제의 논리에 의하여 관철되었다. 이러한 관점에서 보았을 때 天和3년의 대도금령은 일본근세사회에 있어서 도검의 역할의 전환을 의미하는 법령이었다고 할 수 있다. 요컨대 무기로서의 도검이라는 측면보다도 무사의 신분표식으로서의 도검이라는 측면이 중요한 의미를 갖게 되었던 것이다.

天和3년에 성립된 조닌대도금령은 에도 시중을 넘어서 다이묘령으로 전달되었다. 막부로부터 금령을 전달받은 후에 다시 다이묘가의 금령으로 발령한 경우도 적지 않게 확인할 수 있다. 마쓰야마번(松山藩)은 天和3년의 막부의 금령을 '從公儀被仰出候覺' 이라는 금령[33]으로 발령하고 있다. 돗토리번도 역시 '公儀' 가 내린 법령이라고 명시하여 금령을 발령[34]하고

31) 앞의 논문, 拙稿, 「帶刀禁令と近世身分秩序の特質」, p.21.
32) 拙稿, 「近世 日本武士와 帶刀」, 『日本歷史研究』 第4輯, 日本歷史研究會, 1996年 참조.
33) 『松山藩法令集』, 近藤出版社, 1978年, p.61.
34) 앞의 책, 『藩法集』 2, p.368.

있다. 그리고 도토번(藤堂藩)도 역시 같은 형식을 빌어 2월에 전달된 막부의 금령을 5월 19일부로 다시 발령하고 있는데, 그 내용은 막부의 금령을 글자 하나 바꾸지 않았을 뿐만 아니라, "鄕村의 모든 사람들이 엄중하게 지켜야 할" "公儀의 法度"임을 강조하여 발령하고 있음을 『宗國史』의 「國約志」[35]에서 확인할 수 있다. 간분8년의 금령이 주로 에도의 조닌을 그 대상으로 했던 금령이었던 데 비해, 天和3년의 금령은 각 다이묘령에도 관철되어야 마땅한 공의(公儀)의 법령으로서의 성격을 띠고 있었다는 점이 주목된다.[36]

4. 帶刀 統制政策이 전환하게 된 정치 · 사회적 배경

(1) '가부키모노'와 그 풍속의 소멸

17세기 전기를 통하여 막부는 '異類異形'의 도검 단속에 초점을 맞추어 서민의 대도를 통제하였다. 그 이유는 '異類異形'의 도검은 곧 '가부키모노'[37]의 행장과 밀접한 관련성이 있었기 때문이다. '가부키'란 異端 · 異風을 의미하는 말이다. 그러니까 '가부키모노'란 異風의 行裝을 하고 이단적인 행동을 하는 자를 일컫는다. 그런 관점에서 보았을 때, '異類異形'의 도검은 곧 가부키모노들의 행장이요, 가부키풍속이었다.

35) 『宗國史』 下(上野市古文獻刊行會), 同朋社出判部, 1979年.

36) 天和3年의 조닌 대도 금지에 관한 금령은 막령 이외에도 譜代藩과 外様藩에도 전달되었다는 것이 확인된다. 譜代藩으로는 因幡 池田家(『藩法集』 2, p.368), 伊勢 坂倉家(『藩法集』 12, p.35), 岸和田 松井家(『泉南市史』 史料編, p.219), 坂木 坂倉家(『長野縣市』 近世史料篇 巻71, p.873) 등이고, 外様藩으로는 加賀 前田家(『藩法集』 4, p.128), 薩摩 島津家(『藩法集』 8, p.30), 安藝 淺野家(『廣島縣史』 近世史料篇2, p.175) 등에 전달되었다는 것이 확인된다.

37) 가부키모노란 異端 · 異風을 행하는 자라는 의미이다. 그들을 상징하는 것은 상식을 벗어나게 긴 도검과 뭇 사람의 시선을 끄는 도검 장식이었다. 가부키모노에 대해서는 拙稿, 「초기 德川時代의 刀劍規制와 『가부기者』」, 『日本學報』 43號, 1999年, p.495 이하 참조.

에도 시대 사료에 등장하는 가부키모노들은 심상치 않은 용모를 하고, 유난히 긴 大刀를 차고 무리를 지어 시정을 활보하면서 싸움을 일삼는 등 치안을 문란하게 하고 사회질서를 어지럽히는 자로 묘사되어 있다.[38] 특히 막번권력의 입장에서 보았을 때, 가부키모노는 '戰國의 餘習'[39]을 버리지 못하고 시대착오적인 행동을 일삼는 일탈자들이었을 뿐만 아니라, 막부의 법질서에 도전하는 범법자들이었다.

막부는 17세기 전기를 통하여 가부키모노들을 강력하게 탄압하였다. 하지만 가부키모노를 상징하는 '異類異形'의 행장은 풍속화되어 재생산되었기 때문에 좀처럼 근절되지 않았다. 가부키 풍속은 주로 무가사회 인구의 대다수를 차지하고 있었던 하급무사와 무가봉공인에 의하여 재생산되는 경향이 있었다. 다시 말하면 하급무사와 무가봉공인이 가부키 풍속에 가장 많이 물들어 있었던 것이다. 『德川實紀』에서 가부키모노를 "가부키모노는 中小姓 이하의 존재로서 비단으로 만든 옷깃이 있는 옷을 입고, 머리카락을 바짝 끌어올리거나 머리칼을 세워 기르고, 大刀 · 大脇指를 차고 활보하는 자이다."[40]라고 정의하고 있는 것을 보면, 막부도 하급무사와 무가봉공인 계층에 가부키모노들이 많이 있고 그들이 바로 가부키 풍속의 온상이라고 인식하고 있었음을 알 수 있다. 그렇기 때문에 막부는, 앞에서 이미 살펴본 바와 같이, 17세기 전기를 통하여 '異類異形'의 대도통제에 관한 금령을 주로 무가사회(武家社會)를 대상으로 하여 발령하였다.

17세기 중기가 되면 조닌사회에도 가부키 풍속이 확산되어 大刀와 大脇指를 패용하고 다니는 자가 나타났다. 조닌사회에 가부키 풍속이 확산된 것은 연기봉공인(年期奉公人)의 증가와 밀접한 관련이 있었다. 17세기 중기는 무사사회가 질적으로 변환되는 시기였는데, 이러한 변환기를 거치면

38) 위의 논문, pp.493~494.
39) 『德川實紀』 篇1, p.327.
40) 『德川實紀』 篇4, p.43.

서 연기봉공인의 수요가 급증하였다.[41] 그러자 자연히 무가봉공인을 요망하는 서민들이 에도로 몰려들게 되었다. 그들은 말하자면 무가봉공인 지망자들이었으므로 그들 중에는 무가봉공인의 행장을 흉내내어 大刀·大脇指를 패용하는 자들이 많이 있었고, 조닌사회에서 그들이 차지하는 인구 비율이 증가하면서 가부키 풍속이 조닌사회에 점점 침투되었을 것이라는 것은 상상하고도 남음이 있다.

쇼호(正保)5년(1648) 2월, 막부가 "조닌이 長刀와 大脇指를 차고 奉公人의 흉내를 내어 '가부키모노'와 같은 行裝을 하며, 거칠고 무례하게 행동하는 자가 있을 경우에는 御目付衆을 순찰시켜 발견되는 즉시 체포"[42]하도록 하고 있는 것을 보면, 17세기 중기가 되면 가부키 풍속이 조닌사회에까지 확산되어 막부가 적극적으로 단속하지 않으면 안 되었다는 것을 알 수 있다. 막부는 가부키 풍속을 강력하게 단속하는 한편, 도시 자치조직을 통하여 지속적인 규제를 강화하였다. 막부는 쇼오(承應)2년(1653) 윤(閏)6월에 조닌 가부키모노의 상징적 존재의 한 사람이었던 유메노 이치로베에(夢野市郎兵衛)를 사형에 처했으며, 간분4(1664)년에는 하타모토(旗本) 가부키모노의 상징적 존재였던 미즈노 주료자에몬(水野十郎左衛門)에게 자살을 명하였다. 이를 시작으로 하여 두령급 가부키모노들이 잇달아 처형되었고, 가부키 풍속도 강력하게 규제되게 되었다.

이후로 가부키모노와 가부키 풍속은 점차로 모습을 감추게 된다. 거기에는 여러 가지 요인[43]이 있었겠지만, 그 중요한 요인의 하나로서 17세기 중기에 이르면 평화가 정착되고 근세적질서가 확립되었다는 사실을 들지 않을 수 없다. 다시 말하자면 17세기 중기에 이르면 소위 '戰國의 余習'에

41) 南 和南,「江戸における武家奉公人の變質」,『國學院雜誌』, 1965年 참조.

42)『德川禁令考』前集 卷5, 創文社, p.353.

43) 17세기 말이 되어 가부키모노가 종적을 감추게 된 배경에는 당시의 지식인을 비롯한 민중들의 맹렬한 비난이 있었음을 간과할 수 없다. 특히 검술이 보급되면서 '유난히 긴 것'을 좋아하는 風俗이 비난의 대상이 되었다.

불과하였던 가부키모노와 그 풍속은 근세적 질서의 틀 속으로 소멸되지 않을 수 없는 운명이었던 것이다. 이러한 시기에 막부의 지속적이고도 철저한 탄압이 있었기 때문에 가부키모노와 그 풍속은 근세적 질서의 틀 속으로 빠르게 그 모습을 감추게 되었던 것이다.

가부키모노와 그 풍속이 모습을 감추게 되면서 大刀와 大脇指에 초점을 맞추어서 단속을 하던 막부의 도검통제도 새로운 국면을 맞이하게 되었던 것이다.

(2)로닌(牢人)[44] 정책의 전환

慶長5(1600)년 세키가하라의 전투에서 도쿠가와씨에 대적하였던 다이묘들이 대부분 몰락하였다.[45] 그 후에도 17세기 전기를 통하여 실시된 무단정책의 결과 많은 다이묘들이 몰락하였고 그때마다 많은 로닌들이 발생하였다. 17세기 전기에 발생한 로닌의 수는 40여만 명이라고 일컬어졌다. 로닌들은 당연히 막부에 반감을 가지고 있었다. 내심 사회가 혼란스러워지는 것을 바라고 있는 자들도 있었다. 따라서 도쿠가와 막부가 로닌의 동향에 대하여 촉각을 곤두세우고 있었던 것은 당연한 일이었다. 실제로 도쿠가와 막부가 초기에 가장 두려워했던 것은 교토(京都)와 도자마다이묘(外様大名), 그리고 로닌이라고 일컬어지고 있다.[46]

44) 牢人이란 본래 領地 · 官職 · 地位를 상실한 사람을 일컫는 말인데, 남북조시대 이후에는 주로 主人을 갖지 않은 무사, 즉 무사 중 실업자를 일컫는 말로 사용되게 되었다. 그런 의미에서 고향을 떠난 존재를 의미하는 浪人과는 구별되어야 마땅하다(栗田元次, 『江戶時代史』 上 1, 內外書籍株式会社, 1927年, p.306 참조).

45) 세키가하라(關ケ原) 전투는 도쿠가와 이에야스의 대승리로 끝났다. 전투가 끝난 후, 이에야스는 서군의 주모자였던 이시다 미쓰나리와 고니시 유키나가를 사형에 처하였다. 그리고 서군에 가담하였던 우키다 히데이에(宇喜多秀家)를 비롯한 88家의 다이묘를 멸망시키고 5家를 감봉 처분함으로써 총 632만 석을 몰수하는 한편, 1602년까지 68家의 신판(親藩)과 후다이(譜代) 다이묘를 세워 전국의 요소요소에 배치하였다.

46) 앞의 책, 栗田元次, 『江戶時代史』 上 1, p.303.

막부의 로닌 정책이 본격적으로 시행되었던 것은 1614년 겨울부터 다음해 여름에 걸친 오사카의 전쟁(大坂の陣) 이후였다.[47] 즉 오사카의 전쟁 때 도요토미씨 측에 가담했던 로닌들을 수색하기 위해서 로닌 정책이 강화되었다.[48] 교토의 경우를 살펴보면, 교토쇼시다이(京都所司代)는 교토에 거주하는 로닌에게 '切手'를 발급하였다. '切手'는 친척, 지인(知人) 등 로닌의 신원을 증명할 만한 인물이 그 경위서를 교토쇼시다이에게 제출하면 그 서류를 근거로 하여 발급하였다. 그런데 '切手'의 발급은 다시는 무사가 되기를 원하지 않는 자이거나, 오랫동안 상업에 종사하여 실제적으로 상인이 되어버린 로닌에 한정하였다. 다시 무사단에 편입되기를 희망하고 있었던 로닌들은 교토에서 추방하는 정책을 취하였다.[49] '切手'가 없는 로닌에게 숙소를 제공하는 자는 재산을 몰수하는 등 엄한 벌칙이 부과되었고, 밀고자에게는 포상을 하였다. '切手'가 없는 로닌은 현실적으로 교토에 하루도 거주할 수가 없는 상황이었다.

탄압 위주의 로닌 정책은 慶安4(1651)년 7월에 로닌인 유이 쇼세츠(由井正雪)가 주동이 되어 일으킨 막부전복기도 사건[50]을 기회로 하여 유연한 파악 위주의 정책으로 전환되었다. 실제로 막부는 사건이 있은 후 3개월 후에는 로닌 발생의 가장 중요한 요인의 하나인 말기양자(末期養子)를 인정하는 등 로닌 문제를 근본적으로 해결하려고 하는 자세를 보이기 시

47) 大坂陣은 도쿠가와 이에야스가 도요토미씨를 멸망시키기 위하여 일으킨 전쟁이었다. 이에야스는 1614년 10월과 다음 해인 1615년 4월에 두 번에 걸쳐서 오사카로 쳐들어가 오사카성을 함락하고, 도요토미 히데요시의 아들인 히데요리를 자살하게 하였다. 이로써 도요토미씨는 멸망하였다. 그런데 이 大坂陣 때 많은 牢人들이 오사카성으로 들어가 농성하면서 도요토미씨를 위하여 싸웠다.

48) 앞의 책, 栗田元次, 『江戸時代史』 上 1, p.113.

49) 朝尾直弘, 「近世京都の牢人」, 『京都市歴史資料館紀要』 10號, 1992年, p.362.

50) 1651년 3대 쇼군 도쿠가와 이에미츠가 사망하고 나이 어린 이에츠나(徳川家綱)가 쇼군직을 승계한 직후에, 유이 쇼세츠(由井正雪)의 난이 발생하였다. 병학자(兵學者)로 에도에서 군사학을 가르치고 있었던 유이 쇼세츠는 막부의 정치에 불만을 품은 로닌들을 결집시켜 에도, 오사카, 슴푸(駿府) 등에서 일시에 봉기하여 막부를 전복하려고 하였다. 이 사건은 사전에 밀고자가 있었기 때문에 대규모 봉기로 발전하지는 않았으나 막부에게 커다란 충격을 안겨주었다.

작하였다. 정책이 전환된 배경에는 로닌 문제는 막부의 무단통치에 의하여 구조적으로 발생하는 문제라는 막각(幕閣)의 변화된 상황인식이 크게 작용하였다. 유이 쇼세츠의 난이 일어난 지 5개월 후인 동년 12월에 막각에서는 로닌 문제에 대한 회의가 있었다. 이 회의에서 에도에서 로닌을 추방한다고 해결되는 문제가 아니라는 데에 의견의 일치를 보았던 것이다.[51] 막부의 로닌 정책의 전환에 대하여 구리타 모토지(栗田元次)는 '로닌 정책의 혁신' 이라고 평가하고 있다.[52] 로닌 정책의 전환은 막부의 정치가 무단통치에서 문치정치로 크게 전환하는 출발점이 되었던 것이다.

교토의 예를 들어보면, 간분8(1668)년 7월, 동 · 서 마치부교쇼(町奉行所) 설치를 계기로 하여 로닌 정책이 크게 변화하였다. 제일 큰 변화는 로닌의 개별적 장악에서 외형적인 파악, 즉 대도를 했는가 그렇지 않은가를 기준으로 하는 방법으로 변화하였다는 것이다.[53] 貞享元(1684)년에는 다음과 같은 금령이 내려졌다.

> 同心 · 足輕의 무리가 浪人의 신분으로 칼을 차고 있던가, 또는 어느 분한테 봉록이나 지원을 받으며 칼을 차고 있던가, 또는 위와 같은 무리가 奉公을 원하여 칼을 차고 있던가 하는 경우가 있으면, 그 경위를 기록하여 제출하도록 할 것, 이상.[54]

여기에서 17세기 전기에는 막부의 금령에 로닌을 주로 牢人이라고 표현한 것을 浪人이라고 표현한 것도 로닌에 대한 막부의 시각이 변화하였음을 상징적으로 보여주는 것이라고 할 수 있겠는데, 무엇보다도 중요한 것은 금령의 초점이 '칼을 차고' 있는가 아닌가에 맞추어져 있었다는 사실이다.

---

51) 『明良洪範』 4, 『古事類苑』 21(政治部三), p.575.
52) 앞의 책, 栗田元次, 『江戸時代史』 上 1, p.468.
53) 앞의 논문, 朝尾直弘, 「近世京都の牢人」, p.358.
54) 『京都町触集成』 別卷2, 606號.

(3) 年期 武家奉公人의 증가와 에도의 대도 문제

무가봉공인이라고 하면 일반적으로 아시가루(足輕)·와카토(若党)·주겐(中間)·고모노(小者) 등을 가리킨다. 그중에서도 아시가루와 와카토는 평상시에도 대도가 허용된 존재였으며, 그런 의미에서도 주겐·고모노와는 명확하게 구분되었다.

본래 다이묘 군단의 중요한 병력이었던 아시가루는 근세사회에 들어와서는 다이묘의 참근교대 시의 경호에서부터 일상적인 잡역에 이르기까지 그 근무의 내용이 다양하였다. 와카토는 '사무라이(侍)', '가타나시시(刀指)'라고 불려지던 존재였다. 와카토는 본래 전투원이었기 때문에 잡역을 담당하는 주겐·고모노와는 그 격이 다르게 대우하였다. 무가봉공인 중에서 주로 주인(主人)의 도검이나 창 등의 도구를 운반했던 것은 주겐이었다. 주겐 중에서도 소위 지배역(支配役)에 봉공하는 상급 주겐에게는 대도가 허용되었다. 일반 주겐의 경우에도 맡은 바 직분에 따라서 대도가 허용되는 경우도 있었다.

이들 '輕輩'가 다이묘 군단에서 차지하는 비율은 상당히 높았다. 17세기 전기 기이(紀州) 도쿠가와가(德川家)의 경우를 보면 이들이 차지하는 비율이 70% 이상을 차지한다.[55] 이들이 군단에서 점하는 비율은 시대가 내려가면 내려갈수록 증가한다. 일부 다이묘 군단의 경우에는 행군 시 무사가 차지하는 비율이 7% 정도에 불과한 경우도 있다.[56] 즉 무가봉공인이 차지하는 비율이 90%를 넘고 있는 것이다.

17세기 중기는 무사사회가 질적으로 변환되는 시기였다. 무엇보다도 상품경제가 발달하면서 무사계급이 상대적으로 빈곤해지자, 무사들에게 경제적인 부담이 되었던 후다이봉공인(譜代奉公人)을 점차로 줄이고, 대신에 일

55)『南紀德川史』巻4(南紀德川史刊行会), 1931年, p.4.
56) 앞의 논문, 朝尾直弘,「18世紀の社会変動と身分的中間層」, p.64.

정한 급료만 지급하면 그 이외의 경제적인 부담을 지지 않아도 되는 연기봉공인(年期奉公人)을 채용하는 경우가 늘어나게 되었다. 17세기 중기는 후다이봉공인이 점점 소멸하고 연기봉공인이 급속하게 증가하던 시기였다.[57]

무사봉공인의 수요는 신분과 격식을 중요시 했던 일본 근세사회의 산물이었다. 특히 다이묘들은 참근교대를 하기 위해 자신의 영지에서 에도로 행군할 때에는 많은 수의 봉공인들이 필요하였다. 막부의 군역 규정에 의하여 다이묘의 고쿠다카(石高)에 따른 행군 시 인원수가 정해져 있었을 뿐만 아니라, 다이묘들이 스스로 무위(武威)를 과시하기 위하여 보다 많은 수의 군세를 편성하여 행군하였기 때문이다.

비단 다이묘뿐만이 아니라 하급 무사의 경우에도 외출할 때에는 항상 자신의 신분과 격식에 걸맞게 봉공인을 데리고 외출하지 않으면 안 되었다. 카가(加賀) 마에다가(前田家)의 경우를 보면, 하급 무사라고 하여도 사사로이 외출할 때에는 반드시 봉공인을 적어도 한 사람은 데리고 외출하고, 다이묘의 행렬을 구성할 시에는 최저로 와카토 등 3명의 봉공인을 대동하도록 규정하고 있다.[58] 17세기 중기 이후, 다이묘 경제가 침체되면서 많은 수의 봉공인을 거느리는 것이 경제적으로 큰 부담이 되었을 것은 말할 필요가 없을 것이다. 하지만 아무리 곤궁하다고 하여도 신분과 격식에 따라서 무위를 장식하지 않으면 안 된다고 생각하고 있었던 것이 일본 근세의 무사들이었다.[59] 그렇기 때문에 다이묘들 뿐만이 아니라 생활이 점점 곤궁해지면서 현실적으로 후다이봉공인을 거느릴 수 없었던 중·하급 무사들도 연기봉공인을 채용해서라도 무위를 장식하지 않으면 안 되었다.

17세기 말이 되면 연기봉공인의 인구가 급격히 증가하는데, 이 연기봉공인의 대부분은 일용(日用)봉공인층이었다. 이미 17세기 중기에는 막부도 일용봉공인의 존재를 무시할 수 없었을 만큼 그 수가 증가하였다. 그것

57) 中部よし子, 『近世都市社会経済史研究』, 晃洋書房, 1974年, p.117.
58) 田中嘉男, 「近世奉公人資格規制変遷過程」, 『日本歴史』 145號, p.99.
59) 渡辺 浩, 「御威光と象徴 -徳川政治体制の一側面-」, 『思想』 740號, 1986年 참조.

은 간분5(1665)년 3월에 에도에서 일용좌(日用座)가 공인된 것에서도 확인할 수 있다.[60] 17세기 후기가 되면 막번권력은 부단히 유입되어 재생산을 되풀이하는 에도의 일용봉공인층을 조닌에 준하여 신분적으로 장악하는 것이 불가결하였으며 또 그 조건이 성숙되어 있었던 것이다.

이와 같이 연기봉공인은 방대한 도시빈민층을 형성하면서 조닌사회의 일원으로 편입되었다. 이들이 가장 많았던 곳은 말할 필요도 없이 에도였다. 무로 규소(室鳩巢)가 산정한 바에 의하면, 18세기 초기 에도에는 약 8만여 명의 연기봉공인이 존재했다고 일컬어진다.[61] 에도에 연기봉공인이 증가하면서 막부가 직접 지배하는 교토나 오사카에도 그 수가 증가하였다.

이들은 무가(武家)에 고용되었을 때는 주인(主人)과 주종관계를 맺고 무가사회의 일원으로 편입되었다. 해고되면 로닌(浪人)의 신분이 되는데, 다시 고용될 때까지 잠재적인 무가봉공인 지망자의 신분으로 도시에 거주하게 되는 것이다. 그들 중에는 고용되었을 때 그 맡은바 직분에 따라 대도가 허용되는 경우도 있었다. 원칙적으로는 그들이 해고되면 평상시에는 대도를 해서는 안 되지만, 그 원칙이 자율적으로 지켜지기는 어려웠을 것이다. 봉공인 지망자의 신분으로 존재할 때는 대도를 하는 경우가 있었을 것이라는 상상을 하고도 남음이 있다. 이와 같이 연기봉공인은 잠재적인 대도 인구였던 것이다.

연기봉공인의 증가와 그에 따른 대도의 증가 현상에 대하여 막번권력은 적극적으로 대응하지 않을 수 없었다. 즉 막번권력은 무가봉공인이 주인과 주종관계를 맺고, 마땅한 직분을 수행하여 주인으로부터 대도가 허용되었을 경우에만 대도를 하고, 그 이외의 대도는 금지한다고 하는 원칙을 명확히 하고, 또 지속적으로 단속을 강화하지 않으면 안 되었던 것이다. 바로 이러한 이유가 조닌대도금령 성립의 가장 중요한 요인이라고 할 수 있을 것이다.

---

60) 吉田伸之, 「江戸の日用座と日用=身分」, 『日本近世史論叢』 上, 吉川弘文館, 1984年 참조.
61) 室鳩巣, 「兼山秘策」, 『日本経済叢書』 巻2, p.234.

5. 맺음말

17세기 후기에 이르면 막부의 정치체제는 안정되었다. 충효를 축으로 하는 신분질서가 바람직한 사회질서로 자리를 잡으면서 막부의 정치에 반감을 가졌던 무리들도 서서히 새로운 사회질서의 틀 속으로 흡수되었다. 그러자 막부의 정책도 주로 치안 유지에 중점을 둔 정책에서 신분질서 유지에 중점을 둔 정책으로 전환되었다. 즉 막부의 정치는 17세기 중기, 구체적으로 말하자면 1660년대인 寬文년대를 축으로 하여 무단통치에서 문치정치로 크게 전환되었다.

막부의 대도통제 정책도 이와 같은 정책의 변화와 그 궤도를 같이하면서 변화하였다. 막부의 대도 정책이 전환된 배경에는 가부키모노의 소멸, 로닌 정책의 전환, 막부 정치의 안정, 무가사회의 질적인 변화 등의 요인이 있었다.

일탈자인 가부키모노들는 에도막부가 제시한 충효를 축으로 하는 상하질서를 거부하고 수평적 연대를 고집하면서 도시 치안을 문란하게 하고 사회질서를 파괴하였다. 막부는 치안을 유지하고 봉건질서를 확립하기 위하여 그들은 강력하게 탄압하였다. 가부키모노를 상징하고 있는 것은 상식을 벗어난 도검, 즉 大刀와 大脇指였다. 그렇기 때문에 막부는 대도단속을 함으로써 가부키모노를 탄압하려고 하였던 것이다. 가부키모노와 그 풍속은 17세기 중기에 이르러 막부의 단속이 강화되고, 사회질서가 안정되면서 점차로 자취를 감추게 되었다. 본래 '戰國의 餘習'이었던 가부키 풍속은 근세적 질서가 정착되면 소멸되어야 할 운명이었다. 평화가 정착되고 가부키 풍속도 그 자취를 감추게 되자 막부의 도검정책은 새로운 국면을 맞이하게 되었던 것이다.

막부의 대도통제 정책은 또한 로닌 문제와도 깊은 관련성이 있다. 물론 로닌들 중에는 가부키모노들이 많았기 때문에 막부는 가부키모노의 통제와 연관하여 로닌을 감시하고 통제하지 않을 수 없었을 것이다. 그러나 대도통제 정책을 로닌 문제와 관련하여 고찰할 적에 간과해서는 안되는 것은, 17세기 중기에 이르면 로닌에 대한 막부의 시각이 변화하였다는 점이다. 에도시대도 17세기 중기에 로닌은 더 이상 막부에 위협적인 존재가 아니었다. 무가사회로 환원하지 않은 로닌들은 생계를 위하여 상공업에 종사하거나 아니면 의원 · 유학자 · 훈장 등의 전문직업인이 되어 활로를 모색하고 있었다. 그런데 이들 중에서 특히 전문직업인으로 직업을 전환한 자들은 계속 대도를 하고 있었다. 17세기 후기에 이르러 신분제 사회가 확립되면서 막부는 이들 대도인을 파악할 필요성에 직면하였다. 그리하여 신분제의 원칙에 입각한 조닌 대도금지 정책이 추진되면서 로닌 정책은 대도 정책의 틀 속으로 흡수되게 되었던 것이다.

17세기 중기는 무가사회가 질적으로 변화한 시기이기도 하다. 그중에서도 특히 연기봉공인의 일반적인 성립이 주목된다. 그들은 방대한 도시빈민층을 구성하면서 조닌사회의 일원이 되었다. 그들의 증가는 도시의 대도 인구의 증가를 의미하였다. 그들은 신분적으로는 비록 서민이었으나 무가사회의 일원이 되면 그 직분에 따라서 대도가 허용되었기 때문이다. 그들 중에는 일시적으로 실업한 자들도 일상적으로 대도를 하는 경우가 있었다. 이러한 현상에 대하여 막부는 어떠한 방식으로든 그들을 통제하지 않을 수 없었다.

그러나 17세기 후기가 되면 연기봉공인의 수가 너무 많이 증가하였기 때문에, 그들을 주인의 확인을 전제로 하여 통제하는 방식은 효과적이지 못하였다. 그들을 통제하기 위해서는 대도를 기준으로 하는 방법이 가장 유용하였다. 필자는 무엇보다도 이러한 필요성에 의하여 17세기 후기에 조닌대도금령이 성립되어 전개되었다고 생각하고 있다.

제 3 장

'사'와 '농공상' 사이의 인간존재

— 직역의 관점에서 살펴본 신분의 주변 —

1. 머리말

전근대의 한국사회와 일본사회, 특히 한국의 조선시대(朝鮮時代) 후기의 사회와 일본의 에도시대(江戸時代)를 비교하여 보았을 때, 사농공상(士農工商)이라는 개념이 신분관계를 나타내는 개념으로 인식되고 있었다는 공통점이 있었다.

조선사회와 일본사회에서는 신분을 구별할 때 '사'와 '농공상'으로 대별(大別)하는 것이 상식이었고, '농공상' 상호 간의 신분구별은 그다지 중요한 의미를 갖고 있지 않았다. 농공상은 일괄하여 서민(庶民)이라고 하였다. 조선에서는 상민(常民) 혹은 상한(常漢)이라고 일컬었다. 일본에서는 좀 더 구체적으로는 농촌에 거주하는 농민을 햐쿠쇼(百姓), 도시에 거주하는 상공인을 조닌(町人)이라고 일컬었다.

'사'와 '농공상'은 직분 면에 있어서도 엄정하게 구분되었다. '사'는 생업에 종사하는 '농공상'과 구별되었다. 조선의 '사'인 선비는 농업에 종사하면서 공부하기도 하였다. 그런 의미에서 생업에 종사하는 서민과 명확하게 구분되어질 수 없었다. 그러나 일본의 '사'인 무사는 일본 중세 이후에는 농업생산에서 완전히 분리되어 도시에 거주하게 되었다. 무사는 원래 전투원이었기 때문에 순전히 정신노동에 종사하는 자라고 할 수 없겠지만, 정치를 담당하면서 생업에 종사하는 일반 서민과는 명확하게 구별되게 되었다.

한국은 물론 일본에서도 '사'와 '농공상'은 단지 직분 면에서만 구별되었던 것은 아니었다. 조선의 '사'인 선비와 일본의 '사'인 무사는 정치담당자이기도 하였다. 조선의 선비와 일본의 무사는 군주에게 충성하는 관료의 성격도 갖고 있었다. 그렇기 때문에 '사'는 '농공상'을 지배하는 자이기도 하였다. 즉 '사'와 '농공상'은 지배·피지배 관계였다. 결과적으로 '사'와 '농공상'의 관계는 상하관계로 인식되지 않을 수 없었다. 상하관계가 당연한 질서로 인식이 되면 될수록 '사'와 '농공상' 사이에는 뛰어넘을 수 없는 벽이 쳐지게 된다. '사'와 '농공상' 사이의 '거리'는 점점 멀어지지 않을 수 없었다.

'사'와 '농공상' 사이의 거리가 멀어지면 멀어질수록 '사'는 배타적인 성향을 공유하게 된다. 그런데 '농공상' 중, 생업이 아닌 직분에 종사하는 자들 중에서 '사'가 수행해야 마땅한 직분에 종사하는 자들이 나타나게 되었다. 그들은 '사'로의 신분 상승을 염원하게 된다. 한편으로 '사'는 '사' 공동체 내부의 인간존재 중에서 순수성에 문제가 있다고 생각되는 존재들을 진정한 의미의 '사'로 인정하지 않게 되고, 또 밑으로부터의 신분상승 운동을 강력하게 억제하게 된다.

17세기 조선시대와 에도시대(江戸時代)의 역사를 비교해 보면, 정치체제가 내포하고 있는 구조적인 모순으로 인하여, 지배층에서 배제되거나 이탈된 존재들이 확인된다. 조선시대의 서얼과 기술관이 그 대표적인 예이다. 에도시대의 일본에서는 분명히 무가사회의 구성원이었으나 신분적으로는 무사로 인정할 수 없는 인간존재가 확인된다. 한편, 본래 신분적으로 '농공상'이었으나 '사'의 공동체의 일원으로 편입되어 직분을 수행하는 자들도 출현하였다. 특히 일본에서는 본래 무사였던 존재인 로닌이나 무가사회의 구성원으로 편입된 '농공상' 중에서 무사의 직분을 담당하는 자들에게 무사의 특권인 대도를 허용하였다. 필자는 일찍이 그들은 대도인(帶刀人)으로 부르자고 제안한 바 있다.[1] 그들은 대도가 허용되었다는 측면에서는 무가사회의 일원이었으며, 서민과 구별되는 존재였다. 그러나 무사들은 그들을 자신들과 엄격하게 구별하였다. 하지만 조선의 중인과 일본의 대도인은 직분 면에서는 '사'의 구성원이었으나, 신분 면에서는 '사'의 구성원이 아니라고 인식되고 있었다는 점에 있어서는 동일하였다. 특히 그들을 적극적으로 차별한 것이 '사'라는 점에 있어서도 동일하였다.

관리이면서도 양반으로 인정되지 않았던 조선의 중인과 무가사회의 일원이면서도 무사로 인정되지 않았던 일본의 대도인은 '사농공상'의 틀에 포함되지 않는 특이한 존재였다는 점에 있어서 공통점을 가진 인간존재였다. 소위 중간적 존재라고 할 수 있는 조선의 중인과 일본의 대도인의 존재형태와 사회적 지위를 비교의 시점에서 조명하는 일은 조선과 일본의 신분질서를 이해하는 데 있어서 매우 의미 있는 일이라고 하지 않을 수 없다.

2. 조선시대 후기의 중인

(1) 중인의 범위와 명칭의 유래

조선에서 신분개념으로 중인(中人)이라는 용어가 일반적으로 사용되기 시작한 것은 17세기 이후, 즉 조선시대 후기에 들어와서이다. 조선시대 후기의 여러 기록들을 참고해 보면 중인의 범주에 관하여 각기 차이가 있다.

1) 拙稿, 「帶刀禁令と近世身分秩序」, 『史境』 19, 歷史人類學會, 1989年.

그것은 중인이 법률로 규정된 사회계층이 아니고 사회 관습적 차원에서 형성된 용어이기 때문에 그 범주가 명확하게 합의되어 있지 않았음을 의미한다. 그러나 여러 용례를 검토해 보면 중인은 크게 두 부류로 나뉘어져 있었음을 알 수 있는데, 일반적으로 좁은 의미의 중인과 넓은 의미의 중인으로 구분된다.

좁은 의미의 중인이라고 할 때는 주로 중앙관청에 소속되어 있는 고급 기술관원을 가리킨다. 『홍제전서(弘齊全書)』에 의하면 18세기 당시 중인의 범주에 드는 기술관원으로서 계사(計士)·의원(醫員)·역관(譯官)·일관(日官)·율관(律官)·창재(唱才)·사자관(寫字官)·화원(畵員)·녹사(錄事) 등을 들고 있다. 이들은 잡과 시험을 통하여 선발된 기술관원이거나 잡학취재(雜學取才)를 거쳐서 선발된 기술관원들로 모두가 동반(東班)에 소속된 관원들이었다.

조선 후기의 실학자인 정약용(丁若鏞)도 중앙관청의 고급 기술관원을 중인으로 호칭하였다. 그의 저서인 『통새의(通塞議)』에는 "우리나라에서는 의(醫)·역(譯)·율(律)·역(歷)·서(書)·화(畵)·산수자(算數者)를 중인이라고 한다."[2]라는 기록이 보인다.

넓은 의미의 중인은 중앙의 기술관원을 포함하여 지방의 기술관원, 서얼(庶孼), 중앙의 서리(書吏)와 지방의 향리(鄕吏)·토관(土官)·군교(軍校)·교생(校生) 등의 여러 계층을 포괄적으로 일컫는다. 17세기 후기의 실학자인 유형원(柳馨遠)은 『반계수록(磻溪隧錄)』에서 중인에 드는 부류로서 "서인재관자(庶人在官者)"와 교생(校生)을 들고 있다. 여기서 '서인재관자'란 서리(書吏)·이교(吏校)·약정(約正)·권농(勸農) 등을 말하는 것이다. 이들 직역(職役)은 대개 교생이나 향리 혹은 서민 출신들이 담당하고 있었다. 교생은 향교에서 교육을 담당하는 서얼·상민(常民) 출신을 일컫는데 그들의 신분은 상민보다는 약간 우위에 있었으나 양반(兩班)에

2) 한영우, 「조선시대 중인의 신분·계급적 성격」, 『한국문화』 9, 서울대학교, 1988年, p.182.

는 미치지 못하는 존재로 인식되었다. 정약용도 『목민심서(牧民心書)』에서 교생을 중인으로 분류하고 있다. 일반적으로 향리도 교생과 더불어 중인을 자칭하는 무리로 분류되었다.

그런데 좁은 의미의 중인으로 분류되는 중앙관청의 고급 기술관원들은 스스로 중인이라고 불리는 것을 매우 꺼려하였다. 그들은 스스로 양반의 후예임을 자처하고 있었을 뿐만 아니라 양반과 다름없는 법적인 지위를 누리고 있다고 믿고 있었기 때문이다. 실제로 조선 전기에는 기술관들이 다른 관료들과 동등한 대우를 받았고, 고위 관직자들 중에는 향리 출신자들이 적지 않았다. 그들은 이러한 예를 근거로 하여 여타 부류의 사람들이 중인으로 불리면서 자신들과 동류(同類)로 취급되는 것을 매우 불만스럽게 생각하고 있었다. 그러나 이들과 달리 향리와 교생 등 넓은 의미의 중인의 범위에 포함되는 존재들은 스스로 중인임을 자칭하였다.

이처럼 중인이 양반과 상민의 중간에 위치한 존재라는 개념으로 정립된 것은 17세기 이후지만 실태적으로는 이미 조선 초기부터 지배신분층이 양분화되기 시작하였고, 그 결과로 하급 지배신분층이 형성되기 시작하였다. 다시 말하면 15세기경에 이미 지배신분층은 사족 중심의 상급 지배신분층과 기술관 및 서리 등의 하급 지배신분층으로 양분화되었다. 그리하여 상급 지배신분층은 양반이라고 일컬어지게 되었고, 하급 지배신분층에서는 직종을 세습하는 경향이 나타나기 시작하였다. 바로 이들이 중인 신분으로 정착하게 된 것이라고 할 수 있다.[3)]

그러나 실태적으로 언제 어떤 경위에서 중인이라는 명칭이 유래하였는지는 명확하지 않다. 그 유래에 관해서는 여러가지 설이 있다. 먼저 중인은 조선 후기 당론에서 고급 기술관원들이 정치적으로 중립을 지킨 데서 유래하였다는 설이 있다. 다음에는 그들의 거주지역에서 중인 명칭의 유

3) 이성무, 「조선초기의 기술관과 그 지위 -중인층의 성립문제를 중심으로-」, 『유홍렬박사회갑논문기념논총』, 1971年.

래를 찾는 견해가 있다. 조선 초기부터 중인은 한양의 조시(朝市) 근처에 거주하였기 때문에 '중로' 라는 명칭이 생겨났다는 것이다. 그러나 이러한 설은 설득력이 부족하다.[4] 중인은 어디까지나 사회적 지위가 중간에 위치한다는 생각에 따라 붙여진 호칭이기 때문이다. 실제로 여러 가지 사료들은 중인을 양반과 상민의 중간에 위치한 신분으로 보고 있다.[5]

(2) 중인의 성립 과정

16세기 말 이후 소위 사림(士林)들이 정계에 진출하면서 기술학(技術學)을 천시하는 경향은 점차로 강화되어 갔다. 기술관원은 양반관료에 비하여 차별되었다. 조선 후기에 기술관은 문무관직에 임명되지 않았을 뿐 아니라 승진에 있어서도 차별 대우를 받았다. 기술관은 정3품 당하관이나 종6품 이상으로 승진할 수 없었다. 다시 말하자면 역관(譯官)·의관(醫官)·천문관(天文官)은 정3품 당하관까지만 승진하고, 의원·화원·산원·율관은 종6품까지만 승진할 수 있었다.[6]

기술관원은 내용적으로 양반관료와 차별되었을 뿐만 아니라 외형적으로도 차별되었다. 향리는 양반과는 다른 의복을 입게 하고, 양반관원이 쓰는 갓을 쓰지 못하고 백방립(百方笠)을 쓰도록 하였던 것에서도 알 수 있듯이, 양반과 중인은 의복·칭호·좌석(坐席) 등에서 차별되었다.

제한적이기는 하지만 이들 중인들이 소위 청직(淸職)으로 나아갈 수 있는 길이 아주 막혀 있었던 것은 아니었다. 『경국대전(經國大典)』에는 해당 기술학에 능통한 자는 시험을 거쳐서 현관(顯官)이나 지방 수령직에 임명할 수 있다고 되어 있고, 또 기술관에게는 문과(文科)에 응시할 수 있는 자격이 주어져 있었다. 이와 같이 법제적 규정만 가지고 본다면 기술관은 양

4) 앞의 글, 한영우, 「조선시대 중인의 신분·계급적 성격」, p.186.
5) 앞의 글, 이성무, 「조선초기의 기술관과 그 지위 –중인층의 성립문제를 중심으로–」.
6) 위의 글 참조.

반과 별로 차별이 없었다고 하여야 할 것이다. 그러나 조선 후기에 들어와서는 이러한 법전에 명기되어 있는 법적 지위와 권리가 현실적으로 준수되지 않고 있었다. 설령 문과에 합격한 자라도 출신 신분에 따라 차별하여 부서에 배치하는 관행이 성립되었다. 지방 수령의 자리도 중인에게는 거의 기회가 주어지지 않았다.

양반의 첩자식인 서얼[7]은 비록 양반의 혈통이었지만 양반 신분에서 도태된 존재였다. 그들은 피지배층인 '농공상'으로 분류될 수도 없는 중간적 존재였다. 『경국대전』에 의하면 처음에 서얼은 본인은 물론 자손들도 과거에도 응시할 수 없었고, 그렇기 때문에 관직에 진출하는 것이 불가능하였다. 그러나 16세기 중기에 이르러 자기 부조(父祖)의 관품 고하에 따라 최고 정3품 당하관에서 최하 정8품까지를 한품(限品)으로 하여 기술직이나 잡직에 나아갈 수 있게 되었다. 서얼이 잡과(雜科)에 응시할 수 있게 되면서 서리직이나 기술직은 더욱 천시되게 되었다.[8]

한편, 지방관청의 말단 관원의 성격을 지닌 향리들은 양반들의 향리 억압정책에 의하여 사회적 지위가 크게 저하되었다. 향리는 국역(國役)의 특수한 형태인 향역(鄕役)을 부담하는 것은 물론 잡역(雜役)도 부담하는 유역인(有役人)으로 파악되었다. 향리는 지방관청에서 세습적으로 행정실무를 담당하였다. 지방의 행정조직은 이(吏) · 호(戶) · 예(禮) · 병(兵) · 형(刑) · 공(工)의 6房으로 나뉘어졌고 그 사무는 6방의 향리들이 분담하였다. 향리는 당시의 지배기구 안에서 하부구조를 이루고 있으면서 지방사회의 대표자인 토착 양반층과 중앙관료의 일원인 지방관 사이에서 교량적 역할을 담당하는 중간적 존재였던 것이다.

이들에게는 신분상승의 기회가 주어졌다. 즉 향리도 제한적으로 생원시 혹은 진사시에 응시하여 합격할 경우에는 자신은 물론 자손까지 향역이

---

7) 이태진, 「서얼차대고」, 『역사학보』 27, 1965年.
8) 신해순, 「조선초기의 하급서리 吏典」, 『사학연구』 35, 1982年.

완전히 면제되었다. 향리의 직역에 종사하면서 군공을 세웠을 경우, 혹은 행정적으로 탁월한 업적이 인정되었을 경우, 기타 효행이 지극한 자로 이름이 났을 경우 등에는 본인은 물론 자손도 영원히 향역이 면제되는 특전이 부여되었다. 향역이 면제된 자들 중에는 양반신분으로 분류되는 유학(幼學)을 칭하는 자들도 적지 않게 배출되었다.[9)]

서민신분으로 교생(校生)이 된 자들도 상민보다 우월한 지위로 인식되고 있었다. 이들은 교생이 되면 면역(免役)의 혜택을 누릴 수 있었다. 또한 기술학 생도(生徒)로 들어갔다가 기술관이 되기도 하고 중앙의 하급관리인 서리가 되기도 하여 중인으로 신분상승할 수 있는 기회가 주어졌다. 실제로 상민 출신의 교생들은 중앙관청의 서리나 지방관청의 이교(吏校)가 되는 것이 보통이었으며, 그렇게 되지 못할 경우에는 자기 고향의 약정(約正)이나 권농(勸農)이 되었다.[10)]

향리나 교생은 양반에는 미치지 못하였지만 하급 지배신분으로서 피지배층인 상민과는 구별되는 우월한 존재였고, 이러한 사회적 지위를 자각하였기 때문에 스스로 중인이라고 칭하였던 것이 아닌가 생각된다.

(3) 중인의 종류와 신분

가장 대표적은 중인은 기술관이었다. 기술관은 특수한 기술에 종사하는 사람들을 총칭하는 말이다. 기술관을 양성하기 위한 제도는 고려시대에도 있었다. 고려시대에는 국자감에서 기술학을 유학과 함께 교육하였기 때문에 차별을 받지 않았다.

조선시대에도 기술관을 양성하기 위한 기술학을 중시하여 개국 초기부터 제도를 설치하였다. 기술학에 종사하는 기술관으로는 여러 기술학의 생

9) 이성무, 「조선초기의 향교」, 『한파이상옥박사회갑기념논문집』, 1970年.
10) 정옥자, 「조선후기의 기술관 중인」, 『진단학보』 61, 1986年.

도를 비롯하여 현직 및 전직의 역관 · 의관 · 천문관 · 지관(地官) · 산관(散官) · 율관 · 화원(畵員) · 도규(道流) · 금루(禁漏) · 악생(樂生) · 악공 · 상도(尙道) · 지도(志道) · 선화(善畵) · 선회(善繪) · 화사(畵史) · 회사(繪史) 등을 들 수 있다. 이 중에서 역관 · 의관 · 천문관 · 지관은 정 3품 당하관까지 승진할 수 있는 상급기술관이었고, 산관 · 율관 · 도류 · 금루 · 화원은 종 6품 전후에서 거관되는 하급기술관이었다. 그 밖에 악생 · 악공 · 상도 · 지도 · 선화 · 선회 · 화사 · 회사 등은 상인이나 천민 계층에서도 들어갈 수 있는 유외잡직(流外雜織)의 기술관이었다. 상급기술관과 하급기술관은 전형적인 중인신분에 속하는 존재였다.

기술직에 종사하시 위해서는 먼저 각각의 기술학에 입속하여 기술학 생도가 되지 않으면 안 되었다. 그 다음에는 전문지식을 습득하여 잡과에 합격해야 했다. 잡과 합격자는 일단 해당 기술 관아에 배속되어 전문기술관의 업무에 종사하게 되었다.

조선시대 기술관은 국가외교 · 보건후생 · 사회생활 · 과학 · 예술 등 거의 모든 문화 전반에 걸쳐서 활동하였다. 양반들도 비록 기술학을 천시하였지만 그 필요성을 절감하고 있었다. 기술관들은 조선 후기에 이르러 양반과의 '거리'가 더욱 멀어지자 의관, 역관 등 상급 기술관을 중심으로 하여 신분상승 운동을 전개하게 되었다. 이들의 신분상승 운동을 통청운동이라고 하였다.[11]

서얼도 중인의 대표적인 존재였다. 서얼차대가 강화된 것은 조선시대에 들어와서의 일이었다. 1414년 처첩분간법이 제정되어 첩에 대한 차별이 강화되었고, 따라서 적자와 서얼의 구별이 엄격하게 되었다. 서얼은 문과나 무과에 응시할 수 없었으나 고위관직의 첩자손은 기술관직에는 진출할 수 있었다. 그러나 사대부들의 축첩행위가 보편화되고 서얼 자손이 증가하게

11) 한영우, 「조선후기 중인에 대하여 -청종기 중인 통청운동 자료를 중심으로-」, 『한국학보』 45, 1986年.

되자 16세기에 서얼들은 소통운동(疏通運動)을 벌이게 되었다. 그리하여 16세기 중엽에는 양첩의 자손은 손자 때부터, 천첩의 자손은 증손자 때부터 과거에 응시할 수 있도록 하였으나, 반대여론이 강하여 곧 폐지되었다. 16세기 말경에는 서얼들이 납속(納粟)을 하면 과거에 응시할 수 있도록 하는 길이 열렸으나, 과다한 납속액으로 보편화되지 못하는 등 서얼의 사회적 지위는 조선시대를 통하여 커다란 사회 문제로 남아 있었다.

중앙의 서리 또한 중인으로 간주되었다. 중앙의 서리는 각 관아에 소속되어 행정 말단의 실무를 담당하였다. 그들은 이서(吏胥)라고 일컬어지기도 하였다. 그들은 상급서리인 녹사(錄事)와 하급서리인 이전(吏典)으로 대별되었다. 하급서리인 이전은 상급서리인 녹사와는 달리 거의 모든 관청에 배속되어 있었다.[12)]

조선시대의 중앙 서리들은 행정의 말단에서 10년 이상 공무를 수행하면서도 조정으로부터 일정한 녹봉이나 토지를 지급받지 못하였다. 따라서 하급서리는 조선 초기부터 일종의 역(役)으로 파악되고 있었다. 이들은 사대부관료들에 의하여 양반관료로 진출하는 길이 봉쇄되었다. 하급서리는 하급지배 신분층으로 자리매김되었다.

향리(鄕吏)는 주, 부, 군, 현 등 크고 작은 지방 관아에 배속되어 실무를 담당하고 있던 계층으로 외아전(外衙前)이라고도 하였다. 대체로 호족의 후예인 향리는 고려시대에는 토호의 성격을 띠고 있었다. 그러나 조선 초기에 사대부관료들의 향리 억압정책에 의하여 세력이 약화되고, 사회적 지위도 저하되었다. 급기야 향리는 사족과 구분되는 하위 신분층으로 전락하게 되었다.[13)]

조선시대 향리는 세습되는 것이 일반적이었다. 향리가 세습적으로 담당하였던 직분을 향역(鄕役)이라고 하였다. 향역은 향리의 신역인 동시에 국

12) 신해순, 「조선전기의 녹사」, 『논문집』 18, 성균관대학교, 1974年.
13) 나각순, 「고려 향리의 신분변화」, 『국사관논총』 13, 1990年.

역으로 파악되었다. 향리의 의무적인 향역은 지방 관아의 수령을 보좌하여 각종 행정 실무를 담당하는 것이었다. 향리는 비장 사정에 밝았기 때문에 지방의 행정은 거의 향리들의 손에 의해 좌우되었다.

지방 관아의 행정조직은 이 · 호 · 예 · 병 · 공의 6방으로 나뉘어져 있었다. 6방의 향리들이 행정 실무를 담당하였다. 향리에게는 녹봉이 지급되지 않았다. 하지만 향리는 지방사회의 대표자인 토착 사족과 수령 사이에서 교량적 역할을 수행하면서, 일반 서민에 대하여는 권력을 앞세워 군림하고 있었다.

3. 에도시대의 대도인

(1) 에도막부의 서민 대도금지 정책과 대도인

일본의 전국시대(戰國時代)에는 서민도 '기량(器量)'만 있으면 다이묘(大名)와 주종관계를 맺고 무사(武士)가 될 수 있었다. 그러나 에도시대(江戸時代)에 들어와 도쿠가와 막부(德川幕府)의 정치체제가 안정되는 17세기 후기에 이르면 서민이 무사로 신분상승하는 것은 거의 불가능하게 되었다. 막부는 무사와 서민의 관계를 상하 · 귀천의 관계라고 강조하였다. 그러한 사상은 서민의 사치금령(奢侈禁令), 서민(庶民)의 대도금령(帶刀禁令) 등의 법령으로 구체화되었다. 특히 서민의 대도금령의 시행 과정에서 일반 서민과는 구분되는, 즉 대도를 예외적으로 허용할 수밖에 없는 존재가 부각되게 되었고, 막부는 그들을 대도인(帶刀人)으로 파악하여 일반 서민과는 구별하였다.

17세기 후기에 이르면 대도통제 정책은 대도인의 파악에 중점을 두고 추진되었다. 그 전환의 출발점이 되는 대도통제 정책은 1668년에 발령된 주로 조닌(町人)을 대상으로 하는 금령이었다.[14] 동년 3월 15일부의 '覺'

3개조의 제1조에 보이는 "조닌이 도검을 패용하고 에도(江戸) 시내를 배회하는 것을 엄하게 금한다."[15]라는 규정이 그것이었다.

그런데 이 1668년의 조닌 대도금지에 관한 금령은 예외규정이 많은 금령이었다. 위 금령이 발령된 일주일 후인 22일부의 '覺'에는 "조닌이 여행을 떠날 때, 또는 화재가 일어났을 때는 각별한 경우이므로 그때에는 도검을 패용하는 것을 허용한다."[16]라는 내용이 보인다. 이것은 1668년을 기점으로 하여 조닌의 대도는 원칙적으로 금지되었으나, 여행을 할 때나 화재가 발생하였을 때는 특별히 대도가 허용되었다는 것을 알 수 있다.

막부는 1683년 2월 17일부로 5개조로 구성된 금령을 발령하였는데, 그 제2조에 "조닌인 舞舞, 猿樂은 설령 막부의 봉록을 받는 가신이라고 하여도 향후에는 대도를 하지 말 것"[17]이라는 내용이 보인다.

이어서 막부는 "화재가 났을 때, 또는 여행을 할 때, 조닌이 칼을 차던 것을 일체 금지한다."[18]라는 내용의 금령을 내리고 있다. 이 단계에서 서민에게 어떠한 경우에도 대도가 허용되지 않게 되었다. 이와 같이 1883년에 내려진 조닌의 대도와 관련한 일련의 금령은 신분제의 논리에 의하여 관철되었다. 이러한 관점에서 보았을 때 1883년의 대도금령은 일본 근세사회에 있어서 도검의 역할의 전환을 의미하는 법령이었다고 할 수 있다.

서민대도금령이 관철되고, 대도가 무사의 신분을 표시하는 표식이 되면서 무사는 아니나 무사의 특권인 대도가 용인되었던 존재가 주목되게 되었다. 막부는 그들을 대도인으로 분류하였다. 도시에 거주하는 대도인으로는 로닌 · 유학자(儒者) · 의사(醫者) · 무가봉공인(武家奉公人) 등을 들 수 있다. 농촌에 거주하는 대도인으로는 고시(鄕士)가 대표적인 존재였다.

14) 藤木久志, 『豊臣平和令戰國社會』, 東京大學出版會, p.205.
15) 『正寶事錄』 卷1, 343號, 日本學術振興會.
16) 위의 책, 440號.
17) 위의 책, 655號.
18) 위의 책, 658號.

대도인에게는 대도의 특권이 허용되었다. 그들은 무사는 아니었으나 무사의 신분 표식인 대도를 함으로써 서민과 외형적으로도 명확하게 구분되게 되었다. 그렇다고 하여 그들이 무사는 아니었다. 요컨대 그들은 무사와 서민의 중간적 존재였고, 그런 의미에서 사농공상의 틀에서 벗어나 있는 존재였다. 그러한 그들의 사회적 지위를 막부가 공인하게 되었다는 점이 주목된다.

(2) 로닌

로닌(牢人)[19]은 한마디로 실업자 무사를 말한다. 다이묘(大名)와 주종관계를 맺고 있는 무사는 다이묘 가문이 멸망하면 실업자로 전락하였다. 그들 중에는 자발적인 실업자도 있었다. 그들은 다른 다이묘 가문에 취직이 되면 무가사회에 복귀할 수 있는 존재였다. 그들은 실업한 상태로 있는 동안은 조닌(町人)의 거주지역인 마치(町)에서 생활하였다.

1600년 세키가하라의 전투에서 도쿠가와씨에 대적하였던 다이묘들이 대부분 몰락하였다.[20] 그 후에도 무단통치를 실시하는 과정에서 많은 다이묘들이 몰락하였고, 그때마다 많은 로닌이 발생하였다. 17세기 전기에 발생한 로닌의 수는 40여만 명이라고 일컬어졌다. 그들 중에는 농촌으로 돌아가서 생산에 종사하거나, 조닌이 되어서 생업에 종사하는 존재도 많았으나, 적지 않은 존재가 다시 무가사회에 복귀하기 위하여 에도에 머물면서 방대한 로닌층을 형성하고 있었다. 도시에 거주하는 로닌들은 점점 유민화(遊民化)되었다. 쇼군의 조카마치(城下町)인 에도에는 전 다이묘의 거소가 집중되어 있었다. 그곳에는 다이묘의 처자와 무사들이 거주하고 있었다. 당연히 취직할 수 있는 기회가 많았다. 그래서 로닌들은 에도에

---

19) 栗田元次, 『江戸時代史』 上 1, 內外書籍株式會社, 1927年, p.306 참조.
20) 전투가 끝난 후 이에야스는 서군에 가담하였던 88家의 다이묘를 멸망시키고 5家를 감봉 처분하였다.

집중되었던 것이다. 도쿠가와 막부는 로닌의 동향에 대하여 촉각을 곤두세우고 있었다.[21]

막부는 1614년 겨울부터 다음 해 여름에 걸친 오사카 전쟁[22] 이후에 로닌에 대한 탄압을 강화하였다. 오사카 전쟁 때 도요토미씨 측에 가담했던 로닌들을 수색하기 위해서였다.[23] 교토쇼시다이(京都所司代)는 교토에 거주하는 로닌에게 신분증명서의 일종인 '切手'를 발급하였다. 그런데 '切手'의 발급은 다시는 무사가 되기를 원하지 않는 자이거나, 오랫동안 생업에 종사하는 자로 한정하였다.[24]

탄압 위주의 로닌 정책은 1651년 7월에 로닌인 유이 쇼세츠(由井正雪)가 주동이 되어 일으킨 막부전복기도 사건을 기회로 하여 유연한 파악 위주의 정책으로 전환되었다. 이때부터 실제로 막부는 로닌 문제를 근본적으로 해결하려고 하는 자세를 보이기 시작하였다. 로닌 문제는 막부의 무단통치에 의하여 발생하는 문제라는 인식에서였다. 1651년 12월에 막부에서 로닌 문제에 대한 회의가 있었다. 사카이 타다카쓰(酒井忠勝)는 로닌을 에도에서 추방하자고 주장하였다. 호시나 마사유키(保科正之)와 마쓰다이라 노부쓰나(松平信綱)도 그 의견에 찬동하였다. 그러나 로주(老中)인 아베 타다아키(安部忠秋)는, "로닌이 폭동을 일으킬 것을 두려워하여 에도에서 추방한다면 세상의 웃음거리가 된다."고 하면서 로닌의 추방에 반대하였다. 이이 나오타카(井伊直孝)는 아베 타다아키의 입장에 동조하였다. 결국 이 회의에서 로닌을 추방한다고 해결되는 문제가 아니라는 데에 의견의 일치를 보았다.[25]

교토에서도 1668년을 기점으로 하여 로닌 정책이 크게 변화하였다. 제

21) 앞의 책, 栗田元次, 『江戸時代史』 上 1, p.303.
22) 이에야스는 1614년 10월과 다음 해인 1615년 4월에 두 번에 걸쳐서 오사카로 쳐들어가 오사카성을 함락시키고 도요토미씨를 멸망시켰다.
23) 앞의 책, 栗田元次, 『江戸時代史』 上 1, p.443.
24) 朝尾直弘, 「近世京都の牢人」, 『京都市歴史資料館紀要』 10號, 1992年, p.362.
25) 『明良洪範』 4, 『古事類苑』, 21(政治部三), p.575.

일 큰 변화는 로닌의 개별적 장악에서 외형적인 파악, 즉 대도(帶刀)를 했는가 그렇지 않은가를 기준으로 하는 방법으로 변화되었다는 것이었다.[26)] 그리고 1683년에는 로닌의 관할이 교토쇼시다이에서 마치부교쇼(町奉行所)로 직무가 이관되었다. 로닌의 관리 책임이 서민행정을 총괄하는 부서로 이관되었던 것이다.[27)]

그것은 로닌에 대한 막부의 시각이 변화하였음을 상징적으로 보여주는 것이라고 할 수 있다. 로닌을 관리하는 부서가 이관되면서, 즉 로닌도 조닌의 일원으로 파악되면서, 로닌은 서민대도금령의 대상이 되었다. 무사의 신분 표식이기도 하였던 도검은 대도인을 파악하는 가장 중요한 지표라고 할 수 있었다. 실제로 17세기 후기부터 막부는 대도를 기준으로 하여 대도인을 파악하려고 의도하였고, 그에 따라서 로닌정책도 이러한 대도정책의 틀 속으로 편입되었다.

도쿠가와 막부(德川幕府)는 로닌을 매우 경계하였다. 그들을 실업자로 만든 것은 결국 막부였다. 더구나 막부가 자기 주군의 가문을 멸망시켰으니 막부는 로닌의 적이었다. 그들은 기회가 주어진다면 언제라도 반정부세력으로 결집될 수 있는 세력이었다. 그렇기 때문에 막부는 로닌초(牢人帳)를 작성하여 그들의 동향을 감시하였다.

막부는 로닌을 마치부교(町奉行) · 다이칸(代官) 등의 행정관이 각기 지배지역 내의 로닌을 로닌초에 기재하여 장악하게 하였다. 17세기 전기의 로닌 파악은 권력에 저항하는 로닌의 파악이나 체포를 목적으로 하였지만, 17세기 중기 이후에는 실태파악에 중점이 두어졌다. 로닌초에는 로닌의 이력, 거주의 이동, 보증인 등의 정보가 기재되어 있었다. 즉 신원이 확실한 로닌은, 행정관에 의한 개별적 파악을 전제로 하면서도, 통제를 완화하였다. 로닌 정책도 무단통치에서 문치통치로 전환되었던 것이다.

26) 앞의 논문, 朝尾直弘, 「近世京都の牢人」, p.358.
27) 朝尾直弘, 「18世紀の社會變動と身分的中間層」, 『日本の近世』 10, 1993年, p.54.

그러나 문치통치는 결코 로닌에게 자유를 부여하는 데 목적이 있었던 것이 아니다. 오히려 로닌의 완전통제를 지향하였다고 보아야 할 것이다. 그동안 막부는 법과 제도에 의하여 통치할 수 있는 기반을 구축하였다. 폭력에 의존하지 않고도, 행정력에 의하여 지배할 수 있는 시스템을 완성하였던 것이다. 막부는 로닌초를 작성하여, 로닌에게 도시공동체 구성원의 자격을 부여하였다. 그리고 신원이 확실한 로닌에게는 대도의 특권을 용인하였다. 서민의 거주지역에 거주하는 존재였지만, 서민의 신분과 다른 존재라는 것을 인정하였던 것이다. 그러나 신원이 확실하지 않은 로닌은 예외없이 대도금령의 대상이 되었다.

17세기 전기까지만 해도, 로닌이 다시 무가사회로 복귀할 수 있는 기회가 많았다. 17세기 전기에는 멸망하는 다이묘 가문도 많았지만, 새로 성립되는 다이묘 가문도 많았다. 세키가하라(関ヶ原) 전투의 논공행상으로 새로 창립된 다이묘나 하타모토(旗本) 가문이 많았던 것이다. 무공과 기량이 있으면 취직할 수 있는 기회는 많았던 것이다. 그러나 17세기 중기에 이르면, 막번체제(幕藩體制)가 안정되면서 로닌이 취직하여 다시 무가사회로 복귀할 수 있는 가능성은 점점 희박해지고 있었다. 로닌들은 도시에 거주하면서 검도를 비롯한 각종 무술의 사범(師範)이 되는 경우도 있었고, 지식인들 중에는 데라코야(寺子屋)의 훈장(訓長)이 되거나 의원(醫員)이 되는 자들도 있었다. 간혹 아라이 하쿠세키(新井白石)와 같이 학문에 전념하여 출세를 꿈꾸는 자들도 있었다. 이와 같이 도시에 거주하는 로닌이 늘어나면서 막부는 그들을 도시에서 생활하는 대도인(帶刀人)로 파악하였다. 그들이 도시에 거주하는 이상 법적으로는 조닌(町人)으로 분류되어야 마땅하였다. 하지만 상업이나 공업에 종사하지 않는 이상 그들이 한때 무사였다는 점을 존중하지 않을 수 없었을 것이라고 생각된다.

(3) 고시(鄕士)

농촌에 토착하여 거주하는 무사, 혹은 무사의 대우를 받는 존재를 고시(鄕士)라고 일컬었다. 고시는 1) 다이묘(大名)가 국토방위를 목적으로 무사를 향촌에 둔 경우, 2) 에도시대에 이르러 조닌(町人) 혹은 햐쿠쇼(百姓)가 금전을 납부하거나 기타의 방법으로 다이묘의 재정에 크게 기여하여 무사의 신분적 표식인 대도를 허가한 경우, 3) 막부가 내란 혹은 변방의 경비를 위하여, 특히 농민을 징집하여 무사의 신분을 부여한 경우, 4) 다이묘가 궁핍한 무사를 구제하기 위하여 토착을 허용하고 무사 신분을 부여한 경우 등이 있었다.[28]

1)의 경우는 원래 무사였던 자를 농촌에 거주하게 하였던 것으로 도시에 거주하는 무사와 하등의 차이가 없었다. 다만 농촌에 거주하고 있다는 차이가 있었을 뿐이었다. 2)의 경우는 에도시대 중기 이후에 모습을 드러낸 존재였다. 그들은 본래 농민이었으나 금전을 헌납하고 실질적으로는 농민이었으나 형식적으로는 무사 대열에 합류하였던 것이다. 이들 금납 고시는 농민이 대부분이었으나 그들 중에는 영리 사업으로 금전을 축적하고, 그 금전을 헌상하여 고시의 자격을 얻는 조닌(町人)도 있었다. 3)의 사례로서는 에도막부나 신판(親藩)인 미도번(水戸藩)에 채용되었던 농병제도(農兵制度)가 가장 널리 알려져 있다. 마지막으로 4)의 경우는 다이묘들이 재정이 궁핍하여 가신의 봉록을 지급할 수 없어서 할 수 없이 일부 무사들에게 황무지를 개간하게 하여 그곳에 정착하게 하고 무사의 신분을 인정한 것이었다. 도사(土佐), 히젠(肥前), 히고(肥後)의 여러 다이묘 영국에서 취하였던 정책이었다.

그중에서도 에도시대 중기에 가장 전형적인 고시는 위의 2)의 경우, 즉 금납 고시였다. 그들은 금전을 납부하여 무사에 준하는 예우를 받으면서

28) 小野武夫, 『鄕士制度の研究』, 大岡出書店, 1940年, p.108 이하 참조.

무사 신분을 상징하는 대도가 허용된 자들로 향촌사회에서 무사에 준하는 대우를 받았다. 하지만 그들은 무사로서의 자각도 없었고, 치안을 담당하는 직분에 대한 절박한 의식도 없었다. 그들은 대대로 무술을 연마하고 병법을 배워서 무사의 직분을 수행하였던 도시의 무사들과는 확연하게 구분되었다.

고시는 거주하는 지역에서 최고의 사회적 지위를 누렸다. 농촌에는 지도자인 쇼야(壓屋)나 나누시(名主)가 있었지만 의례의 석상에서 고시는 쇼야나 나누시의 상석에 착석하였다. 즉 향촌사회에서 최상위의 대우를 받는 특권을 누렸던 것이다. 조세를 납부할 때에도 일반 농민은 쇼야나 나누시에게 납부하고 쇼야나 나누시는 조세를 수합하여 다이묘에게 납부하는 것이 일반적이었다. 그러나 고시는 조세를 쇼야나 나누시에게 납부하지 않고, 다이묘의 관청에 직접 납부하였다. 고시는 신분이 낮은 쇼야나 나누시에게 조세를 납부하지 않는 것이 관행이었던 것이다.

그러나 고시는 일반 무사의 지위보다 한 단계 낮은 대우를 받았다. 도시에 거주하는 무사들과 동석하였을 때에는 머리를 들지 못하였다. 고시에게 일상적으로는 帶刀가 허용되지 않았지만 공식적인 場에서는 대도가 허용되었다.

일찍이 다카하시 세이치(高橋精一)는 다무라번(田村藩)의 한 부농(富農)의 3년여에 걸친 눈물 나는 대도청원운동(帶刀御免運動)에 대한 기록을 소개하였는데 다무라번에 거액을 헌금하고 대도의 권리를 얻는 데 성공한 나가자에몬(長左衛門)의 기록이 그것이다.[29)]

대도청원운동의 과정을 살펴보면 수많은 무사들이 한 농민의 신분상승운동에 관여하고 있음에 놀라게 된다. 이 운동에 그가 사용한 금액은 현금만 150냥이며, 부대비용까지 계산하면 비용은 상상을 초월한다. 150냥이라는 금액은 당시 다무라번의 하급무사 20여 명을 1년간 부양할 수 있는

29) 高橋精一, 「苗字帶刀御免」, 『經濟論集』 28號, 大東文化大學經濟學會, 1980年.

거액이었다. 그 대상(代償)으로 나가자에몬은 고시의 신분을 획득하고, 대도의 권리를 허가받았다.

대도의 면허가 농업생산에 아무 실익이 없었다는 것은 말할 나위도 없다. 그러나 중요한 것은 나가자에몬이 대도의 권리를 거액을 주고라도 맞바꿀 가치가 있다고 생각했다는 점이다. 대도의 권리가 허가된 나가자에몬은 '欣喜雀躍, 大喜' 하여 관리들이나 마을의 유력자에게 감사의 인사에 나섰다. 시나노(信濃)의 사료에도 1763년에 스케에몬(助右衛)이 대도의 권리를 부여받고 너무 감격하여 비가 오는데도 불구하고 비단신을 신고, 대도를 하고 사원과 신사(神社)를 방문하여 감사의 예배를 올리는 기록이 보인다.[30)]

(4) 도시 거주 대도인

무가봉공인(武家奉公人)도 대도인의 범위에 포함되는 존재였다. 무가봉공인이란 일반적으로 아시가루(足經)·와카토(若黨)·주겐(中間)·고모노(小者) 등을 말한다. 그중에서도 아시가루·와카토는 잡역(雜役)을 담당하는 주겐·고모노와는 명확하게 구별되는 존재였다. 특히 아시가루는 경우에 따라서는 하급무사로 분류되기도 하는 존재였고, 와카토도 전투원이었기 때문에 무가봉공인(武家奉公人) 중에서도 가장 상위에 위치되어 있었다. 아시가루와 와카토는 법적으로는 서민신분이었지만 전투원의 직역(職役)을 담당하였기 때문에 일상적으로 帶刀가 허용되었다.

무가사회는 17세기 중기를 전환 축으로 하여 질적으로 변화하였다. 17세기 중기까지는 무가봉공인들도 일생 무사의 가문에 종속되어 있는 후다이(譜代)의 성격이 강하였다. 그러나 17세기 중기에 이르면 그들의 대부분은 기간을 정하여 무사와 계약을 하고 고용되는 연기봉공인(年期奉公人)

30) 尾崎行也, 「幕末期上田領田中組村役人の分析」, 『千曲』 卷24, 1980年, p.30.

의 성격을 띠게 된다.

그러한 변화는 무사의 생활이 매우 빈궁(困窮)하게 되었다는 사실과 무관하지 않다. 무사를 경제적으로 압박하였던 것은 군역(軍役)이었다. 무사는 군역 규정에 의하여 항상 봉공인들을 거느리지 않으면 안 되었다. 17세기 후기에 이르러 제정적인 한계에 직면한 무사들은 연기봉공인을 고용하게 되었다. 어떤 경우에는 필요할 때만 임시직으로 일용봉공인(日傭奉公人)을 구하기도 하였다.

이러한 수요에 대응하기 위하여 에도(江戶)에는 방대한 무가봉공인 인력시장이 형성되었다. 그들 중에는 일상적으로 도검을 패용하고 있는 자들이 적지 않았다. 그것은 사회 문제가 되었고, 급기야 막부는 기간제 혹은 일용봉공인의 실태를 용인하면서도 신분질서를 어지럽히지 않는 방책을 강구하지 않으면 안 되었는데, 그때 막부가 제시한 것이 직역(職役)의 논리였다. 즉 막부는 무가봉공인이 생업에 종사할 때에는 대도를 해서는 안 되지만, 무가의 직역을 담당하는 때에는 대도를 허용한다는 원칙을 수립하였던 것이다.

17세기 후기에는 도시의 인구가 급증하였고, 그에 따라서 다양한 직업이 생겨났다. 또 유학이 발달하면서 학문에 관심을 갖는 서민들도 늘어났다. 학식이 있는 서민들 중에는 학자의 길을 걷는 자들도 있었고, 의원이 되거나 훈장(訓長)이 되는 경우도 있었다. 앞에서도 살펴본 유학자(儒者)·의자(醫者) 등의 직분은 서민의 생업과는 구별되는 것이었다. 이러한 논리에 의하여 막부는 신분적으로는 서민이지만 일상적으로 '농공상'의 생업에서 벗어나 유학자·의사 등의 직분에 종사하거나 무가(武家)에 고용되어 무역(武役)을 담당하는 자들을 일반 서민과 구분하여 대도인으로 분류하였다. 물론 대도인이라고 하여도 '농공상'의 생업에 종사하는 동안에는 대도가 금지되었다.

4. 맺음말

조선사회는 양천제(良賤制)를 골간으로 하는 신분제 사회였으나, 16세기 경부터 계급분화가 촉진되면서 17세기 이후에는 양반 · 중인 · 상민이라는 새로운 계급관계가 형성되었다. 말하자면 중인은 반상제(班常制)에서 파생된 중간계급이었다고 말할 수 있다.

조선의 경우, '중간적' 존재는 17세기에 들어서면서 명확하게 파악되는데, 그들은 당시에 이미 중인이라고 일컬어지고 있었다. 그들은 원래 양반사회의 일원이었으나 시간이 지나면서 양반사회에서 배제된 존재와 원래는 상민이었으나 관청의 하급 직역(職役)에 종사하게 되면서 스스로가 적극적으로 중인이라고 칭하게 된 존재들로 구성되었다.

중인 중에서 스스로 양반이라고 인식하고 있었던 대표적인 존재는 서얼이었다. 서얼은 비록 정실부인의 자식은 아니었으나 엄연하게 양반의 혈통을 이어 받은 자들이었다. 그들은 스스로 일반 서민과는 다른 양반이라고 생각하고 있었다. 또 과거를 통하여 기술관에 취임한 관리들도 스스로를 양반이라고 생각하고 있었다. 기술이 천시되면서 신분의 서열은 낮아지게 되었으나 기술관의 신분은 일반 서민과는 엄연하게 구별되어야 마땅하다고 생각하고 있었다. 직분론의 관점에서 보았을 때에도 그들은 일반 서민과 같은 생업에 종사하고 있지 않았다는 점에서는 명확하게 구별되었던 것이 사실이었다. 중앙의 관청이나 지방의 관아에서 행정 사무 일반을 담당하던 하급관리, 하급관직에 취임하고 있었던 군인, 지역사회의 교육을 담당하고 있었던 교생 등도 기술관과 같은 생각을 하고 있었다. 즉 자신들은 비록 행정의 말단에서 일을 하고 있었다고는 하여도 엄연하게 관직에 취임하고 있을 뿐만 아니라 직분 면에 있어서도 일반 서민과는 구별되는 존재라고 인식하고 있었다.

그러나 양반은 스스로 일반 서민과는 구별되는 존재라고 생각하고 있었던 서얼, 기술관, 중앙과 지방의 하급관리, 하급군인, 교생 등을 결코 양반

신분으로 인정하려고 하지 않았다. 양반층은 배타적으로 신분의 순수성을 유지하려고 의도하였던 것이다.

이와 같이 중인은 끊임없는 신분상승을 원하면서 스스로를 일반 서민과 구별하였고, 양반은 중인들의 신분상승 운동을 결코 용인하지 않았다. 이러한 과정에서 '농공상'도 아니요, 그렇다고 '사'라고도 할 수 없는 '사'와 '농공상' 사이의 중간적 존재가 조선사회의 신분질서 속에서 그 모습을 드러내게 되었던 것이다.

일본 근세사회에서 대도(帶刀)는 무사의 특권이었다. 그런데 무사에는 신분으로 파악할 수 없으나 무사의 특권인 대도가 인정된 특수한 집단이 존재하였다. 일본에서도 '중간적 존재'인 대도인는 17세기 후기에 이르러서야 명확하게 파악되게 되었다. 이들은 막번권력이 서민대도금령을 내려서 무사 신분이 아닌 자의 대도를 금지하는 과정에서 부각되게 되었다. 대도금령은 충격을 완화하기 위하여 단계적으로 시행되었다. 1668년의 대도금령은 예외 규정이 많았으나, 1883년의 법령은 모든 서민의 대도를 금지하는 것이었다. 즉 서민대도금령은 1883년에 이르러 완성되었다. 그런데 서민대도금령이 관철된 후에도 대도를 허용하지 않을 수 없는 자들이 있었다. 도시에서 거주하는 자로는 로닌 · 일부 무가봉공인 · 유학자 · 의사 · 훈장 등이 있었고, 농촌에 거주하는 자로는 고시가 있었다. 막부는 그들을 대도인으로 칭하여 일반 서민과 구별하였다.

그들은 '농공상'의 서민이 마땅히 수행하여야 하는 직분에서 분리된 존재였다. 물론 고시(鄕士)는 농사에서 자유로울 수 없었으나 적어도 직접 경작에서는 자유로운 자들이었다. 그러나 도시에 거주하는 대도인들은 상공업에 종사하지 않았다. 의업이나 교육업은 상공업의 부류에 속하지 않은 것으로 인식되었기 때문에 로닌들은 생계를 유지하기 위하여 직업을 가질 필요가 있을 경우에는 의업이나 교육업에 종사하였다. 상공업에 종사하지 않는 한 '농공상'으로 신분이 전락하지는 않았기 때문이다. 무가봉공인들도 같은 논리에 의하여 대도가 허용되었다. 대도인들은 상공업에 종사하지 않는 한 대도가 허용되었다.

에도 막부는 대도인라고 칭하여 일반 서민과 구별하였다. 대도인을 조선사회의 중인과 같이 독립된 신분 집단으로 볼 수 있는지 어떤지는 더 논의해 보아야 할 문제이나, 대도인은 사회 관습적으로나 권력의 관점에서 보았을 때 무사 신분의 범위에 넣을 수는 없지만 일반 서민과는 구별되는 존재였던 것만은 확실하다. 그런 의미에서 대도인은 무사와 일반 서민의 중간에 위치한 '중간적 존재' 였다고 할 수 있을 것이다.

조선의 중인과 일본의 대도인은 모두 17세기 이후에 그 모습을 드러내게 되었다는 공통점이 있다. 그리고 조선의 중인과 일본의 대도인은 모두 직역(職役)과 깊은 관련성이 있었다는 점이 주목된다. 즉 그들이 어떤 직역에 종사하느냐가 신분을 분리하는 중요한 지표가 되었던 것이다. 그러나 조선의 중인이 주로 신분의 사회운동 과정에서 자연스럽게 부각되었다면, 일본의 대도인은 국가가 주도한 신분질서 확립과정에서 그 모습을 드러냈다는 점이 특징이다. 그리고 조선의 중인은 양반과 서민 사이에 위치한 독립된 신분계층으로 인식되었지만 일본의 대도인은 하나의 신분계층으로 인정하기에는 많은 문제점을 내포하고 있었다. 다만 무사의 특권인 대도가 허용되어 일반 서민과는 외형적으로 명확하게 구별되었다는 점에 있어서는 무사와 서민 사이의 '중간적 존재' 였다.

제 1 부

일본의 사회질서

제 4 장

에도시대 무가사회의 신분과 형식

1. 머리말

일본 근세, 즉 에도(江戸) 시대는 전형적인 신분제 사회였다. 물론 어느 지역의 역사에서도 전근대사회는 신분제 사회였고, 조선시대도 예외가 아니었다. 신분제 사회는 신분계층 간의 차별이 엄정한 사회였다. 특히 지배계층과 피지배계층의 '거리'는 매우 멀었고, 신분이동은 원칙적으로 불가능하였다. 같은 신분계층 내부에도 신분서열이 엄정하였다.

신분제 사회는 차별의 사회였다. 그 차별은 단지 관습적인 차원의 것이 아니라, 국가권력이 법적으로 인정하는 것이었다. 즉 신분제 사회는 법에 의하여 차별이 공인되어 있었다. 그런 의미에서 불평등이 법적으로 보장된 사회였던 셈이다.

그런데 일본의 에도시대는 다른 사회와 비교하여 보았을 때, 차별이 단지 의식 차원이 아니라 외형적으로 분명하게 드러난 사회였다. 에도시대는 인간존재의 사회적 지위를 신분이라는 추상적인 말로만 규정한 것이 아니라, 신분이 '눈에 보이는 형태' 로 표현되도록 하였다.

에도막부(江戸幕府)는 의상, 가옥, 각종 탈 것 등에 대하여 풍속(風俗)을 규제한다는 명목으로 자주 금령(禁令)을 내렸다. 이러한 금령의 존재를 통해, 에도시대 사람들이 외형의 규제가 신분을 규제하는 가장 중요하고 유효한 수단이라고 생각하고 있었다는 것을 알 수 있다. 그것은 또한, 이 시대에는 신분이 외형적인 차별로, 그것도 매우 구체적으로 표현되었다는 것을 말해 준다.

그러한 에도시대 사람들의 생각은, 에도시대에는 신분과 외형의 관계가 어떻게 인식되고 있었는지를 살펴보는 데 중요한 단서가 된다. 다시 말하자면, 풍속규제를 둘러싼 금령의 존재를 통하여, 에도시대 사람들이 인간의 외형에는 그 사람의 인격과 정신이 반영되어 있다고 생각하고 있었다는 것을 알 수 있다. 그런 의미에서 에도시대 어떤 인간의 외형적인 표식이나 행위의 여러 가지 측면을 고찰하는 것은, 그 시대의 신분질서를 해명하는 데 중요한 실마리를 제공하는 것이라고 할 수 있다.

인간의 형식 중에서 신분질서가 가장 민감하게 표현되어 있는 것은 격식(格式)이라고 할 수 있다. 그러한 격식은 일상생활 속의 작법(作法)을 통하여 더욱 구체화된다. 격식과 작법이라는 형식은 인간의 정신, 특히 신분의식을 가장 민감하게 반영하고 있다. 그런 의미에서 격식과 작법은 그 시대 사람의 인격과 정신의 표현이라고 할 수 있을 것이다.

특히 일본 에도시대의 무사들은, 조선시대 양반과 비교하여 보았을 때, 작법과 격식을 매우 중요시하였다. 그런 데에는 여러 가지 이유가 있었을 것이나, 가장 중요한 이유 중의 하나는 에도시대의 무사들은 조선시대의 양반과 같이 지식을 독점한 위정자가 아니었다는 점일 것이다. 그러니 무사신분과 일반 서민신분을 외형을 통하여 구별하는 방법밖에 없었다. 그 가장 대표되는 외형이 바로 도검이었다. 즉 도검을 찬 사람은 무사고, 그렇지 않은 사람은 일반 서민이었다.

사정이 이렇다 보니, 에도시대에는 무가사회 내부뿐만이 아니라 사회 일반적으로도 형식이 발달하게 되었다. 그 형식이 바로 격식과 작법이었다. 에도시대의 사회의 특질을 이해하기 위해서는 우선 격식과 작법에 초점을 맞추어 접근할 필요가 있을 것이다. 또한 격식과 작법을 통하여 에도시대 사회의 본질에 접근하는 것이 가장 유용한 방법의 하나가 될 수 있을 것이다.

2. 형식은 내용의 표현

일본 근세의 무사들은 형식과 정신이 밀접하게 연관되어 있다고 생각하고 있었다. 그렇기 때문에 일상생활에 있어서도 작법과 격식을 중요시하였다. 성군으로 일컬어졌던 이케다 미쓰마사(池田光政)도 그의 일기에서 "무사로서 작법을 소홀히 하는 자는 무사라고 할 수 없다."[1]라고 말하고 있다. 무사에게 작법의 중요성을 강조하고 있는 것이다.

다이도지 유잔(大道寺友山)도 그의 저서 『부도쇼신슈(武士初心集)』에서 "무사도에 있어서는 가령 어느 정도 마음으로 충효의 길을 지킨다고 하여도 형식적으로 예의를 다하지 않고서는 충효의 길에 완전하게 부합하였다고 말할 수 없다."[2]고 말하고 있다. 그의 말을 부연하여 설명해 보면, 윗사람에게 공순한 마음을 가지고 있는 것만으로는 충성을 다했다고 할 수 없다는 것이다. 충성스러운 마음이 예의라는 형식으로 표현되지 않으면 안 된다는 것이다. 예의는 무사의 인격과 정신, 혹은 신분사회의 질서를 표현하는 형식이었던 것이다.

재미있는 자료를 하나 소개해 보기로 하자. 겐로쿠(元祿) 7년, 그러니까 1694년 윤 5월에 발령된 에도 막부의 '禦門番勤方法令'[3] 중에는 길에서 상처를 입고 사망한 시체가 발견되었을 경우에 해당지역의 경비를 담당하

1) 『池田光政日記』, 國書刊行會, 1983年, p.295.
2) 『武道初心集』, 岩波書店, 1943年, p.46.
3) 『德川禁令考』 前集 卷3, p.107.

는 무사의 행동지침이 포함되어 있다. 행동지침에는 우선 현장을 보존한 다음에 지휘계통을 통하여 보고하도록 하고 있는데, 그때 주목되는 점은 가장 먼저 점검하여야 하는 것이 그자의 신분은 무엇으로 추정되는가, 그리고 어떤 옷을 입고 있었으며 도검은 차고 있었는가, 도검을 차고 있었다면 어떤 모양의 도검이었는가 등이었다는 것이다.

상식적으로 생각하면 살인사건이 발생하면 발생장소, 성별, 연령, 치명상의 원인, 상처의 부위 등이 우선 점검되어야 하고, 이어서 범인의 단서를 찾는 것이 중요할 것이다. 그런데 에도시대에는 무엇보다도 중요시되었던 것이 죽은 자의 복장 형태, 소지하고 있는 도검의 종류 및 모양 등이었다.

외형은 실제로 신분을 파악하는 가장 중요한 단서가 되었다. 위 법령의 내용 중에 "보기에는 주겐(中間)으로 보이지만, 도검을 차고 있지 않은 자는 조닌으로 분류할 것"이라는 부분이 있다. 의류 등의 외형적 표식만으로 무가봉공인(武家奉公人)인지, 도시 거주자인 상공인인지 구분이 되지 않을 경우에는 도검을 차고 있느냐 그렇지 않느냐가 그 자의 신분을 구분하는 중요한 지표가 되었던 것이다.

도검은 신분을 구분하는 표식이었을 뿐만 아니라, 그것을 소지하는 자의 인격이나 개성이 반영된 것이기도 하였다. 그렇기 때문에 도검과 그것을 소지하는 자를 동일시하는 경향도 나타나게 되었다. 그러한 태도는 무사가 도검을 일상적으로 소지하는 관행이 정착되면서 더욱 강화되었다.

도검과 무사와의 관계를 좀 더 살펴보기로 하자. 전국시대(戰國時代) 말이나 에도시대 초기에는 무사가 일상 패용하는 두 개의 도검을 대소(大小)의 가타나(刀), 혹은 그것을 줄여서 다이쇼(大小)라고 부르게 되었다.[4] 대도(帶刀)의 관행이 정착하면서 도검의 무게와 길이도 변화하게 되었다. 무사가 일상적으로 두 개의 도검을 허리에 차게 되면서 도검은 그것을 휴대

4) 『刀劍略說』에 다음과 같이 기록되어 있다. "大小라고 불리워지게 된 것은 전적으로 근래의 일인데, 언제부터인지, 또 누구로부터인지는 자세히 알 수 없다. 돌아보건대 信長公, 秀吉公 시대 이래의 名目인 것이다." 『古事類苑』, p.1305.

하는 자의 신체조건에 맞게 변화되었다. 일반적으로 무게도 줄었고 길이도 짧아졌다.

『무카시무카시모노가타리(昔昔物語)』에 의하면, 적어도 17세기 중기까지는 무사가 자신에게 가장 적합한 크기와 무게의 도검을 주문하여 패용하였다. 그렇기 때문에 도검의 종류도 패용하는 무사의 신체적 조건이나 기량에 따라서 각양각색이었다.

> 옛날에는 (중략) 점포에 손님이 열 사람이 있으면 열 사람 제각기 다 달랐다. 그중에는 노인도 있고 반노인도 있고 젊은 사람도 있는데, 이에 따라서 가타나의 길이가 두 자 세치 정도의 것도 있고 두 자 네치나 다섯 치 정도의 가타나도 있고 두 자 정도의 가타나도 있고, 무거운 것도 있고 가벼운 것도 있고 도검의 장식도 각양각색이었다. 전혀 모르는 사람이 와서 보아도 이것은 대략 누구의 도검인지, 젊은이, 반노인, 노인의 것인지, 제각기 그 주인을 알 수 있을 정도였다.[5)]

『무카시무카시모노가타리』는 신미 마사토모(新見正朝)가 18세기 전기에 집필한 수필집으로 알려져 있다. '자서(自序)' 에 의하면 '옛날' 이란 17세기 중기 이전의 시대를 의미한다.[6)] 이러한 관점에서 보았을 때, 적어도 17세기 중기까지는 도검의 길이, 무게, 도검의 장식 등이 개인의 취향에 따라 각양각색이었다. 그렇기 때문에 도검만 보아도 그것이 누구의 것인지 금방 알 수 있을 만큼, 도검은 그것을 소지하는 자의 개성을 잘 표현하고 있었다.

일찍이 루즈 베네딕트는 "일본인은 자기의 신체와 刀劍을 동일시하고 있다"[7)] 고 지적하였는데, 근세 일본인, 특히 무사의 경우 그러한 인식은

5) 『日本庶民生活史料集成』 巻8, 1969年, p.397.

6) 吉川哲史, 「明暦・寛文年代の道徳史的 意味」, 『近世日本思想の研究』, 小山書店, 1948年.

7) Ruth Benedict, 『菊と刀-日本文化の型』(長谷川松治譯), 社會思想社, 1972年, p.343.

더욱 강렬하였다. 도검을 무사의 인격과 동일하다고 생각하고 있었다.

『도쿠가와짓키(德川實紀)』에는 에도막부의 3대 쇼군(將軍) 도쿠가와 이에미쓰(德川家光)의 다음과 같은 일화가 소개되어 있다.

> 시나가와(品川)에 행차하는 도중 하천을 건널 때, 쇼군의 비상용 도검을 담당하는 무사가 어도(御刀)를 하천을 건네주는 잡부(雜夫)에게 맡기고 자기도 그 잡부의 손을 잡고 물을 건너는 것을 쇼군이 보고 진노하였다. "나의 도검을 잡부에게 들게 할 수는 없는 것이다. 즉시 죄를 묻도록 하라."고 명령하였다. 그 무사는 강 언덕에서 스스로 배를 갈라 죽게 하였다.[8]

위에 보이는 쇼군의 도검은 많은 비상용 도검 중의 하나였다. 그 도검을 담당한 무사가 강을 건너기 위하여 부득이하게 타인에게 잠시 도검을 맡긴 행위가 쇼군이 직접 사형을 명령할 만한 중죄였던 이유는 무엇이었을까? 쇼군은 자신의 도검이 비천한 사람에게 접촉되었기 때문에 진노하였던 것이다.[9] 만약 어도(御刀)를 담당한 무사가 신분이 비천한 사람이 아닌 다른 무사에게 맡겼다면 쇼군인 도쿠가와 이에미쓰가 그렇게까지 화를 내지는 않았을 것이다. 이 사건을 통하여 알 수 있는 것은, 에도시대 사람들은 도검이 그것을 소지하는 자의 인격과 동일하다고 생각하고 있었다는 점이다. 쇼군 이에미쓰는 자신의 도검이 비천한 자의 손에 접촉됨으로써 부정하게 되었고, 도검이 부정하게 된 것은 곧 자신의 인격이 오염된 것이라고 생각하였던 것이다.

---

8) 『德川實紀』(新訂增補國史大系) 篇3, 吉川弘文館, 1976年, p.725.
9) 拙稿, 「近世 日本武士와 帶刀」, 『日本歷史研究』 第4輯, 日本歷史研究會, 1996年 참조.

3. 신분에 상응하는 형식

근세 일본의 무사들은 신분에 걸맞게 외형을 단장하는 것이 무엇보다도 중요하다고 인식하고 있었다. 집은 물론 복장도 신분에 상응하게 단장할 것이 요구되었다. 그것은 무사 자신의 명예를 위해서이기도 하였지만, 무엇보다도 주군을 위해서 중요하다고 인식되었다. 다이도지 유잔은 그의 저서『武道初心集』에서 젊은 무사들에게 다음과 같이 훈계하고 있다.

> 봉공을 하는 무사는 주군으로부터 저택을 제공받고 집단장을 할 때는 밖에서 보이는 현관과 문간채 등은 봉록에 상응하여 조금은 사치스럽게 꾸미는 것이 바람직하다. 왜냐하면 어떤 조카마치(城下町)에도 성 주변에 거주하고 있는 사무라이의 거소는 다른 곳, 다른 지배지역의 사람들도 왕래하며 보는 곳인 만큼 여러 무사의 저택이 보기 좋으면 그곳도 번화해지고 무가사회도 안정되는 것이니 주군을 위해서도 좋은 것이다.[10)]

무사는 사치와 무관한 존재였다. 특히 처자식이 사는 집안을 꾸미는 데 과분한 비용을 들여서 꾸미는 것은 금물이었다. 주택의 내부는 비만 새지 않으면 아무리 누추하여도 인내하고 사는 것이 바람직하였다. 그러나 주택의 외관만은 신분에 걸맞게 최대한 고급스럽게 단장하는 것이 미덕이었다. 특히 현관은 사치스럽게 꾸미는 것이 바람직하였다. 무사의 주택이 훌륭하게 단장되어 있는 것을 보면, 왕래하는 사람들이 무가사회가 안정되어 있다고 생각할 것이기 때문이었다. 즉 주택의 외관을 사치스럽게 단장하는 것도 주군을 위한 충성이었던 것이다.

조선시대는 청백리가 존경의 대상이었다. 영의정이라도 누추한 집에서 살면서 겨우 끼니를 잇는 이를 칭송하였다. 명재상 중의 한 사람이었던 맹사성은 남루한 옷차림으로 종자도 거느리지 않고 고향 길을 왕래하였고,

10) 앞의 책,『武道初心集』, p.86.

그런 청빈한 모습을 서민들은 우러러 보았다. 만약에 에도시대 일본에서 막부의 재상인 로주(老中)가 맹사성과 같이 남루한 옷차림으로 여행길에 올랐다면 서민들은 어떻게 평가하였을까?

주군이 무사에게 영지를 하사하거나 봉록을 주는 것은 주군을 위하여 봉사하라는 의미였다. 무사는 경제력에 따라서 부하 무사들을 거느리고, 신분에 걸맞게 주택을 단장하여야 했다. 신분이 높은 사람은 최고급품의 비단옷을 입어야 마땅하였다. 외출을 할 때에는 신분에 따라서 거느리는 종자 수도 달랐다. 소비도 신분에 걸맞게 하는 것이 바람직하였다. 막부의 로주라면 제일 좋은 주택에서 살아야 했다. 외출할 때에는 최고의 복장을 하고, 많은 종자들을 거느리고, 위세 당당하게 행진하여야 했다. 그렇게 처신하지 않으면 곧 주군의 체면을 손상하는 매우 불충한 일이 되었기 때문이다. 일본에서는 최고의 경제적 혜택을 누리는 막부의 수상격인 관리가 남루한 복장을 하고 외출하는 것은 결코 미덕이 아니었던 것이다. 그러한 행동은 신분에 걸맞지 않은 행동이었으며, 결코 용납될 수 없는 사안이었다.

형식과 격식이 그 사람의 신분을 표현하는 것으로서 중요시되었던 근세 일본사회에서는 일상생활 속에서도 신분에 걸맞는 형식과 격식을 요구하였다. 『도쿠가와긴레이코(德川禁令考)』의 「武家御扶持人例書」에는 주목할 만한 사례[11]가 소개되어 있다. 한 무사가 긴 칼인 가타나(刀)를 차지 않고 짧은 칼인 와키자시(脇指)만 차고 집 근처의 목욕탕에 간 아들을 감독하지 않은 '사건'에 대하여 도쿠가와 막부는 엄중한 경고를 하고 있다.[12] 엄중한 경고를 '히카리'라고 하는데, 그것은 엄연한 형벌의 일종이었다. 그러한 형벌을 부모에게 가한 것은 집안을 단속하여야 마땅한 당주(當主)로서의 책무를 다하지 못하였던 죄를 물었던 것으로 해석할 수 있는데, 도쿠가

11) 일본 무가사회는 성문법을 갖고 있지 않았다. 모든 재판은 재판관이 상식에 근거하여 판결하였다. 물론 판결을 할 때에는 판례를 참고하는 것이 일반적이었다. 여기에 소개하는 것도 그러한 판례의 한 사례이다.

12) 앞의 책, 『德川禁令考』 別卷, p.263.

와 막부는 무사가 외출할 때에 무사신분의 외형적 표식인 도검을 차지 않았던 것을 결코 가볍게 생각하고 있지 않았음을 알 수 있다. 이 밖에도 「武家御扶持人例書」에는 "도검을 차지 않고 자주 외출을 한 고케닌(御家人)"이 추방형에 처해졌던 기록인 확인된다.[13)]

무사가 도검을 차지 않고 외출하는 것은 무사신분으로서의 외형을 꾸미지 않은 것이었고 그것은 매우 심각한 것이었다. 도검의 패용뿐만이 아니라 무사가 외출할 때에는 그 신분에 걸맞게 종자를 거느릴 것이 요구되었다. 각 신분에 따라서 거느릴 종자의 신분과 명수는 군역(軍役) 규정에 준하였다. 예를 들면 300석의 무사는 5명의 종자를 거느리고 말을 타고 외출하도록 되어 있었다. 300석의 무사는 기마무사였기 때문에 말을 타야 했다. 종자들 중에 한 명은 전투원으로 분류되어 정식 무사와 같이 길고 짧은 두 개의 도검을 차는 것이 허용되었던 사무라이(侍)였고, 나머지 4명은 무기, 갑옷, 기타 소지품을 담당하고 주인을 수행하는 무가봉공인들이었다. 200석의 무사는 기마무사가 아니기 때문에 걸어서 외출하였다. 그때 3명의 종자가 주인의 소지품을 챙겨서 수행하였다. 이러한 내용은 군역 규정에 매우 세밀하게 제시되어 있었다.

이러한 형식과 격식은 그저 바람직한 권고사항이 아니었다. 군역으로 규정된 사항이었으며, 무사 신분이라면 당연히 지켜야 할 본분이었다. 즉 강제 규정의 성격을 띠고 있었던 것이다. 그러한 규정을 지키지 않았을 경우에 막번권력(幕藩權力)은 그 무사에게 '죄'를 물었다. 같은 「武家御扶持人例書」에는 "신분에 걸맞지 않게 사무라이(侍) 주겐(中間) 등도 거느리지 않고 밤중에 종자도 없이 외출한 하타모토(旗本)"에게 가택 연금이라는 엄중한 조치를 취하고 있다.[14)]

13) 위의 책, p.264.
14) 위의 책, p.266.

4. 다이묘 행렬과 형식

형식과 격식을 단장할 필요가 있었던 것은 다이묘(大名) 행렬의 경우에도 예외가 아니었다. 참근교대(參勤交代)를 할 때 등의 다이묘 행렬은 행군이었다. 즉 군사 행동이었다. 그러나 긴 평화가 지속된 에도시대의 다이묘 행렬은 주로 '신분을 당당하게 표현하는 단장'이라고 해야 마땅하였다.[15] 즉 삼엄한 군사행동이라고 하기 보다는 주변의 민중들에게 보여주기 위한 퍼레이드의 성격을 지니고 있었던 것이다. 보여주기 위한 것이었기 때문에 더욱더 형식과 격식이 중요시되었다.

다이묘는 참근교대를 하기 위하여 자신의 지배지역에서 쇼군의 거성인 에도로 행군할 때나, 에도에서 1년을 보내고 다시 자신의 지배지역으로 돌아가기 위하여 행군할 때 훌륭하게 행렬을 단장하였다. 다이묘는 사회적 지위에 따라 각기 신분에 상응하게 외형을 꾸미고 격식을 갖추었다. 야리(槍), 문장(紋章), 마필(馬匹)의 수, 하사미바코(挾箱), 기타 짐을 운반하는 종자의 수, 진행의 순서, 가마의 형식 등 모두가 다이묘의 신분과 격식을 표현하는 단장이었다. 화려한 다이묘 행렬을 17세기 말에 일본에 체류하였던 서양인 켐페르는 매우 호기심 어린 눈으로 바라보고 있었다.

> 호위하는 무사나 장식한 야리(槍), 양산과 우산, 짐 상자를 운반하는 종자들이 사람들이 많이 사는 마을을 통과할 때나 다른 다이묘의 행렬의 옆을 통과할 때에는 매우 비정상적인 걸음걸이를 할 때가 있다. 그 걸음걸이는 한 발자국 내디딜 때마다 발을 거의 엉덩이에 닿을 정도로 올리고, 그리고 동시에 한 쪽 팔을 앞으로 쭉 뻗기 때문에 마치 공중을 헤엄치고 있는 것같이 보이기도 한다. 이러한 걸음걸이를 할 때에 그들은 장식한 야리과 가사(笠), 양산 등을 두세 번 이리저리로 움직이고, 하사미바코도 어깨 위로 들어 올린다. 가마를 메는 사람은 옷소매를 끈으로 묶어서 양 팔을 드러내고

15) 渡辺浩, 「御威光と象徵」 徳川政治體制の一側面, 『思想』 740號, 1986年, p.136.

있다. 그들은 어떤 때는 가마를 어깨로 메고 어떤 때는 머리 위로 높이 올려서 한 손으로 받쳐들고 다른 한 손은 손바닥을 수평으로 하여 펴고 좁은 보폭으로 걷기도 하고, 무릎을 구부리기도 하고 하며 기괴하고도 무섭게 행동하기도 하며 매우 주의 깊은 표정을 짓기도 한다.[16)]

행렬이 인가를 지날 때나 도심을 가로 지를 때, 많은 사람들이 눈에 띄었을 때, 혹은 다른 다이묘들의 행렬의 옆을 지날 때는 보무당당한 행군을 하였던 것을 알 수 있다. 그리고 걸음걸이뿐만이 아니라 사기가 충천하다는 것을 보여주기 위한 여러 가지 시위를 하였던 것을 알 수 있다.

17세기 말, 무가사회의 생활양식은 작법화되었다. 작법화는 복장, 태도, 인사, 걸음걸이 등 일상생활의 세세한 부분까지 진전되어 있었다. 위의 사료를 통하여서도 확인할 수 있듯이 행군 시의 걸음걸이, 몸놀림, 손놀림, 짐을 지는 방법 등에 이르기까지 작법화되었다. 이렇게 형식화된 행동이 서양인 켐페르에게는 이상하게 비쳤을지 모르지만, 다이묘 행렬을 구성하는 무사들의 입장에서 보았을 때에는 엄숙한 군사행동이었고, 다이묘의 무위(武威)를 과시하는 작법이었던 것이다.

참근교대를 하기 위하여 행군을 할 때, 다이묘가 거느리는 종자의 수가 많을수록 명예롭게 여겼다. 거느리는 종자의 수를 다이묘의 신분을 표현하는 가장 유효한 것으로 생각하고 있었기 때문이다. 서열이 높은 다이묘의 행렬은 장엄하기 이를 데 없었다. 그 행렬이 얼마나 길고 장엄하였나는 켐페르가 에도로 가기 위하여 여행할 때 조우하였던 다이묘 행렬에 관한 기록에서도 확인할 수 있다. 켐페르는 다음과 같이 말하고 있다.

다이묘 행렬의 전위가 우리들의 옆을 지나가는 것을 보았는데, 그 뒤로 다이묘 자신이 무사단을 이끌고 대오를 정비하여 행군하는 장면을 볼 수 있는 것은 보통 3일째 되는 날이었다.[17)]

16) ケンペル, 『江戸參府旅行日記』, 東洋文庫, 1977年, p.53.

다이묘의 행렬이 얼마나 길게 늘어져 있었는가를 실감할 수 있다. 막부(幕府)는 다이묘 행렬을 규제하려고 노력하였다. 하지만 다이묘들은 가능하면 많은 인원을 동원하려고 하였다. 형식과 격식을 중요시하는 무가사회의 분위기를 미루어 짐작할 수 있다.

5. 치밀하게 다듬어진 형식 사회

무가(武家)는 자기 집안의 가격(家格)을 염두에 두면서 자기와 동격 혹은 거의 대등한 타가(他家)와 자기 집안을 비교하면서 가격에 상응하여, 혹은 가능하다면 가격 이상의 격식을 확보하려고 노력하였다.[18] 그래서 타가의 작법과 신분의 외적 표현에 대하여도 항상 관심을 갖고 있으면서 그와 관련된 정보를 수집하는 데 게으르지 않았다. 다이묘들의 곁에 에도의 저택을 관리하는 집사격 무사인 루스이(留守居)를 상주시킨 목적의 하나도 바로 타가의 정보를 수집하기 위한 것이었다.

각 번(藩) 상호 간에는 그 번의 루스이를 통하여 서로 법제를 조회하고, 정보를 교환하여 다른 번의 동정을 살피고 있었다. 그러나 루스이의 주임무는 '공무' 보다는 타가의 격식을 살피는 것이었다. 루스이가 수집한 정보는 다이묘의 시정에 결정적인 영향을 미쳤다. 오규 소라이(荻生徂徠)도 그의 저서 『세이단(政談)』에서 "다이묘 가문에서는 루스이라고 하는 자를 두고, 다른 가문의 작법과 격식을 살피는 것에 주력하였다."[19]라고 말하고 있다.

번정(藩政)에서 루스이의 정보에 의존하는 경우가 많게 되면 자연히 루스이의 권한이 증대되게 되는 것은 말할 필요도 없다. 때로는 루스이가 전횡을 하는 경우도 있었다. 다이묘도 루스이에게 많은 문제점이 있다는 것

17) 위의 책, p.49.
18) 服藤弘司, 「加賀藩家法の性格」, 『金沢大学 文学 部論集』 法經篇 5, p.91.
19) 『荻生徂來』(日本思想大系 36), 岩波書店, 1973年, p.323.

을 알고 있었지만, 그 제도를 폐지할 수는 없었다. 루스이의 활동에 의존하지 않고는 타가의 정보를 얻을 수 없었기 때문이었다.

다이묘들은 타가의 작법과 격식을 곁눈질하면서 자기 가문의 작법과 격식을 손질하였다. 그러다 보니 다이묘 가문의 독특한 가풍은 점차로 붕괴되었다. 같은 지위에 있는 다이묘는 어떤 다이묘나 거의 같은 작법과 격식을 유지하게 되었기 때문이다. 다이묘가 타가의 작법과 격식을 곁눈질하는 풍조는 전통적인 가풍을 쇠퇴하게 하기는 하였지만, 결과적으로 근세국가의 성립에 긍정적으로 작용한 면이 있었다. 즉 막부의 법령이 각 다이묘령으로 관철되는 데 크게 공헌한 측면이 있었던 것이다.

타가의 작법과 격식을 곁눈질하는 풍조는 이미 17세기 후기에 이르러 일본 사회에 뿌리를 내린 것으로 확인된다. 그와 관련하여 오규 소라이는 『세이단』에서 다음과 같이 말하고 있다.

> 그 격식이라고 하는 것은 조석의 몸자세, 의복, 음식, 기물, 집단장, 부하를 다루는 법, 내실의 작법, 음신(音信), 선물, 사자(使者)의 예법, 조카마치(城下町)의 순찰과 관련한 작법, 도중에서의 작법과 격식, 관혼상제의 예법 등, 옛날의 제도도 아니고 또 쇼군(將軍)이 내린 법도도 아니다. 세상의 풍속이 사치스러워지면서 타가의 작법과 격식을 곁눈질하여 한때의 풍속으로 성립된 것이 세월이 지나면서 당시에 이르러서는 이것을 격식이라고 칭하면서 자신도 부하도 매우 중요한 일이라고 여겨, 이 격식을 벗어나면 다이묘의 체면이 서지 않는다고 생각하게 되었다.[20]

다이묘가 타가의 작법과 격식을 곁눈질하여 모방하는 풍조에 대하여 오규 소라이는 매우 비판적이었다. 그는 다이묘의 사치가 없어지지 않는 것은 일본 역사상 가장 사치 풍조가 만연하였던 겐로쿠(元祿) 시대에 다이묘들이 정한 제도 탓이라고 하였다. 그것을 마치 옛날부터 있었던 격식으로

20) 위의 책, p.323.

알고 있기 때문이라고 하며 이는 매우 잘못된 것이라고 지적하였다. 그런데 이러한 풍조는 에도시대의 무가사회에서 형식과 격식이 생활의 전반에 걸쳐서 얼마나 중요시되고 있었는지를 알려주는 것이기도 하다.

6. 맺음말 — 신분질서와 형식 —

조선사회는 문(文)을 중시했던 사회였다. 조선사회의 양반은 사(士) 혹은 사대부(士大夫)라고 일컬어졌다. 그들은 유교적 교양을 몸에 익히고, 과거라는 시험을 통하여 관료로 진출하였다. 그들은 정치를 담당하는 위정자로서 스스로 농공상(農工商) 삼민을 지도하여야 하는 신분이라는 것을 자각하고 있었다.

이에 비하여 일본은 무(武)를 중시했던 사회였다. 일본사회의 무사는 본래 전투원이었다. 그들은 유교적 교양과는 거리가 먼 존재였다. 그러나 그들은 정치를 담당하는 위정자라는 점에 있어서나 지배신분으로서 자각을 하고 있었다는 점에 있어서는 조선의 양반과 공통점을 지니고 있다.

조선의 양반은 지식을 독점함으로써 농공상으로 일컬어지는 서민과 확연하게 구별되었다. 과거라는 통로가 서민과의 '거리'를 더욱 멀게 하였다. 그들은 일반 서민과는 내용적으로 매우 우월하고도 분명하게 구별되었기 때문에 굳이 형식적으로 차별을 강화할 필요성을 느끼지 못하였던 것이다.

그러나 일본의 무사는 지식 면에서 서민과 구별되지 않았다. 에도시대의 무사들은 지식인이 아니었다. 문자도 해독하지 못하는 자들이 대부분이었다. 오히려 서민들 중에 지식인이 많았다. 게다가 과거라는 시험제도도 없었다.

에도시대의 무사들을 서민과 구별하는 유일한 표식은 무사가 일상적으로 허리에 차고 있었던 길고 짧은 두 개의 도검이었다. 에도 막부는 서민이 도검을 패용하는 것을 금지하였다. 형식 면에서 무사와 서민과의 '거리'를 분명히 하지 않으면 안 되었던 것이다.

또한 에도 막부는 자주 의복에 관한 규정을 정하여, 서민이 비단옷을 입는 것을 금지하였다. 비단옷은 무사들만이 입을 수 있게 하였다. 물론 무사들 사이에도 서열이 있었기 때문에 서열에 따라서 그 입을 수 있는 비단의 종류를 정하였다. 서민은 아무리 경제적으로 유복하여도 원칙적으로 비단옷을 입을 수 없었다.

이와 같이 에도 막부는 외형적으로 신분질서를 엄중하게 하려고 노력하였다. 특히 일본 근세사회는 형식을 통제함으로써 신분질서를 유지하려고 의도하였던 사회였다. 이러한 한계성과 특성을 지니고 있었던 일본 근세사회였기 때문에 자연히 형식과 격식을 중요시하는 분위기가 형성되었던 것이다.

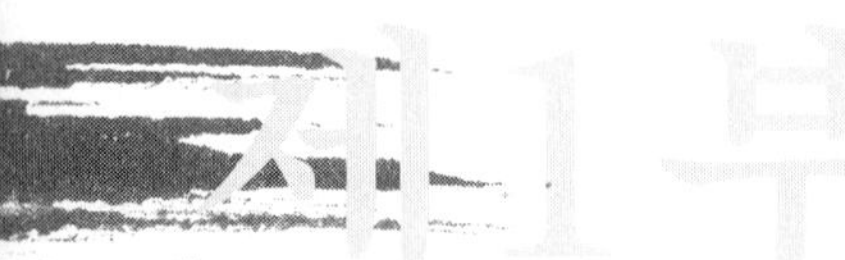

제1부 일본의 사회질서

제 5 장

에도시대의 무사와 직분론

1. 머리말

본 논문의 목적은 주로 일본 에도(江戸)시대의 전기에 해당하는 17세기 일본사회를 대상으로 하여, 일본 무사의 생활과 직분의 문제를 검토함으로써, 무(武)의 가치에 대하여 생각해 보고, 무사의 직분론이 대두되는 과정을 밝히는 것이다. 그러한 작업과정을 통하여 일본 근세사회 특질 해명의 실마리를 찾을 수 있을 것이라고 생각하고 있다.

1603년, 도쿠가와 이에야스(德川家康)가 에도(江戸)에 막부(幕府)를 개설하면서 전국시대(戰國時代)는 막을 내렸다. 전국시대가 전쟁의 시대였고 또 하극상의 시대였다면, 에도막부시대는 평화의 시대였고 충효(忠孝)를 축으로 하는 상하질서가 엄정한 시대였다. 도쿠가와 이에야스는 치안의 확립과 사회질서의 안정에 주력하였다. 그 결과 일본 역사상 그 유례를 찾아 볼 수 없는 길고 긴 평화시대의 기반을 확립하였다.

일본 무사의 일상(日常)은 전국시대를 전환 축으로 하여 크게 변하였다.

중세시대에는 농촌에 토착하면서 일단 유사시에만 출진하던 무사들이 전국시대가 되면서 일상적으로 전투에만 종사하게 되었다. 이때부터 일본 무사는 주군의 성(城) 주변에 집단을 이루어 생활하였다. 에도 막부가 성립되었을 당시, 무사들은 이미 수십 년 동안 이러한 생활을 하고 있었다.

에도막부가 성립되었다고 하여도 다이묘(大名)들은 비상 사태에 대비하여 상비군을 보유할 필요가 있었다. 도쿠가와 막부가 성립되면서 도래한 평화는 어디까지나 휴전 상황이었던 것이지, 종전상황은 아니었다. 그렇기 때문에 다이묘들은 언제 발생할지 모르는 만약의 사태에 대비하여 임전태세를 누그러뜨릴 수 없었던 것이다.

그러나 17세기 후기에 이르면서 전쟁의 가능성은 점점 희박하게 되었다. 도쿠가와 막부의 경제력 · 정치력 · 군사력이 더욱 강화되었기 때문이다. 도쿠가와 막부의 실력은 여러 다이묘들이 연합한다고 하더라도 결코 대항할 수 없을만큼 강력하였다. 누구의 눈으로 보아도 평화의 시대가 도래하였던 것이다.

그렇다면 평화시대가 도래하면서 무가사회(武家社會)는 어떻게 변화하였을까? 무사는 원래 전투원이었다. 전투원은 전쟁의 시대에 그 존재의 의미가 부각되는 것이다. 즉 전쟁이라고 하는 관념이야말로 무사를 다른 존재와 구별하게 하는 것이었다. 그렇다면 평화의 도래가 무사들에게 있어서 무엇이었는지는 자명하다. 평화는 무사의 위신을 저하시키는 것이었으며, 직분을 상실하게 하는 것이었다.

평화시대가 되면서 무사는 사회의 구성원으로서 마땅히 수행하여야 할 직분이 있다는 것을 증명할 필요가 있었다. 나아가 평화시대이기 때문에야말로 무(武)의 가치를 잊지 말아야 한다고 강조할 필요성이 있었다. 그리고 젊은 무사들에게도 바람직한 무사상(武士像)을 제시하지 않으면 안 되었다. 야마가 소코(山鹿素行)의 사도론(士道論)은 이러한 분위기를 배경으로 하여 성립되었던 것이다.

이하 본론에서는 우선 평화시대라고 일컬어지는 에도시대 무사의 생활을 전국시대와 비교의 시점에서 살펴보고, 직분론이 대두하게 되는 필연성을 야마가 소코의 사도론에 초점을 맞추어 밝혀보기로 하겠다. 그리고 무사의 직분 내용에 관하여 구체적으로 살펴보도록 하겠다.

2. 전국시대의 무사와 전투

전국시대(戰國時代)는 분열성향이 지배하던 시대였다. 일본열도는 전국다이묘(戰國大名)들에 의하여 분할되어 있었고, 다이묘들 간의 전쟁은 끊이지 않았다. 다이묘들은 통일을 지향하면서 영토를 확장하는 데 여념이 없었다. 승리만이 가문을 존속시킬 수 있었기 때문에 다이묘들은 부국강병을 위하여 영국(領國)을 효율적으로 지배하는 데 전념하였다. 그들의 최종목표는 일본열도를 통일하는 덴카비토(天下人)가 되는 것이었고, 그러기 위해서는 승리의 행진을 지속하지 않으면 안 되었다. 말할 필요도 없이 승리는 막강한 전투력을 보유해야 가능한 것이고, 그러기 위해서는 강력한 무사단을 거느릴 필요가 있었다.

다이묘들은 또 적의 기습에 대비하기 위하여 상비군체제를 갖추지 않으면 안되었다. 그래서 전국다이묘들은 농촌에 토착하고 있었던 무사들을 자신의 거성 주변으로 이주시키고, 즉시 동원할 수 있는 체제를 정비하였는데, 그러한 과정을 통하여 무사와 농민이 분리되게 되었다.

병농분리 이후의 무사는 직접적인 생산과정에서 분리되어 다이묘(大名)의 거성 주변에 거주하게 되었다. 그곳을 조카마치(城下町)라고 하였다. 무사들이 조카마치에서 거주하게 되면서 무사는 단지 전투에만 종사하게 되었다. 즉 무사는 전투를 직업으로 하는 존재가 되었다. 병농분리 이후의 무사는 이미 주종질서(主從秩序)를 이탈하면 생계를 유지할 수 없게 되었던 것이다.

전투에 생계를 건다고 하는 의식은 중세시대의 무사에게는 보이지 않던 정신적인 태도였다. 중세시대의 무사는 농촌에 토착하면서 직접 혹은 간접적으로 경작에 종사하였다. 즉 생활의 기반이 안정되어 있었던 것이다. 그러나 무사의 그러한 일상은 전국시대에 들어서면서 붕괴되기 시작하였다. 하극상 시대라고도 일컬어졌던 전국시대에는 전투가 무사의 영지(領地)를 지키는 최선의 방법이었다. 즉 전투와 무사의 생활이 밀접한 관련을 갖게 되었다. 이러한 경향은 병농분리(兵農分離) 과정을 거치면서 더욱 진전되게 되었다.

전국시대의 무사는 전장(戰場)에서의 활약에 그 존립의 근거가 있었다. 전투에서 공훈(功勳)을 세움으로써 주군(主君)에게 충성을 해야 하는 존재였다. 무사의 임무 중에서도 주군이 승리하는 데 결정적인 역할을 하는 것이 가장 중요한 일이었다. 이에 대하여 주군은 넉넉한 도량(度量)으로 부하 무사들의 노고를 치하하였다. 무사는 주군의 따뜻한 말 한마디에 "처자도 돌보지 않고, 한목숨을 버려서 시체가 흙위에 뒹굴고, 산짐승의 먹이가 되어도 무엇이 아까우랴"[1]라는 심정으로 전쟁터를 누볐다.

전국시대는 일상적으로 죽음에 직면해 있던 시대라고 할 수 있는데, 이 시대의 무사들에게 있어 한 목숨을 바쳐서 주군에게 충성을 다해야겠다는 각오는 주군의 '지히(慈悲)'와 '나사케(情)'에 감동하였을 때에 일어나는 것이었다. 즉, 영지(領地)를 지급하고 봉록을 주는 것만으로는 무사들의 절대적인 충성심을 이끌어 낼 수 없었던 것이다. 그렇기 때문에 무사단의 수장인 다이묘는 끊임없이 가능한 한 많은 무사들과 직접적으로 접촉하여 정을 나눌 필요가 있었던 것인데, 주군과 부하 무사들이 직접적으로 접촉할 수 있었던 전형적인 장(場)은 말할 필요도 없이 논공행상의 장이었다.

무사는 공명을 세우기 위하여 적의 수급(首級)을 취하였다. 전투에서 가장 먼저 벤 목을 이치방쿠비(一番首), 신분이 높은 자의 목을 요키쿠비(よ

1) 相良亨他 編,『三河物語 葉隱』(日本思想大系 26), p.28.
2)『日本庶民生活史料集成』 卷8, 三一書房, 1969年, p.373.

き首)라고 하였는데, 이치반쿠비와 요키쿠비는 매우 영예로운 것이었다.[2] 특히 요키쿠비는 그것을 취한 무사에게 매우 영예로운 것이었다. 그렇기 때문에 요키쿠비는 무사들이 모두 바라는 것이었다.[3] 수급의 숫자는 장부에 기록되었다.

주군인 다이묘는 직접 수급의 성과를 확인하였다. 이것을 구비짓켄(首實檢)이라고 하였다. 그리고 그 실적을 근거로 하여 논공행상을 행하였다. 구비짓켄을 전제로 한 의식은 주군과 개개 무사들이 직접 대면하여 논공행상을 하는 '행사' 였던 것이다. 그리고 그것은 또한 주군의 '지히(慈悲)'와 '나사케(情)' 를 직접적 · 개인적으로 표현하는 장이기도 하였다. 요컨대 무사의 공명, 명예, 생계, 또는 주군과 무사의 정의적(情誼的)인 인간관계는 무사의 직업이기도 한 전투행위를 통하여 비로소 성립되는 것이었다. 전투야말로 무사를 다른 존재와 구별하는 것이었다.

3. 평화의 도래와 에도시대의 무사

1600년 세키가하라(關ケ原)의 전투에서 도쿠가와 이에야스(德川家康)가 승리하여 정국의 주도권을 장악하고, 1603년에 에도(江戸)에 막부(幕府)를 개설하자 누구의 눈으로 보아도 전국시대는 종언을 고하게 되었다. 1614년에서 15년에 걸쳐서 도요토미씨(豊臣氏)를 멸망시키기 위하여 도쿠가와 이에야스가 대규모의 군사를 동원한 오사카(大坂)의 전쟁을 끝으로 일본열도에 태평시대가 도래하였다.

그러나 17세기 전기의 평화는 도쿠가와 막부의 군사력에 의하여 달성된 평화였기 때문에 그것이 250년이라는 긴 평화시대의 출발점이 될 것이라고 인식하는 사람은 드물었다. 다이묘들은 도쿠가와 막부의 실력에 의하

3) 위의 책, pp.373~374 참조.

여 유지되는 평화를 다이묘 상호 간에 전쟁이 잠시 중단된 상태, 즉 휴전 상태라고 생각하고 있었다. 무사들도 다이묘들과 같은 생각이었다. 그렇기 때문에 다이묘는 막대한 경비를 감수하면서도 방대한 군사조직을 그대로 유지하고 있었다. 무사들도 전투원으로서의 본분을 잊지 않고 전란에 대비하는 마음자세를 다지고 있었다.

이와 같이 설명하면, 이미 도요토미 히데요시가 전국통일을 달성하였고, 도쿠가와 이에야스는 통일권력을 계승하였는데 무슨 전쟁의 위협이 있었겠느냐고 의문을 제기하는 사람이 있을 것이다. 그러나 일본은 도쿠가와 막부라고 하는 권력을 정점으로 하는 중앙집권체제가 성립되었다고 하여도 기본적으로는 봉건제였다는 사실을 간과해서는 안될 것이다. 도쿠가와 쇼군(將軍)이 지배하는 정치체제를 막번체제(幕藩體制)라고 한다. 이 체제는 기본적으로 다이묘의 수장격인 쇼군이 260여 다이묘 권력을 통제하고는 있었으나, 원칙적으로 다이묘 권력은 독립적으로 자신의 영국(領國)을 지배하고 있었다는 것을 의미하는 것이다.[4] 요컨데 다이묘 권력은 독립성을 보유한 채 휴전의 상태를 유지하였던 것이다. 그러니까 에도시대의 정치체제는 기본적으로 중국 고대의 봉건제와 같은 형태였다고 말할 수 있다. 17세기의 일본인들도 당시의 정치체제를 중앙집권체제라고 생각하고 있지 않았다. 봉건제로 인식하고 있었다.[5]

다이묘 권력이 쇼군 권력의 군사력과 경제력에 의하여 일시적으로 압박되어 있는 형국이라면, 전쟁은 그 균형이 깨지면 언제든지 재발할 가능성이 있었다. 다이묘들은 "어떠한 變이 발생하여 保元 · 平治 · 承久 · 元弘과 같은 일"[6]이 일어날 경우에 대비하여 전투력을 유지하고 무사들에게 임전태세를 강조하였다. 이런 상태는 17세기 전반을 통하여 지속되었다고 보아야 할 것이다.

4) 田原嗣郎, 「仁政の思想と『御家』の思想」, 『思想』 633, 1977年.
5) 衣笠安喜, 「近世人の近世社會觀」, 『日本史硏究』 199, 1979年, p.38.
6) 「圓覺院樣御傳十五箇條」, 『名古屋叢書』 卷1, 名古屋市教育委員會, p.33.

그러나 도쿠가와 막부가 성립된 지 50여 년이 지나가면서 분위기는 서서히 변화하기 시작하였다. 현실적으로 전쟁이 없는 시대가 50여 년 계속되다 보면, 서민은 물론 무사들도 임전태세의 긴장감에서 해방되어, 차츰 태평한 시대의 생활에 길들여지게 되지 않을 수 없었던 것이다.

실제로 메이레키 · 간분기(明曆 · 寬文期)를 기점으로 하여 무사의 정신적태도는 물론 생활에도 많은 변화가 있었다. 그것은 가히 획기적인 일이어서 일찍이 후루카와 데츠시(古川哲史)는 그 변화를 "道德史的인 대변동"이라고 지적한 적이 있었다.[7)]

17세기 후기에 이르면 전쟁은 이미 '옛날이야기'가 되었다. 17세기 전기에는 전국시대를 거치면서 전투를 경험했던 무사들이 살아있었고, 또 젊은 무사들은 그들로부터 전쟁의 이야기를 들으면서 감격하고, 사풍(士風)을 잃지 않으려고 노력하였다. 그러나 두 세대가 지나면서 전투를 몸소 경험하였던 무사들은 이미 죽고, 전쟁에 대한 긴장감도 사라졌다. 평화시대에 태어나서 성장하고, 전투가 무엇인지 모르는 평화시대의 무사에게 있어서 전투의 이야기는 책에서나 볼 수 있는 것이 되었던 것이다. 더구나 17세기 후기에는 경제가 안정되고 사치풍조가 만연하였던 시대였다. 무사들도 화폐경제의 틀에서 자유로울 수가 없었다. 더구나 인플레이션 기조하에서 도시의 상공인들인 조닌(町人)들이 경제적인 실력을 장악하게 되었다. 무사들은 상대적으로 빈곤해지게 되었다.

에도시대의 무사는 상급무사의 경우에는 영지(領地)를 지급받았고, 중 · 하급무사의 경우에는 봉록을 미곡으로 받는 것이 일반적이었다. 즉 무사는 수입이 한정되어 있었다. 그렇기 때문에 인플레이션 기조하에서 무사의 경제력은 조닌에 비하여 상대적으로 위축될 수밖에 없었다. 더구나 물가가 상승하면서 대부분의 생활용품이나 식료품, 그리고 군수품을 전적으로 구매에 의존하지 않을 수 없었던 무사들은 경제적으로 궁핍하게

---

7) 古川哲史, 「明曆 · 寬文年代の道德史的意味」, 『近世日本思想の研究』, 小山書店, 1948年.

되었던 것이다. 이와 같이 무사들의 생활이 가난해지면서, 대부분의 무사는 '死'의 각오를 상실한 나약한 무사로 변해 있었다.[8)]

1680년대를 기점으로 하여 그전 시대인 '옛날'과 그 이후의 風俗의 변화를 비교한 것으로 유명한 『무카시무카시모노가타리(昔昔物語)』에는 다음과 같이 '옛날'을 회상하는 대목이 있다.

> 옛날에는 상급무사나 하급무사나 무사들이 모임에서 서로 만났을 때의 이야기는, 옛날 전쟁터에서의 이야기, 선조가 공훈을 세운 이야기, 또는 當世의 武道 武藝에 관한 이야기가 전부였다. 가벼운 이야기라고 하여도 茶道에 관한 이야기 정도가 고작이었다. 이것 이외에는 없었다. 그런데 요즈음에는 무사들 거의 모두가 음식과 유흥에 관한 이야기, 이익과 손실을 따지는 이야기 (…) 立身하는 방법에 관한 이야기, 바둑, 장기, 茶道, 하이카이(俳諧) 등의 이야기를 주고 받는다.[9)]

17세기 중기까지만 해도 무사들에게는 전쟁터에서 선조들이 활약했던 이야기, 또 자신의 무예와 무사로서의 각오가 화제의 대상이었다. 가벼운 이야기라고 해도 다도(茶道)에 관한 이야기가 고작이었다. 다도는 무사의 정신생활과 무관하지 않은 유예(遊藝)였으니까, 잡담은 아닌 셈이었다. 그런데 17세기 후기에 이르면 무사들이 모여도 음식과 관련된 이야기, 도락(道樂)에 관한 이야기, 이익에 관한 이야기, 출세와 관련된 이야기 등이 주로 화제에 오르게 되었다. 그리고 유예에 관한 이야기도 다도뿐만 아니라 바둑, 장기, 그리고 하이카이 등 주로 놀고 즐기는 이야기를 하는 것이 일상다반사였다. '옛날'의 무사들이 무사로서 직분을 잊지 않고 담백하게 생활하였던 것과 비교하면 17세기 후기 이후의 무사들에게서 무사다운 무사를 발견하기란 결코 쉬운 일이 아니게 되었던 것이다.

---

8) 위의 논문, p.397.
9) 앞의 책, 『日本庶民生活史料集成』, p.397.

'옛날' 에는 무사들은 물론이고 무사의 대열에 들지 못하는 무가봉공인(武家奉公人)조차도 17세기 후기 이후의 무사들과도 비교가 되지 않을만큼 당당한 '士風' 을 지니고 있었다. 같은 『무카시무카시모노가타리』에서는 '옛날' 무가봉공인들의 기질에 대하여 다음과 같이 말하고 있다.

> 나약한 모습을 보이지 않고, 호색에 관한 것이 쏠리는 기색도 없으며, 刀劍도 칼날이 시퍼렇게 선 것을 좋아하며, 武道의 용기를 오로지 하고, 다른 사람이 부탁을 하면, 혹은 다른 사람을 위하여 목숨을 버린다고 해도 개의치 않았다. 상관을 존경하고, 주군과 노인을 공경하였다. 근무하기 어려움을 아랑곳하지 않고, 한 번 敵이라고 생각한 자는 용서하지 않았다.[10]

17세기 전기에는 무가봉공인조차도 굳건하여 무사다웠다. 여색을 경계하고, 도검도 실전에 즉시 사용할 수 있도록 준비하였다. 뿐만 아니라 기질(氣質)도 무사다웠다. 의용(義勇)을 위해서는 목숨을 돌보지 않았고, 다른 사람이 자기를 믿고 상의하면 어떠한 경우라도 그 부탁을 들어주는 의협심(義俠心)도 간직하고 있었다. 극단적으로 생면부지의 사람이 자기에게 누구를 죽여달라고 부탁을 하였다고 하여도 상대방이 자기를 믿고 발설한 이상 그 비밀을 지켜주었을 뿐만 아니라 그 부탁을 들어주었던 것이다. 이러한 정신을 협객(俠客)의 정신이라고도 한다.[11] 17세기 전기의 무사봉공인들은 충효(忠孝)의 정신도 잊지 않고 있었다. 아무리 어려운 근무환경이라고 하여도 불평을 말하지 않았다. 그리고 무사 정신의 근간인 복수심(復讐心)을 가슴속에 간직하고 있었다. 그렇기 때문에 한번 적이라고 생각한 자는 용서하지 않았던 것이다. 이와 같이 무사봉공인조차도 훌륭한 무사에 뒤지지 않을만큼 '士風' 을 잃지 않고 있었는데 17세기 후기 이후의 무사는 겉으로는 어엿한 무사였지만 그 정신은 17세기 전기의 무사

10) 위의 책, p.398.
11) 尾形鶴吉, 『本邦俠客の研究』, 西田書店, 1981年, p.9.

봉공인에도 비교할 수 없을 만큼 나약하게 되어 있었던 것이다. 17세기 후기가 되면 기골있는 무사의 이야기는 그야말로 옛날이야기가 되어 버리고 말았던 것이다.

『오무로추키(鸚鵡籠中記)』에 기록된 17세기 후기의 한 사건에 관한 기사를 살펴보면 다음과 같다.

> 大津丹治郎과 林甚五左衛門이 시장 구경을 하던 중에, 桑名町의 목수인 治兵衛의 아들인 吉左衛門이라는 자와 다투다가 둘이서 吉左衛門을 짓밟았다. (그러자 吉左衛門은) 일어나 두 사람의 신분 높은 무사를 붙잡아서 동쪽의 시궁창에 던지고, 옷도 찢고, 大小의 도검도 부수는 등 심하게 날뛰어 丹治郎은 입이 찢기어 유혈이 진흙에 범벅이 되고, 머리도 흩어졌다. 五左衛門도 같이 진흙 투성이가 되어 코 위에 조금 상처를 입고 엉금엉금 돌아갔다. 그 모양을 보고 町人들이 겁쟁이라고 비웃었다. 田嶋林三과 都築市二郎, 이 두 사람도 동행하였는데 다투는 것을 보고 뒤도 돌아 보지 않고 도망하였다.[12)]

오츠단지로(大津丹治郎)와 하야시신고자에몬(林甚五左衛門)은 고산케(御三家)의 하나인 오와리(尾張) 도쿠가와가(德川家)에 봉공하는 중급 무사 가문의 자제였다. 오츠단지로와 하야시신고자에몬은 처음으로 직분을 상속하여 주군인 오와리 번주(藩主)에게 알현을 하고 돌아오던 길이었는데, 시장에서 목수의 아들인 지베에(治兵衛)와 접촉하게 되었다. 그러자 이 두 젊은 무사는 지베에에게 조심하라고 말하였다. 그러자 기분이 상한 지베에는 분을 삭이지 못하고 두 사람의 신분 높은 무사를 시궁창에 던졌다. 두 무사는 힘에 밀려서 대항하지도 못하고 겨우 시궁창에서 기어나와서 집으로 도망하였던 것이다.

여기에는 서민이 무례한 행동을 하면 즉석에서 목을 베었고,[13)] 동료가

12) 朝日文左衛門, 『鸚鵡籠中記』 4(名古屋叢書續篇 12), 1969年, p.231.

위험에 처해 있을 경우에는 목숨을 버려서라도 그 어려움을 구하는 의리를 보였던 무사, 그렇기 때문에 서민에게는 공포의 대상이었으며, 또한 존경의 대상이었던 일본 무사상과는 정반대의 나약하고 의리없는 무사가 등장한다. 이것이 평화시대 무사의 실상이었던 것이다.

4. 무사의 유민화 현상과 무사 직분의 '究明'

에도시대가 되면서 무사는 지배층이었기 때문에 많은 무사 중에서 일부는 문관으로 발탁되어 정치에 참여하는 경우가 있었으나, 그들의 대부분은 봉록을 받으면서도 일다운 일이 없는 형편이었다. 무관에 취임하는 경우에도 한 직책에 여러 명이 임명되어 교대로 근무하였기 때문에 근무는 한량한 편이었다.

무사의 근무 실태를 오와리 도쿠가와가의 무사이며 『오무로추키(鸚鵡籠中記)』의 저자였던 아사히 몬자에몬(朝日文左衛門)의 경우를 예로 들어 살펴보면 한 달에 3회 정도 근무를 하면 그 이외에는 특별한 공무가 없었다.[14]

무사단에 편성된 에도시대의 무사는 여가를 어떻게 보냈을까? 그들은 동료와 함께 놀음판을 기웃거리고, 남몰래 연극을 보러 다니면서 지루한 시간을 메우려고 하였다. 물론 무사가 연극을 보러 다니는 것은 금지되어 있었다. 하지만 아사히 몬자에몬은 금령(禁令)을 어기면서까지 남몰래 서민의 모습으로 변장을 하고 인형극을 보러 다니는 것을 그만두지 않았다.

13) 이 기사에는 사건이 이렇게까지 발전하게 된 동기에 대하여 자세하게 기록하고 있지는 않지만, 결과만 놓고 본다면 분명히 목수의 아들인 지베에가 무사에 대하여 무례를 범한 것이다. 에도시대에는 서민이 무사에게 무례를 범했을 경우에는 무사에게 즉결 심판권이 주어졌다. 서민이 무사에게 무례를 범한 것이 분명한 경우에는 무사가 서민을 그 자리에서 살해하여도 살인죄가 성립되지 않는 특권이 있었다. 그러한 권한을 기리스테고멘(斬捨て御免)의 특권이라고 한다. 그런데 두 명의 무사는 즉석에서 서민을 응징하지 못하였을 뿐만 아니라 오히려 도망하였던 것이다.

14) 加賀樹芝郎, 『元祿下級武士の生活』, 雄山閣, 1970年, p.26.

그 외에 무사가 찾는 곳은 말할 필요도 없이 '게이세이(傾城)' 라고 일컬어졌던 환락가였다. 실제로 "작금 요시와라(吉原)의 손님은 70퍼센트가 무사이고, 30퍼센트가 조닌(町人)"이라고 일컬어졌다.[15)]

행정직에 나아가지 않은 무사는 원칙적으로 만약의 사태에 대비하여 끊임없이 무예를 연마하도록 되어 있었다. 즉 무사단에 편제된 무사들의 직분은 무예의 수련이었던 것이다. 그러나 태평한 나날이 계속되면서 무사들은 점점 본래의 직분 수행에 게을러지게 되었던 것이다. 원칙이야 어찌 되었든, 점점 마땅히 수행해야 하는 직분에 태만하고, 그렇다고 일다운 일도 없는 태평시대의 무사의 모습이 서민인 '農工商' 의 눈에는 어떻게 비쳤을까? 현실적으로 마땅한 직업이 없는 유민(遊民)으로 밖에는 볼 수 없었을 것이다. 이러한 현실에 대하여 유학자인 구마자와 반잔(熊澤蕃山)도 "무사들 사이에도 유민이 있으니, 무도무예(武道武藝)를 게을리 하고, 일단 유사시에 아무런 도움이 되지 않는 자는 나라를 지키는 데도 소용이 없는바 이 또한 유민이다."[16)]라고 말하였다.

무사의 유민화(遊民化) 현상은 지배신분이기도 한 무사의 신분적인 위기이기도 하였다. 무가사회 내부에서 무사의 신분적 자각을 불러 일으키지 않으면 안 된다고 하는 논의가 무르익었던 것은 말할 필요도 없다. 무사 스스로 먼저 직분을 명확히 인식하고, 전쟁이 없는 평화시대에 있어서도 무사는 할 일이 없는 유민이 아니라는 것을 서민들에게 논리적으로 설명할 필요에 직면하게 되었던 것이다.

무사가 유민이 아니라면, 평화시대에도 마땅히 수행해야 하는 직분이 있지 않으면 안 되었다. 직분이 '반드시 존재한다' 라는 자세로 평화시대에 있어서의 무사의 직분을 구명하려고 했던 사람이 야마가 소코였다. 그는 그의 저서 『야마가고루이(山鹿語類)』에서 다음과 같이 말하고 있다.

15) 山中共古, 『砂拂』 上(中野三敏校訂), 岩波文庫, 1987年, p.57.
16) 後藤陽一 外編, 『熊澤蕃山』(日本思想大系 30), 岩波書店, 1970年, p.386.

사람은 혹은 경작하여 식물을 생산하고, 혹은 공을 들여 기물을 만들고, 혹은 서로 교역하여 이윤은 얻어 천하에 쓰이게 한다. 이리하여 농공상(農工商)이 필연적으로 일어났다. 그런데 사(士)는 경작하지 않고 먹고, 만들지 않고 사용하고, 매매하지 않고 이익 됨은 무슨 이유인가? 내가 금일 내 몸을 돌아보건대, 조상 대대로 궁마(弓馬)의 가문에 태어나서, 출사(出仕)하는 몸이 되어, 경작하지 않고, 만들지 않고, 장사하지 않는 무사의 신분이다. 그런데 사(士)로서 그 직분이 없어서는 안될 것이다. 직분이 없이 먹고 쓰는 것은 유민(遊民)이라고 해야 할 것인바, 가만히 정신을 차려서 내 몸에 대하여 상세하게 깊이 생각해 보아야 할 것이다. (중략) 조수(鳥獸)는 스스로 날고 달려서 먹을 것을 구하고, 물고기와 벌레는 헤엄쳐서 먹을 것을 찾고, 초목은 땅에 뿌리를 내려 무성하다. 각자 오직 먹을 것을 구하여 쉴 틈이 없어, 한 해에 하루 한시도 날고 달리고 헤엄치기를 잊는 적이 없다. 사물이 모두 그러하다. 그리고 사람도 농공상(農工商) 또한 그러하다. 사(士)가 만약에 직분을 수행하지 않고 일생을 마친다면 하늘의 천민(賤民)이라고 해야 할 것이다. 그렇다면 사(士)가 어찌 직업이 없을손가 자성하여 사의 직분을 구명(究明) 한다면 사(士)의 직업이 비로소 분명해질 것이다.[17]

유민이 아닌 인간존재는 사회질서를 위하여 소용이 되는 직분을 가져야 마땅하고, 그 직분에 종사하면서 사회질서를 위하여 주어진 역할을 담당하여야 한다. 인간은 사회적 존재이기 때문에 생산하고, 만들고, 있고 없음을 유통하는 직분이 자연히 생성되게 되었다. 그리고 '농공상'은 사회질서 속에서 일정의 직분을 수행함으로써 인간사회에 공헌하고 있다. 그것은 '농공상'의 존재 이유이기도 한 것이다. 그러나 평화시대의 무사는, 다른 사람이 보았을 때에는 "경작하지 않고 먹고, 만들지 않고 사용하고, 매매하지 않고 이익됨을 얻고" 있다. 즉 유민이나 다름없는 생활을 하고 있는 것이다. 그렇다면 '하늘의 천민'이라고 해야 마땅할 것이다. 그런데,

17) 田原嗣郎他 編, 『山鹿素行』(日本思想大系 32), 岩波書店, 1970年, pp.31~32.

실태로서 무사는 존재하고 있고, 근세사회 질서 속에서 어떠한 역할을 담당하고 있는 이상, 무사의 직분을 '究明' 하지 않으면 안될 것이다.

원래 직분론은 '사농공상(士農工商)' 사민(四民)의 분업론에 의하여 현실의 사회구조를 설명하는 것이다. 즉 사회질서를 유지하기 위하여 사회 속에서 각 신분계층이 담당하여야 마땅한 역할과 그 유용성을 논리적으로 설명한 것이다. 원래 직분이란 인간의 공존을 위한 분업으로서 자연적으로 발생한 것이기 때문에 협업을 그 전제로 한다.[18] 오규 소라이(荻生徂徠)는 "士農工商은 서로 협력하여 사는 것이다. 그렇지 않으면 존재하기 어렵다."[19]라고 말하고 있다. 인간은 상호부조하면서 공존을 모색하는 존재인 것이다. 그렇기 때문에 사회적 유용성이 강조되고 있는 것이다. 야마가 소코가 무사의 직분을 '究明' 하려는 태도 또한 '농공상' 삼민(三民)에 필적하는 무사의 유용성을 발견하기 위한 출발점이었던 것이다.

5. 무(武)의 가치와 직분론

에도막부가 성립된 후 도쿠가와 이에야스가 지향한 것은 직능별 사회의 완성이었다. 직능별 사회는 무사를 정점으로 하는 '士農工商' 의 사회를 일컫는다.

그런데 '사농공상' 이라고 할 때, '사' 는 조선이나 중국에서는 사대부(士大夫) 혹은 사군자(士君子)를 의미하였다. 즉 '사' 란 본래 지식인이었던 것이다. 이와 같은 관점에서 본다면 일본의 무사는 본래적 의미의 '사' 라고 할 수 없는 존재였다.

그러나 에도시대가 개막되면서 '사농공상' 의 개념이 일본사회의 신분

18) 中村孝也, 「階級概念の下に流るる共存共榮の思想」, 『史學雜誌』 篇36 第5號, 1925年.
19) 吉川幸次郎 外編, 『荻生徂徠』(日本思想大系 36), 岩波書店, 1973年, p.17.

질서와 결합하게 되었다. 그러면서 무사가 곧 '사' 라고 인식되게 되었고, 일본의 유학자들도 일본의 무사를 '사' 로 설명하였다. 무사가 지배신분이었다는 점을 염두에 두고 '사농공상' 의 개념을 수용했다면, 무사를 '사' 로 위치시킬 수밖에 없었을 것이다. 에도시대의 무사가 위정자로서의 성격을 지니고 있었고, 관료제 기구를 배타적으로 지배하고 있었다는 측면에서 보았을 때, 일본의 무사는 조선과 중국의 '사' 와 공통점을 갖고 있었다고 할 수 있다. 모두 직접적 혹은 간접적으로 정치적인 수장과 충성관계를 맺고 있었기 때문이다.

야마가 소코의 직분론도 이러한 실태를 전제로 하여 성립되었다고 할 수 있다. 그런데 그의 직분론은 유학에 뿌리를 두고 있는 것이 아니고, 병학(兵學)에 그 뿌리를 두고 있는 것이 상징적이다. 유학자로서 널리 알려져 있는 야마가 소코는 무사의 직분에 대하여 생각할 때, 문(文)의 가치보다 무(武)의 가치를 우선하고 있는데, 그의 이러한 생각은 스승인 호조 우지나가(北條氏長)의 사상에서 유래하고 있다.

호조 우지나가의 『시칸요호(士鑑用法)』에는 다음과 같은 내용이 보인다.

> 농(農)이 그 나라에 성하면 식(食)이 되며, 공(工)이 그 나라에 성하면 기(器)가 되며, 상(商)이 그 나라에 성하면 보(寶)가 된다. 그렇지만 나라를 다스리는 자가 없을 때에는 경작하지 않고 먹으며, 일하지 않고 생활하며, 거래하지 않으면서 보배를 빼앗아 삼민을 괴롭히는 자들이 나타난다. 이들은 도적이라고 한다. 그 도적을 벌하여 태평한 세상을 만드는 역할을 담당하는 자를 이름하여 사(士)라고 한다.[20]

위의 내용에 의하면 호조 우지나가는 도적을 벌하여 치안을 유지하고, 삼민이 안심하고 생업에 종사할 수 있게 하는 것이 무사의 직분이라고 생각하고 있었다. 조선에서는 학식적인 면과 도덕적인 면에 초점을 맞추어

---

20) 『日本兵法全集』 3, 人物往來社, 1967年, p.180.

'사'를 설명하고 있는 것과 비교해 볼 때 그 내용에 많은 차이가 있는 것을 알 수 있다.[21] 위의 내용을 보면 호조 우지나가의 직분론은 무의 가치에 기반을 두고 있다. 오로지 치안담당자로서의 '사'의 역할이 강조되었을 뿐, 학식과 도덕은 언급되지 않았다는 점이 주목된다.

야마가 소코는 이러한 호조 우지나가의 입장을 충실히 계승하고 있다. 그는 그의 저서 『부쿄요로쿠(武教要錄)』에서 "삼민은 본래 어리석다. 그렇기 때문에 무사는 이들의 어른이 되어 교화무육(敎化撫育)하고, 사(邪)를 제압하고 정(正)을 드날리어, 삼민으로 하여금 그 가업에 힘쓰게 한다."[22] 라고 말하고 있다. 여기에서도 전통적인 무의 가치가 주목되고 있다. 즉 삼민이 생업에 힘쓰도록 치안을 유지하는 것이 '사'의 직분이라는 점을 강조하고 있는 것이다. 물론 무사가 삼민을 위에서 '교화무육' 해야 하는 역할도 수행해야 한다고 말하고 있지만, 그것은 위정자로서의 역할을 말한 것이지 지식인으로서의 역할을 강조한 것은 아닌 것이다. 그리고 문맥상에서 보았을 때에도 야마가 소코는 분명히 단순한 '교화무육' 보다는 무력적인 수단에 의하여 "사(邪)를 제압하고 정(正)을 드날리"는 데에 보다 적극적인 의미를 부여하고 있는 것이 분명하다. 즉 야마가 소코는 무사의 직분을 무의 측면에서 '究明' 하려고 하였다. 다음 내용을 참고해 보기로 하자.

> 대저 士의 職이란 그 몸을 생각해 보건대 주인을 얻어 봉공의 충을 다하고, 朋輩와 어울려 信을 두텁게 하고, 홀로 있을 때를 삼가 義를 오로지 함에 있는 것이다. 그리고 내 몸에 부자, 형제, 부부의 부득이한 교접이 있다.

21) 조선에서 '士'는 이치를 궁구하고 치기(治己)·치인(治人)의 학문에 통한 후에 관리가 되기를 희망하는 관료후보군까지를 포함하는 개념이었다. '士'는 누구나가 다 될 수 있는 것이 아니었다. 서민 중에서 학문과 덕망이 출중한 사람에 한하여 그 기회가 주어진다. 즉 '民之俊秀者' 라야 '士'가 될 수 있는 것이다. '士'는 '心事'가 빙옥과 같이 맑은 사람이어야 하였다. '士'에게는 '農工商'에 비할 수 없는 수준 높은 도덕성이 요구되었다. 바로 그 점이 '士'로 하여금 사민(四民)의 수위에 위치하게 하는 까닭이라고 설명하고 있는 것이다.

22) 『山鹿素行集』 卷4, 國民精神文化硏究所, 1940年, p.345.

> 이것은 또한 天下萬民이 각기 없어서는 안될 人倫이라고 할 수 있지만, 農工商은 그 직업에 여가가 없음으로 하여 常任 相從으로 그 道를 다 할 수 없다. 士는 農工商의 業을 젖혀두고 이 길을 오로지 힘써 三民의 무리 중에 조금이라도 人倫을 어지럽히는 자들을 신속히 罰함으로써 天下에 천륜이 올바르길 기대한다.[23)]

위 내용은 야마가 소코를 연구하는 학자들에 의하여, 야마가 소코가 사의 직분을 인륜도덕의 실천에 두었다고 평가되고 있는 부분이다. 그러나 문장을 주의 깊게 살펴보면 내용의 중심이 문장의 후반부에 있음을 알 수 있다. 충효와 신의의 덕목은 인간이라면 누구나 없어서는 안되는 덕목인 것이다. 그런 면에서 그것을 무사의 고유한 덕목이라고 할 수는 없을 것이다. 그렇다면 위 문장 중에서 무사의 고유한 덕목은 "삼민의 무리 중에 조금이라도 인륜을 어지럽히는 자들을 신속하게 벌함"이라는 부분이라고 보아야 할 것이다. 야마가 소코가 강조하려고 했던 것은 치안담당자로서의 무사의 직분이었던 것이다. 그는 『야마가고루이(山鹿語類)』에서 다음과 같이 말하고 있다.

> 세상이 태평에 속하여 세월이 이미 오래로써, 무사의 직업이 겉으로 드러나지 않게 되어가니, 뜻이 있는 자들도 단지 자애(慈愛)의 뜻을 오로지 하고, 대장부 몸가짐이 적어지기 때문에, 문(文)을 두루 배우고 광재(廣才)를 말하며 도리를 높인다고 하여도 무에 힘쓰는 것을 알지 못함으로써 결국에는 그 직업을 게을리 하게 된다. 문무(文武)는 양륜(兩輪)이니 어느 한 쪽도 소홀히 할 수 없으나, 금일의 직분은 무(武)인바 그 일을 기필고 힘쓰지 않는다면 그 직분을 상실하게 될 것이다.[24)]

평화시대가 되면서 전쟁이 없어지자, 본래 전투원인 무사의 직분이 주

23) 앞의 책, 田原嗣郎 外編, 『山鹿素行』, p.32.
24) 『山鹿語類』 第2, 國書刊行會, 1910年, p.440.

목되지 않게 되었다. 야마가 소코는 무사의 본분을 잊지 않고 있는 뜻있는 무사들도 '무'에 힘써야 하는 의미를 잘 알지 못하는 현실을 지적하고, 문(文)도 결코 경시할 수 없는 가치이지만, 무사의 본래적인 직분이 무엇인지를 분명하게 인식하라고 말하고 있다. 그러면서 평화시대에도 무사의 직분은 '무'라고 단언하고 있다. 무사가 본래 전투원이었다면 아무리 평화시대가 되었다고 하여도 무사로서 존재하는 한 무사는 '무'를 직업으로 하는 존재라는 것이 상식이었다. 야마가 소코의 직분론은 바로 이러한 상식을 전제로 하여 전개되고 있는 것이다.

그러면 무사의 직분으로서의 '무'란 구체적으로 무엇을 의미하는 것인가? 야마가 소코의 표현을 빌리자면, "인륜을 어지럽히는 무리들을 신속하게 벌하는 것"이라고 말할 수 있는데, 그것은 곧 사회치안의 담당자로서의 무사의 역할을 말하는 것이다.

직분을 사회 속에서 개인 혹은 신분계층이 담당하는 역할과 그 역할에 수반되는 책임을 동시에 포함하는 의미로 사용되는 관념이라고 말한다면, 역할에 수행되는 책임은 '사농공상' 모두에게 요구되어야 마땅할 것이다. '농공상'은 의식주(衣食住)의 생산과 유통이라는 역할을 담당함으로써 사회의 재생산에 공헌해야 한다는 책임이 있다. 그에 대하여, 무사는 치안과 질서를 유지함으로써 '農工商'이 안심하고 주어진 직분을 수행할 수 있도록 해야 하는 책임이 있다. 그것이 무사의 직분으로서의 무(武)였던 것이다.

6. 맺음말

일본열도가 통일이 되고, 강력한 중앙집권 권력이 수립되자 전쟁의 시대는 종언을 고하였다. 에도막부가 성립된 지 얼마 안되는 17세기 전기에는 다이묘들이 임전태세를 게을리하지 않았다. 그러나 평화시대가 50여

년 계속되면서 전쟁의 가능성은 희박해졌고, 평화로운 나날이 지속되면서 긴장감도 해이해지게 되었다.

17세기 후기에 접어들면 일본에서도 전쟁을 직접 체험한 '역전의 용사'는 말할 필요도 없고, 할아버지나 아버지로부터 전쟁의 생생한 체험을 직접 들은 사람조차 거의 이 세상 사람이 아니었다. 전쟁터를 누볐던 용사의 이야기는 책에서나 볼 수 있게 되었다. 이러한 평화시대의 무사들에게 전쟁은 막연한 이야기에 불과한 것이였다.

더구나 일본의 무사는 조선의 양반과는 다르다. 일본도 조선도 사농공상의 질서가 신분질서와 직분론의 골간인데, '농공상'의 사회적 지위와 직분은 크게 다르지 않지만, 사(士)는 그 성격이 다르다. 조선이 문사(文士)라면 일본은 무사(武士)였다. 무사는 본래 전투원이었다. 평화가 정착되고, 전쟁보다도 생산과 유통의 원활한 관리가 정치의 중심과제가 되면서, 막번권력(幕藩權力)은 무사단 내부에서 행정 능력이 있고, 문화 역량이 있는 자들은 발탁하여 관리로 임명하기도 하였으나, 대부분의 무사들은 무사단에 편성되어 있으면서, 일다운 일이 없는 실정이었다. 이러한 무사들의 일상이 '농공상'의 눈에는 유민으로 비쳤던 것이다.

자성의 목소리는 무가사회 내부에도 있었다. 사풍(士風)을 상실한 무사들을 걱정하고 있었다. 무엇보다도 절실했던 것은 무사들이 무(武)의 가치를 인식하고, 사회적 역할을 자각하는 것이었다. 이러한 분위기를 배경으로 하여, 무사들은 무(武)의 가치를 재발견하고, 직분을 구명(究明)하지 않으면 안 되었던 것이다. 이러한 과정을 통하여 무사는 위정자로서의 역할은 물론 치안과 국방의 담당자로서 사회적 역할을 자각하게 되었던 것이다.

필자는 역사에 있어서 50년의 의미를 강조하는데, 그 이유는 2세대가 지나면 역사의 내용과 시대의 교훈을 상실하기 때문이다. 역사를 몸으로 체험한 사람들이 이 세상에서 사라지면서, 그 자손들은 할아버지 세대가 직접 경험했던 시대의 역사를 이야기로써 이해하는 단계에 진입하기 때문이다.

문제는 평화의 안락함을 누리는 자들이 전쟁의 시대를 망각하고 있다는 데 그 심각성이 있다. 자신들이 누리는 평화가 생사를 넘나드는 전쟁터를 전전했던 선조들의 희생 위에 성립되었다는 사실을 잊어버렸을 때, 위기는 이미 문밖에 당도해 있는 것이다.

제2부

중국의 경제발전

_ 박기수 _

제2부
중국의 경제발전

제 1 장

최근 中國에서의 明淸時代 地域史研究

—淸代 廣東地域 經濟史研究를 중심으로—

1. 地域史의 槪念과 中國의 地域區分

中國처럼 인구가 많고 지역적으로 광대하며 시간적으로 긴 역사를 가진 나라를 몇 가지 개념이나 단어로 이해하고 표현하는 것은 결코 쉬운 일이 아니다. 특히 중국의 역사를 연구할 때 어느 한 시대의 역사적 성격이나 사회경제의 구조, 문화의 유형 등을 규정하는 일은 歷史學者들이 지향하는 목표이기는 해도 쉽사리 달성할 수 없는 어려운 과제이다. 공통적인 개념으로 일반화시켜 설명하기에는 너무나 많은 어려움에 봉착하기 때문이다. 따라서 이에 앞서 많은 事例에 대한 연구를 축적하고 각 지역에 대한 구체적 분석을 진행한 후 많은 사례연구를 토대로 一般化를 시도하려는 研究方法이 출현한 것도 당연한 일이라 할 수 있다. 中國이 文化革命을 거친 이후 實事求是의 구호 아래 역사연구에서 具體的 · 實證的 연구와 분석에 치중하게 된 점이라던가 日本의 中國歷史學界가 1950년대 시대성격 · 사회경제구조 등의 문제에 집착하다가 1980년대 이후 개별적이고 구체적 연구에 몰두하게 된 사정도 이와 무관한 것은 아니리라.

시간과 공간의 문제를 다루는 역사연구에서 그중 空間의 문제를 생각할 때 면적상 유럽보다도 훨씬 더 광대한 중국은 역사연구자를 곤혹스럽게 하는 하나의 거물이다. 한 나라 안에 아열대인 廣東省과 냉대인 黑龍江省이 공존하고, 年降雨量이 50mm 이하인 타클라마칸 사막과 2,000mm 이상인 臺灣과 香港이 있으며, 세계 最高의 히말라야 산맥과 티베트고원 같은 산지가 있는 반면, 드넓은 華北平原 · 東北平原이 펼쳐져 있는 나라가 중국이다. 이러한 자연조건의 차이는 당연히 그 땅 위에 거주하는 인간의 삶의 형태를 다양하게 규정하고 인간 사이의 관계, 사회적 풍습과 관행, 문화적 관념, 경제적 구조와 산업, 나아가서는 언어조차도 다르게 만든다. 이처럼 자연조건, 사회구조, 정치제도, 경제구조, 문화양식 등의 차이를 보이는 중국의 각 지역을 하나의 개념, 하나의 기준, 하나의 법칙으로 이해하고 설명하기는 애초부터 불가능에 가까운 일이었다. 여기서 각각의 지역을 일정한 기준에 따라 구분한 후 각각의 지역을 구체적이고 실증적으로 연구하고 분석하려는 地域史的 硏究가 자리잡을 수 있는 타당성이 대두되는 것이다.

물론 지역사 연구가 매우 필요하고 타당한 연구방법이라 해도 모든 시대의 중국사연구에서 가능하거나 실제로 추진되는 것은 아니다. 宋元以前의 前近代史에서는 우선 고고학적 자료 이외의 문헌 사료가 제한적이어서 지역사적 접근이 곤란한 것이 사실이다. 사료가 집중적으로 남아있는 정치적 중심지나 경제적 선진지대의 경우는 일부 地域史的 硏究가 이루어졌으나 여타 지역은 연구의 불모지대로 남아있다. 한편 近現代史의 경우 엄청난 사료의 존재로 지역사적 접근이 가능하지만, 자본주의 경제가 전개되고 국가의 통합력이 증대되는 상황 속에서 각 지역의 특수성이나 독자성이 약화되는 경향이 나타나 지역사적 연구의 효용성이 크게 줄어든다. 따라서 사료에 있어서 地方志, 檔案資料, 族譜, 개인의 筆記 · 文集의 활용이 가능하고[1] 아직 자본주의 경제체제가 정착하기 이전이어서 각 지역의 특수성이나 독자성이 강하게 남아있는 明淸時代史의 경우 지역사적 연구가 가능할 뿐 아니라 연구방법론상 효용성도 크다 하겠다. 따라서 명청시대사의 경우 지역사적 연구 성과는 대단히 풍성하여 일일이 열거하기 힘든 지경이다.

지역사 연구를 검토할 때 우선 짚고 넘어가야 할 것은 지역사의 개념과 구체적으로 중국의 지역을 어떻게 구분할 것인가의 문제이다. 地域史란 용어 이외에 간혹 地方史란 용어도 사용되고 있는데 국내의 경우 閔斗基 교수가 地方史란 개념을 정의한 적이 있다. 그는 地方의 개념을 구심점으로서의 中央에 대치되는 개념으로 규정하고 설령 지방에서 발생한 정치적 사건, 운동이라 하더라도 중앙에 직접적으로 영향을 미치는 것은 지방사의 범주에 포함되지 않는다고 하였다. 사회경제사의 경우에도 경제적 선진지대 또는 경제적 중심지에 대한 연구는 지방사에 포함되지 않는다. 그에 의하면 역사현상의 이해를 어떤 구심점을 통하지 않고 각 부분의 현상을 개별적으로 고찰하여 그것을 集積·綜合하여 역사현상의 전체상을 구조적으로 파악하려는 연구가 地方史 硏究이다. 예컨대 지방사는 넓은 의미에서 풍속의 역사, 생산 기술의 역사, 종교 활동의 역사, 경제 생활권 변화의 역사, 물가 변동의 역사, 종족 결합 형태의 역사이다.[2)]

그러나 어떤 지방적 사건, 民衆蜂起라 하더라도 지방관에 의해 황제에게 보고되면 황제의 처리 명령을 받게 되며 황제의 정책 입안이나 정책 실행에 일정한 영향을 미치지 않을 수 없다. 따라서 중앙에 영향을 미치지 않는 지방적 사건이란 실제 존재하지 않는 셈이다. 모든 지방의 사건이 중앙사의 일부가 되어 버릴 공산이 크다. 물론 지방관이 중앙에 보고하지 않는 사건이나 보고하지 않아도 될 만큼 미미한 사건은 지방사의 범주에 남

1) 지역사 연구의 가장 기초적인 자료는 地方志인데, 중국에 현존하는 각종 地方志는 모두 8,500여 종이고 그중 80%에 달하는 6,500여 종이 淸代 편찬된 것이다. 韋慶遠, 「淸代區域社會經濟史硏究槪況」, 『淸代區域社會經濟硏究』 上(葉顯恩 主編, 北京 : 中華書局, 1992年), p.6. 이하 이 책은 『區域硏究』로 약칭함.

2) 閔斗基, 「中國史硏究에 있어서의 地方史硏究」, 『大邱史學』 第30集, 1986年, pp.21~24.

게 된다. 그러나 기실 그러한 사건이란 사료에 전해지지 않거나 개인의 筆記·文集, 또는 地方志에 전한다 하더라도 개별 사건으로 연구할 만한 비중이 없는 사건으로 그치게 될 것이다. 또한 사회경제사의 영역에서도 한 지방의 경제적 변동 예컨대 생산기술의 개발, 물가 변동 등은 그 지방의 특수한 상황으로 끝나지 않고 이웃 지방이나 중앙에까지 영향을 미칠 수도 있다. 즉 한 지방의 수준 높은 생산기술이 이웃 지방에 전파됨으로써 이웃 지방의 경제발전에 영향을 미친다거나, 한 지방의 米價의 상승이 이웃 지방에서의 미곡 유입을 부추기고 이웃 지방의 미곡 부족 사태를 초래하여, 미곡 탈취 행위인 搶米나 미곡 유출 반대운동인 阻米 같은 사안을 발생시켜 이러한 문제가 중앙에 의해 주목되는 일도 있었다. 따라서 한 지방만의 사안이 아니라 중국 전체의 문제로까지 비약될 가능성도 있는 것이다. 따라서 지방이란 개념에 얽매여 중앙과 분리·단절된 것을 지방사라고 강조한다면 실제 지방사의 범주는 대단히 협소하게 되고 말 것이다.

따라서 본 고에서는 地方史라는 개념 대신 地域史란 개념을 쓰고자 한다. 지역이란 개념 속에서는 정치적 중심지나 경제적 중심지도 정치 중심지역, 경제 중심지역으로서 지역의 일부를 이룬다. 중심지역의 정치·경제·사회·문화 등 제 방면이 주변지역의 정치·경제·사회·문화에 영향을 미치고 반면에 그 역도 성립한다. 하나의 국가 속에서 정치적·행정적으로 또한 경제적·문화적으로 완전히 고립된 지역은 존재할 수 없으므로 中心과 周邊 사이에는 相互關係·相互作用이 존재하는 것이다. 물론 그런 관계는 근대 자본주의 시대 이후 더욱 일반화되었지만, 전근대 사회에서도 그 양적·질적 정도의 차이만 있을 뿐 지역 간의 교류나 관계는 계속 존재한다고 보기 때문이다. 다만 전근대 사회일수록 중심이나 이웃 지역의 영향력이 미약하여 그 지역만의 독자적인 사회·경제·문화가 형성될 가능성이 클 것이다. 즉 그 지역의 特殊性이나 差別性이 보다 두드러지게 나타날 수 있다. 그러나 특수성·차별성이라 하더라도 한 나라 한 시대의 一般性·同質性을 완전히 배제하는 것은 아니다. 따라서 지역사 연구에 있어서는 이러한 특수성과 일반성, 차별성과 동질성을 파악 · 분석하는 것이 과제가 될 것이다. 그것이 종국적으로 한 나라 한 시대의 歷史像에 접근해 가는 하나의 과정이 될 것이기 때문이다.

최근 중국에서 논의되는 지역사 개념은 다소 추상적이기는 하지만 지역사 연구를 검토함에 있어 하나의 참고가 될 수 있을 것이다. 厦門大學 교수 楊國楨은 사회경제지역(社會經濟區域)이란 개념을 사용하고 있는데, 이는 사회경제 유기체의 地區的 조합이다. 사회경제 유기체는 일정한 공간과 시간 속에서 일어나는 사회경제 생활의 모든 측면을 내포하고 사회경제활동, 인물과 사건 배후의 사회심리 深層을 포괄하는 일종의 구조적 기제이다. 사회경제지역 속에서는 자연생태환경, 경제환경, 인문환경, 정치환경이라는 조건이 서로 같거나 가까운 지리적 공간 내에서 유기적으로 결합하고 있다. 동시에 사회경제지역은 경제활동과 사회활동이 유기적으로 결합하는 地區의 조합이기도 하다. 게다가 사회경제지역은 경제적 가치체계와 사회적 가치체계의 地區的 조합이기도 하다.[3)]

종래 서양의 지리학자나 중국농업연구자 사이에 구체적인 중국의 지역구분 방법에 대한 제시가 있어 왔다.[4)] 여기서는 지면관계상 중국학자의 최근 구분방법을 소개하는 것으로 그치고자 한다. 陳樺는 1995년의 한 논문[5)]에서 중국의 각 지역은 자연조건, 노동자의 소질, 역사적 전승성에 따

3) 楊國楨, 「淸代社會經濟區域劃分和硏究架構的探索」, 『區域硏究』 上, pp.32~35.

4) 1934년 조지 크리시(George B. Cressey)는 주로 산맥이나 수로 및 평원이나 바다와 같은 지형적 조건에 따라 중국을 15개 지역으로 나누었고, 1937년 존 로싱 버크(John Lossing Buck)는 농업사회인 중국을 체계적으로 이해하기 위하여 토지이용의 지역적 차이점에 초점을 맞추어 8개의 농업지역으로 나누었다. 한편 1969년 드와이트 퍼킨스(Dwight H.Perkins)는 통계적 처리의 편리를 위하여 행정구획을 토대로 중국을 7개 지역으로 나누었다. 그리고 중국의 지역사 연구에 많은 영향을 미친 윌리암 스키너(G. William Skinner)의 지역구분법을 설명하지 않을 수 없는데 그는 전중국을 행정구획이 아니라 河川系와 그와 연결된 경제 · 사회 활동권을 8개 지역으로 나누었다. 華北, 西北, 揚子江上流, 揚子江中流, 揚子江下流, 東南沿海, 嶺南, 雲貴지역이 그것이다. 한편 1993년 한국의 梁必承 교수는 성 단위 행정구역과 중심도시를 기초로 9개 지역으로 나누었다. 이상은 梁必承, 「中國硏究의 課題 : 地域硏究 활성화를 위한 提言」, 『계간 중국연구』 1993년 봄 창간호 참조.

5) 陳樺, 「論18世紀中國社會經濟的區域特點」, 『淸史硏究』 1995年 第1期, pp.38~50.

라 심각한 불평형을 초래하였다고 하여 청대의 이러한 불평형적 지역을 自然經濟區로 명명하였다. 그는 자연경제구를 합리적으로 구분하기 위해 다음 7가지 요소를 고려하였다. (1) 생산력수준, (2) 산업부문의 종류, (3) 지구간 경제적 연계, (4) 자연환경 조건, (5) 민족상황 및 사회습속, (6) 역사전승, (7) 정치적 요소가 그것이다. 이에 의해 淸代社會를 8개 자연경제구로 구분하였다. 즉 東北經濟區, 華北經濟區, 華中經濟區, 華南經濟區, 蒙古經濟區, 西北經濟區, 西南經濟區, 靑藏經濟區이다.

이하에서는 우선 중국에서의 최근 명청시대 지역사 연구를 개괄한 후, 범위를 좁혀 淸代 廣東地域 經濟史 연구를 소개하고, 마지막으로 필자 나름의 전망과 과제에 대한 의견을 간단히 기술하고자 한다.

2. 最近 明淸時代 地域史 硏究의 槪況

1987년 12월 14일부터 17일까지 中國 廣東省 深圳에서 中國社會科學院 歷史硏究所 · 中國第一歷史檔案館 · 廈門大學 · 中國人民大學淸史硏究所 · 中山大學歷史系 · 廣東明淸經濟史硏究會 등 12개 학술기관 · 단체가 연합하여 '國際淸代區域社會經濟史曁第四屆全國淸史學術討論會'를 개최하였는데 여기에는 194명의 지역사 연구자(이 중 외국학자 51인)가 참여하여 129편의 논문(이 중 외국학자의 논문 42편)을 발표하였는데, 그 결과가 葉顯恩이 주편한 『淸代區域社會經濟硏究』 上下(北京 : 中華書局, 1992)로 간행되었다. 1,266쪽에 달하는 이 방대한 논문집에는 사회경제사 지역연구의 이론, 중국사회의 근대화 과정, 기층사회와 농촌사회구조, 도시경제와 도시사회, 상업 · 시장과 상인, 변방과 낙후지구의 개발, 토지소유권과 토지소유관계, 미곡가격 · 미곡무역과 식량저장, 대외무역 등의 문제에 대하여 모두 91편의 논문이 수록되었다.[6] 이러한 대규모 국제학술대회는 그 시점까지의 중국 지역사 연구의 결산임과 동시에 앞으로의 새로운 지역사 연구를 촉진하는 촉진제의 역할을 한다.

청대 지역사회경제에 대한 종합적 연구로는 陳樺의 『淸代區域社會經濟硏究』(北京 : 中國人民大學出版社, 1996)를 들 수 있는데, 이는 앞에서 든 그의 청대 자연경제구 개념을 이용하여 8개 지역의 경제구의 상황을 구체적으로 논의하고 정리한 저서이다. 그는 8개 지역을 인구수와 인구밀도, 경지면적, 1무당 식량 생산량, 도시 분포와 도시 밀도, 민족 분포 등에 따라 서로 비교하면서 그 특징을 기술하였다. 이 밖에 최근 10여 년간에도 江南, 江西, 廣東, 臺灣, 福建, 東北, 山西, 四川, 山東, 安徽, 浙江, 湖南北 등 거의 전지역에 대한 전문적인 明淸時代 지역사 연구서가 출간되었다.[7]

그러면 이러한 청대 지역사 연구가 어떻게 가능하였고 또 그것은 어떤 양상을 보여주고 있는가? 이하 韋慶遠의 정리에 기초하여 간략히 개괄해 보고자 한다.[8] 첫째, 연구역량이 날로 확대되고 몇몇 연구 중심이 형성됨으로써 이 같은 발전이 가능하였다. 우선 中國社會科學院 歷史硏究所 · 經濟硏究所 등의 연구기관과 그외 수많은 역사학회, 연구회, 대학의 사학과, 박물관 등에 전문 연구인력이 존재한다. 이들이 토해내는 연구업적은 우리가 하나하나 수집하기도 힘에 벅찰 정도이다. 예컨대 중국에는 문화혁명이 끝난 1978년 이후 많은 지방에 역사학회가 생겨났다. 1978년 1월 廣東歷

6) 葉顯恩, 「1987年廣州國際淸代區域社會經濟史曁國際第四屆淸史學術討論會述評」, 『區域硏究』 下, pp.1239~1265.

7) 그 대표적인 연구서를 각 지역별로 하나씩만 예시하면 다음과 같다.
樊樹志, 『明淸江南市鎭探微』, 上海 : 復旦大學出版社, 1990年 ; 梁淼泰, 『明淸景德鎭城市經濟硏究』, 江西人民出版社, 1991年 ; 廣東歷史學會 編, 『明淸廣東社會經濟形態硏究』, 廣東人民出版社, 1985年 ; 傅衣凌 · 楊國楨 主編, 『明淸福建社會與鄕村經濟』, 廈門大學出版社, 1987年 ; 陳孔立, 『淸代臺灣移民社會硏究』, 廈門大學出版社, 1990年 ; 孔經偉 主編, 『淸代東北地區經濟史』, 哈爾濱 : 黑龍江人民出版社, 1990年 ; 王綱, 『淸代四川史』, 成都 : 成都科技大學出版社, 1991年 ; 安作璋 主編, 『山東通史: 明淸卷』, 濟南 : 山東人民出版社, 1994年 ; 張正明, 『晉商興衰史』, 太原 : 山西古籍出版社, 1995年 ; 張羽新, 『淸代前期西部邊政史論』, 哈爾濱 : 黑龍江教育出版社, 1995年 ; 葉顯恩, 『明淸徽州農村社會與佃僕制』, 安徽人民出版社, 1983年 ; 陳學文, 『明淸時期杭嘉湖市鎭史硏究』, 北京 : 群言出版社, 1993年 ; 龔勝生, 『淸代兩湖農業地理』, 武昌 : 華中師範大學出版社, 1996年.

8) 韋慶遠, 「淸代區域社會經濟史硏究槪況」, 『區域硏究』 上, pp.5~16.

史學會가 廣州에서 발족된 이래 1980년 12월 江蘇省歷史學會까지 27개 省 · 市歷史學會가 성립되었다. 아울러 1978년에 泉州歷史研究會가, 1979년에 黑龍江地方史研究會 · 巴蜀史研究會, 1980년에는 河北省地方史學會 · 北京史研究會 · 天津史研究會 등이 발족되었다.[9] 이들 학회나 연구회의 특징은 그 학회소재 지역에 거주하는 연구자들이 자신의 거주 지역의 역사를 연구한다는 데에 있다. 따라서 그들은 그 지역의 풍토나 인정, 역사적 연혁을 익히 알고 있으며 그 지방의 사료나 문서의 수집에도 아주 유리한 조건을 갖추고 있다. 이 밖에 廈門大學에서 편집 · 간행하는 『中國社會經濟史研究』, 中國社會科學院經濟研究所가 편집간행하는 『中國經濟史研究』, 中國人民大學淸史研究所에서 간행하는 『淸史研究』 등에는 청대 지역사에 관한 많은 논문이 게재되어 중국의 지역사 연구를 선도하고 있다.

둘째, 연구과제의 폭이나 깊이에 있어 현저한 발전을 보였다. 종래 생산관계, 토지소유, 고용 등에 관한 주제에 국한되었던 지역 경제사의 연구주제가 人口, 賦役, 官私手工業, 商業, 鑛業, 國內外貿易, 地方金融, 都市發展뿐만 아니라 鄕族, 行會, 會館, 商幇, 구체적 商人(皇商, 官商, 民商) 등으로까지 확대되었다. 연구대상 지역도 확대되었다. 즉 종래 주로 江南에 집중된 지역연구가 최근에는 山東, 河北, 東北三省, 雲貴, 內蒙古, 新疆, 西藏 등지로까지 확대되었고 北京, 漢口, 佛山, 臨淸, 揚州, 天津 등의 도시도 새로운 연구지역이 되었다. 연구대상 시기도 보다 확대되어 종래 康雍乾(康熙 · 雍正 · 乾隆, 1662~1795) 盛世나 晩淸時期에 국한되었던 연구가 최근 滿洲族 入關 이전의 사회형태나 경제발전에 대한 연구로까지 나아갔으며 乾隆 晩期에서 咸豊年間에 이르는 시기도 연구범위에 포함되었다.

셋째, 청대 지역 사회경제사의 연구작업 중에 비교적 견실한 학풍이 정착되었고 방법도 더욱 다양화되었다. 1920년대, 1930년대 선구적 역사학자들의 우수하고 견실한 연구 학풍이 새로운 세대의 연구자들에게 전수되어

9) 林言椒 等編, 『中國歷史學年鑑 : 1981』, 北京 : 人民出版社, 1981年, pp.434~439.

수준 높은 연구가 진행되고 있다. 福建의 명청시대 사회경제사 연구에 훌륭한 성과를 올린 傅衣凌은 후학의 양성에 힘을 기울여 廈門大學에는 수많은 복건지역사 연구자가 포진하고 있다. 北京地域의 광업사와 상업연구에 성과를 올린 鄧拓, 浙江 지역사 연구를 40년간 진행한 洪煥椿, 梁方仲 교수의 지도를 받아 1960년대 이후 徽州의 商業과 商人 · 宗法構造 등을 연구한 葉顯恩, 山東의 경영지주제 연구에 큰 성과를 올린 羅侖 등 숱한 지역사 연구자가 한 지역을 10, 20년 또는 수십년 동안 집중적으로 연구하였다.

넷째, 청대 지역사 연구에 기초를 이루는 자료의 발굴과 조사 · 정리에 현저한 성과가 있었다. 근 30여 년간 嚴中平, 李文治, 彭澤益, 汪敬虞 등 전문적 학자가 편집한 대형 사료집이 출간되어 지역사 연구자들에게 많은 편리를 제공하였다. 각 圖書館, 博物館, 檔案館에 소장되어 있는 희귀하고 진귀한 자료가 역사연구를 위하여 아낌없이 제공되었고 그러한 자료의 간행이 경제적 수익을 올리지 못함에도 불구하고 中華書局을 비롯한 출판사가 기꺼이 출판에 참여하였으며, 그런 자료의 선별 · 정리 · 표점 · 교정 · 분류 등에 무수한 노력을 아끼지 않은 편집자의 노고가 있었다. 지역사 연구의 기초자료의 하나인 당안자료는 가장 원시적인 第一次 사료라는 점에서 사료적 가치가 높은 자료인데 현재 중국에는 3,131개 당안관이 존재한다. 그중 中國第一歷史檔案館에만 약 1,000萬件에 달하는 淸代檔案이 보관되어 있다. 그외 河北省檔案館이나 東北三省의 檔案館, 自貢市檔案館 등에는 매우 가치있는 지역사에 관한 당안자료가 소장되어 있다. 최근 새롭게 발굴되고 있는 것으로는 民間 契約文書가 있는데 정리되어 출간된 것으로는 『曲阜孔府檔案史料選編』(第3篇 『淸代檔案史料』 全24册, 齊魯書社, 1982~1988), 『徽州千年契約文書』(宋元淸民國 40册, 花山文藝出版社, 1991) 등이 있다.

3. 清代 廣東地域 經濟史 硏究

중국에서 廣東地域史를 연구하는 학술기관으로는 廣東省社會科學院歷史硏究所 산하의 廣東地方史硏究室과 廣東經濟史硏究室이 있다. 廣東地域史 연구자의 증가에 따라 1983년 10월에는 廣州地方史學會가 성립되었으며, 1984년 10월에는 廣東明淸經濟史硏究會가 조직되었다.[10] 국가적 차원에서도 廣東地域 社會經濟史硏究는 매우 중시되어 '明淸廣東社會經濟硏究'(과제 책임자: 中山大學歷史系 湯明檖)라는 과제가 中華人民共和國國民經濟和社會發展第六個五年計劃(1981~1985, 소위 六五計劃)에서 지정하는 國家重點硏究課題로 선정되었고, 이어서 七五計劃(1986~1990)에서도 연속과제로 인정되었다. 국가의 지원하에 廣東歷史學會는 1983년과 1984년 두 차례에 걸쳐 廣東明淸經濟史學術討論會를 개최하였다. 이 학술토론회에 제출된 논문은 『明淸廣東社會經濟形態硏究』(廣東人民出版社, 1985)와 『明淸廣東社會經濟硏究』(廣東人民出版社, 1987)로 엮어져 나왔다. 이 밖에 명청시기 광동의 대표적 도시인 佛山의 경제에 관한 사료집 『明淸佛山碑刻文獻經濟資料』(廣東人民出版社, 1987)가 간행되었다.[11] 1989년 9월에는 廣東 電白縣에서 제3회 廣東明淸社會經濟史學術討論會가 개최되었는데,[12] 여기에 제출된 연구성과는 1992년 『十四世紀以來廣東社會經濟的發展』(廣東高等教育出版社)이라는 논문집으로 간행되었다. 한편 1995년 6월 廣州에서 거행된 廣東明淸經濟史硏究會의 학술대회에서는 왕성한 광동지역사 연구의 상황을 반영하여 기존의 廣東明淸經濟史硏究會를 廣東中國社會經濟史硏究會로 확대개편하고 새로운 학회지도부를 구성하였다.[13]

10) 李慶新, 「近年來廣東地方史硏究槪述」, 『中國史硏究動態』 1987年 第5期, pp.7~8.
11) 中國史學會 編, 『中國歷史學年鑑 : 1991』, 北京 : 三聯書店, 1991年, pp.647~648.
12) 冼劍民, 「第三屆廣東社會經濟史學術硏討會槪況」, 『廣東社會科學』 1989年 第4期, p.204.
13) 劉正剛, 「承前啓後 繼往開來-廣東明淸經濟史硏究會 1995年匯綜述」, 『中國社會經濟史硏究』 1996年 第1期, pp.79~80.

이처럼 광동지역사를 연구하는 전문적 학술단체와 학회가 건립되고 국가적 지원하에 명청시대 광동 사회경제사가 집중연구됨으로써 광동지역사 연구는 상당한 융성을 보았다. 최근 광동에서의 광동지역사 연구상황을 대략 3단계로 나누어 보면 다음과 같다.[14] 1983년 이전을 제1단계로 부를 수 있는데, 이 시기 연구자들은 地主佃戶關係, 地代形態, 對外貿易, 商品經濟와 資本主義萌芽 등 原論的인 問題에 관심을 가지고 연구를 진행하였다. 제2단계는 1984년 이후부터 1987년까지로 연구자들의 관심이 기존의 과제로부터 사회생활의 모든 방면으로 확대되었고, 경제학 · 사회학 · 인류학 · 통계학 · 정치학 등 인접과학의 이론과 방법을 응용하기 시작하였다. 아울러 正史나 地方志 · 契約文書 등의 사료 이외에도 族譜 · 檔案 · 碑刻史料 · 帳簿 등과 구술조사 자료를 널리 이용하게 되었다. 1988년 이후의 제3단계에서는 제2단계에서의 과제를 심화시키는 이외에 농촌기층사회의 연구를 중시하기 시작하였다. 따라서 일련의 鄕村田野調査가 진행되어 대량의 민간문서를 발굴하고 수많은 구술사료를 정리하였다. 연구자들의 관심분야도 기존의 사회경제사에 한정되지 않고 사회경제 현상의 배후에 있는 문화적 의의를 천명하는 데까지 나아가고 있다. 연구대상 지역도 珠江三角洲 지대에 머무르지 않고 동부의 韓江三角洲, 서부의 鑒江三角洲 지대로까지 확대되었다.

한편 광동지역사 연구성과를 보면, 1980년 이후 중국에서 간행된 광동지역사 연구서는 약 25종에 달하고 광동사회경제사를 다룬 논문은 필자가 조사한 바에 따르면 대략 300여 편에 달한다. 방대한 연구량임에 틀림없다. 이 많은 저서와 논문을 모두 소개하고 비평하기에는 필자의 역량이 부족할 뿐만 아니라 시간도 지면도 부족하다. 따라서 본 고에서는 효율적으로 광동지역사의 연구를 소개하기 위하여 광동이라는 지역적인 특성을 감안하고자 한다. 지역사의 연구는 무엇보다도 우선 그 지방의 특수성을

14) 위의 글, p.80.

보이는 것이 선결되어야 할 과제라고 생각된다. 필자의 견해로는 광동지역이 다른 지역과 비교해서 특수성을 보이는 점은 경제적으로 명청시대 거의 유일한 合法的 對外貿易이 진행되었던 지역이라는 점이다. 사회적으로는 宗族制가 견고한 지역이고 土着人과 客家라는 宗族葛藤問題와 秘密結社問題가 심각한 사회문제로 대두된 지역이라는 점이다. 그러나 후자는 광동만의 특수성이라기 보다는 福建 · 廣西를 포함한 華南地域 일반의 문제이기도 하다. 따라서 본 고에서는 광동만의 특수성을 고려한다는 점에서 경제적인 문제 즉 대외무역과 그로 인한 경제적 변화(상업적 농업의 전개, 수출지향적 수공업의 활성화, 대외무역과 관련된 상업과 상인의 번성, 시진의 발달 등)를 중심으로 살펴보려 한다.[15] 이 점이 본 장의 부제를 清代 廣東地域 經濟史研究라고 한 이유이다.

(1) 對外貿易史 研究

청대 대외무역의 전개는 무엇보다도 청정부의 대외무역정책에 의해 좌우되고 영향받았다. 따라서 광동의 대외무역을 논함에 있어 먼저 청조의 대외무역정책이 어떠하였는가를 살펴야 할 것이다. 종래 清朝의 대외무역정책이 閉關政策(쇄국정책)이었고 그로 말미암아 서양과 갈등을 빚어 아편전쟁으로까지 나아가게 되었음은 일반적으로 널리 인정되는 사실이었다. 1980년에 발표된 來新夏 등의 논문도 이러한 입장에서 청정부의 대외무역정책을 논하고 있다. 그에 따르면 플린트사건 이후 1757년 청조는 國防과 風俗을 위해 대외무역을 廣州 한 항구로 제한하였고, 민간인이 해외

15) 필자가 다루는 문제와 관련하여 간략한 연구사 소개가 있다. 국내에서는 俞長根, 「近年의 清代 廣東社會 연구와 관련하여」(『中國近現代史研究通信』 第7號, 1992年)가 있는데 이 글에서는 일본과 미국의 최근 광동사회에 관한 연구를 몇 가지 소개하고 있다. 중국에서는 앞의 각주에서 든 몇 가지 연구개황을 소개한 글 이외에 種史聲, 「明清廣東社會經濟史研究的回顧與展望」(『學術研究』 1985年 第6期, pp.91~96)이 있다. 중국의 研究概況 論文들은 소개하는 각각의 논문에 대하여 한두 줄의 짧은 내용 소개나 평가를 하고 있을 뿐이어서 목록과 그다지 다르지 않다.

에 나가 무역하는 것을 엄격히 제한하였는데, 이는 중국 사회경제의 발전과 中國과 外國 인민 사이의 과학과 문화의 교류를 가로막는 나쁜 결과를 초래하였다. 게다가 생사 · 견직물 · 차 등의 수출품의 수량과 종류를 엄격히 제한하였고, 광주에 온 서양인의 행동을 규제하는 여러 가지 章程을 제정하였다. 그는 이러한 閉關政策은 중국과 외국의 무역발전을 저해하고 중국 인민과 각국 인민의 思想聯系를 가로막아 동남연해의 자본주의 맹아의 발전을 저지시켰다[16]고 하였다. 결국 우물안 개구리식의 대외정책이 중국을 낙후한 국가로 전락시켰다는 입장에 서고 있다.

이러한 견해는 청대사에 관한 대표적 개설서 『簡明淸史』에도 그대로 반영되어 있다. 閉關政策은 낙후한 경제 기초 위에 수립된 것으로 중국의 경제적 · 정치적 발전을 저해하였고, 중국의 생기와 진취적 정신을 말살하였으며, 폐쇄 · 정체 · 후퇴를 조성하였던 백해무익한 정책이었다. 그 결과 중국 航海業의 쇠퇴를 초래하였고, 중국 對外貿易 商人과 華僑에 타격을 주었으며, 중국 사회경제에도 엄청난 위해를 가져왔고, 중국인이 세계의 선진적 思想文化와 科學技術을 배우는 것을 가로막았다[17]고 한다.

그러나 閉關政策이 출현한 배경을 서양자본주의 세력의 침략에 의한 민족 자위정책에 두고 이를 긍정적으로 평가하려는 견해도 제기되었다. 万青芝에 의하면 閉關政策은 이미 明 正德16年(1521)에 시작된 것으로 외국인의 침입활동을 방지하기 위해서였고, 淸朝도 明代의 폐관정책을 답습하였는데, 이는 국내 反淸세력이 외국세력과 결탁하여 淸朝統治를 전복시킬까 두려워서였다고 한다. 즉, 17~18世紀의 서양의 해외무역이 대체로 해

16) 來新夏 · 李喜所, 「第一次鴉片戰爭前淸政府的對外貿易政策」, 『文史哲』 1980年 第2期, pp.35~42. 이외에도 閉關政策의 부정적 측면을 부각시킨 연구로는 戴逸, 「閉關政策的歷史教訓」, 『人民日報』 1979年 3月13日 ; 胡思庸, 「淸朝的閉關政策和蒙昧主義」, 『吉林大學學報』 1979年 第2期(이상 두 편 모두 寧靖 編, 『鴉片戰爭史論文專集: 續編』, 北京 : 人民出版社, 1984에 재수록) ; 沈渭濱 · 夏林根, 「淸代閉關政策有自衛意義嗎?」, 『復旦學報』 1979年 第6期 등이 있다.

17) 戴逸 主編, 『簡明淸史』 第2冊, 人民出版社, 1984年, pp.515~524.

적적이고 약탈적 성격을 띠었기 때문에, 중화민족의 존엄과 주권을 지키고 외적 침입을 방어하려는 민족적 자위정책의 일환으로 폐관정책을 시행하게 되었다고 한다.[18)]

한편 汪敬虞는 淸朝 閉關政策의 발단을 보통 沿海 人民과 臺灣 鄭成功 정권의 연계 가능성에 대한 청조의 두려움에서 찾고 있으나, 17세기 말 이래 '西方 植民主義者 國家'의 침략활동이 격화됨에 따라서 이에 대한 대처로 청정부가 閉關하게 되었다고 하였다. 즉 17세기 말 이래로 시간이 흐를수록 서방 세력은 중국의 商船을 약탈한다거나, 중국의 인민을 납치하여 노예로 팔거나, 중국의 토지를 요구하는 등 중국의 主權을 파괴하는 일을 빈번히 하였기에 청정부는 대외무역 방면에서 제한적인 정책을 택하지 않을 수 없었다. 침략자의 활동이 날로 거세질수록 청왕조의 제한 조치도 날로 강화되었다. 청정부가 閉關의 대외무역정책을 택한 목적은 외국침략을 방지하려는 것이었고, 그것이 가능하였던 이유는 중국이 당시 자급자족적 봉건경제에 처해 있었기 때문이었다. 그러나 그는 閉關정책이 반드시 긍정적이었다고 보지는 않는다. 중국경제 발전에 대해 불리한 측면이 있었다는 것이다. 아울러 그는 외국침략에 대응하는 有效한 수단이었다고는 인정치 않는다. 단순한 閉關政策은 비판되어야 한다는 것이다.[19)]

1980년대 중반 閉關政策 그 자체를 부정하는 새로운 시각이 제시되었다. 中山大學 교수인 黃啓臣은 기존의 閉關政策論을 부정하였다. 그에 의하면 廣州가 유일한 통상 항구는 아니었고, 청정부도 완전히 閉關鎖國 정책을 실행한 것은 아니었다. 그 근거는 첫째, 청정부가 규정한 대외무역은

18) 万青芝, 「也談淸代的閉關政策」, 『黃石師院學報』(哲社版) 1983年 第4期 (複印報刊資料 K3 『中國近代史』 1984年 第2期, pp.31~36에 재수록). 중국 측의 아편 엄금도 자위수단의 일환으로 파악한 그는 당시 防范과 制限政策이 중화민족의 이익에 유리하였다고 한다. 胡繩도 閉關政策은 서방 식민자가 모험가나 해적의 신분으로 중국에 침략하고 있던 시기에 중국이 채택할 수 있는 자위조치이고 그것은 민족자위작용을 하였다고 한다. 『從鴉片戰爭到五四運動』 上, 北京 : 人民出版社, 1981年, p.21.

19) 汪敬虞, 「論淸代前期的禁海閉關」, 『中國社會經濟史硏究』 1983年 第2期, pp.4~16.

당시 중국 최대의 항구 廣州에서 진행되고 있었는데, 이것도 일종의 開放이며, 단지 전면적으로 전국의 항구를 개방한 것이 아닐 따름이었다. 일개 주권 국가의 통치자로서 국가·민족 그리고 그들 자신의 이익과 해외무역 발전의 추세에 근거하여 몇 개의 항구를 개방하는 것은 정상적인 현상이다. 따라서 모든 무역항구를 閉關하거나 외국과의 무역을 완전히 단절한 것이 아니라면 이를 閉關鎖國이라 할 수는 없다. 둘째, 당시 소위 "단지 광동에서만 무역을 허가한다"는 것은 주로 歐美 各國에만 적용되는 방침이었다. 南洋地域 국가에게는 여전히 閩·浙·江海關 무역을 허락하였다. 그러므로 동남아 지역 각국의 상선은 여전히 福建의 厦門 等地에서 부단히 무역을 행하였다. 셋째, 중국상인은 소위 "단지 廣東에서만 무역을 허가한다." 라는 제한을 받지 않아 四海關에서 해상무역을 할 수 있었다. 그리하여 乾隆22년(1757) 이후 福建·浙江·江蘇 연해 항구에서 해상무역을 하는 商船은 여전히 많았다. 따라서 乾隆22년 이후 주로 광주에 무역이 집중된 것을 閉關鎖國정책을 실행했다고 보는 시각은 검토되어야 하고, 청정부는 天朝主義思想·恩賜思想의 지도하에 해외통상을 공인하고 해관을 설치하여 엄격히 해외무역을 관리하는 정책을 실행한 것일 뿐이[20]라고 하였다. 鄧開頌 역시 황계신의 견해를 지지하면서, 청정부는 減稅와 免稅 정책을 통하여 외국상인이 광동에 와서 무역하는 것을 장려하고 우대하였으며, 마카오를 하나의 特區로 보아 마카오에서 무역하는 것을 유리하게 하는 정책을 펼쳤다[21]고 하였다.

이러한 견해는 夏秀瑞에 의해 더욱 보강되었는데 그는 1987년 12월에 개최된 '國際淸代區域社會經濟史暨第四屆全國淸史學術討論會' 에서 발표한 논문에서 청대 전기 청조는 제한적인 開海貿易政策을 실행하였는데 이는 사실상의 開海貿易이었다고 하였다. 그에 의하면 첫째, 청조가 몇 차례

20) 黃啓臣, 「淸代前期海上貿易的發展」, 『歷史硏究』 1986年 第4期, pp.151~170.

21) 鄧開頌, 「論淸代前中期廣東對外貿易的若干特殊政策」, 『中國社會經濟史硏究』 1988年 第3期, pp.26~30.

海禁令과 遷界令을 반포하였는데 이는 반청세력을 막기 위한 부득이한 조치였고 본래 대외무역을 저지하기 위한 것은 아니었다. 둘째, 1757년 이후 광주 1항구 체제가 되었지만 한 항구를 개항하던, 여러 항구를 개항하던, 통상을 허락한다는 점에서는 차이가 없다. 셋째, 康熙帝를 비롯하여 청정부 내부에는 바다를 열어 무역을 하자는 사상이 계속 존재하여 왔다. 넷째, 淸代前期 淸朝는 閉關鎖國政策을 실행한 것은 아니고 대외무역에 대해 일정한 제한을 가하였는데 청조로서는 그럴 만한 필요성이 있었다. 아울러 그러한 제한적인 무역정책에도 불구하고 실제로 海禁期間 동안에도 鄭成功은 활발하게 대외무역을 추진하였고, 포르투갈 상인도 마카오와 중국내륙 간의 교역을 진행시키고 있었다. 平南王 尙之信은 청조의 금령을 무시하고 밀수를 자행하였고, 禁令이 풀린 이후 청조는 감세와 면세정책을 통하여 무역을 장려하였다. 또 실제로 당시 관리들의 부패와 무책임한 행정처리로 사실상 엄격한 대외무역 규제는 불가능하였다.[22)]

이처럼 일부 학자가 청조의 대외무역 정책을 폐관쇄국 정책이 아니라 대외개방 정책이라고 보는 견해에 대하여 山東大學 교수인 陳尙勝은 반론을 제기하였다. 그에 따르면 청정부는 宋元政府처럼 사람을 해외국가에 파견하여 외국상인을 유인하지도 않았고 또한 중국에 오는 서방국가의 商船이 늘어남에 따라 우려와 불안을 느껴 여러 가지 조치를 취하고 제한을 가하였다. 특히 서방의 대중국무역을 남단의 항구인 廣州에 국한시킨다면 중국내지에 대한 서양의 영향을 제한하거나 예방하기에 편리하고 그들을 懷柔하거나 羈縻하는 기능도 발휘할 수 있어서 연해지구의 안녕을 보지할 수 있다고 생각하여 4海關 중 유독 粤海關만을 남겨두었다. 게다가 청정부는 중국상인이 외국에 가서 무역하는 것을 제한하고 규제하는 조치를 제정함으로써, 중국상인이 서양상인과의 경쟁에서 불리한 상황에 놓이게 되어 결국 중국상인의 대외무역을 저해하고 속박하는 결과를 초래하였다. 청정부

22) 夏秀瑞, 「淸代前期的海外貿易政策」, 『區域硏究』 下, pp.1106~1119.

는 외국의 대중국무역을 廣州에 국한함으로써 외국상인과 중국사회 내부의 연계를 차단하려 하였고, 廣州에서도 洋行商人의 대외무역 독점제도를 시행함으로써 외국상인과 일반 중국상인의 연계를 차단하였는데 이는 대외개방정책이 아니라 폐관쇄국정책이라[23]는 것이다.

淸代 광동의 대외무역을 고찰할 때 빼놓을 수 없는 것이 중국 대외무역의 仲介商인 洋商(行商, 洋行 소위 13行)의 문제이다. 洋商에 대한 전통적 해석은 來新夏 등이 지적하듯이 洋商을 청정부의 허가에 의한 특권 상인으로서 인식하고, 외국상인의 매매대리인으로서 파악하는 것이다. 대외무역의 독점적 관리권을 가진 양상은 불법적이고 관행적인 다액의 무역수수료를 취함으로써 재부를 축적하고 사치스런 생활을 영위하였으며 다른 한편 관직을 구매함으로써 官商의 성격을 지니고 청조에 기부금 납부를 해야 할 정도로 봉건적 정권에 예속적이었다. 한편 외국상인이 가져온 물자를 중국에 유통시키고 외국상인이 필요로 하는 상품을 수집하여 제공함으로써 외국상인과 긴밀한 유대를 갖게 되었다. 결국 이들은 농후한 封建性과 買辦性을 지닌 집단으로 평가된다.[24] 이러한 부정적 관점은 매우 광범위하게 퍼져 있는 듯하다. 吳建雍도 廣東 13行에 관한 연구에서 치밀하게 13行의 부정적 측면을 논증하고 있다. 청정부를 대신해서 외국상인을 관리하고 단속하는 도구인 13行은 봉건 통치의 경제적 기초를 떠받치는 봉건적 성격을 실현하였을 뿐 아니라 서양 자본과 결탁하고 아편밀수를 방조함으로써 대외 의존적·종속적 성격을 체현하였다. 따라서 13行은 그 독점적 성격으로 말미암아 광대한 수공업자와 농민 등 노동인민을 착취하는 역할을 수행하였고, 그가 획득한 상업이윤을 낭비·소모함으로써 산업자본으로 전화되지 못하였으며, 대외무역을 독점함으로써 정상적인 대외무역의 발전을 가로막았다. 그는 13行에 대해 사회생산력 발전을 저해함으로써 "남에게 전

23) 陳尙勝, 「淸前期海外貿易與閉關問題」, 『閉關與開放: 中國封建晩期對外關係硏究』, 濟南 : 山東人民出版社, 1993年, pp.308~319.

24) 來新夏·李喜所, 앞의 논문, pp.47~49.

가할 수 없는 罪責을 남겼다"고 혹독하게 비판하고 있다.[25]

그러나 최근의 연구에서는 洋商의 긍정적 측면이 부각되기도 하고, 보다 구조적으로 洋商이 분석되기도 한다. 章深은 13행을 보다 긍정적으로 평가하였다. 그에 의하면 13행은 명대에 존재하였던 市舶司에 비해 훨씬 진보적이고 발전적인 기구이다. 市舶司는 官方 기구로서 국가의 조세징수의 기능을 담당하고, 그 자본도 지방 관청의 재정수입에 의거하고 행정수단을 통하여 외국무역을 취급함으로 官營의 기구라 할 수 있다. 이에 비해 13행은 관청에 수출입세를 납부하는 민간에서 나온 상인집단이며, 따라서 그 자본은 오랜 상업활동을 통해 형성된 상인자본으로, 경제적 수단을 통해 외국무역을 취급하는 私營의 기구라 할 수 있다. 이처럼 章深은 13행을 중국 봉건사회 상업경제, 외국무역 경제의 고도발전의 산물로 파악하고 적지않게 官商이 갖지 못한 장점을 갖고 있다고 생각한다.[26]

아편전쟁 이전 광동의 대외무역의 실상을 수량적으로 분석하여 설명한 것은 黃啓臣이다. 그는 1988년의 논문에서 청대 광동의 대외무역이 어느 정도로 발전하였는지, 그 특징은 무엇인지 그리고 그러한 발전의 원인이 무엇인지, 또 대외무역의 발전은 광동과 중국사회에 어떠한 영향을 미쳤는지에 대해 종합적으로 제시하고 있다. 우선 대외무역의 발전상을 제시하였는데, 海外貿易 路線이 새롭게 증가하였고, 대외무역항구가 확대되었으며, 무역 대상국가도 증가하였다고 하였다. 粵海關에 속한 항구가 무려 7개 總口와 69개 小口임을 밝혔고, 중국과 무역을 진행시킨 나라가 동남아의 여러 나라와 인도양 연안의 국가들 그리고 서양의 많은 국가였음을 설명하였다. 1684년 이후 1757년까지 일본에 간 중국 상선이 3,017척에 달한다거나, 1749년 이후 1838년까지 월해관에 도래한 외국의 상선이 무려 5,266

25) 吳建雍, 「1757年以後的廣東十三行」, 『淸史硏究集』 第3輯, 四川人民出版社, 1984年, pp.93~134.

26) 章深, 「十三行與淸代海外貿易的特點」, 『中國社會經濟史硏究』 1987年 第1期, pp.74~80. 그러나 동시에 이것을 청조 봉건정권이 대외무역을 간섭하고 통제하는 새로운 형식이라고 파악한다.

척에 이르러서 수량적으로 5배 이상의 증가(1757년 이전과 1830년대의 비교)를 보였음도 밝혔다. 수출입 상품의 종류나 그 액수가 증가한 상황도 통계자료에 의거하여 입증하고 있다. 그는 광동의 대외무역량이 4해관이 개설된 시기인 1757년 이전에 비해 1830년대에는 약 3.5배로 증가하였음을 제시하였다.[27]

한편 청정부의 대외무역정책을 폐관쇄국정책으로 주장한 바 있는 陳尙勝은 黃啓臣의 청전기 대외무역에 관한 統計的 數量的 분석에 대해 이의를 제기하였다. 우선 청전기 대외무역액의 추정에 관하여 黃啓臣은 『粤海關志』에 기록된 관세액[28]을 당시 관세율 2%[29]로 나누어 무역액을 추정하였으나, 陳尙勝은 관세율이 淸初 최소 6%로 그 이후 꾸준히 높아졌으므로 황계신의 추정치는 실제 무역액의 3배 내지 그 이상으로 과장한 셈이라고 한다. 둘째, 설사 黃啓臣의 추정대로 대외무역량이 증가하였다 하더라도, 당시 중국의 대외무역을 중국상인이 다른 나라에 가서 무역을 한 '主動貿易'과 다른 나라 상인이 중국에 와서 행한 '被動貿易'으로 구분한다면, 청초에서 19세기 중엽으로 갈수록 '主動貿易'이 감소하고 '被動貿易'이 증가하는 상황이었으므로 중국은 대외무역상의 주체성과 능동성을 상실하였고, 청조 대외무역의 번영도 외관에 불과할 뿐 사실은 阿片流入과 白銀流出로 나타나듯이 점차 위기상태로 빠져들어간 것이라고 하였다.[30] 사실 정확한 무역액 추정은 쉽지 않은 문제이다. 『粤海關志』에 기록된 관세액 자체가 축소 보고된 자료일 가능성이 있으며, 밀무역의 경우 관세 자료가

27) 黃啓臣, 「淸代前期廣東的對外貿易」, 『中國經濟史硏究』 1988年 第4期, pp.73~88.

28) 梁廷枏 等纂, 『粤海關志』 卷10, 「稅則三」(沈雲龍 主編, 『近代中國史料叢刊續編』 第十九輯, 文海出版社), pp.703~734.

29) 彭澤益, 「淸初四榷關地點及貿易量的考察」, 『社會科學戰線』 1984年 第3期, p.133에 따르면 아편전쟁 후 淸朝는 영국과의 새로운 稅則의 상담을 준비하기 위하여 兩廣總督과 廣東巡撫로 하여금 粤海關이 징세한 상황을 전면적으로 조사하게 하였다. 이에 따르면 월해관이 이전에 각종의 상품에 대하여 징세한 稅則은 일정치 않았으나 화물의 輕重에 따라 징수한 稅銀은 평균하여 화물가격의 1~2% 수준이었다고 한다.

30) 陳尙勝, 「淸前期海外貿易與閉關問題」, pp.296~308.

없으므로 무역액에 포함되지 않는다.

중국상인에 의해 대외무역이 활성화되었건, 서양상인의 도래에 의하여 무역총량이 증가하였건 대외무역량 자체가 증대된 것은 틀림없는 사실이다. 그렇다면 이러한 광동의 대외무역의 발전이 광동지역에 어떠한 사회경제적 영향을 미쳤을까? 鄧開頌은 대외무역의 발전이 廣州 및 廣東 全省의 경제 번영과 상업의 발전을 촉진하였고, 광주의 청대 대외무역상의 특수한 지위가 광주와 外省의 경제 연계를 활발하게 하였으며, 동시에 광주를 당시 中西文化 소통의 중추가 되게 하였다고 지적하였다. 우선 대외무역의 자극하에 광동에 外向型 농업 생산물을 전문적으로 재배하는 지역을 확대시켰다. 뽕나무, 茶葉, 과일, 蒲葵, 香料 등의 대외무역과 관계있는 경제작물의 재배가 그것이다. 아울러 광동에서 도자기, 철기, 면포, 생사와 견직물, 차엽이 대량으로 수출되었기에 도자기 채색업, 야철업, 면직업, 견직업, 차엽가공업 등의 수공업이 廣州나 佛山, 石灣 일대에서 번영하게 되었다. 대외무역의 번영은 아울러 광동상인(粤商)의 출현을 촉진하였고, 廣州 · 佛山 · 石灣 · 九江 등 많은 市鎮을 형성케 하였다. 아울러 많은 은의 유입으로 광동지역에 상업자본의 형성을 가능케 하였다고 하였다.[31]

그러나 이와 대조적으로 광동에서의 청조의 대외무역정책이 오히려 광동과 중국의 사회경제 발전에 부정적 영향을 미쳤다고 보는 견해도 있다. 吳建雍은 明末淸初 해외무역의 발전으로 광동에 수입된 白銀이 수공업에 투자되는 등 광동지역의 수공업(瓷器)과 상업의 발전을 촉진하였고, 해외무역을 중시하는 사상이 싹트기 시작하였다고 하였다. 그러나 淸前期의 폐관쇄국정책으로 대외무역이 엄격한 제한을 받고 게다가 외국상인이 가져온 상품이 잘 팔리지 않아 그 상품을 취급하는 중국 行商이 손해를 보는 경우도 있었다. 아울러 明末淸初에 발생한 外向型 수공업에 충분한 자본이

31) 鄧開頌, 「淸代前期政府對廣州海外貿易的若干特殊政策及其影響」, 『廣州外貿兩千年』(陳柏堅 主編, 廣州文化出版社, 1989年), pp.287~297.

제공되었다면 광활한 해외시장을 개척하여 발전을 이룰 수 있었을 텐데 청조의 閉關鎖國정책하에서 그러한 조건과 동력을 구비하지 못하여 無爲로 그치고 말았다고 한다.[32] 그렇다면 실제 廣東의 상황은 어떠하였는지 생산부문과 유통부문으로 나누어 좀 더 논의를 진행해 볼 필요가 있을 것이다.

(2) 生産部門 硏究

광동의 대외무역의 번영은 광동의 생산부문에 있어 여러 가지 영향을 미쳤다. 수출용 농산물을 재배하는 상업적 농업을 확산시키고 대외수출용 수공업 제품의 생산을 촉진한 것이다. 이처럼 농업과 수공업 분야가 明淸時期 괄목할 만한 발전을 보였다는 관점에서 연구한 것은 黃國强이었다. 그에 의하면 명청시기 광동의 농업은 새로운 단계로 진입하였는데 이는 대규모적으로 수리사업이 전개되고 경지의 개간이 이루어졌으며, 경작기술이 개선되고 집약화 수준이 제고되었으며, 특히 경제작물의 재배가 활성화되어 상업적 농업이 발전하였기 때문이었다. 이러한 광동 농업생산의 신속한 발전은 수공업의 진보와 자본주의 맹아의 출현을 위한 조건을 제공하였는데, 수공업 중에서도 製糖業, 絹織業, 冶鐵業, 陶瓷業의 발전이 가장 현저하였다. 이러한 농업과 수공업을 기초로 도시와 농촌 간의 교역이 발전하고 많은 墟市가 생성되었으며 아울러 대외무역도 왕성하게 전개되었다. 그리고 대외무역의 발전은 역으로 광동의 상품경제를 추동시키는 역할을 수행하였다[33]고 한다. 黃國强의 연구는 청대 광동의 경제적 변화를 총괄적으로 묘사하고 있는데, 농업 · 수공업 · 상업 · 시진 등의 각 부문에서 청대 어떠한 변화가 진행되고 있었는지 살펴보겠다.

32) 吳建雍, 「淸前期對外政策的性質及其對社會發展的影響」, 『北京社會科學』 1989年 第1期, pp. 93~100.

33) 黃國强, 「明淸時期廣東經濟的迅速發展」, 『紀念梁方仲敎授學術討論會論文集』(湯明檖 · 黃啓臣 主編, 廣州 : 中山大學出版社, 1990年), pp.252~266.

먼저 상업적 농업 즉 경제작물의 재배 문제를 보기로 하자. 李華는 광동 농촌에서의 경제작물 재배 상황을 시기별로 고찰하였다. 광동에서 처음으로 경제작물이 상품으로서 재배된 것은 明中期 이후로 뽕나무 · 면화 · 과일나무의 재배가 이루어졌다. 명청교체기의 정치적 혼란을 극복한 康熙 · 雍正年間에 명대를 훨씬 초월하는 경제작물의 재배가 이루어졌다. 뽕나무 재배가 廣州府 여러 현으로 확대되었고 양잠은 7~8회나 가능하였다. 廣州府의 차, 사탕수수, 빈랑나무, 荔枝 · 龍眼 · 柑橘 등의 과일이 유명하였다. 이 시기 경제작물의 재배는 상품으로 판매하여 이익을 얻기 위한 것이었다. 乾隆 · 嘉慶 · 道光年間의 淸代中葉에는 경제작물 재배가 더욱 발전하였다. 대외무역의 발전으로 인한 수출상품의 생산이나 수공업 발전에 따른 원료의 공급을 위해서였다. 사탕수수나 뽕나무 등 경제작물이 논을 잠식하여 식량부족 현상이 심각해지고 식량의 조달이 중요한 문제로 등장할 정도였다. 결론적으로 李華는 청중엽에 이르러 광동의 상품작물 재배는 양자강 이남의 蘇州府 · 松江府 등의 수준을 초월하였다[34]고 보았다.

唐森 · 李龍潛은 명청시기 광동 경제작물의 재배 상황과 재배 원인 그리고 그 의의 등을 논하였다. 우선 광동에서의 경제작물 재배 상황을 보면, 재배 작물의 종류가 많았고, 재배 면적이 부단히 확대되어 전문적으로 특정 작물을 재배하는 作物區가 형성되었으며, 재배의 목적은 판매하여 교환가치 즉 이윤을 얻기 위해서라고 하였다. 경제작물 재배가 발전한 원인으로 그들은 宋代 이래 수리사업을 통한 토지의 개간, 명청왕조의 적극적인 장려, 명중엽 이후 광동지역의 상품경제의 발전 · 교통의 발달 · 시장의 확대에 의한 경제작물 판매의 용이성 등을 들었다. 아울러 경제작물 재배의 발전으로 경제작물 가공업이 흥기하였고, 많은 신흥 墟市와 전업적인 市鎭이 출현하였으며, 경제작물 상품화에 의해 貨幣地代가 출현하여 농민의 양극분해를 가져오고 급기야 노동력 시장조차 출현케 하였고 이는 결

34) 李華, 「明淸時代廣東農村經濟作物的發展」, 『淸史硏究集』 第3輯, 1984年, pp.135~149.

국 農業資本主義 生産關係의 萌芽를 위한 조건을 창출하였다는 것이다.[35)]

李華도 지적했듯이 광동의 상품작물 재배가 고도의 발전단계에 오른 것은 乾隆年間 이후이다. 蔣祖緣은 이런 점에서 乾隆年間 광동에 농업발전의 고조시기가 도래하였고 광동농업 발전의 頂点에 이르렀다고 하였다. 그런데 건륭년간 광동 농업 고조의 특징은 바로 經濟作物의 신속한 발전으로 나타났다. 예컨대 사탕수수 재배지가 나날이 확대되고 과수나무 재배도 신속히 발전하였으며, 특히 이 시기에는 종전의 과일과 양어를 겸하는 果基魚塘을 대신하여 桑基魚塘이라는 새로운 경영방식이 발전하였다. 이는 연못에서는 양어를 하고 제방에 뽕나무를 심어 양잠을 하는 다각적인 방식의 농업경영이었다. 그외 연초, 차, 꽃 등을 재배하는 지역이 나날이 늘어났다. 특히 乾隆後半 이후 차는 對外輸出의 주종 상품작물로 발전하였다. 결국 건륭년간 광동 농업의 상품경제는 새로운 단계로 발전하였다.[36)]

청대 광동의 珠江三角洲에서는 식량생산이 主業으로서의 지위를 상실하고 양잠과 양어, 과일재배 등 경제작물의 재배가 주업으로 등장하였다. 이러한 경제구조의 변화는 전통적 농업방식을 타파한 것이라 할 수 있는데 이런 관점에서 연구를 진행한 것은 高王凌이었다. 그에 따르면 식량작물 대신에 경제작물 재배에 광동농민이 나선 것은 경제수익이 높은 품종을 농민이 주체적으로 선택하였기 때문이라 한다. 그리고 식량 생산을 소홀히 하여 식량부족이 초래되자 外省이나 外國에서 식량을 수입할 수밖에 없었는데, 이는 이웃 廣西省의 식량 생산을 촉진하여 광서의 경제발전을 촉진하는 부수적 결과를 낳았다[37)]고 하였다. 高王凌이 파악한 것처럼 광동과

35) 唐森 · 李龍潛, 「明淸廣東經濟作物的種植及其意義」, 『明淸廣東社會經濟形態硏究』(廣東歷史學會 編, 廣州 : 廣東人民出版社, 1985年), pp.1~21.

36) 蔣祖緣, 「乾隆年間廣東的農業發展高潮」, 『廣東社會科學』 1992年 第2期, pp.63~68. 蔣祖緣은 乾隆年間 경지개간과 이로 인한 식량생산도 특기하고 있으나 식량부족으로 인하여 미곡을 外省이나 外國에서 수입해야 하는 지경이었으므로 식량생산의 발전을 강조하는 것은 모순이라 하겠다.

37) 高王凌, 「傳統模式的突破 - 淸代廣東農業的崛起」, 『淸史硏究』 1993年 第3期, pp.105~113.

광서의 경제 교류가 수평적이고 평등적 차원에서 전개되었는지는 의심스럽다.[38)]

광동 농민이 상업적 농업을 경영하는 가운데 다각적이고 효율적인 생산방식을 고안해 냈으니 이는 桑基魚塘이라는 방식이다. 이에 대해 楊曉堂과 梁光商은 전문적 연구논문을 발표하였다. 楊曉堂에 의하면 明初의 果基魚塘 방식이 明中後期에 桑基魚塘으로 바뀌기 시작했는데 이는 광동 珠江三角洲의 지리적 특징이 桑基魚塘을 경영하기에 유리하였고, 중국 생사에 대한 외국에서의 수요가 높아지자 대외수출을 위해 전업적으로 양잠을 하는 농민이 늘어났기 때문이라고 한다. 특히 1757년 이후 廣州가 유일한 대외무역 항구로 됨에 따라 광동산 생사의 수요가 늘어나고 광동에서의 양잠이 더욱 성행하였다. 생사 생산국의 하나인 프랑스의 생사 생산이 감소하고 수에즈 운하가 개통(1869)되어 생사의 운송비가 하락하였는데 이러한 점들은 광동 양잠업의 고조를 초래하였다. 양잠과 아울러 양어업도 성행하고 양어업의 분업화도 전개되었다. 이제 양잠과 양어를 겸하는 桑基魚塘 방식에 의한 상업적 농업은 이 지역에서 주업의 위치에 놓이게 되었다.[39)] 한편 梁光商은 청 이래로 果基魚塘이 桑基魚塘으로 바뀌었으며, 이기작 논도 청대 桑基魚塘으로 변하는 것이 광동의 일반적 상황이었다고 하였다. 특히 그는 生態學的 입장에서 桑基魚塘을 설명하였다. 즉 뽕잎을 먹고 자라는 누에가 배설한 누에똥과 번데기는 연못의 물고기 사료가 된다. 물고기가 배설한 찌꺼기 등은 미생물의 분해를 거쳐 수용성 광물질이 되고 연못의 진흙 속에 쌓인다. 이 진흙을 퍼올려 뽕나무의 비료로 사용할 수 있다. 그는 연못 속의 魚類, 플랑크톤, 미생물 등이 먹이사슬관계로서

38) 拙稿, 「淸 中葉 廣西商業과 廣東商人」, 『京畿大學校論文集』 第33輯, 1993年, pp.121~148에서는 廣東과 廣西의 상품교역이 광동의 수공업 제품과 광서의 식량 · 수공업원료의 교환이라는 不等價交換에 기초하고 있었으므로 광서 측이 불리하였을 뿐 아니라 광서농민들이 광동상인에 의한 미곡의 유출을 반대하는 운동을 전개하고 있었음을 실증적으로 제시하고 있다.

39) 楊曉堂, 「明淸時期珠江三角洲桑基魚塘的發展」, 『農史硏究』 1988年 第7期, pp.99~104.

연계되어 있는 생태학적 순환과정을 지적하고 있다.[40)]

淸前期 廣東의 수공업 전개에 대해서 冼劍民은 총괄적 연구를 하였다. 우선 세 단계로 나누어 廣東 수공업의 발달을 설명하였다. 明末淸初 동란시기의 제1단계에서는 청조의 海禁이나 遷界令 때문에 수공업 생산이 위축되었는데 鹽業과 造船業이 특히 그러하였다. 康熙年間부터 乾隆年間까지가 제2단계로 광동 경제가 회복되면서 수공업의 발달이 두드러졌다. 이 시기에는 농업의 발달이나, 인구의 증가, 청조의 수공업에 대한 보호·장려 정책, 그리고 대외무역의 독점 등의 요인으로 광동의 製鐵業, 冶鐵業, 製糖業, 紡織業, 鹽業, 陶磁業, 造船業, 製紙業 등이 발전하였다. 嘉慶·道光年間이 제3단계인데 이 시기에는 서양자본주의의 경제적 滲透로 광동 수공업에 급격한 변화가 나타났다. 한편으로 봉건사회 후기 이래 발전해 온 자본주의 맹아의 요소가 더욱 확대되었고, 서양에서 수입된 원면을 사용하여 綿紡織業이 새로이 발전하였으며 이와 관련된 수공업(인쇄,염색,제봉 등)이 발흥하였고, 서양제품을 모방한 수공업제품의 생산도 활성화되었다. 이러한 긍정적 변화와 아울러 다른 한편으로 서양 공업제품의 수입으로 인해 일부 광동의 수공업 제품의 생산(사탕, 염료 등)이 타격을 받았고 製鐵業과 冶鑄業도 쇠퇴국면에 처하였다. 이러한 청전기 광동의 수공업은 몇 가지 특징을 갖추었다. 전통적 수공업 방식을 초월하여 광범위한 국내외 상품시장을 획득하였고, 遠近 지역에서 수공업 원료를 제공받는 상황에 도달하였으며, 경제작물 재배에 기초하여 경제작물 가공업이 새로이 일어났다. 아울러 광동수공업의 발달로 인해 전국 각성의 많은 상인이 광동에 모여들었고, 그들에 의해 회관이 건립되었으며, 수공업 발전에 기반을 둔 새로운 시진도 번영하였다.[41)]

아편전쟁 전 대외무역의 발전에 따라 광동에서 새롭게 일어난 수공업에는 무엇이 있었을까? 彭澤益에 의하면 廣州에는 景德鎭의 瓷器를 사들여 서양

40) 梁光商, 「珠江三角洲桑基魚塘生態系統分析」, 『農史硏究』 1988年 第7期, pp.95~98.
41) 冼劍民, 「淸代前期廣東手工業的發展及其特點」, 『廣東社會科學』 1993年 第4期, pp.70~77.

인이 좋아하는 색상으로 채색한 후 서양인에게 수출하는 도자기 가공업이 나타났다. 이를 廣彩라 불렀는데 이것은 새롭게 출현한 대외 수출상품이었다. 한편 광주근교에서 재배한 차를 가공하거나 福建 · 浙江 등에서 수출을 위해 운반해온 차를 가공하는 가공업도 출현하였다. 아편전쟁 직전 여러 수출품 중 차의 수출이 가장 많았으므로 이러한 차의 가공업이 특히 발전되었다. 또 하나 특기할 만한 것은 수입된 인도면화를 원료로 실을 뽑고 직포하여 서양에 수출하는 면방직업의 발전이다. 약 5만 명의 노동자가 이러한 면방직업에 종사하고 있었는데, 여기서 생산된 면포는 南京布란 이름으로 해외에 팔려나갔다. 아울러 이러한 南京布를 염색하는 염직업도 출현하였다.[42]

佛山은 유명한 冶鐵業 발달 도시로 羅一星은 불산의 야철업을 종합적으로 연구하였다. 그는 명청시대 佛山 冶鐵業을 初興段階, 全盛段階, 衰落段階로 나누어 설명하였다. 명초부터 正德年間(1368~1521)까지를 初興단계로 보았는데 불산은 수로교통이 편리하고 원료 · 재료의 조달이 용이하며 기술적 기초가 마련되어 있었던 양호한 조건 덕분에 일찍부터 야철업이 흥성하였다. 明嘉靖에서 淸乾隆年間(1522~1795)까지 불산의 야철업은 全盛시기로 접어든다. 冶鐵爐房은 佛山鎭 판도의 절반에 달할 정도로 늘어나고 이에 따라 약 2~3만에 달하는 冶鐵業 노동자가 존재하였으며 철기를 판매하는 鐵商도 대폭 늘어났다. 이 시기는 鐵鍋를 비롯하여 鐵線, 鐵釘, 鐵犁, 鐵鎖, 鐵錨, 土針, 軍器, 鑄砲 등 수많은 종류의 철기 제품이 생산되었고 생산기술도 발달하여 紅模鑄造法 등 불산 독자의 기술이 개발되었다. 아울러 생산량도 신속히 증가하여 雍正년간 약 5,000천만 근의 생산(약 100萬兩)을 보였다. 이러한 야철업의 발전은 광동지역의 상업적 농업이나 기타 수공업, 국내외 무역의 발전에 상응한 것이었다. 사탕수수 재배가 늘어나자 설탕을 졸이는 솥이 필요하였고, 이에 따라 양잠업의 발전은 많은 고치 삶는 솥을 필요로 하였으며 造船 과정에서 많은 鐵釘 등의

42) 彭澤益, 「鴉片戰爭前廣州新興的輕紡工業」, 『歷史研究』 1983年 第3期, pp.109~116.

철제품이 소요되었고 제염업에서는 소금을 굽는 솥이 요청되었던 것이다. 이렇게 야철업이 발전하자, 광동과 전국 각지, 그리고 해외에서 佛山의 철기제품을 구매하기 위해 상인들은 수십만의 거금을 가지고 불산에 몰려들었다.[43] 이처럼 발전한 불산의 冶鐵業에서 그 생산규모나 고용된 노동자 숫자 등을 볼 때 이미 자본주의 맹아가 출현하였다는 것은 여러 논자의 일치된 주장이다.[44]

앞에서 살펴 본 桑基魚塘에서 알 수 있듯이 광동 주강삼각주지역은 저명한 양잠지대였다. 양잠업의 흥성에 따라 생사를 생산하는 繅絲業이나 생사로 비단을 직조하는 絹織業(중국인은 보통 絲織業이라 한다)이 발달하였으리라고 생각된다. 그러나 광동지역의 소사업이나 견직업에 대한 연구는 별로 눈에 띄지 않는다.[45] 廣東省 順德縣의 陳氏族譜에 기초하여 康熙年間에 일가를 이룬 陳氏 집안이 뽕나무 재배로부터 시작하여 이어 견직업에 종사하고 5대 자손에 이르러(道光, 咸豊年間) 공장제 수공업을 건설한 사례를 추적한 연구[46]가 유일하다. 광동 주강삼각주지역에서의 견직

43) 그러나 嘉慶年間 이후 이러한 佛山冶鐵業의 황금시대도 종말을 고하고 衰落段階로 접어든다. 원료인 철광석이 고갈되고 새로이 서양에서 수입된 洋鐵, 洋釘, 洋鐵線 등이 대량수입되어 불산의 야철업이 치명적 타격을 받았기 때문이다. 羅一星, 「明淸時期佛山冶鐵業硏究」, 『明淸廣東社會經濟形態硏究』, pp.75~92. 이외에도 불산의 冶鐵業에 대해서는 몇 편의 연구논문이 있으나 지면관계상 각주에서만 간략히 언급하고자 한다. 먼저, 羅紅星이 『中國社會經濟史硏究』 1983年 第4期에 발표한 「明至淸前期佛山冶鐵業初探」은 그 내용이 본문에서 소개한 羅一星의 논문 전반부와 거의 동일하다. 아마 羅紅星은 羅一星의 필명이 아닌지 모르겠다. 그리고 『明淸廣東社會經濟形態硏究』(廣東歷史學會 編, 廣東人民出版社, 1985年)에는 광동의 製鐵, 冶鐵業에 대해 曹騰騑 · 譚棣華가 저술한 「關于明淸廣東冶鐵業的幾個問題」, 鄧開頌의 「明至淸代前期廣東鐵鑛產地和冶爐分布的統計」가 실려있다. 전자는 주로 불산 鐵爐의 규모나 생산형태, 광동의 제철업 · 야철업에 대한 정책을 주로 다루었고, 후자는 명청시기 광동의 철광산지와 冶爐의 분포지를 다룬 논문이다.

44) 羅一星, 「明淸時期佛山冶鐵業硏究」, pp.92~116. ; 羅一星, 「關于明淸佛山鐵廠的幾點質疑」, 『學術硏究』 1984年 第1期 ; 李龍潛, 「淸代前期廣東採鑛冶鑄業中的資本主義萌芽」, 『中國社會經濟史論叢』 第1輯(山西人民出版社, 1981年) ; 陳學文, 「佛山市鎭經濟的發展」, 『中國封建晩期的商品經濟』, 長沙 : 湖南人民出版社, 1989年.

45) 程耀明의 「淸末順德機器繅絲業的產生發展及其影響」(『明淸廣東社會經濟形態硏究』에 수록)이 있으나 이것은 1872년경 廣東 順德縣에 설립된 기계제 공장을 다룬 것으로 근대적 공장이므로 본 고에서는 취급치 않는다.

업에 대한 전문적 연구가 요망된다 하겠다.

광동에서는 명청시기에 이르러 제당업이 유례가 없을 정도로 발전하였는데 이러한 광동의 製糖業에 대한 종합적 연구가 제출되었다. 冼劍民·譚棣華의 공동 연구에 의하면 이미 송대 광동은 저명한 사탕산지로 부각되었고 명청시기에는 珠江三角洲가 제당업의 중심이 되었으며 淸代中期 이후에는 韓江三角洲地帶 그리고 광동 서부의 徐聞地域과 海南島 등도 새로운 중심지로 떠올랐다. 전통적 생산방식으로는 최고의 수준에 도달하여 氷糖, 沙糖, 糖果 등 여러 가지 종류의 사탕 제품이 생산되었다. 광동에서 생산된 사탕은 江蘇·浙江·北京·天津 등 국내만이 아니라 외국으로도 수출되는 광동의 중요 수공업 제품이었다. 제당업의 경영방식도 사탕수수재배농민이 스스로 제당하는 소규모 방식만이 아니라 일부 전업적 제당업자가 출현하였고, 상인자본이나 고리대자본이 제당업에 투자하여 노동자를 고용하거나 사탕수수재배 농민을 지배하는 방식도 출현하였다.[47] 이에 따라 제당업에서 자본주의 맹아가 출현하였다는 주장[48]도 제기되고 있다.

陶磁器 하면 景德鎭이 떠오르지만 廣東에서도 도자기 생산이 활발하였다. 당송시기에 이미 도자기 생산이 시작되었고 명대 중엽 이후 발달을 보았다. 명청시기 광동에서 도자기를 생산한 陶窯는 무려 800개소에 달하였다. 그중에서도 주요산지는 石灣, 大埔, 潮州, 饒平이었다.[49] 특히 南海縣 石灣은 광동 도자기업의 중심으로 가장 명성이 높았다. 冼劍民의 연구에 의하면 石灣의 陶瓷業은 珠江三角洲 지역의 경제발전 특히 製糖業과 관련이 깊었다. 설탕 제조 과정에서 필요한 용기나 도구가 도자기였기 때문이었다. 석만의 도자기는 아름다움에서 천하제일이라는 명성을 얻었고 멀리

46) 陳玉環·劉志偉, 「淸代後期廣東絲織工場的個案硏究」, 『中國社會經濟史硏究』 1987年 第3期, pp.50~56.

47) 冼劍民·譚棣華, 「明淸時期廣東的製糖業」, 『廣東社會科學』 1994年 第4期, pp.91~97.

48) 許滌新·吳承明 主編, 『中國資本主義發展史』 第1卷, 『中國資本主義的萌芽』, 北京 : 人民出版社, 1985年, pp.357~362.

49) 冼劍民, 「淸代前期廣東手工業的發展及其特點」, p.74.

해외로까지 수출되었다. 수출액도 경덕진에 다음가는 전국 제2위였다. 石灣의 도자기업의 발전에 따라 이에 종사하는 노동자만도 약 3만 명으로 늘어났다. 심지어는 노동자만의 조직(西家會)조차 생겨날 정도였다.[50)]

이상의 광동의 경제작물 재배나 수공업에 대한 연구를 통하여 광동의 대외무역이 상업적 농업이나 수공업에 미친 긍정적 영향을 확인할 수 있었다. 그러면 그러한 영향은 상업적 농업이나 수공업만에 국한된 것이었을까?

(3) 流通部門 硏究

다음으로는 광동의 대외무역이 광동지역의 유통부문에 미친 영향을 보기 위해 상업의 발달이나 상인의 형성 그리고 시진의 발달에 대한 연구성과를 살펴보겠다. 劉志偉는 광동지역의 상업이 광동경제에서 중요한 지위를 차지한 것은 대외무역 때문이라고 하였다. 明中期 이전은 대외무역이 단순한 통과무역에 그쳐 광동경제와 무관하였으나, 명중기 이후 대외무역의 성격이 변함에 따라 대외무역이 광동경제에 영향을 미치기 시작하였다. 광동의 생산물이 국내시장에 공급되고 외국에 수출됨으로써 광동의 商品生産이 발달하였음은 물론 白銀이 광동에 잔류하여 광동의 상업이 활성화되었다. 기존의 향촌 墟市가 자급자족적 성격에 머무르지 않고 보다 상위의 시장과 연결되어 국제무역과 관련을 맺기에 이르렀다. 국내외무역을 기본내용으로 하는 商品流通構造가 성립된 것이다. 그리고 대외무역의 자극이라는 조건하에 상품생산이 더욱 발전하였으니 그 대표적 예가 양잠업과 桑基魚塘이라 하였다.[51)] 이처럼 劉志偉는 대외무역이 광동 상업과 상품생산에 미친 영향을 논하고 있다.

---

50) 冼劍民, 「明淸時期石灣製陶業」, 『十四世紀以來廣東社會經濟的發展』(明淸廣東省社會經濟硏究會 編, 廣東高等敎育出版社, 1992年), pp.229~239.

51) 劉志偉, 「試論淸代廣東地區商品經濟的發展」, 『中國經濟史硏究』 1988年 第2期, pp.81~92.

청대 전기 광동지역의 상품유통 상황에 대해 羅一星은 吳承明의 방법[52]에 따라 계산하여 그 대강을 제시하였다. 식량은 광동에서 유통되는 상품 중에 가장 비중이 높은 것으로 전체의 28.7%를 점하고 다음은 茶葉인데 18.2%이다. 100萬兩 이상의 유통량을 보이는 상품 중 광동에서 생산되는 액수보다 유통량이 많은 것은 면화, 면포, 차엽, 생사, 견직물, 철기, 자기 등이다. 이는 면화처럼 수입되었거나, 또는 다른 지방의 생산물이 수출을 위해 광주로 운반되었기 때문이다. 이를 통해 대외무역이 광동의 상품유통을 활성화시켰음을 알 수 있다. 한편 광동의 상품유통 총량은 6,009萬兩으로 1인당 2.4兩에 달하여 전국의 평균치 1兩을 훨씬 초과한다. 이처럼 상품유통량이 많았기 때문에 이러한 상품유통을 통하여 재부를 축적한 상인집단 즉 廣東商人을 형성시켰다고 하였다.[53]

광동지역에서 경제적 번영을 구가하고 상업이 발달한 지역은 廣州府의 珠江三角洲 일대와 潮州府 일대이다. 李華의 연구에 따르면 이 두 지역을 대표하는 상인집단 廣州幇과 潮州幇이 형성되어 江蘇·浙江·直隸·湖北·福建·安徽 등 전국을 무대로 활동하였는데 이들은 廣東의 농부산품과 수공업 제품을 전국 각지로 운송하여 팔았고, 전국 각지의 특산품을 가지고 와서 廣東에 팔았다. 뿐만 아니라 이들은 광동성내의 상품유통에 참여하였고, 일부는 해외에 나가 상업에 종사하기도 하였다. 물론 이 두 상인집단 이외에도 다른 府州縣出身의 광동상인이 활동하였고 他省出身의 상인들도 광동에서 客商으로서 광동의 상품유통에 종사하였다.[54]

52) 吳承明, 「論淸代前期我國國內市場」, 『歷史硏究』 1983年 第1期 ; 許滌新·吳承明 主編, 앞의 책, pp.282~284 참고. 吳承明 등의 분석내용은 朴基水, 「명청시대 생산력과 상품유통의 발전」, 『成大史林』 第10輯, 1994年, pp.160~163에 간략히 소개.

53) 羅一星, 「淸代前期嶺南市場的商品流通」, 『學術硏究』 1991年 第2期, pp.75~80.

54) 李華, 「淸朝前期廣東的商業與商人」, 『學術硏究』 1982年 第2期, pp.39~44. 廣東商人이 전국적 상인으로서 얼마나 광범위하게 활동하였는가는 각지에 퍼져있는 商人會館을 통해 잘 알 수 있다. 이런 점에서 川勝守의 연구는 매우 시사적이다. 그는 北京·蘇州·上海라는 대표적 도시에서의 광동회관을 수량적으로 분석한 연구를 제시하였다. 川勝守, 「明淸時代的北京·蘇州·上海之廣東會館」, 『區域硏究』 下, pp.784~799.

珠江三角洲의 상업과 상인자본을 연구한 黃啓臣에 의하면 珠江三角洲는 淸代 蘇州府, 松江府, 杭州府에 필적할 만한 수준에 도달하였다. 상업적 농업의 발달이나 수공업 생산의 발전, 수륙교통의 편리, 그리고 사람은 많고 토지는 적다는 조건이 주강삼각주의 상업 번영과 상인자본 발달의 전제조건이 되었다. 그 결과 상인들이 광동성내외와 국내외에서 활발한 활동을 하였고, 수많은 자본을 축적한 상인자본이 형성되었으며, 廣州 · 佛山鎭 · 江門 같은 도시도 발전하였다.[55] 廣東商人이 국내에서 많은 교역을 진행한 지역은 이웃의 廣西省이었다. 廣西의 식량, 토산물, 광물 등이 廣東에 유입되었고 廣東의 소금, 수공업품이 廣西로 유입되었다. 광동과 광서의 경제발전의 차이가 이러한 교역을 가져왔고, 兩省間의 수운교통의 편리가 교역을 발전시켰으며, 광동의 대외무역이 이러한 교역을 강하게 자극하였다.[56]

마찬가지로 珠江三角洲의 상인과 상업을 고찰한 葉顯恩은 南海 · 番禺 · 順德 · 新會 등 주강삼각주의 상인이 광동의 상업을 독점하였다고 보고, 이들을 廣州港口의 對外貿易商人, 海商, 內地販運商人, 小商人으로 범주를 나누어 설명하였다. 광주항구의 대외무역상인은 명대의 牙商, 淸代前期의 廣州13行商人, 近代의 買辦商人 등이 이에 해당되는데 牙商과 行商은 합법적 대외무역의 발전에 기여하였지만 대외무역을 독점함으로써 상업의 자유경쟁을 저해하였다. 海商은 명대 출현한 해외무역을 담당하는 신형상인으로 해외무역을 경영하기 위하여 독자적 경영을 하기도 하였지만 자본을 모아야만 해외무역을 할 수 있는 중소상인들은 합자경영을 도모하기도 하였다. 內地販運商人은 생사를 취급하는 絲商, 과일을 취급하는 果商, 설탕을 매매하는 糖商, 미곡의 운반과 판매를 맡는 米商이 유명

55) 黃啓臣, 「明淸珠江三角洲商業與商人資本的發展」, 『中國社會經濟史硏究』 1984年 第3期, pp.37~50.

56) 黃啓臣, 「明淸時期兩廣的商業貿易」, 『中國社會經濟史硏究』 1989年 第4期, pp.31~37. 이러한 兩廣의 상업이 광동상품생산의 질적 변화를 야기시켰음은 물론 廣西의 상품생산을 자극하고 兩廣의 墟市와 城鎭의 발전을 촉진하였다는 것이 황계신의 주장이다.

하였다. 小商人은 주강삼각주 내의 단거리 상품유통의 담당자로 이 지역 농산물의 상품화와 관련이 깊었다고 한다.[57] 명청시대 10대 商幇의 하나인 廣東商幇을 연구한 黃啓臣은 광동상방 내에도 廣州幇과 潮州幇의 구분이 있었고, 아울러 상인이 된 여러 계층에는 海寇·官吏·儒學者·農民 등이 있었다고 지적하였다. 그는 광동상인을 크게 海商, 牙商, 內地 장거리 販運 도매상으로 나누었는데[58] 葉顯恩의 구분 방법과 큰 차이가 없다.

兩廣地方에서 상품교환이 진행되는 농촌의 교역장소는 흔히 墟市라고 불린다. 상품으로서 생산되는 경제작물이 교환대상이 되며 경제작물의 재배 확대에 따라 그 생산물 교환을 실행하는 공간으로서 墟市가 발전하였다. 그러한 관점에서 광동지역에서의 墟市의 문제를 다룬 사람은 葉顯恩·譚棣華이다. 그들에 의하면 농업·수공업의 상품화 정도, 교통조건, 인구밀도, 구매력, 시장의존성 등의 변화에 따라 墟市의 구조나 규모도 부단히 조정되고 변동을 겪었다. 주강삼각주의 허시는 原始墟市, 基本墟市, 專業墟市, 그리고 市鎭의 네 가지 유형과 단계로 이루어져 있었는데 상품경제의 발달에 따라 原始墟市는 점차 약화되고 專業墟市나 市鎭이 증가하였다. 주강삼각주의 허시가 중국근대화의 선도자 역할을 맡을 수 있었던 것은 광주가 대외무역의 항구였기에 가능했다고 지적하였다.[59]

명청시대 天下四大鎭의 하나로 불린 佛山鎭에 대해서는 비교적 많은 연

57) 葉顯恩, 「明清珠江三角洲商人與商業活動」, 『中國史研究』 1987年 第2期, pp.41~56.

58) 黃啓臣, 「明清廣東商幇」, 『中國社會經濟史研究』 1992年 第4期. 같은 내용이 張海鵬·張海瀛 主編, 『中國十大商幇』, 合肥 : 黃山書社, 1993年, 「廣東商帮」 부분에도 기술되어 있다. 黃啓臣의 분류에 의하면 海商은 해외무역에 종사하는 신형상인으로 平南王 尙可喜와 같은 봉건형, 선박을 임대하여 해외무역을 행하는 租賃型, 독자적 자본으로 경영하는 獨自型, 중소상인이 자본을 모아 행하는 合資型 등이 있다. 牙商은 廣東13行商이 대표적인데 南京條約 이후 독점권을 상실하고 買辦으로 변신하였다. 內地 장거리 販運 도매상은 葉顯恩이 말하는 內地販運商人과 같은 유형의 상인이다. 그외 소상인 집단이 있었다.

59) 葉顯恩·譚棣華, 「明清珠江三角洲農業商業化與墟市的發展」, 『廣東社會科學』 1984年 第2期, pp.73~90. 그러나 地方紳士·封建政府 등 봉건세력이 墟市에 대한 지배를 강화하였기 때문에 서구의 도시와 같이 독립적으로 발전하거나 자본주의 발전의 기지로 나아갈 수 없었다고 하였다.

구가 축적되어 있다. 羅一星은 佛山을 전문적으로 연구한 학자[60]인데 그에 의하면 불산진은 명초 冶鐵業을 중심으로 성립되기 시작하여 명중엽이후 야철업의 중심지로 부상하고 陶磁業도 번성하면서 명말에는 대도회로 발전하였다. 청대에 들어서는 기존의 冶鐵業 이외에 陶磁業, 絹織業, 棉紡織業, 金屬加工業 등이 발전하고 상업의 발전으로 많은 상품이 유통되며 각지의 상인이 왕래하여 시진 발전의 절정기에 이르렀다.[61] 불산에서는 이상과 같은 수공업 발전에 기초하여 상인자본이 발전하였다. 불산상인이 취급한 상품종류에 따라 불산상인을 유형화한 羅一星의 연구에 의하면 철제품을 담당하는 鐵商, 도자기를 취급하는 陶商, 면포를 취급하는 布商, 생사취급상인 絲商, 약재를 담당한 藥商 등이 주류였다[62]고 하는데 이를 통해서도 불산상인과 불산수공업과의 관련성을 엿볼 수 있다. 뿐만 아니라 그의 다른 연구에 의하면 불산의 상인자본은 수공업자로부터 상승, 지대수입의 축적, 종족의 재물, 관료의 재부, 借貸, 외래 상인 등 여러 경로를 통하여 형성되었으나 그중에서도 수공업자가 자신의 생산품을 판매함으로써 재부를 축적하는 경로가 가장 중요하였다. 아울러 불산에서는 상인이 토지에 투자할 조건이 制限되었고 상인의 재산축적도 점포나 화폐로 표현되어 불산상인자본의 총 규모는 나날이 확대되었다. 게다가 상인이 수공업과 광업에 투자하여 공장제 수공업을 경영하는 경우도 많았다고 한다. 따라서 羅一星은 불산의 상인자본은 수공업의 발전과 자본주의 맹아

60) 그는 佛山에 관한 연구를 종합하여 『明淸佛山經濟發展與社會變遷』(廣東人民出版社, 1994年)이라는 저서를 출판하였다.

61) 羅一星, 「論明淸時期佛山城市經濟的發展」, 『中國史硏究』 1985年 第3期, pp.109~123. 이러한 佛山鎭은 수공업노동자가 도시인구의 절대다수를 이루고, 수공업도 민영의 성질을 띠며, 도시의 행정도 자치적 성격을 띠고, 봉건세력이 점차 약화되는 등 근대적 면모를 보였다. 하나 중앙집권적 통일왕조의 봉건적 지배를 능가할 만한 공상업 집단을 형성할 수 없었고 뒤이어 서양자본주의 세력의 경제적 침입을 받아 불산진은 더 이상의 발전을 이루지 못하고 역사의 뒤안길에 파묻히고 말았다. 黃建新 · 羅一星(「論明淸時期佛山城市經濟的發展」, 『明淸廣東社會經濟硏究』, 1987年, pp.26~56)의 논문도 완전히 같은 내용을 싣고 있다.

62) 羅一星, 「明淸時期的佛山商人」, 『學術硏究』 1985年 第6期(複印報刊資料 F7 『經濟史』, 1986年 第2期, pp.85~93).

의 출현에 적극적인 촉진작용을 하였다[63]고 긍정적으로 평가하였다.

한편 蔣祖緣은 淸代 佛山의 상업과 상인에 대하여 종합적인 연구를 진행하였다. 불산이 상공업 거리와 골목이 무려 600여 개, 상공업점포가 3,300餘 家에 이르는 공상업 대도회로 발전한 때는 乾隆에서 道光에 이르는 아편전쟁 이전시기였다. 이러한 발전이 가능하였던 것은 康熙 후반 이래 비교적 안정된 사회환경을 구비하였고, 주강삼각주의 상품생산의 발전과 불산 手工業(冶鐵業, 陶瓷業, 絹織業)의 발달 및 佛山 墟市의 증가 등이 그 배후에 존재하였기 때문이었다. 또한 河道의 준설과 陸路의 증설을 중시하여 수륙교통의 편의를 제공하였고, 인근 廣州의 대외무역 활성화가 불산의 상업에 유리한 영향을 미쳤으며, 대량의 外省·外地 商人이 불산에 몰려들어 상점을 개설하고 상업을 경영하였기 때문이었다. 이에 儒者, 吏, 農民이 그 업을 포기하고 상인이 되었으며, 官僚·鄕紳 家門에서도 상업을 행하는 풍조가 만연되었다. 청대 불산상업의 발달과 번영은 상품유통의 확대를 촉진하고 상품경제의 발전을 자극하였다. 그러나 商業資本이 産業資本으로 전화된 것은 적었고 상인은 대량의 자본을 분산시키고 財富를 사치스런 생활에 낭비하였으며 공상업 발전과 무관한 방향에 소모하기도 하였다. 따라서 아편전쟁 전까지 자본주의 맹아는 여전히 발전하기 어려웠다.[64] 불산상인의 평가에 관하여 羅一星의 견해와 대조적이라 하겠다.

한편 나일성의 연구에 의하면 근대 이전 佛山鎭은 광동지역에서 廣州와 더불어 二元的 중심시장의 역할을 담당하였다. 廣州가 대외무역 중심지로서 洋貨와 土産品의 매매를 담당한 반면 불산진은 광동의 산물인 廣貨와 북방지역 산물인 北貨를 집산하는 광동성내 국내무역의 중심지의 역할을 한 것이다. 즉 광주가 국내시장과 국외시장의 상품교환을 매개하는 중심지임에 비해 불산은 外省市場과 嶺南市場의 상품교환을 매개하는 중심지

63) 羅一星, 「試論明淸時期的佛山商人資本」, 『廣東社會科學』 1985年 第3期, pp.63~69.
64) 蔣祖緣, 「淸代佛山的商業和商人」, 『明淸廣東社會經濟研究』, 1987年, pp.1~25.

였다. 이에 따라 나일성은 광동성내에서 潮州府나 雷州府 등의 연해지역은 광주의 시장망 속에 포괄되는 반면 韶州府나 羅定州 그리고 광서동남지역 등 내륙지방은 불산의 시장망에 포괄되는 이원적 구조가 나타나게 되었다고 한다.[65]

이상에서 살펴본 광동의 유통부분에 관한 연구동향을 통해서도 대외무역이 광동의 상업 발달, 상인자본의 형성 그리고 廣州·佛山 등 도시의 발달에도 커다란 영향을 미쳤음을 확인할 수 있다. 따라서 청대 광동의 대외무역이 종래 파악해 왔던 것처럼 폐쇄적이고 중국사회경제에 부정적 역할을 수행하였다는 견해는 재고해야 하리라 생각한다.

지금까지 청대 광동의 대외무역, 농업과 수공업, 상업과 시진 등의 문제를 검토해 왔는데 그 발전 수준은 당시 중국에서 어떠한 위치에 놓여 있었을까? 앞에서 지적하였듯이 黃啓臣은 淸代 珠江三角洲의 상인과 상인자본은 강남의 蘇州府, 松江府, 杭州府에 필적할 만한 수준에 도달하였다[66]고 하였고, 李華는 청중엽 광동의 농산물의 상품화 정도는 江南의 蘇州府·松江府 등 5府의 수준을 초월하였다[67]고 지적하였다. 이러한 문제를 江南地域과 비교하여 보다 전문적으로 논한 것은 陳忠平이다. 그에 의하면 長江三角洲는 魏晋時代 이래로 개발되기 시작하고, 珠江三角洲는 宋元時代 이후 개발되기 시작하여 明以前 두 지역의 경제발전, 즉 상품경제의 발전에서는 비교적 큰 차가 존재하였다. 다만 대외무역 방면에서만 주강삼각주지역이 유리하였다. 그러나 明中期 이후 珠江三角洲地域의 사회경제가 신속히 발전하여 상품경제의 발전이라는 측면에서 長江三角洲 지역과 함께 전국의 선도적 지위에 올랐다. 양 지역은 명청시기 모두 경제작물 재배를 중심으로 한 상업적 농업과 농부산물 가공을 중심으로 한 상업적

65) 羅一星, 「淸代前期嶺南二元中心市場說」, 『廣東社會科學』 1987年 第4期, pp.82~92.
66) 黃啓臣, 「明淸珠江三角洲商業與商人資本的發展」, p.37.
67) 李華, 「明淸時代廣東農村經濟作物的發展」, p.149.

수공업이 발달하였고, 향촌 市鎭이나 墟市를 기본구조로 하여 專業的 시진이 출현하였으며 대도시를 중심축으로 하는 區域市場이 형성되었다. 명청시기 수백년의 발전을 통하여 두 지역은 기본적으로 경제적 수준차가 없어지고 함께 국내상품경제 발달지역의 선두에 섰다[68]는 것이다.

4. 지역사 연구의 전망과 과제

이하 중국 명청시대 광동지역사의 연구를 위하여 앞으로의 전망이나 연구과제에 대한 필자의 몇 가지 의견을 제시하고자 한다. 이러한 의견은 광동지역사에 국한되지 않고 여타 지역사 연구에도 공동으로 적용될 수 있으리라 생각한다.

첫째, 지역의 특수성을 드러내주며 지역사 연구의 기초가 되는 개별 사례에 대한 연구를 계속 축적해 나가야 할 것이다. 아울러 기존에 연구되어 왔던 연구주제 이외에 새로운 연구주제를 발굴하고 확대해 나가야 한다. 이를 위해서는 인접 사회과학이나 자연과학의 도움이 요청되기도 할 것이다. 예컨대 시장구조나 상인자본의 연구를 함에 있어서 시장이론이나 시장연구방법에 관한 경제학 이론의 도움이 필요하고, 시장구분이나 주요 商路 · 주요상품의 유통 · 운수 · 저장 등의 문제도 고찰해야 하며, 중심시

68) 陳忠平, 「明淸時期長江 · 珠江三角洲商品經濟發展的比較」, 『學術硏究』 1989年 第5期, pp.64~67. 물론 두 지역은 자연지리적 환경상, 사회경제적 조건상 차이가 있으므로 이에 따라 상품경제에 있어서도 구체적 차이가 있다. 長江三角洲 地域은 宋元 이래 봉건정부의 주요 賦稅 공급지여서 식량작물과 경제작물의 재배를 함께 발전시킴에 비해, 珠江三角洲 지역은 경제작물이 식량작물을 대체함으로써 농업상품화가 더욱 진척되었다. 전자는 농업의 발달이라는 기초 위에 전통적 가공생산기술의 이점을 살려 농업과 관련한 도시 · 농촌수공업을 발전시켰고, 후자는 國內外 상업무역의 기초 위에 시장조건을 이용한 수공업을 발전시켰다. 주강삼각주 지역은 장강삼각주 지역에 비해 봉건적 관념이 박약한 편이어서 상인계층이 보다 많았고 대외무역의 영향으로 상업의 번영이 두드러졌다. 장강삼각주 지역이 국내상업을 위주로 한 '內地型' 발전로선을 걸었다면 주강삼각주 지역은 국내 및 국제무역을 기초로한 '沿海型' 발전로선을 따랐다고 하였다.

장이나 농촌시장의 분포와 기능, 상업 · 금융조직과 소상인의 활동과 작용, 도시의 발전방향과 특징 등에 대해서도 연구해야 할 것이다.[69]

둘째, 한 지역이라 하더라도 그 내부에는 중심부와 주변부의 차이가 있고 각기 조건에 따라 구체적 지역 구분(小地域이라 명명함)이 있을 수 있으므로 보다 세분화된 소지역에 대한 연구를 심화시키고 나아가 소지역 사이의 유기적 관계도 연구시야에 넣어야 할 것이다. 예컨대 광동이라 하더라도 여러 소지역으로 나눌 수 있다. 각 종족의 거주 지역에 따라 6개소지역으로 세분할 수도 있고,[70] 스키너처럼 9개소지역으로 나누거나,[71] 9개의 府나 4개의 州라는 행정단위를 고려하여 13개소지역으로 세분할 수도 있다. 그러나 이러한 소지역의 구분에 따른 연구라 하더라도 결국 광동지역 전체에 대한 관점이나 시각을 보유해야 함은 물론이다.

셋째, 세분화된 연구주제 · 소지역에 대한 연구가 논리적으로 종합되고 부문 간의 연계가 이루어지는 이론화 작업을 추진해야 할 것이다. 즉 각 소지역에 대한 연구를 유기적으로 결합시켜 광동지역의 전체상을 그려낸다거나, 세분화된 연구주제가 결합되어 보다 상위의 부문사 연구로 총괄되어야 할 것이다. 아울러 시간적 추이를 고려하여 장기간에 걸친 변화와 변동의 역사를 추구해 나가야 할 것이다. 예컨대 명초기 · 명중기 · 명말청초 · 청초기 · 청중기 따위의 짧은 시기적 연구가 종합되어 명청시대 전반에 관한 연구로 개괄되거나, 나아가 宋元시기 · 隋唐시기 · 近現代 등의 연구가 通史의 연구로 총괄되어야 할 것이다. 이런 점에서 최근 『山東通史』나 『湖南通史』의 간행[72]은 하나의 연구방향을 보이는 것이라 하겠다.

---

69) 楊國楨, 앞의 논문, p.40.

70) 俞長根, 『근대중국의 비밀결사』, 고려원, 1996, pp.33~47 참조.

71) G.W.Skinner, "Marketing and Social Structure in Rural China", The Journal of Asian Studies, Vol 24-2, 1965, pp.207~208.

72) 安作璋 主編, 『山東通史』, 『先秦卷』 · 『秦漢卷』 · 『魏晋南北朝卷』 · 『隋唐五代卷』 · 『宋元卷』 · 『明淸卷』 · 『近代卷』 上下 · 『現代卷』 上下, 濟南 : 山東人民出版社, 1994年. 伍新福 主編, 『湖南通史』 古代卷 ; 劉泱泱 主編, 『湖南通史』 近代卷 ; 宋斐夫 主編, 『湖南通史』 現代卷 (長沙 : 湖南出版社, 1994年.

넷째, 인근 지역이나 다른 지역과의 관계에 대해서도 연구를 해야 할 것이다. 광동성은 복건이나 광서 · 강서 · 호남성과 이웃하고 있는데 이러한 이웃성과의 人的 왕래, 物的 교류, 풍속 · 관습 · 문화의 전파 등의 문제에 대해 관심을 기울여야 한다. 이웃 성과의 인적 · 물적 교류는 광동성의 여러 가지 사회 변화를 유발할 수도 있기 때문이다. 특히 중국의 지역구분 방식에 따라서는 華南으로 분류되는 지역 속에 광동 · 광서 · 복건이 포함되고, 兩廣으로 분류되는 지역 속에 광동 · 광서가 포함될 정도로 광동과 광서 · 복건은 일정한 동질성을 공유할 뿐만 아니라 그러한 동질성을 가져올 정도로 인적 · 물적 교류가 매우 활발하였다고 생각된다.

다섯째, 다른 지역과의 비교연구를 추진해야 한다. 다른 지역과 구별되는 광동특유의 성격을 찾아내기 위하여 여타 지역의 상황과 광동지역의 상황을 비교 · 고찰해야 한다. 이러한 비교연구를 통해 광동지역의 독자성 · 특수성만이 아니라, 일반성 · 보편성에 대한 명확한 인식을 얻을 수 있을 것이다. 동시에 그것은 오랜 기간 동안의 연구과정에서 발생할 수 있는 연구대상 지역에 대한 애착과 매몰로부터 벗어나 연구대상 지역을 상대적이고 객관적으로 평가하게 할 수 있을 것이다.

여섯째, 지역사는 궁극적으로 한 나라 한 시대의 전체사를 지향하여야 한다. 한 지역은 전국이라는 통일체의 한 구성부분이기 때문이다. 아울러 현대사회와의 연관성과 계승성에도 주목해야 한다. 명청시대 그 지역의 성격이 현대 사회에까지 계승 · 반영되기 때문이다.

제 2 장

清代 廣東 廣州府의 經濟作物 栽培와 農村市場의 發展

1. 머리말

明代 중엽 이후 中國은 농업경제 · 상품경제가 발전하면서 여러 부문에서 변화를 겪게 되었다. 廣東에서도 명대 중엽 이후 어느 정도 변화가 나타났지만 광동사회의 급격한 변화는 淸代에 들어선 이후에 본격화되었다. 그 변화 양상은 농업생산력의 발전, 경제작물 재배와 수공업 생산의 발달, 그리고 상품 유통의 활성화와 이에 따른 농촌 정기시장의 발전 등의 부문에서 두드러지게 나타났다. 청대 들어서서 그러한 변화가 본격화된 것은 명대에 이룩된 경제 발전의 기초 위에 청대 활발해진 對外貿易이 하나의 자극으로서 작용하였기 때문일 것이다.

청대 광동 사회 변화의 현상은 표면적으로 상품유통의 활성화 즉 廣州나 佛山鎭과 같은 城市에서의 商街의 확대, 그리고 농촌 정기시장의 발달이라는 측면에서 두드러지게 나타났다. 필자는 佛山鎭에서의 商街의 확대라는 점은 후술할 것이므로[1] 여기서는 농촌의 정기시장의 발달에 주목하고자 한다. 광동 농촌의 정기시장에 대해서는 이미 어느 정도의 연구가 축적되어 있다. 日本의 林和生은 방대한 地方志 사료에 근거하여 광동의 정기시장인 墟와 市에 대해 그 概念, 景觀, 施設, 시장의 설립과 운영에 대해 포괄적이고 전반적 측면에서 고찰하고 있다.[2] 중국에서도 李華, 黃君萍, 李龍潛 등에 의하여 광동의 墟市가 연구되고 있는데, 수백 종의 지방지, 문집 등의 사료에 기초하여 광동 농촌시장의 형성과 발전과정, 類型, 專業墟市, 建築物, 交通工具, 租稅 등 각 부분에 대하여 포괄적으로 연구한 것이거나,[3] 광동 墟市의 특징과 작용을 간단히 개괄적으로 논한 것,[4] 그리고 광동 허시의 유형, 상업형태, 특징을 설명한 것[5]이 그것이다. 이 연구들은 광동의 농촌시장(墟市)에 대해 그 발전상이나 각 부문의 구조와 내용을 상당 정도 밝히고, 또한 封建社會에서의 허시의 한계나 資本主義 萌芽의 가능성에 대해 언급하고 있으나, 그러한 광동 농촌시장의 발전이 어떠한 동인에 의해서 초래되었는지, 그 발전의 본질적 특징이 무엇인지는 설명하고 있지 않다. 葉顯恩 등의 연구[6]가 농업의 商業化와 허시의 발전 문제를 다룸으로써 어느 정도 이러한 문제를 풀기 위한 실마리를 제공하고 있으나 문제를 분명히 해결하고 있지는 못하다고 생각된다.

---

1) 본 서 제2부 4장을 참조하라.

2) 林和生, 「明淸時代廣東の墟と市」, 『史林』 63-1, 1980年. 1941年에 增井經夫는 「廣東の虛市-市場近代化に關する一考察-」(『東亞論叢』 4)이란 글을 발표한 바 있으나 墟, 埠, 欄 등의 의미와 내용을 고찰한 극히 개설적인 글에 불과하다.

3) 李華, 「明淸廣東墟市硏究」, 『平準學刊』 4-下, 1989年.

4) 黃君萍, 「略論淸代廣東圩市的特點及其作用」, 『廣東民族學院學報』 1992年 第1期.

5) 李龍潛, 「明淸時期廣東墟市的類型及其特點」, 『學術硏究』, 1982-6.

6) 葉顯恩 · 譚棣華, 「明淸珠江三角洲農業商業化與墟市的發展」, 『廣東社會科學』 1984-2. 『複印報刊資料』 K24 『明淸史』, 1985-2에 재수록. 그외 광동 내 불산과 광주를 중심으로 두 개의 대규모 시장권이 존재하였다고 본 羅一星의 연구(「淸代前期嶺南二元中心市場說」, 『廣東社會科學』, 1987-4. 複印報刊資料 F7 『經濟史』, 1988-2), 광동 시장 중 중심지의 위계나 분포를 고찰한 羅一星의 연구(「試論淸前期嶺南市場中心地的分布特點」, 葉顯恩 主編, 『淸代區域社會經濟硏究』 下, 中華書局, 1992年에 수록), 광동의 식량과 시장 간의 가격차이와 그 구조를 분석한 馬立博의 연구(「淸代前期兩廣的市場整合」, 『淸代區域社會經濟硏究』 下에 수록), 광동의 미곡가격을 중심으로 시장간의 문제를 취급한 陳春聲(「淸代中葉嶺南區域市場的整合」, 『中國

이러한 문제의식에 기초하여 필자는 우선 광동의 농촌 정기시장이 명대 후반에서 淸末로 갈수록 수량상, 밀도상 증가하였음을 밝히고, 그러한 시장 증가의 기본적 요인이 한 가지 상품만을 취급하는 전문시장이 대폭 늘어났기 때문이라는 점을 수량적으로 밝혀 보고자 한다. 그러한 전문시장의 증가는 어떻게 나타났을까? 그 전문시장의 종류를 통해 유통되는 상품의 종류를 분석해 볼 수 있을 것이다. 특정 상품의 전문적 유통이 놀랍도록 늘어난 것은 그러한 상품이 광동에서 대량으로 상품으로서 생산되었기 때문이다. 그러한 상품 종류는 경제작물 재배와 수공업이 발전한 광동지역이니만큼 경제작물, 수공업 제품이 대종을 이루었으리라 생각된다. 여기서 그러한 경제작물의 재배나 수공업 생산에 대해 고찰할 필요성이 제기될 터인데, 본 고에서는 지면제약상 경제작물의 재배에 대해서만 분석해 보고자 한다.

이상의 분석을 진행함에 있어 定期市가 대폭 늘어나고 경제작물 재배가 두드러지게 발전하였던 淸代에 국한해서 살펴 보고자 한다. 특히 阿片戰爭 이후 桑葉과 養蠶業의 발전이 현저하였는데 이러한 점을 고려하고자 한다. 아울러 그 대상지역도 전 광동지역을 다루기 보다는 농촌시장의 확대가 두드러지고 경제작물 재배가 현저히 발전한 廣州府의 珠江三角洲 지대를 주로 살필 것이다. 청후반 廣州府에는 모두 14개 현[7]이 예속되어 있었는데, 대체로 珠江三角洲에 해당되는 지역이었다. 주강삼각주는 西江三角洲, 北江三角洲와 東江三角洲 및 그 인근 도서의 총칭이다. 그의 범위에 대해서는 여러 가지 설이 있으나 가장 일반적인 설은 南海, 番禺, 香山(中山), 順德, 斗門 5縣과 佛山, 江門 두 市의 전부, 廣州, 深圳, 珠海 세 도시

經濟史研究』, 1993-2. 『複印報刊資料』 K24 『明淸史』, 1993-9) 등의 연구가 있으나 본 고와 별 상관이 없어 간단히 제목만을 들어둔다.

7) 牛平漢 主編, 『淸代政區沿革綜表』, 北京 : 中國地圖出版社, 1990年, p.265. 참고로 廣州府 소속 현을 들어보면 南海(附郭, 城西), 番禺(附郭, 城北), 順德, 新會, 東莞, 香山, 淸遠, 增城, 花縣, 龍門, 三水, 從化, 新安, 新寧縣이다.

와 東莞, 三水, 四會, 高要, 新會, 高鶴 6縣의 일부분을 가리킨다.[8] 따라서 본 고에서는 논란의 여지는 있지만 廣州府와 珠江三角洲를 대략 같은 지역을 가리키는 개념으로 사용하였다.

2. 淸代 廣州府 農村市場의 發達

淸代 廣東의 농촌 시장(定期市 즉 墟市[9])이 중국의 여타 지방에 비해 현저히 발달하였음은 이미 1930년대 加藤繁에 의해서 지적된 바 있다.[10] 이러한 현상은 광동지역이 청대 이후 대외무역 중심지로 부상함에 따라 상품유통이 활발해졌기 때문이라 생각되는데, 여기서는 그 발달의 개황을 墟市 숫자의 증가나 전문적 농촌시장(이하 전문시장)의 발전이라는 점을 통하여 살펴보고자 한다.

우선 墟市의 숫자가 시대의 변천에 따라 얼마나 증가하였는지는 〈표 1〉[11]을 통해 明代 後半에서 民國時期까지 각 시기별 발전의 개황을 파악할 수 있다.

8) 古凡, 「華南首富之區 - 珠江三角洲」, 『貿易戰線』 1980年 11月 18日 (『複印報刊資料』 K91 『中國地理』 1980年 第21期, pp.73~74). 이 중 四會, 高要, 高鶴縣은 청대 肇慶府 소속이고 나머지는 모두 廣州府 소속이다.

9) 주지하다시피 화남지방의 농촌 定期市는 墟市라고 알려져 있는데 그 내용과 의미는 시대에 따라 일정한 변화를 보이고 있다. 상세한 내용은 林和生, 앞의 논문, pp.71~78 참조.

10) 加藤 繁, 「淸代に於ける村鎭の定期市」, 『東洋學報』 23-2, 1936年(『支那經濟史考證』 下, 東洋文庫, 1952年, pp.505~556). 加藤繁은 直隸, 山東, 山西, 河南, 福建, 廣東, 廣西 등 7省의 상황을 개략적으로 탐구하였는데 정기시 하나당 인구수가 광동성의 경우 8,149명으로 산동성 7,895명에 이어 가장 적은 부류에 속한다고 하고 이것은 이 두 성이 다른 성에 비하여 정기시가 많기 때문이라 보고 있다.

11) 이 표는 林和生, 「明淸時代, 廣東の墟と市」, p.85 참고. 표 안의 번호의 내용은 다음과 같다. (1) 嘉靖37年(1558)『廣東通志』, (2) 萬曆30年(1602)『廣東通志』 (3) 順治 · 康熙年間(1644~1722)에 간행된 府州縣志(1700년 이후 간행된 지방지는 6종), (4) 雍正9年(1731)『廣東通志』, (5) 嘉慶 · 道光 · 咸豊 · 同治 · 光緒年間(1796~1908)에 간행된 지방지, (6) 宣統年間(1909~1911) 간행된 지방지를 포함한다. (7) ( )안은 평균치를 내는 데 사용한 주현의 수이다.

〈표 1〉 廣東의 州縣別 墟市 수의 시대별 평균치와 그 밀도(단위: 개)

	明代 後半		清代 前半		청대 후반	민국시대
	1558년(1)	1602년(2)	17세기(3)	1731년(4)	19세기(5)	20세기(6)
시장 수	6.6(66)(7)	10.3(74)	18.4(48)	14.4(80)	28.7(77)	36.9(34)
시장밀도	0.34(66)	0.57(74)	0.98(48)	0.76(79)	1.44(77)	2.47(34)

명대 후반 廣東 州縣의 평균 墟市 수는 10개 전후였는데 청대 후반에 이르러 30개에 근접하고 20세기에 들어서서는 약 37개로 늘어난다. 명대에 비해 3~4배 증가한 것을 볼 수 있다. 이는 그만큼 광동지역의 商品經濟가 대폭적으로 발전하였음을 보여주는 단적인 증거라 하겠다. 100Km²당 시장 개수를 표현하는 시장의 밀도도 그에 따라 대폭 늘어나고 있음을 〈표 1〉을 통해 알 수 있다. 다만 17세기에 비해 18세기인 1731년의 시장 수가 적고 시장 밀도도 낮은 것은 근거 사료의 성격 때문으로 생각된다. 17세기 숫자의 근거 사료는 각지의 州縣志이고 1731년의 근거 사료는 省志(즉 雍正9年 『廣東通志』)인데 후자의 경우 각 州縣의 세세한 허시는 아마 생략시켜 기록에 남기지 않은 듯하다.

廣東의 이러한 대폭적인 시장 수의 증가가 광동 전체지역에 고르게 나타난 것은 물론 아니다. 같은 광동지역이라 하더라도 중심부와 주변부의 차이가 있고 여러 조건에 따라 구체적인 지역적 차이가 나타나기 때문이다. 地理的 특징에 기초한 交通運輸條件의 차이나 인구분포, 경제발전의 정도 등이 시장의 밀도와 분포를 규정짓는 주요 요인이 될 것이다. 특히 광동 남부 해안평야와 珠江三角洲 지역은 자연조건상 농업에 유리하고 수공업이 발달하여 상품으로 유통될 물자가 풍부하였다. 게다가 지세가 평탄하고 하천 수로가 대단히 잘 발달되어 있으므로 水運을 이용하여 대량의 물자나 사람을 신속하게 운송할 수 있는 지역이었다. 따라서 광동의 어느 지역보다도 농촌시장이 발달할 수 있는 여건이 갖추어진 지역이라 하겠다. 그러한 상황은 〈표 2〉를 통하여 명백히 이해할 수 있다.

〈표 2〉[12]는 주강삼각주의 대부분을 점하는 廣州府 州縣의 시장의 숫자와 100Km^2당 시장 개수를 표현하는 시장의 밀도를 명대 후반에서 청말까지 계산하여 도표화한 것이다.

〈표 2〉 廣東 廣州府 各州縣의 시대별 허시 숫자와 그 밀도(단위 : 개수)

	明 嘉靖年間	清 康熙年間	雍正年間	乾隆年間	嘉慶· 道光年間	咸豊· 同治年間	光緒· 宣統年間
番禺縣	省志 17	縣志 73		縣志 82		同縣 99	光縣 107 宣縣 132
밀도	0.95	4.07		4.57		5.52	5.96 → 7.36
南海縣	省志 19		省志 54	縣志 46	道縣 159	同縣 207	宣縣 269
밀도	1.50		4.27	3.64	12.58	16.38	21.28
順德縣	省志 11	縣志 43	省志 36	縣志 42		咸縣 90	宣縣 155
밀도	1.46	5.72	4.79	5.59		11.97	20.61
東莞縣	省志 12		縣志 49		嘉縣 93		宣縣 97
밀도	0.44		1.80		3.42		3.56
新會縣	省志 16	縣志 44	省志 45	縣志 42	道縣 69		光縣 70
밀도	0.83	2.29	2.34	2.18	3.59		3.64
花縣		縣志 9	省志 8				宣縣 29
밀도		1.04	0.93				3.36
從化縣	省志 10	縣志 14	縣志 14				光緒 20
밀도	0.55	0.77	0.77				1.11
增城縣	省志 11		省志 26		嘉縣 40	同縣 42	宣縣 54
밀도	0.63		1.49		2.30	2.41	3.10
香山縣	省志 9	縣志 12	省志 12		道縣 32		光縣 37
밀도	0.31	0.42	0.42		1.11		1.29
三水縣		縣志 10	省志 20	.	嘉縣 23		光府 22
밀도		1.18	2.35		2.70		2.59
新寧縣	省志 8		省志 22		道縣 57		光縣 72
밀도	0.27		0.74		1.91		2.41
新安縣		縣志 31	省志 31		嘉縣 39		光府 24
밀도		2.39	2.39		3.00		1.85

淸遠縣	省志 7	縣志 16	省志 7	縣志 15			光縣 40
밀도	0.17	0.39	0.17	0.37			0.98
龍門縣		縣志 10			道縣 20		
밀도		0.44			0.87		

광동의 여러 府 중에서 省都가 있는 首府이면서 가장 유통 경제가 발달한 광주부이므로 예상대로 廣東 전체의 평균을 훨씬 상회하는 시장 수와 시장의 밀도를 보이고 있다. 물론 광주부의 변두리에 해당되고 경제가 비교적 낙후되었다고 생각되는 從化 · 香山 · 淸遠 · 龍門縣에서의 시장의 밀도는 광동평균 이하를 보이고 있다. 이 4개 현을 제외하고 10개 현에서는 광동의 평균을 상회하는데, 특히 南海 · 順德 · 番禺縣에서는 광동 평균을 대폭 상회하는 모습을 나타낸다.

南海縣은 시장 수가 명 후반(嘉靖37年: 1558) 19개이던 것이 청말 宣統年間(1909~1911)까지 무려 250개가 증가하여 269개가 되었으며,[13] 밀도상으로도 1.5개에서 21.28개로 14배 증가하였다. 청초의 혼란과 피폐를 극복하고 안정을 이룩하여 경제가 회복되기 시작하였다고 생각되는 雍正年間(1723~1735)이나 乾隆年間(1736~1795)에 비해서도 청말에는 5배 내지 5.8배의 발전을 보이고 있다. 順德縣의 경우도 이와 비슷하여 명 후

12) 도표 작성에 참고한 通志나 府志, 州縣志를 일일이 부기하지 못하였다. 필자가 미쳐 보지 못한 지방지는 葉顯恩 · 譚棣華, 「明淸珠江三角洲農業商業化與墟市的發展」, 『廣東社會科學』, 1984-2(『複印報刊資料』 K-24 『明淸史』, 1985-2에 재수록)를 참조하였다. 省志는 해당 연간의 廣東通志를 의미한다. 縣志나 府志는 마찬가지로 해당 연간의 縣志나 府志이다. 다만 표 작성상 嘉慶年間 이후는 두 개 年間을 하나의 단위로 나누어 통계처리하였는데 그때 제시한 자료가 어느 年間을 나타내는가를 표시하기 위해 年號의 앞자로 簡稱하였고 縣志인지 府志인지도 간칭을 사용하였다. 예) 光縣 : 光緖年間 해당 縣志.

13) 宣統3年『南海縣志』 卷6, 「建置略 : 墟市」, p.54앞~p.55뒤. 실제 宣統年間의 『南海縣志』에는 墟市 62개가 기록되어 있는데 이는 직전 지방지(同治, 『南海縣志』)가 편찬된 同治11年 이후에 새로이 증가 · 변화된 상황만을 기술한 것이다. 물론 同治年間 이전부터 있었던 墟市가 그 후 폐지되어 숫자가 감소할 수도 있으나 여기서는 별다른 언급이 없으므로 그 감소분은 없다고 보았다. 同治11年『南海縣志』 卷5, 「建置略二 : 墟市」, p.19뒤~p.21뒤(臺北 : 成文出版社, 影印本, pp.128~129)에도 墟市 48개가 수록되어 있는데 이 역시 직전 지방지(道光15年『南海縣志』) 편찬 이후 증가하거나 변화된 상황만을 기술한 것이다.

반 11개의 허시가 선통년간 155개로 늘어나 14배로 증가하였다. 역시 康熙年間(1662~1722)이나 雍正年間에 비해 3.6배, 4.3배의 증가를 보이고 있다.

이처럼 南海 · 順德縣에서 墟市가 폭발적으로 증가한 것은 어떻게 설명할 수 있을까? 이는 증가한 허시가 어떤 종류의 허시인가를 살핀다면 해답의 실마리를 찾을 수 있을 것이다. 南海 · 順德縣을 중심으로 증설된 허시 중 그 내용을 뚜렷이 알 수 있는 것을 모아 정리하면 〈표 3〉과 같다.

〈표 3〉에 따르면 南海縣의 경우 道光年間(1821~1850) 159개의 허시가 존재하였는데 그중 23개가 桑葉, 生絲, 가축, 채소 등 특정 상품 한 종류만을 교역하는 전문시장이었다. 同治『南海縣志』에는 신설된 허시 48개가 수록되어 있는데 그중 21개가 전문시장이었고, 宣統『南海縣志』에는 신설된 허시 62개가 수록되어 있는데 그중 33개가 전문시장이었다. 새로 형성된 허시의 거의 절반이나 그 이상이 전문시장이었던 것이다. 이러한 상황은 順德縣의 경우도 마찬가지였다. 宣統『順德縣志』에는 신설된 허시 65개가 실려있는데 그중 47개가 전문시장이었다. 신설된 허시의 7할 이상이 전문시장이었던 것이다. 사실 宣統『順德縣志』卷3「墟市」의 말미에는 "順德縣에 속한 各鄕에는 모두 桑市가 있으나 모두 헤아릴 수 없어 삼가 생략하였다."[14]고 하므로 순덕현에 새로이 개설되어 있을 桑市 40여 개[15]를 보탠다면 그 비율은 더욱 높아 질 것이다. 결국 南海 · 順德縣에서의 놀라울 정도의 허시의 증가는 전문시장의 증가에 기인하였다고 생각된다.

---

14) 宣統『順德縣志』卷3篇,「建置 : 墟市」, p.33앞(成文出版社, 影印本, p.58 이하 成文으로 약칭함).

15) 宣統年間 順德에는 40개의 堡가 존재하였다[宣統『順德縣志』卷1篇,「輿地 : 分區緣起」, p.1앞~p.6앞(成文, pp.8~10)]. 이 堡는 보통 鄕으로 불렸으므로 당시 순덕현에는 40개의 향이 존재하였다. 順德縣 龍山鄕(행정상 龍山堡로 불림)에 1805년 3개의 桑市가 존재한 사실[嘉慶10年『龍山鄕志』卷2,「鄕事志 : 墟市」, p.7앞(『中國地方志集成 : 鄕鎭志專輯』31, 南京 : 江蘇古籍出版社, 1992年, p.48)]로 미루어 당시 順德縣에는 40개 이상의 桑市가 존재하였을 것이다.

〈표 3〉 廣東 廣州府의 전문시장의 사례와 내용

지역	년대	전문시장의 내용	근거 사료	기타
南海縣	1835년 이전	桑市 10개, 絲墟·絲市: 각 2개, 豬市, 猪仔墟, 猪穀市, 大穀市, 竹墟, 菜市. 瓜菜市, 瓜墟, 紫洞新墟(土布). 〈23개〉	道光15年『南海縣志』卷13,「墟市」	전문시장 수는 전체 159개 중 23개
	1835~1872년 이전	新桑墟, 桑市, 布市, 紗布墟, 穀埠, 穀墟, 穀市 2개, 塘魚欄, 海鮮埠. 猪墟 2개, 猪市, 雞鴨市, 鴨欄, 賣書坊, 花市, 燈市, 蘆竹墟, 石市, 瓜菜市. 〈21개〉	同治11年『南海縣志』卷5,「墟市」	咸豊·同治年間 신설된 48개 중 전문시장 21개
	1872~1911년 이전	桑仔市, 桑市, 舊桑墟, 繭市 2개, 蠶紙行, 布行 2개, 鮮魚埠, 魚行, 魚市, 魚種行 2개, 蝦乾市, 蝦市, 蜆埠, 豬仔埠, 猪仔墟, 豬墟 2개, 瓜行, 瓜菜行 2개, 菜墟, 菜市, 柴埠, 貓狗市, 雞行 2개, 雞鴨墟, 花市, 籮行墟 2개. 〈33개〉	宣統3年『南海縣志』卷6,「墟市」	光緖年間 신설된 62개 중 전문시장 33개
順德縣	1856년 이전	絲墟, 蠶絲墟, 桑市 2개, 大布墟, 米墟, 花市. 〈7개〉	咸豊6年『順德縣志』卷5,「墟市」	전체 90개 중 7개
	1856~宣統年間까지	桑秧市 2개, 蠶紙市 3개, 繭市 19개, 繭殼市, 繭紗市, 絲市 11개, 繭綢市 2개, 紗綢市, 魚種市 2개, 魚市, 米市, 大布市, 邊帶市, 豬仔市. 〈47개〉	宣統『順德縣志』卷3,「墟市」	신설된 65개 중 전문시장 47개
番禺縣	1774년 이전	花市 1개.	乾隆39年『番禺縣志』卷17,「風俗」	
	1871년 이전	烏涌墟(매실), 黃陂墟(수렵물).	同治10年『番禺縣志』卷18,「墟市」	
	1911년 이전	布墟 2개, 果市, 果欄, 烏欖市, 花生市 2개, 魚欄, 花市, 花墟, 牛墟 2개, 猪仔墟, 竹料墟. 〈14개〉	宣統3年『番禺縣續志』卷6「墟市」, 卷12「工商業」	132개 중 전문시장 14개
茶山鄕	1935년 이전	菜市, 柴市, 燈市, 果市, 香市, 牲口墟, 猪墟, 山貨墟, 穀墟, 布墟.〈10개〉	民國24年『茶山鄕志』卷2,「建置略」	東莞縣 소속 12개 중 10개
三水縣	1819년 이전	木棉墟.	嘉慶24年『三水縣志』卷1,「墟市」	

3. 廣州府 墟市 流通商品의 分析

이처럼 전문시장이 대폭 증가한 사회경제적 배경을 살피기 위해 우선 전문시장에서 취급한 상품의 종류를 분석해 보자.

사실 전문시장은 청대 후반에 나타나는 것은 아니다. 이미 청 康熙年間 屈大均은 광동의 四市의 하나로써 東莞의 香市, 廣州의 花市를 지목하였고[16] 특정 과일만 거래하는 順德의 龍眼市와 增城의 荔枝市가 있었다고 하였다.[17] 屈大均이 적시한 전문시장은 청대 후반에도 존재하고 있었다고 보여진다.

이들 전문시장과 〈표 3〉의 내용을 참고로 廣州府 전문시장의 취급상품 종류를 유형화하면 〈표 4〉와 같다.

〈표 4〉 廣東 廣州府의 전문시장의 명칭으로 본 取扱商品 종류

취급 상품 종류	전문시장의 명칭 및 숫자
桑葉 및 양잠관련 상품	桑市 · 桑墟 등 桑葉市場 56개 이상, 桑秧市 · 桑仔市 등 3개, 繭市 · 繭殼市 등 21개, 蠶紙行 · 蠶紙市 등 4개. (84개 이상)
生絲 및 견직물	絲墟 · 絲市 · 蠶絲墟 · 繭紗市 등 18개, 繭綢市 · 紗綢市 등 3개. (21개)
면화	木棉墟. (1개)
마직 · 면직물	布市 · 布行 · 布墟 등 9개, 紗布墟 1개. (10개)
곡식	米墟 · 米市 · 穀埠 · 穀墟 · 穀市 10개, 花生市 2개. (12개)
어류	魚行 · 魚市 · 魚欄 · 鮮魚埠 등 6개, 魚種行 · 魚種市 등 4개, 海鮮埠 1개, 蝦乾市 · 蝦市 · 蜆埠 등 3개. (14개)
가축	猪墟 · 猪市 등 8개, 猪仔墟 · 豬仔市 · 豬仔埠 등 5개, 雞鴨市 · 鴨欄 · 雞行 · 雞貓鴨墟 등 5개, 牛墟 2개, 貓狗市 1개, 牲口墟 1개. (22개)
과일	果市 · 果欄 등 3개, 龍眼市 · 荔枝市 · 烏涌墟(매실) · 烏欖市 각 1개. (7개)
채소	菜市 · 菜墟 · 瓜菜市 · 瓜菜行 · 瓜墟 · 瓜行 등 10개. (10개)

16) 屈大均, 『廣東新語』 上(北京 : 中華書局, 1985年) 卷2, 「地語 · 四市」, p.48. 四市에는 羅浮(嘉應州)의 藥市, 廉州의 珠市가 포함된다.

17) 屈大均, 『廣東新語』 下 卷25, 「木語 · 龍眼」, p.626.

香	香市 2개. (2개)
꽃	花市 · 花墟 7개. (7개)
원료	竹墟 · 竹料墟 · 蘆竹墟 각 1개, 石市. (4개)
수공예품	籮行墟 2개, 邊帶市. (3개)
연료	柴埠 · 柴市 각 1개. (2개)
기타	賣書坊, 燈市 2개, 黃陂墟(수렵물), 山貨墟. (5개)

〈표 4〉를 통해 뽕잎(桑葉) · 누에고치 · 과일 · 채소 · 香 · 꽃 등의 경제작물(전문시장 110개: 전체 전문시장 204개의 54%), 생사 및 견직물 · 마직물 · 면직물 · 수공예품 등의 수공업제품(34: 17%), 가축(22: 11%), 어류(14: 7%), 곡식(12: 6%) 등이 주요한 유통상품이었음을 알 수 있다.

기타 棉花 · 대나무 · 갈대 등의 수공업 원료, 연료, 서적 · 燈의 문화상품, 수렵물, 임산물 등의 상품이 보이는데, 이는 廣州府 전체 전문시장의 숫자나 규모에서 보면 결코 큰 비중을 점하지 않는다. 특히 광동에서는 면화 재배가 적합치 않아 면화를 江浙지방에서 구입하거나,[18] 인도면화를 수입하여 면직물을 제조하고 있었다.[19] 따라서 면화를 전업적으로 재배하여 거래하는 전문시장의 설립이 드물었다. 단 하나의 木棉墟가 보이는 사정에서도 그러한 사실을 간파할 수 있다.

〈표 4〉를 통해 광동 광주부에서 가장 높은 비중을 점했던 유통상품은 경제작물임을 알 수 있다. 그중 뽕잎 및 양잠관련 상품의 전문시장이 84개나 되어 경제작물 중의 76%(전체 전문시장의 41%)를 차지 하고, 채소의 전문시장이 10개(9%, 전체의 4.9%), 향과 꽃이 9개(8%, 4.4%), 과일이 7개(6%, 3.4%)였다. 경제작물 다음으로 주요한 유통상품은 수공업제품이었는데, 생사 및 견직물의 전문시장이 21개로 수공업제품의 62%(전체의 10.3%)를 점하였고, 마직 · 면직물이 10개(29%, 전체의 4.9%), 수공예품이 3개(9%, 1.5%)였다.

18) 山本進, 「淸代廣東の商品生産と廣西米流通」, 『東洋學報』 71-3 · 4, 1990年, pp.135~149.
19) 彭澤益, 「鴉片戰爭前廣州新興的輕紡工業」, 『歷史研究』 1983年 第3期, p.113.

〈표 4〉에서 볼 수 있는 주요한 유통상품 중에서 곡식은 광주부 지역의 경제작물 재배의 발전이나 수공업의 성황을 반영하여 준다. 사탕수수 재배를 위한 사탕수수밭의 확대과정[20]이나 뽕나무 재배를 위해 桑基魚塘을 축조하는 熱潮[21] 속에서 식량생산은 점차 감소하고, 식량을 廣西·湖南 등 外省이나 태국·베트남 등 外國으로부터 수입해야 하였던 것이 淸代 後半 광동의 사정이었다.[22] 식량을 구매해야만 했던 경제작물 재배농민이나 수공업자에게 식량을 제공하기 위한 곡식 취급 전문시장이 존재하는 것은 당연한 일이라고 하겠다.

주요한 유통상품 중의 하나인 魚類도 경제작물 재배와 밀접한 관련을 가지고 있었다. 일부 海鮮이나 새우, 조개 등 해산물의 경우는 광동이 바다에 면해 있으므로 당연히 존재할 수 있는 전문시장이다. 그런데 특이한 점은 魚市나 魚欄 등이 다수를 점하고 있었다는 것이다. 이는 뽕나무 재배와 짝을 이루는 桑基魚塘의 경영방식[23]이 광동에 확대된 결과이다. 주지하다시피 桑基魚塘은 낮고 저습한 곳을 파서 연못을 만들어 양어를 하고, 연못에서 퍼올린 흙으로 쌓은 뚝에 뽕나무를 심는 것이다. 이는 뽕잎으로 누에를 치고 양잠의 부산물인 누에똥이나 번데기를 물고기의 사료로 삼으며 연못에 쌓인 진흙을 퍼올려 뽕나무에 거름을 주는 효율 높은 다각적 農業經營方式이었다.[24] 淸代 들어서서 桑基魚塘 방식은 널리 시행되어 康熙 말기 南海, 順德, 高鶴 등지

20) 陳學文, 「明淸時期閩粵臺地區的蔗糖業」, 『明淸社會經濟史硏究』, 臺北 : 稻禾出版社, 1991年, pp.67~68. 山本進, 앞의 논문. 예컨대 番禺縣에서는 제당업이 성행하여 "故業此者, 種蔗成田, 幾與禾田相等"한 상태였다. 宣統3年『番禺縣續志』 民國20年 刊本 卷12, 「實業志 : 農業」, p.21뒤(成文, p.180).

21) 嘉慶10年『龍山鄕志』 卷4, 「食貨志」·「田塘」, p.6앞뒤(『中國地方志集成 : 鄕鎭志專輯』 31, p.65).

22) 譚棣華, 「試論淸朝廣東的缺糧問題」, 『廣東歷史問題論文集』, 臺北 : 稻禾出版社, 1993年, pp.296~302.

23) 梁光商, 「珠江三角洲桑基魚塘生態系統分析」, 『農史硏究』 7, 1988年 ; 楊曉棠, 「明淸時期珠江三角洲桑基漁塘的發展」, 『農史硏究』 7, 1988年 ; 葉顯恩·譚棣華, 앞의 논문 참고.

24) 謝天禎, 「明淸時期珠江三角洲的農業生態與農業經濟」, 『明淸廣東社會經濟硏究』, 廣東人民出版社, 1987年, pp.129~133 참조.

에 전업적인 桑基魚塘 지구가 형성되었다. 乾隆 · 嘉慶年間(1736~1820)에는 이러한 경향이 더욱 성행하여 논을 연못으로 바꾸고 뽕나무를 심는 현상이 출현하였다. 따라서 뽕잎(桑葉) 생산 만큼이나 물고기의 생산도 많았던 것이고 이러한 물고기의 판매와 유통을 위해 물고기 전문시장이 대량 설치되었던 것이다. 게다가 이러한 양어를 위하여 치어 공급이 요청되었고, 이를 위해 魚種市나 魚種行이 설립되었다는 점에서 養魚의 발전상을 확인할 수 있다.

또 다른 주요한 유통상품인 가축은 어떻게 설명될 수 있을까? 가축 전문시장 22개 중 13개를 점하는 것이 돼지와 새끼 돼지 전문시장이다. 光緖 · 宣統年間(1875~1911)에 이르면서 珠江三角洲 지역의 桑基魚塘 방식은 또 한 차례 경영상의 기술 진보를 이룩한다. 順德縣에서는 기존의 桑葉재배(種桑), 養蠶, 養魚에 養豚을 추가한 방식이 개발되었다. 즉 산구덩이나 하천변에 물웅덩이(水濾, 水澳)를 만들어 浮萍草를 키우거나,[25] 냇물과 도랑(涌塹), 魚塘의 수면과 桑基의 측면을 이용하여 水浮蓮 · 假莧菱(비름) 등을 재배하고[26] 이를 돼지의 사료로 삼아 양돈을 한다. 여기서 나오는 돼지의 분뇨는 뽕나무의 거름으로 이용하거나 동시에 물고기의 먹이로 사용하는 방식이었다. 이로써 순덕지방에는 種桑, 養蠶, 養魚, 養豚 네 가지가 결합된[27] 桑基魚塘 경영법이 출현하였다.

이를 통해 본다면 곡식 전문시장, 어류 전문시장, 가축 전문시장의 출현은 廣州府 珠江三角洲 지역 특히 南海 · 順德縣 지역의 경제가 경제작물 재배, 수공업 생산을 위주로 한 것과 밀접한 관련을 가졌다고 할 수 있다.

전문시장만큼 뚜렷하지는 않지만 이 지역 일반 허시에서 유통되는 상품들도 이 지역의 경제작물 재배, 수공업 생산의 전개라는 상황을 어느 정도 반영하고 있다. 〈표 5〉와 〈표 6〉은 그런 사정을 제시해 주고 있다.

25) 陳經善, 『嶺南蠶桑要則』 宣統3年 刊本, 「勸業芻言」, p.14앞.

26) 楊曉堂, 앞의 논문, p.101.

27) 陳經善, 『嶺南蠶桑要則』 宣統3年 刊本, 「勸業芻言」, p.10뒤와 p.11뒤. "凡乃在家種桑養蠶養豬養魚之親屬" "豬桑魚蠶四宗養齊"라 한다.

〈표 5〉 廣東 廣州府 일반 墟市에서의 유통 상품 종류

지역(시기)	墟市名	유통 상품 종류	근거 사료
番禺縣(淸初)	茭塘	海鮮, 米	屈大均, 『廣東新語』 卷2, 「地語 · 茭塘」
番禺縣(同治10年)	大田市	五穀 · 菜蔬 · 薯芋 · 糖米散 · 紗 · 蔴, 湖海漁鮮	同治10年『番禺縣志』 卷18, 「墟市」
番禺縣(宣統3年)	保和墟	鷄, 鵞, 鴨	宣統3年『番禺縣續志』 卷6, 「墟市」
	河南	草席(수출 약 50여만 元)	宣統3年『番禺縣續志』 卷12, 「工商業」
	市橋	薯莨, 紗綢, 藍布	상동
	新造墟	棉花, 橄欖, 蕃薯	상동
	東圃墟	糖, 葛	상동
南海縣(道光15年)	九江大墟	以魚 · 花 · 土絲爲最. 穀, 布, 蠶種, 六畜 · 五蔬 · 百果 · 裘帛 · 藥材 · 器皿 · 雜物	道光15年『南海縣志』 卷13, 「墟市」
	官窯墟	貨以棉布 · 豕 · 牛爲最	상동
	橫江墟	棉布 · 絡麻 · 菽粟 · 花生油 · 麩 · 薯 · 芋 · 竹纜	상동
	일반 市	白糖, 龍眼乾, 荔枝乾, 陳皮, 糖梅, 糖欖	道光15年『南海縣志』 卷8, 「物産」
南海縣(同治11年)	貝水市	白米, 糙米, 上下雜貨, 猪肉	同治11年『南海縣志』 卷5, 「墟市」
	永和墟	五鄕所産稻穀	상동
南海縣(光緖9年)	九江大墟	萬貨, 穀	光緖9年『九江儒林鄕志』 卷4, 「墟市」
	新墟	薯, 芋, 薑, 葛, 蘿蔔, 雞, 鴨, 雜物	상동
	禾蟲埠	魚	상동
南海縣(宣統3年)	寨邊市	生牛皮, 熟牛皮, 熟牛皮膠	宣統3年『南海縣志』 卷6, 「墟市」
	岡墟	魚罾, 綿紗襪	상동
龍門縣(康熙26年)	일반 墟市	魚, 鹽, 布, 粟	康熙26年『龍門縣志』 卷2, 「疆域」

〈표 6〉 유통 상품 종류로 본 廣州府의 일반 墟市 비중

유통 상품 종류	내용 : (숫자)는 해당상품이 취급되는 허시 수
양잠 관련 상품	蠶種
생사 및 견직물	土絲, 帛, 紗綢
면화	葛 棉花, 葛(2)
마직, 면직물	紗, 麻, 布(2), 棉布(2), 藍布, 絡麻, 綿紗襪
기타 의류	裘
곡식	五穀, 穀(2), 菽, 粟(2), 白米, 糙米, 五鄉所產稻穀, 米
어류	漁鮮, 魚(4), 海鮮
가축	鷄(2), 鵞, 鴨(2), 六畜, 豕, 牛, 猪肉
채소 및 농작물	菜蔬, 薯(3), 芋(3), 五蔬, 薑, 蘿蔔(무우)
과일 및 가공품	百果, 橄欖, 龍眼乾, 荔枝乾
설탕 및 가공품	糖, 白糖, 糖米散, 糖梅, 糖欖
가공 식품	花生油
소금	鹽
꽃	花
약재	藥材, 陳皮, 薯莨
원료	竹, 生牛皮, 熟牛皮, 熟牛皮膠, 麩(밀기울)
수공예품	纜, 草席
작업도구	魚罾
생활용품	器皿
기타	雜物, 百貨, 上下雜貨, 萬貨, 雜物

〈표 5〉와 〈표 6〉[28]을 통해 이 지역에서 경제작물 재배가 발전하고 수공업 제품의 생산이 확대된 결과 여기서 산출된 생산물이 일반 허시에서도 활발히 유통되었음을 확인할 수 있다. 다만 전문시장에서 그들 상품이 주로 유통되었으므로 일반허시에서는 거래되는 양이 상대적으로 적었다. 표에서 보이는 유통 상품 종류 중 양잠을 위한 蠶種, 채소나 농작물, 과일 및

28) 〈표 6〉은 〈표 5〉를 근거로 다시 작성한 것이다. 물론 이 표들은 완벽한 것은 아니다. 사료에 나오는 것에 한정하였으므로 사료에 표현되지 않는 많은 일반허시의 상황을 모두 반영할 수는 없다. 그러나 대체적인 경향을 파악하는 데는 무리가 없을 것이라 생각한다.

그 가공품, 꽃이나 약재 등은 경제작물로 파악된다. 생사나 견직물, 마직 및 면직물, 설탕 및 그 가공품, 수공예품이나 생활용품 등은 수공업 생산물이다. 앞에서도 보았듯이 곡식, 어류, 가축 등은 경제작물 재배나 수공업의 전개와 밀접히 관련된 상품들이었다.

그렇다면 이처럼 廣東 廣州府 珠江三角洲 특히 南海·順德縣 지방에서 허시의 발전, 특히 전문시장의 발달을 초래한 요인은 경제작물의 재배와 수공업 제품의 생산 즉 商品生産의 발전이라 할 수 있다. 따라서 이 문제를 더욱 깊이 논의하기 위해서는 經濟作物의 재배와 수공업 제품의 생산에 대한 검토가 필요하다. 본 장에서는 經濟作物의 재배라는 점에 한정하여 살펴보고자 한다.

4. 經濟作物 栽培의 擴大

앞의 〈표 4〉에서 제시된 경제작물의 종류는 뽕잎 및 양잠관련 상품, 채소, 향과 꽃, 과일 등으로 대별할 수 있다. 이러한 분류기준에 따라 당시 광동 광주부에서 재배된 경제작물에 대해 서술하기로 한다.

(1) 香과 꽃

廣東 番禺縣出身인 屈大均(1630~1696)이 저술한 『廣東新語』에는 「香語」라는 卷이 설정되어 沈香, 伽㑲, 莞香, 鶴頂香, 蘭香 등 여러 가지 향 종류를 기술하고 있다. 그의 기술은 대체로 청초 康熙年間인 1680~1690년대의 사정을 전하는 것으로 추정[29]되는데 특히 향에 대해서는 東莞의 莞

29) 『廣東新語』에는 潘耒의 康熙39年(1700) 序가 있다. 屈大均이 吳三桂의 반란에 참가하였다가 의견이 맞지 않아 고향에 돌아온 후(李華, 「屈大均和他的『廣東新語』」, 『清史研究』 1992

香에 대해 주목할 만한 내용이 전해지고 있다. 莞香이 많이 생산될 때는 1년에 數萬金이 넘도록 蘇松일대에 팔려나가 東莞縣 주민 중에 향을 재배함으로써 起家한 사람이 많았다는 것이다.[30)]

향을 재배하기 위해서는 토질이 향에 적합해야 하는데 東莞縣의 金釵腦, 馬蹄岡, 金桔嶺 等 鄕은 토질이 향재배에 아주 적합하며 白石嶺, 雞翅嶺, 百花洞, 牛眠石 등의 지역 역시 향재배에 무난한 토지로 알려져 있었다.[31)] 따라서 이들 東莞縣의 여러 향에서는 향재배를 생업으로 삼는 자가 많아 천 그루를 재배하는 부자가 있는가 하면 가난한 자라도 수백 주를 재배하였다.[32)] 게다가 향 재배는 일정한 경제적 수익을 보장하여 黍稷 같은 일반 농작물보다 훨씬 유리한 경제작물이었다. 이러한 향의 왕성한 재배는 상품으로서의 향을 운반·판매하기 위한 향상자 제조업자마저 출현시켰다.[33)] 결국 東莞은 香國으로 불리고 香으로 먹고산다[34)]고 일컬어졌던 것이다.

그런데 이러한 사정은 청말에도 계속되었던 듯하다. 宣統3年에 저술한 『東莞縣志』[35)]가 그러한 내용을 전하고 있기 때문이다. 즉 莞香이 왕성하게 생산될 때는 五嶺을 넘어 북으로 팔려가는데 매년 그 액수가 數萬金에 달하고 香箱 제조를 생업으로 하는 자도 항시 수십 家라고 한다. 민국시기 東莞縣 茶山鄕에 香市[36)]가 존재하였던 것이 이를 반증한다.

年 第1期, p.28) 다시 정치적 사건에 관여하지 않고 1680~1690년대 저술활동에 종사하였으므로 『廣東新語』도 이 시기 저작으로 보인다.

30) 屈大均, 『廣東新語』 下 卷26, 「香語 : 莞香」, p.677. 이와 유사한 내용이 范端昂 撰, 湯志岳 校注, 『粤中見聞』, 廣州 : 廣東高等教育出版社, 1988年, p.253에도 실려있다. 范端昂은 順治年間에서 乾隆年間에 걸쳐 오랫동안(1650년 전후~1740년 전후) 생존하였는데 『粤中見聞』을 저술한 것은 范德玉의 雍正8年(1730) 서문이 있는 것으로 보아 1730년 이전이라 생각된다. 그렇다면 雍正年間에도 東莞의 향재배는 여전하였으리라 생각된다.

31) 宣統3年『東莞縣志』 民國10年 鉛印本 卷14, 「輿地略12 : 物産中」, p.11뒤(成文, p.398).

32) 屈大均, 『廣東新語』 上 卷2, 「地語 · 茶園」, p.59.

33) 『廣東新語』 下 卷26, 「香語 : 莞香」, p.677.

34) 『廣東新語』 上 卷2, 「地語 · 茶園」, p.59.

35) 宣統3年修『東莞縣志』 卷14, 「物産中」, p.12앞(成文, p.399).

36) 民國24年『茶山鄕志』 卷2, 「建置略」, p.15뒤~p.17앞(『中國地方志集成』 鄕鎭志專輯 32, 南京 : 江蘇古籍出版社, 1992年), pp.378~379.

향의 재배가 다른 지방의 수요를 위한 것이라면 꽃은 廣東의 대도시 廣州나 佛山 같은 도시 주민의 수요를 위한 경제작물이었다. 보관이나 운송의 어려움이 광동지역 도시의 소비로 국한하는 결과를 가져왔을 것이다. 따라서 광주나 불산의 근교인 南海縣, 番禺縣에서 꽃재배가 발달하였다.

광주시의 서부가 南海縣에 속하고 불산 역시 남해현의 일부였으므로 도시 근교에 해당하는 남해에서 꽃재배가 유행했음을 이해할 수 있다. 남해에서 재배되는 꽃 종류로는 紫蘭, 風蘭, 石蘭, 文殊蘭, 珠蘭, 樹蘭 등 蘭 종류와 素馨이 유명하였다.[37] 특히 素馨花는 남해의 城西十里 · 三角市 · 平田에 들판 가득 재배되었다. 이처럼 재배된 꽃은 광주시로 운반되어 판매되었는데 그 정경은 다음과 같이 羊城雜詩의 한 수로 묘사되고 있다. "花田에 花市가 열리는 정오무렵 주강에 조수가 밀려드니, 꽃을 실은 일엽 편주 노젓는 것도 가쁜하네. 늦은 봄 삼월 그림처럼 아름다운 풍경 속에, 꽃 파는 소리가 광주성내에까지 들려오네."[38]

광주시의 동부는 番禺縣에 속한다. 番禺縣 역시 광주시의 근교로 일찍부터 꽃재배가 유명하였다. 청초 康熙年間 珠江 南岸의 莊頭(番禺縣)에서는 素馨花 재배를 전업으로 하였는데 광주 성내외에 꽃 사는 사람이 무려 萬家에 달하여 부자는 한 말, 한 섬씩 다량으로 구입하고 가난한 이는 한 됫박씩 소량으로 구입하였다 한다.[39] 이러한 사실을 통해 이미 광주 시민은 빈부를 막론하고 꽃을 구매하는 일이 일상화되고 있었음을 알 수 있다.

이러한 상황은 清末 宣統年間에도 마찬가지였다. 番禺縣의 莊頭는 素馨花 재배로 명성을 떨쳐 이웃 東莞縣에서는 素馨을 河南花[40]라고 불렀다. 河南은 珠江 南岸을 의미하고 河南花라면 주강 남안에 있는 莊頭의 꽃을

37) 道光15年『南海縣志』 卷之八 「輿地略四 : 物産」, p.30앞뒤.

38) 道光15年『南海縣志』 卷之八 「輿地略四 : 風俗」, p.22뒤. "羊城雜詩十首 : … 花田花市午潮平, 葉葉舟過打槳輕, 三月暮春眞好景, 賣花聲入五羊城."

39) 『廣東新語』 下 卷27, 「草語 : 素馨」, p.695.

40) 宣統3年『番禺縣續志』 卷12, 「實業志 : 農業」, p.22뒤(成文, p.180).

말하는 것이다. 꽃상인은 꽃을 배에 싣고 강을 건너 河北연안(광주시내)에 상륙하였는데 이곳의 부두명이 '花渡頭'로 불리어질 정도였다. 이처럼 莊頭의 꽃재배가 명성을 얻자 마을 사람들은 素馨花만이 아니라 茉莉, 含笑, 夜合, 鷹爪蘭, 珠蘭, 白蘭, 玫瑰, 夜來香 따위를 널리 재배하여 그 재배면적이 더욱 늘어났다. "그 마을에 들어서면 꽃향기가 가득하고 매일 새벽마다 꽃상인(花販)이 길에 끊이지 않았다.[41] 근자에 婚事나 喪事에 生花를 많이들 사용하니 꽃재배를 생업으로 삼는 자가 더욱 많아졌다."[42]

이러한 꽃수요는 廣州, 佛山 같은 대도시에만 국한된 것은 아니었다. 順德縣에서는 경제작물 재배나 수공업제품 생산으로 농민의 생활이 윤택해지면서 농민들도 花樹를 가꾸는 일이 많아졌다. 順德縣에서 과일나무 재배로 유명한 陳村에서는 菊花를 재배하는 菊圃가 많았다.[43] 아울러 順德縣에도 花市가 하나 개설되었는데 이는 南海縣(2개)이나 番禺縣(3개[44])만 못하지만 순덕현 역시 꽃재배가 성행하였음을 보여주는 사례이다. 한편 香山縣 小欖에서는 18세기 중엽 이래 그 지역의 문화전통의 하나로 菊花競演大會가 개최되고 있었는데,[45] 이를 위해 향산현 일대에서도 꽃재배가 성행하고 있었다고 생각된다.

---

41) 宣統3年『番禺縣續志』卷6, 「建置志」·「墟市」, p.3앞(成文, p.110)에 의하면 "花墟, 在河南莊頭. 省城賣花者, 每日淸晨, 赴墟載花, 入城."이라 한다.

42) 宣統3年『番禺縣續志』卷12, 「實業志 : 農業」, p.22뒤~p.23앞(成文, pp.180~181).

43) 咸豊6年『順德縣志』卷3, 「輿地略 : 風俗」, p.39앞.

44) 番禺縣에 乾隆年間 존재하였던 花市에서는 꽃매매에 종사하는 상인이 數十百家라 하였다. 乾隆39年『番禺縣志』卷17, 「風俗」, p.9뒤. 그외 布政使署前에 花市 하나 그리고 河南莊頭에 花墟 하나가 있었다. 宣統3年『番禺縣續志』卷6, 「建置志」·「墟市」, p.1앞~p.4뒤(成文, pp.109~110).

45) 香山縣의 중심 市鎭인 小欖에서는 사회경제적 지위의 향상과 더불어 일군의 사대부 계층이 형성되었고, 그들을 중심으로 사대부를 상징하는 菊花의 경연대회가 1782년 이래 개최되었다. 이때는 국화 경연 이외에도 문인들의 吟詩나 극단의 연극이 함께 공연되어 풍성한 문화축제가 거행되었다 한다. 蕭鳳霞, 「文化活動與區域社會經濟的發展-關于小欖菊花會的考察」, 『淸代區域社會經濟硏究』(葉顯恩 主編, 中華書局, 1992年), pp.345~356 참조.

(2) 채소, 토란, 낙화생

채소가 상품으로서 재배되는 것은 대도시 근교에서의 일이다. 廣東의 경우도 廣州나 佛山의 근교에 해당되는 南海縣, 番禺縣이 그 주요 생산지역이었다. 廣州城의 서부 교외인 南海縣에서는 청초 이래 채소의 재배가 성황을 이루었다. 『廣東新語』에 의하면 廣州 서부 교외 西園은 토질이 비옥하여 채소 재배에 적합하였는데 특히 池塘에서 활발히 재배되었다. 池塘의 3할은 양어를 하고, 3할은 마름(菱), 蓮, 茨菰(쇠귀나물)을 재배하며, 4할은 蕹菜를 가꾸었다. 蕹菜를 재배할 蕹田이 없으면 대나무로 만든 떼에서 수경재배를 하기도 하였는데 이를 浮田이라 하였다. 옹채 재배가 끝난 겨울에는 미나리를 재배하였다.[46] 한편 廣州 서쪽 교외 半塘에서는 蓮의 재배가 대단히 성황을 이루어 10家 중 9家가 재배할 정도였다. 여름에는 연꽃과 연뿌리를 팔았다.[47]

이러한 南海縣에서의 채소 재배는 道光年間에도 계속되었다. 옹채, 마름, 연, 쇠귀나물, 미나리 등이 주로 재배되었으며 이외에도 각종의 채소가 재배되었다.[48] 이렇게 재배된 많은 채소와 瓜品은 남해현에 개설된 전문시장인 菜市 · 菜墟 · 瓜菜市 · 瓜菜行 · 瓜墟 · 瓜行(〈표 3〉 참고: 남해현에 9개 개설)에서 판매되었다고 생각된다.

番禺縣 역시 채소 재배가 활발한 지역이었다. 채소 전문시장은 보이지 않지만 아마도 일반 허시에서 채소가 많이 거래된 것(〈표 5〉 大田市 항목 참조)이 아닌가 생각된다. 청말, 番禺縣에서는 廣州 城市에 제공하기 위한

46) 『廣東新語』 下 卷27, 「草語 : 蕹」, p.703.

47) 『廣東新語』 下 卷27, 「草語 : 蓮薐」, p.704.

48) 道光15年『南海縣志』 卷之八, 「輿地略四 : 物産」, p.25앞. 또한 同書, p.25앞~p.26앞에는 남해에서 재배되는 채소명을 들고 있다. "蔬品: 菘, 蕹菜, 綽菜, 紫菜, 石蓴, 石花菜, 東風菜, 白花菜, 鹿角, 芥, 茄, 葱, 蒜, 韭, 薑, 山薑, 莧, 藷, 茼蒿, 芥蘭, 波菱, 莙薘, 木耳, 蕨, 石耳, 水芹, 雕瓜, 蘿蔔, 茨菇, 蕈, 三寶菜, 藜, 苦菜, 假蔞, 冬葵, 香薷, 山藥, 假蘇, 茭, 菰, 芋, 河口闌豆, 豆角", "瓜品: 王瓜, 金瓜, 西瓜, 香瓜, 冬瓜, 黃瓜, 白瓜, 玉瓜, 土瓜, 苦瓜, 絲瓜, 枕頭瓜, 瓠, 葫蘆" 등이 그것이다.

근교농업으로서 채소 재배가 매우 성황을 이루었던 것 같다. 그런 사정을 宣統3年『番禺縣志』는 다음과 같이 전한다.

> "附城 東北 一帶에서는 백성들이 圃를 경영하는 일이 많다. 채소, 과일, 瓜類, 콩 등 때에 맞추어 재배작물을 바꿈으로서 廣州 城市에 제공하고 있다. 墟場에 가까운 곳에 사는 자들은 이익을 얻는 일에 매우 민첩해서 또한 많이 재배하고 있다. 혹자는 겨울 경작을 마친 후에 채소, 콩, 고구마, 토란, 낙화생을 섞어 심어 흉황에 대비한다."[49]

番禺縣 小北門內에서는 옹채를 재배하는 蕹塘이 많아 주민들은 옹채 재배를 생업으로 삼았고 또한 동갓, 배추, 상추 등의 채소 재배를 생업으로 하는 자[50] 역시 많았다. 생업으로 삼았다면 이는 상품으로서 채소를 재배하였음을 의미한다.

도시 근교만이 아니라 順德縣 같은 농촌지대에서도 채소 재배가 이루어졌다. 順德縣 倫敎 · 桂洲에서 생산된 말린 채소는 順德縣 주민의 수요를 위해서 또는 대외수출용으로서 재배 · 가공된 것이었다.[51]

토란 역시 상품으로 재배되어 시장에서 판매되었는데 〈표 5〉의 番禺縣 大田市, 南海縣 橫江墟 · 新墟의 사례에서 확인할 수 있다. 특히 토란은 위의 宣統3年『番禺縣志』 인용문에서도 알 수 있듯이 구황작물로써 선호되었다. 南海縣의 경우 魚塘 주변의 습지에서는 모두 토란을 심었는데 구워 먹으면 기근을 치유할 수 있다고 하여 그 판매가액이 무려 萬餘金에 달하였다[52]고 한다. 이로써 토란 역시 경제작물로 재배 · 판매되었음을 확인할 수 있다.

---

49) 宣統3年『番禺縣續志』 卷12, 「實業志 : 農業」, p.1뒤(成文, p.170).
50) 위의 사료, p.24앞뒤(成文, p.181).
51) 宣統『順德縣志』 民國18年 卷1, 「輿地 : 物産」, p.22뒤(成文, p.18).
52) 道光15年『南海縣志』 卷之八, 「輿地略四 : 物産」, p.26앞.

낙화생 역시 식용으로 또는 搾油用으로 재배되었다. 宣統3年『番禺縣續志』에 의하면 "낙화생에는 두 가지가 있는데 하나는 볶거나 소금으로 간하여 말린 후 식용으로 삼는다. 혹은 기름을 짜기도 하는데 이를 생업으로 삼는 자는 그 이익이 매우 크다. 다른 하나는 白肉花生으로 불리는데 낟알이 작고 색이 희며 맛이 달다. 매년 5~6월 사이에 산출되는데 시장에서의 판매액이 자못 많다."[53]고 한다. 결국 낙화생 역시 상품으로 생산되어 판매되었음을 확인할 수 있다. 〈표 3〉에서 보듯이 番禺縣에 花生市가 두 개나 있었으며, 〈표 5〉에 나타나듯이 南海縣 橫江墟에서 낙화생 기름이 유통되고 있었다.

(3) 果樹

廣州府에서 재배되는 과일로는 荔枝, 龍眼, 柑橘, 梅實, 芒果, 橙, 橄欖, 바나나 등이 있다. 그중에서 荔枝와 龍眼은 광동의 토양에 적합하여 청초부터 광동인 중에 이들의 재배를 生業으로 삼는 자가 많았다.[54] 따라서 여지와 용안이 이 지역을 대표하는 과일이라 하겠다. 이러한 과일이 전업적으로 재배되는 지역은 番禺縣, 順德縣, 增城縣, 南海縣, 新會縣 등이었다. 이하 지역별로 과일생산의 규모나 특성 그리고 과일의 유통에 대해 서술하고자 한다.

番禺縣에서는 청초부터 여지, 용안, 감귤, 매실, 바나나, 감람 등이 재배되어 왔다. 청초의 사정을 전하는『廣東新語』에 의하면 "番禺의 鹿步都에서는 小坑火村으로부터 羅岡에 이르기까지 30~40里의 주민은 대개 花果재배를 生業으로 삼아" 柑橘을 재배하였고 "黃村에서 朱村一帶에 이르기까지도 대체로 매실, 바나나, 배, 밤, 감람 따위를 재배하였는데 언덕과 산

53) 宣統3年『番禺縣續志』卷12,「實業志 : 農業」, p.23뒤~p.24앞(成文, p.181).
54)『廣東新語』下 卷25, 「木語 · 大荔細荔」, p.662.

등성이까지 끝없이 과일나무밭이 펼쳐졌다"[55]고 한다. 荔枝와 龍眼도 대량으로 재배되었다. "番禺의 李村과 大石일대에는 여지나무가 많았는데, 용안은 잎이 녹색이고 여지는 잎이 흑색으로 무성하게 우거져 햇빛이 보이지 않을 정도였다. 근 백리나 다른 나무가 섞이지 않았다. 이는 토질이 적합하였기 때문인데 주민들이 다투어 생업으로 삼아 주위 사람들은 이들을 칭하여 龍荔之民이라 불렀다."[56] "생업으로 삼았다"는 표현에서 番禺縣 주민 중에 荔枝, 龍眼 등 과수 재배를 專業으로 한 농민이 많았음을 알 수 있다. 番禺의 일부 지역에서는 荔枝, 龍眼 재배가 가져오는 경제적 이익[57]에 자극받아 벼 재배를 포기하고 과수 재배로 바꾸는 경우도 나타났다.[58]

淸 後半에 이르러서도 番禺에서는 과수 재배가 계속 진전되었는데 청초에 비해 더욱 성행하였다고 생각된다. 청 前半의 『番禺縣志』에서는 과수 재배에 관한 기사를 거의 볼 수 없고, 『廣東新語』의 내용을 통하여 파악할 수 있을 뿐이다. 그러나 청 後半에 이르면 상황이 달라진다. 『廣東新語』의 내용이 縣志에 채록될 뿐만 아니라 내용이 더욱 추가되고 있기 때문이다. 즉 앞서 들었던 청초 番禺縣에서의 과수 재배 내용이 同治10年 『番禺縣志』나 宣統3年 『番禺縣續志』에 재차 수록되고 있다. 게다가 과수 재배에 대해 더욱 풍부한 내용이 게재된다. 예컨대 番禺에서 재배된 여지의 종류에 대해 同治10年 『番禺縣志』는 水枝와 山枝가 있음을 들고 각각의 특성과 구체적 荔枝 품종명, 재배지역 등을 서술하고 있다.[59] 宣統3年 『番禺縣續志』

55) 『廣東新語』 下 卷25, 「木語 · 橘柚」, pp.633~634.

56) 『廣東新語』 下 卷25, 「木語 · 龍眼」, p.626.

57) 屈大均에 의하면 집에 荔枝 千 그루만 있어도 그 富가 萬戶侯와 같을 정도로 여지는 경제적 수익이 좋은 작물이었다. 『廣東新語』 下 卷25, 「木語 · 荔枝」, p.623.

58) 『廣東新語』 下 卷25, 「木語 · 荔枝」, p.624. "廣州凡磯圍堤岸, 皆種荔枝龍眼, 或有棄稻田以種者."라 하는데 여기서 廣州는 廣州府 중에서 番禺縣에 속한 부분인 것으로 생각된다. 宣統3年『番禺縣續志』 卷12, 「實業志 : 樹藝」, p.19앞(成文, p.179)에 "粤人多衣食荔枝龍眼, 廣州凡磯圍堤岸皆種之, 或有棄稻田以種者."라는 기술이 보이기 때문이다.

59) 同治10年『番禺縣志』 卷7, 「輿地略5 : 物産」, p.3앞(成文, p.54). "水生者曰水枝, 在山生者曰山枝, 大率水枝先熟, 山枝後熟. 水枝以黑葉爲最, 産古壩大石者尤佳. 山枝以掛綠稱首, 蘿岡洞有之."

에 따르면 蘿岡洞에서는 단순히 荔枝 재배에 그치는 것이 아니라 주민이 荔枝 재배를 생업으로 삼고, 梅實과 荔枝를 특히 많이 재배하여 "여름철에는 여지꽃이 붉은 색을 더하여 온 마을이 붉게 타는 듯하고, 겨울이면 수십리에 매화꽃이 만발하여 高下遠近이 모두 온통 백설과 같다."[60]고 하였다. 이처럼 청말 番禺縣의 일부 지역에서는 여지 · 용안 재배를 생업으로 하였음을 알 수 있다.

뿐만 아니라 番禺縣에서는 米作地인 稻田에서 벼 재배를 포기하고 과수 재배로 바꾸며[61] 새롭게 梅實이나 橙(등자)의 재배에 힘쓰고 있었다. 즉 매실을 재배하여 그 열매를 소금에 절이거나(梅霜) 햇볕이나 불에 말리고(烏梅) 약재를 넣고 설탕에 졸여(糖梅) 갖가지 매실 가공품을 만들었다.[62] 또한 番禺縣 崙頭鄉에서는 縷橙라는 종류의 등자를 생산하는데 등자 산지로 저명한 新會縣의 것보다 맛이 못하지 않으며 날로 그 판로가 넓어져 鄉人 중에 등자 재배를 생업으로 하는 자가 아주 많았고 蘿岡 역시 그러하였다.[63] 番禺縣에서는 이외에도 人面果나 烏欖을 재배하였다. 烏欖의 核(씨)과 仁(씨 속의 열매)은 장을 담그거나 떡을 만들 때 광동사람들이 즐겨 사용하였다. 大石頭村의 婦女들은 烏欖의 씨를 벗기는 것을 일삼을 만큼 烏欖재배가 활발하였고 그 판로도 점차 넓어졌다.[64] 이처럼 番禺縣의 과수 재배가 확대되고 발전함으로써 청말 番禺縣에만 5개의 果市[65]가 성립하게 된 것이라 생각된다.

南海縣에서도 청초 이래 荔枝, 龍眼 등의 과수 재배가 활발하였다. 특히 平浪三山 以東은 그 일대가 모두 龍眼樹였다. 番禺의 李村, 大石일대와 더

60) 宣統3年『番禺縣續志』 卷12, 「實業志 : 農業」, p.20뒤(成文, pp.179).
61) 위의 사료, p.19앞(成文, p.179).
62) 同治10年『番禺縣志』 卷7, 「輿地略5 : 物産」, p.3앞(成文, p.54).
63) 宣統3年『番禺縣續志』 卷12, 「實業志 : 農業」, p.21뒤(成文, p.180).
64) 위의 사료, p.22뒤(成文, p.180).
65) 그중 烏欖市와 梅實 판매 시장(烏涌墟)의 존재는 番禺에서 梅實과 烏欖 재배의 발전을 보여준다.

불어 荔枝, 龍眼 재배 지역[66]에 속하였다. 청 후반 남해에서 과수재배지역은 더욱 확대되었다. 남해현에는 荔枝灣이라는 곳이 있는데 지명과 같이 여지의 전문적 재배지역이었다. 주민 數千家는 여지 재배를 생업으로 삼았는데 우수한 품종인 黑葉을 주로 재배하였다. 따라서 남해산 여지도 명성이 자자하였다.[67] 荔枝灣 이외에도 九江鄕이나 平浪三山 以東 일대가 荔枝의 주요 산지였다. 여지 재배를 생업으로 삼거나 여지 생산지가 100리나 뻗쳐 있었다.[68]

順德縣 陳村은 청초 이래로 유명한 과일 재배산지였다. 주민은 대체로 龍眼 재배를 생업으로 삼았는데, 진촌의 龍眼은 끝없이 펼쳐져 대략 수십만 그루에 달하였다. 이처럼 龍眼 재배가 발달하다 보니 순덕에는 龍眼만 전문적으로 거래하는 龍眼市가 개설되었다.[69] 용안 이외에 여지나 감귤, 등자도 재배하였는데 果樹 전체의 3~4할에 달하였다. 과일 상인은 陳村의 荔枝와 龍眼을 재화로 하여 상업적 부를 이룩하였다. 陳村은 동시에 과수와 꽃 묘목의 판매지이기도 하였다. 타 지역 농민이 荔枝, 龍眼, 橄欖 등의 과수나 꽃을 재배하고자 하면 가까이는 수십리, 멀게는 200~300백리 떨어진 곳에서 찾아와 묘목을 구하였다. 한편 陳村에서는 꽃과 果樹의 이식이나 접붙이는 기술이 발달하였다.[70]

청말에도 여전히 順德縣 陳村은 주요한 과일재배 지역이었다. 청초에 비해 과수의 종류가 龍眼, 荔枝로 보다 전문화되었고,[71] 陳村만이 아니라 진촌에서 數里 떨어진 佛滘으로 과일 재배 지역이 확산되었다. 아울러 진

66) 『廣東新語』 下 卷25, 「木語 · 龍眼」, p.626.
67) 道光15年『南海縣志』 卷8, 「輿地略四 : 物産」, p.26뒤.
68) 道光15年『南海縣志』 卷8, 「輿地略四 : 物産」, p.26뒤~p.27앞.
69) 『廣東新語』 下 卷25, 「木語 · 龍眼」, p.626.
70) 『廣東新語』 上 卷2, 「地語 · 陳村」, p.44.
71) 咸豊6年『順德縣志』 卷3, 「輿地略 : 風俗」, p.38뒤에는 『廣東新語』의 내용과 거의 유사한 내용이 수록되어 있으나 약간의 차이가 눈에 띈다. 청초에는 花木이나 荔枝, 龍眼, 橄欖 등의 나무를 재배하고자 하는 사람은 진촌에서 묘목을 구하였는데, 청말에는 묘목 종류 중에서 橄欖은 더 이상 취급되지 않는다. 그만큼 과수의 묘목이 전문화된 것으로 이해하였다.

촌의 과수 재배기술과 가공기술이 佛滘으로 전래되었다.[72] 宣統年間에는 여지나 용안을 가공하여 판매하는 것을 생업으로 삼는 주민이 늘어났고 그 판로도 확대되었다.[73]

東莞縣에서 재배되는 果樹는 荔枝, 龍眼, 烏欖 등이었다. 청초에는 여지 재배[74] 외에 별로 다른 과수 재배 사실이 확인되지 않고 주로 청 후반의 여러 자료에 東莞縣의 과수재배 사정이 전해지고 있다. 주로 재배된 荔枝와 龍眼의 구매와 유통을 설명하는 기사[75]를 통하여 東莞縣에서의 그들 작물의 재배를 확인할 수 있다. 또한 烏欖을 소개한 소략한 기사를 통해서도 東莞縣에서의 烏欖 재배사실을 확인할 수 있다.

增城에서는 청초 이래 최고급품 荔枝의 재배로 유명하였다. 屈大均에 의하면 광동에서 재배된 荔枝 중에서 增城 沙貝產이 가장 품질이 우수하였다. 우수한 荔枝를 선점하려는 상인은 수확도 하기 전에 가격의 두 배에 달하는 선금을 農民에게 주고 荔枝를 독점하고자 하였다.[76] 이러한 상황 속에서 增城 沙貝에는 여지 판매를 전담하는 전문적 여지 시장(荔枝市)이 개설되었다.[77]

新會에서는 청 후반 감귤, 芒果(망고), 등자 등을 재배하였는데 감귤의 경우는 식용보다는 그 껍질을 약재로 사용하기 위해서 생산하였다.[78] 망고는 象山 산록에서 생산되었는데 선박에서 선원들의 해갈용 내지는 멀미약으로 사용되었다.[79]

이들 과일들이 생산된 후 어떻게 유통되었는지 荔枝와 龍眼을 중심으로

72) 咸豊6年『順德縣志』 卷3, 「輿地略 : 風俗」, p.38뒤.
73) 宣統『順德縣志』 民國18年 卷1, 「輿地 : 物產」, p.22뒤(成文, p.18).
74) 『廣東新語』 下 卷25, 「木語 · 荔枝」, p.624.
75) 宣統3年修『東莞縣志』 卷13, 「輿地略11 : 物產上」, p.7뒤(成文, p.356).
76) 『廣東新語』 下 卷25, 「木語 · 荔枝」, p.621.
77) 『廣東新語』 下 卷25, 「木語 · 龍眼」, p.626.
78) 道光21年『新會縣志』 卷2, 「輿地 : 物產」, p.67앞(成文, p.63).
79) 위의 사료, p.68앞(成文, p.63).

간단히 살펴보겠다. 청초 광동에는 荔枝나 龍眼 등 果樹의 꽃 상태만 보고도 수확이 얼마나 될지 예측할 수 있는 과일 상인이 있었는데 이들을 焙家라 불렀다.[80] 焙家는 구매한 과일을 햇볕이나 불로 말려 가공하고, 가공한 과일을 운반하기 위해 판자 상자에 포장하였다.[81] 따라서 포장 상자를 만들거나 과일을 포장하는 전문가가 각각 수백 家에 달하였고, 이를 운반하는 뱃사공이나 수레꾼도 여지 · 용안의 운반으로 생계를 해결하였다.[82]

청말에도 그러한 정경이 계속되었다. 여지나 용안의 꽃이 피었을 때 과일상인 焙家는 미리 선금을 주고 입도선매하였다. 이들은 수확 시 과일을 인도한 후 저장과 운송에 편리하도록 햇볕이나 불에 과일을 말렸다. 그래서 焙家라고 불린 듯하다. 말린 여지와 용안은 乾枝, 乾圓이라고 불려[83] 북쪽의 여러 성으로 팔려나갔는데 그 이익은 매년 十餘萬金에 달하였다. 외부로 판매하기 위해서는 과일상자에 포장하여 운송할 필요가 있었는데, 이로 인해 상자를 만들거나 포장하는 전문가가 각기 수백 家에 달하였다.[84]

(4) 桑葉 栽培와 養蠶業

광동에서 桑葉을 재배한 것에 관한 기록은 이미 明 中期 이전에 보인다. 明 正統年間(1436~1449) 廣州府 順德縣 龍山鄕에 뽕나무가 들에 널렸다는 기사가 보이고 明 嘉靖年間(1522~1566) 廣州府 各縣에서는 뽕나무를 널리 심고 집집마다 누에를 길렀다고 한다.[85] 淸初 이래 광동의 桑葉 재배는 매우 보편화되어, 그 면적과 범위가 明代를 훨씬 초과하였다. 廣州府

80) 『廣東新語』 下 卷25, 「木語 · 荔枝」, p.624.
81) 『廣東新語』 下 卷25, 「木語 · 果日」, p.661.
82) 『廣東新語』 下 卷25, 「木語 · 荔枝」, p.625.
83) 宣統『順德縣志』 卷1, 「輿地 : 物産」, p.22뒤(成文, p.18).
84) 宣統3年修『東莞縣志』 卷13, 「輿地略11 : 物産上」, p.7뒤(成文, p.356).
85) 李華, 「明淸時代廣東農村經濟作物的發展」, 『淸史硏究集』 第3輯, 成都 : 四川人民出版社, 1984年, p.136.

南海縣의 九江鄕, 順德縣의 龍山·龍江鄕 등은 인근 鶴山縣 坡山鄕과 더불어 桑葉 재배의 중심이었다. 桑葉의 재배는 양잠의 전제조건인데 광동은 기후가 따뜻하여 1년에 7~8蠶이 가능하였다.[86] 즉 1년에 7~8번이나 양잠을 통한 누에고치의 수확이 가능했던 것이다. 이미 청초에 이러한 다수확에 기초하여 양잠업이 발전하였고, 양잠농민은 10무의 토지에 뽕나무를 심어 양잠을 하면 8명의 가족을 부양할 수 있었다고 한다.[87] 이러한 양잠업의 전개에 기초하여 廣東에서는 청초 康熙年間 생사와 견직물을 생산하고 이를 중국 각지나 해외에 수출할 수 있었다. "廣東의 線紗와 牛郎綢, 五絲, 八絲, 雲緞, 光緞은 모두 五嶺이북, 京華(즉 京師), 東洋(일본), 西洋(필리핀, 태국, 말레이, 미안마 등 남양)에서 중시되었다"[88]는 표현은 바로 그것을 말해 주고 있다.

1757년 플린트사건으로 종래 개항되었던 세 개의 항구가 닫히고 廣州만이 유일한 항구로 남게 되자 광주는 대외무역의 중심지로 부상하였다. 당시 광주에서 수출되는 생사와 견직물은 浙江産 絲織品(二蠶湖絲), 江蘇産의 絹織物, 그리고 광동에서 생산되는 生絲였다.[89] 이후 광동산 생사의 비중은 차츰 증가하였다고 생각된다. 청조가 湖州産 生絲(湖絲)의 수출량을 제한하였을 뿐 아니라, 湖絲를 수출하기 위해 운반하는 과정도 만만치 않았기 때문이었다. 예컨대 1829년 영국상인이 광주에서 수입한 生絲는 599,000근인데 그중 南京絲가 374,600근, 廣東絲가 224,400근이었고, 1830년 영국상인이 광주에서 수입한 생사는 666,800근이고 그중 南京絲가 298,800근, 廣東絲가 368,000근이었다.[90] 이 자료를 통해 1830년을

86) 『廣東新語』 下 卷24, 「蟲語 · 八蠶」, p.587.

87) 위의 사료.

88) 『廣東新語』 下 卷15, 「貨語 : 紗緞」, p.427.

89) *Chinese Repository*, Vol.Ⅱ – November, 1833.– No 7.,Description of the city of Canton, Canton : printed for the Proprietors, 1834, pp.289~294.

90) H. B. Morse, *The Chronicles of the East India Company Trading to China, 1635~1834*, 5 Vols. Oxford, 1926~1929, Vol.Ⅳ, p.185, p.223.

전후한 시기에 廣東絲가 수출 생사의 37.5% 내지 55.2%를 점하고 있었음을 알 수 있다.

국내 소비와 해외 수요의 영향으로 광동지방에서는 아편전쟁을 전후한 시기에 생사의 생산 그리고 이를 위한 양잠업과 桑葉 재배가 활성화되고 있었다. 道光年間 南海縣에 桑葉을 전문적으로 매매하는 桑市가 10개나 설치[91]된 것을 보아도 이러한 桑葉 재배의 성황을 짐작할 수 있다. 阿片戰爭 以前 양잠업의 중심지인 廣州府 各縣은 廣州·佛山의 견직업의 발전과 絹織物·生絲의 수출로 인해 桑葉의 공급이 수요를 따라가지 못하는 상황이었다. 이 때문에 뽕나무 재배가 확대되고, 이에 따라 양잠업이 더욱 발전하였다. 예를 들면 道光年間 廣州府 南海縣 九江鄕은 뽕나무를 들에 가득 재배하여 빈 땅이 없었고[92] 경내에 논이 없어 외부에서 쌀을 사들여야 하였다.[93] 順德縣의 龍山鄕은 "누에 키우는 일이 흥성해서 무릇 8번을 거두었다. … 매년 뽕잎을 헤아려 양잠을 하였는데, 누에가 많아 뽕잎이 모자라는 경우는 돈을 주고 뽕잎 시장(桑市)에서 뽕잎을 구매하였다. 다른 마을의 뽕잎도 모두 뽕잎시장에 모였다."[94] 順德縣에서는 촌락 중에 '桑麻', '桑樹' 라는 村名[95]이 보이는데 이 역시 桑葉 재배의 성황을 반증해 주고 있다.

桑葉 재배나 양잠업의 발전에 있어서 중요한 역할을 한 것은 바로 桑基魚塘이란 農業經營方式이다. 明初에 낮은 곳을 파서 연못을 만들어 양어를 하고 연못 뚝에 과일나무를 심는 果基魚塘 방식이 개발되었으나, 萬曆

91) 道光15年『南海縣志』 卷13, 「建置略五 : 墟市」, p.26앞.

92) 道光15年『南海縣志』 卷之八, 「物産」, p.28뒤, "九江鄕多桑, 墻下幾無隙地."

93) 『嘉慶九江鄕志』 卷4, 「物産」(李華, 「明淸時代廣東農村經濟作物的發展」, p.143에서 재인용). 嘉慶 이후 주민은 桑基魚塘에 치중하다 보니 나무나 채소를 심는 농부는 거의 없었다. 거의 모든 토지가 基塘으로 바뀌었고 벼를 생산하지 않았다. 道光年間에 九江鄕에서만 인구 20만으로 하루에 곡식 2,000석이 소요되었다. 그 필요한 미곡은 거의 모두 외부에서 수입해 왔다. 1년에 필요한 식량의 양은 무려 70~80만 석에 달하였다고 한다. 高王凌, 「傳統模式的突破—淸代廣東農業的崛起」, 『淸史硏究』, 1993-3, p.106.

94) 嘉慶10年『龍山鄕志』 卷4, 「食貨志」·「田塘」, p.7앞(『中國地方志集成: 鄕鎭志專輯』 31, p.65).

95) 咸豊6年『順德縣志』 卷3, 「輿地略 : 村」, p.7앞.

年間(1573~1619) 이후 養蠶業이 발전함에 따라 桑基魚塘의 방식으로 바뀌기 시작하였다. 이는 果基魚塘 방식에서 과일나무 대신 뽕나무를 심는 것이다. 청초 康熙年間 南海 九江鄕에 이러한 桑基魚塘이 전형적으로 나타난다. 池塘에서는 養魚를 하고 제방에는 뽕나무를 심는데 남자는 養魚를 전담하고 여자는 養蠶을 하는[96] 분업체계가 형성되고 있었다. 九江鄕의 桑基魚塘은 道光年間 기록[97]에도 여전히 그 면모를 확인할 수 있다. 嘉慶年間(1796~1820) 順德縣 龍山鄕에서는 桑基魚塘의 더욱 발전된 모습을 볼 수 있다. "鄕田은 원래 塘보다 배나 되었으나 근자에 토지 수입이 빈약하여 모두 토지를 버리고 양어장을 만든다. 때문에 촌락의 토지는 백 경에도 이르지 않는다."[98] 龍山鄕에서는 오히려 池塘이 전답의 배가 되었고, 전통적인 桑基魚塘의 방식대로 養魚와 種桑을 하는 이외에도 池塘 물가에 토란을 심는[99] 보다 다각적 경영을 시도하였다.

同治 · 光緖年間(1862~1908)을 거치면서 광동 珠江三角洲의 桑葉 재배와 養蠶業은 이전의 규모와 정도를 훨씬 능가하는 커다란 발전을 보인다. 順德縣과 南海縣의 해변은 모두 뽕밭(桑畦)이 되었고,[100] 뽕잎의 생산확대는 상기어당의 발전으로 나타나 順德縣의 경우 논(禾田)이 基塘으로 바뀌어 전경지의 1할도 안되는[101] 상황이 연출되었다. 양잠이 특히 발전하였던 順德縣의 경우 뽕잎의 수요는 상상을 초월하는 것이었다.

"뽕의 생장은 매년 6번(六造) 이루어 지는데 6번째가 끝난 이후에는 寒造가 된다. 속칭 桑花라 하는데 그 양의 다소는 일정치 않다. 1무당 많으면

96) 『廣東新語』 下 卷22, 「鱗語 : 魚花」, p.558.
97) 道光15年『南海縣志』 卷之八, 「輿地略四 : 風俗」, p.8앞뒤.
98) 嘉慶10年『龍山鄕志』 卷4, 「食貨志」·「田塘」, p.6앞(『中國地方志集成 : 鄕鎭志專輯』 31, p.65).
99) 위의 사료, p.6뒤, p.7앞, p.65.
100) 同治9年修『廣州府志』 光緖5年 刊本 卷16, 「物產」, p.19뒤(成文, p.294).
101) 宣統『順德縣志』 卷1, 「輿地 : 物產」, p.20뒤(成文, p.17).

40~50근 적으면 20~30근이다.[102] 咸豊 · 同治(1851~1874) 이전에는 製絲業이 아직 발전하지 않아 소규모 양잠을 하는 사람이 寒造의 뽕잎을 따가는 것을 내버려 두었는데, 이는 수확이 끝난 논에서 벼이삭을 줍는 것과 같은 것이었다. 光緖 중엽 洋庄絲가 성행하면서 누에고치 가격이 날로 앙등하였고, 농민들은 대체로 寒造로도 양잠하게 되니 뽕잎을 매우 아까워하게 되어, 남이 뽕밭에서 뽕잎 따는 것을 금하였다. 따라서 桑花를 다투어 械鬪를 벌이는 경우도 있고 訴訟을 거는 경우도 생기게 되었다."[103]

光緖中葉 이후로는 수확 후 남아있는 약간의 뽕잎을 이삭줍기하던 관행조차 인정되지 않을 정도로 뽕잎 경쟁이 치열해 진 것을 볼 수 있는데, 이는 그만큼 뽕잎의 경제성 즉 양잠업의 수익성이 매우 높았음을 설명해 주는 아주 좋은 사례이다. 이러한 상황 속에서 桑葉 재배는 더욱 확대되고, 양잠업도 더욱 발전했을 것이다. 順德縣 지방에서 이처럼 양잠이 확대되고 桑葉 재배가 증대된 것은 무슨 이유에서일까?

1872년 화교상인 陳啓源이 南海縣 簡村에 최초의 근대적 제사공장 繼昌隆繅絲廠을 세운 후 順德縣에도 근대적 제사공장의 설립 풍조가 만연하게 되었다. 順德縣은 종래 養蠶業과 전통적 수공업으로서의 繅絲業(製絲業)이 발전한 지역이었고, 河運을 통한 交通運輸가 편리하다는 등의 조건으로 인하여 1870년대 중반 이후 근대적 제사공장이 우후죽순처럼 설립되었다. 程耀明의 연구에 따르면 1874년 順德縣人이 龍山鄕에 처음으로 근대적 繅絲廠(제사공장)을 세운 이후 順德縣에는 1911년까지 142개의 공장이 설립되었고, 1912년 中國農商部調査에 따르면 당시 84개의 순덕현 제사공장이 생산한 생사가 34,949擔에 이르렀다고 한다. 1887년 당시 순덕현에는 42개의 공장이 있었는데 이는 당시 광동 전체의 90%에 해당되는

102) 위의 사료, p.23앞뒤(成文, p.19)에 의하면 順德에서는 1무에 뽕나무 6,000그루를 심는데 그 수확량은 "頭造四五百斤, 二三造七八百斤, 四五造四五百斤, 六造三四百斤, 計一年每畝約得桑三千四百斤"이라 한다. 寒造는 정상적 뽕수확의 10분의 1이하임을 알 수 있다.

103) 宣統『順德縣志』 卷1, 「輿地 : 物産」, p.23뒤~p.24앞(成文, p.19).

것[104]이라 하니 順德縣은 광동의 근대적 제사업의 중심이었던 것이다. 이처럼 근대적 제사공장이 叢生하게 된 것은 중국 내의 수요가 증가한 때문이기도 하겠지만 무엇보다도 당시 중국생사(특히 광동생사)에 대한 국제적 수요의 증대가 주된 요인이었을 것으로 생각된다. 1860년대에는 유럽의 주요 양잠업 국가인 이탈리아 · 프랑스에서 미립자병이 만연하여 유럽 생사의 생산이 격감하였고, 동시에 미국에서도 견직업이 발달하였는데 대륙횡단철도의 개통으로 원료인 중국생사를 직수입할 수 있게 되었으며, 중국의 주요 생사생산지역인 江浙地方이 太平天國運動으로 인하여 대외수출이 곤란하게 되었다는 사정[105]에 의하여 광동생사의 국제적 수요가 급증하게 되었던 것이다. 아편전쟁 전 2,500擔 전후이던 광동생사의 수출이 1867년에는 19,909擔, 1868년에는 22,982擔, 1871년에는 26,616擔, 1873년에는 28,762擔, 1875년에는 29,017擔에 이르렀다.[106]

이와 같은 사정으로 叢生하게 된 順德縣의 제사공장에서는 대량의 누에고치가 필요하였고, 그러한 누에고치를 공급하자면 당연히 양잠업이 확대될 수밖에 없었으며,[107] 양잠업을 위한 桑葉 재배 또한 발전하였던 것이다. 그것은 桑葉 재배나 양잠업이 기존의 식량작물 재배보다도 유리하고 심지어는 과수, 사탕수수 등 경제작물 재배보다도 유리[108]하였기 때문일 것이다. 따라서 여러 지방지에는 順德에서의 양잠의 이익을 찬양하는 기

104) 程耀明, 「淸末順德機器繅絲業的産生,發展及其影響」, 『明淸廣東社會經濟形態硏究』, 廣東人民出版社, 1985年, pp.237~278.

105) 鈴木智夫, 『洋務運動の硏究』(東京 : 汲古書院, 1992), 「第4編 洋務派の廣東蠶絲業近代化政策」 · 「第1章 廣東器械製絲業の成立」, p.421.

106) 「1868年廣州口岸貿易報告」 · 「1875年廣州口岸貿易報告」, 『近代廣州口岸經濟社會槪況—粵海關報告匯集(1860~1949)』(廣州市地方志編纂委員會辦公室 等編譯, 暨南大學出版社, 1995年), p.53, p.129. 여기에는 생사 이외에도 野蠶絲, 누에고치 등이 포함되어 있다.

107) 宣統『順德縣志』 卷1, 「輿地 : 物産」, p.26앞뒤(成文, p.20)에는 근대적 제사공장(繅絲廠)이 경쟁적으로 설립되자 "南海順德産繭地方, 競相設立, 桑蠶區域, 亦逐漸擴充."하여 양잠지역이 확대되었다고 하고 있다.

108) 謝天禎, 「明淸時期珠江三角洲的農業生態與農業經濟」, p.132에 의하면 桑基魚塘 1畝에서 나오는 수익을 桑葉 18.2兩, 고치 19.7兩, 魚 13兩 도합 50.9兩으로 계산하고 있다. 대단히 높은 수익임에 틀림이 없다. 다른 식량작물이나 경제작물과의 비교가 요망된다.

사가 자주 출현한다. 宣統『順德縣志』에서 "種桑, 養蠶, 繅絲는 농업의 근본이며 全邑의 利源"[109]이라고 지칭한 것은 물론 宣統『南海縣志』도 "蠶桑의 이익은 順德을 제외하면 南海縣屬이 최고인데, … 이는 養蠶業의 이익이 가장 크기 때문이고 민생을 도울 수 있기 때문"[110]이라고 하였고 宣統『東莞縣志』도 "광동 양잠의 이익은 順德이 최고"[111]라고 하였다. 앞에서도 지적하였듯이 순덕에 鄕마다 桑市가 설치되었다거나 〈표 3〉에서 보듯이 順德縣의 繭市가 19개나 되었던 사실은 순덕현에서의 桑葉 재배의 확대와 양잠업의 발전을 극명하게 보여주는 것이다.

그러나 順德縣에서 생산된 누에고치만으로 순덕현 제사공장의 수요가 모두 충족될 수 있는 것은 아니었던 것 같다. 番禺縣에서 생산된 누에고치가 順德으로 운반되어 팔렸으며[112] 新會縣의 농민이 생산한 고치도 상인이 수집하여 順德의 容奇나 桂洲로 가서 팔거나, 농민이 직접 順德의 容奇나 桂洲의 繭市에서 팔았다.[113]

이에 따라 順德縣 주변의 지역에서도 양잠업과 桑葉 재배가 더욱 발전하게 되었다. 순덕현 다음으로 양잠업이 발달하였다고 지칭되던 南海縣의 경우도 종전부터 桑葉 재배나 양잠업이 발전해 왔지만 청말 光緒年間(1875~1908)에 이르러 더욱 발전하였다. 남해현 곳곳에서 뽕나무를 재배하지만 그중에서도 江浦의 官山 · 簡村 · 金甌 · 龍津, 黃鼎의 羅格 · 良溪 · 大岸, 主簿의 九江 · 沙頭 · 大同 等鄕에서 가장 많이 재배되었다[114]고 한다. 養蠶의 경우는 西樵의 各鄕이 南海縣 중에서는 가장 성황을 이루어 약 萬餘 家가 종사하였다[115]고 한다. 남해현의 경우에는 누에고치의 생산

109) 宣統『順德縣志』 卷1, 「輿地 : 物産」, p.23앞(成文, p.19).
110) 宣統3年『南海縣志』 卷4, 「輿地略 : 物産」, p.32뒤.
111) 宣統3年『東莞縣志』 卷15, 「輿地略13 : 物産下」, p.7뒤(成文, p.426).
112) 宣統3年『番禺縣續志』 卷12, 「實業志 : 工商業」 p.35뒤(成文, p.187).
113) 程耀明, 「淸末順德機器繅絲業的産生, 發展及其影響」, p.254.
114) 宣統3年『南海縣志』 卷4, 「輿地略 : 物産」, p.34앞.
115) 위의 사료, p.38앞.

량 · 유통량도 제시되고 있는데, 그 양은 가장 큰 繭市인 官山에서는 일 년에 약 100萬兩으로 九江이나 沙頭 등의 繭市에서 유통되는 것을 합하면 약 300萬兩이 된다[116]고 하였다.

이 밖에 番禺縣에서도 沙灣, 市橋, 韋涌, 石壁, 東滘 등에서 뽕잎 재배와 양잠업이 생업으로[117] 정착되었다. 東莞縣에서는 본래 토질이 적합치 않아 뽕의 재배가 부진하였으나 양잠의 이익이 높은 것을 보고 1880년대 東莞의 紳士들은 普善堂을 세워 養蠶과 種桑을 적극 권장하였다. 뽕나무 묘목을 順德縣에서 구입해 오고 양잠기술자를 順德에서 초빙하여 養蠶術을 가르친 결과[118] 養蠶業이 점차 진흥되었다.

5. 맺음말

이상에서 廣東 廣州府 珠江三角洲를 중심으로 농촌 정기시(즉 墟市)의 발전 정도와 전문시장의 대폭적인 형성 그리고 이러한 허시 발전의 원인을 경제작물의 재배라는 측면에서 살펴보았다.

清代 중국의 여타 지역보다 정기시가 발전하였다고 인식되는 廣東의 墟市를 분석한 결과 특히 廣東省의 首府인 廣州府가 廣東省內에서도 두드러진 발전을 보였음을 알 수 있었다. 珠江三角洲의 주요지역이라 할 수 있는 南海縣, 順德縣, 番禺縣에서는 명대 후반으로부터 청말까지 허시숫자가 많게는 14배 적게는 7배 증가하였다. 필자는 이러한 허시 발전의 원인을 특정 상품 한 가지만을 거래하는 전문시장이 대폭적으로 증가한 데에 있다고 인식하였다. 南海縣에서는 咸豊 · 同治 · 光緒年間에 신설된 허시 중 전문시장이 5할 전후였고, 順德縣에서는 신설된 허시 중 전문시장의 비율

116) 위의 사료, p.38뒤.
117) 宣統3年『番禺縣續志』 卷12, 「實業志 : 農業」, p.23뒤(成文, p.181).
118) 宣統3年『東莞縣志』 卷13, 「輿地略11 : 物産上」, p.3뒤(成文, p.348).

이 7할을 웃돌았다.

전문시장에서 유통되는 상품의 종류를 분석한 결과, 桑葉 · 누에고치 · 과일 · 채소 · 香 · 꽃 등 경제작물이 압도적으로 많았다. 이들을 취급하는 전문시장이 110개나 되어 전문시장 전체의 54%에 달하였다. 생사 · 견직물 · 면직물 · 수공예품 등의 수공업 제품(34개: 17%), 가축(22개: 11%), 어류(14개: 7%), 곡식(12개: 6%) 등도 많은 편에 속하였다. 이 중에서 가축, 어류, 곡식 등의 상품이 대량으로 유통된 것은 珠江三角洲 지역의 경제작물 재배나 수공업 생산과 밀접히 연관된 것임을 확인할 수 있었다. 따라서 이 지역 유통상품은 경제 작물과 수공업 제품으로 대별된다고 생각한다.

이에 따라 주강삼각주 전문시장의 확대를 초래한 경제작물의 재배에 대하여 향과 꽃, 채소 · 토란 · 낙화생, 果樹, 桑葉과 養蠶業으로 나누어 檢討하였다. 香은 東莞縣에서 청초부터 재배되었는데 他省(주로 강남)으로 팔려나가 이를 통해 起家한 자도 많았다. 청말에도 여전히 東莞縣에서는 향나무 재배가 왕성하였다. 꽃은 廣州나 佛山 등 도시주민의 수요에 부응하기 위해 도시 근교인 番禺縣 · 南海縣에서 재배가 활발하였다. 청말로 갈수록 꽃재배가 발전하여 꽃재배를 생업으로 삼는 경우도 많아졌다. 順德縣은 도시지역이 아니지만 주민의 경제적 상태가 나아지면서 꽃에 대한 수요가 늘어 꽃재배가 일어나기도 하였다. 채소 역시 도시 주민에 공급하기 위해 대도시 근교에서 주로 재배하였다. 南海縣이나 番禺縣이 주요한 채소 재배 지역이었다. 남해현에는 채소 전문시장이 9개나 개설될 정도로 채소의 생산과 유통이 활발하였다. 토란과 낙화생도 番禺縣이나 南海縣에서 재배되고 상품으로 유통되었다는 것이 확인된다.

주강삼각주에서는 여러 가지 과일이 재배되었는데 특히 荔枝와 龍眼이 대표적 산물이었다. 과일 역시 대도시 주민의 소비 때문인지 근교에 해당되는 番禺縣에서 주로 생산되고 유통되어 番禺縣에만 5개의 과일 전문시장이 형성되었다. 뿐만 아니라 番禺縣에서는 벼 재배를 포기하고 果樹재배에 전념하는 농민도 다수 출현하였다. 그외 順德縣 陳村의 龍眼, 南海縣 荔枝灣의 荔枝, 東莞縣의 烏欖, 增城縣의 荔枝 등이 유명하였다. 특히 陳村에는 과일생산이 많아 청초 이래 龍眼市가 성립되었을 뿐만 아니라, 재배기술도 뛰어나 인근 지방에서 재배기술을 전수받으러 오거나 묘목을 구매해 가기도 하였다. 珠江三角洲에서 생산되는 과일은 광주 등 광동에서만 소비된 것이 아니라 다른 지역으로도 팔려나갔다. 外部로 팔려나가기 위해서는 과일의 가공과 포장이 요구되었는데, 이 때문에 과일생산을 생업으로 하는 많은 농민 이외에도 과일상인(焙家), 과일상자 제조업자, 과일포장 노동자, 과일 운수노동자 등이 출현하였다.

광동 廣州府 珠江三角洲의 허시발전을 가져온 광동인의 경제작물 재배 중에서 가장 중요한 부분은 桑葉 재배와 양잠업이었다. 桑葉과 양잠관련 상품 시장이 전체 전문시장 중에서 41%를 점하였고, 경제작물 시장 중에서 76%를 점하였다. 청초부터 주강삼각주 지대에는 桑葉 재배와 양잠업이 발전하였는데 시간의 흐름에 따라 더욱 발전하여 아편전쟁을 전후한 시기에는 南海縣의 경우 桑葉만 전적으로 거래하는 桑市가 10개나 존재할 정도로 성황을 이루었다. 南海縣 九江鄕에서는 뽕나무가 들에 가득하였고 식량이 부족하여 외지에서 식량을 공급받아야 했다. 이런 결과 1830년대 광주에서 수출되는 생사 중 광동산 생사가 높은 비중(37~55%)을 차지하게 되었다. 桑葉 재배의 확대과정에서 중요한 역할을 담당한 것은 養魚와 種桑을 겸한 桑基魚塘이라는 복합적 경영방식이었다. 농촌 내에서 남녀 노동의 효율적 분업도 가능하게 하였고, 보다 효율성을 높이는 방식이 추가되어 청말에는 種桑, 養蠶, 養魚, 養豚 네 가지를 병행하는 새로운 방식으로 발전하였다. 따라서 桑基魚塘의 농법으로 높은 수익성을 보장받을 수 있었다.

주강삼각주 일대에서 양잠업과 桑葉재배를 한층 더 추동시킨 것은 1870년대의 근대적 제사공장의 건설 붐이었다. 주로 해외수요의 급증이란 여건 속에서 중국생사의 생산성을 높이기 위한 방안으로 제사업의 근대화가 추진되었고, 순덕현의 경우 1911년까지 142개의 공장이 건설되어 광동 제사업의 중심지로 부상하였다. 근대적 제사공장에 원료인 누에고치를 공급하기 위해 양잠업과 桑葉 재배는 또 한 차례의 발전가도를 달렸다. 그것은 양잠업이 가장 발달하였다는 順德縣에 그치지 않고 인근 南海縣이나 番禺縣, 新會縣으로까지 확산되었다. 인근지역에서 생산한 누에고치가 수집되어 순덕현으로 운송되었던 것이다. 이 시기 순덕현에만 19개의 繭市가 존재한 것은 이런 사정을 잘 보여준다. 토질이 桑葉 재배에 적합치 않은 東莞縣에서조차 높은 수익이 보장되는 양잠업을 적극 추진하게 되었다.

청말 광동 광주부일대의 허시의 발전은 특정 상품 한 가지만 취급하는 전문시장의 대량 출현에 기인한 것이었고, 이러한 전문시장의 대량 출현은 광주부일대에서 경제작물 재배가 크게 확대된 결과였다. 또한 경제작물 재배가 크게 확대된 것은 광동지역의 토질이나 기후조건이 경제작물 재배에 유리하였다는 자연적 조건, 경제작물에 대한 廣東과 省外 그리고 海外 수요가 존재하였다는 사회적 조건, 그리고 이런 자연적 조건을 토대로 사회적 수요에 부응하려는 광동인의 새로운 농업경영 기법(桑基魚塘)의 개발, 근대적 공업기술의 도입 등이 복합적으로 작용한 결과였다고 생각된다.

제2부

중국의 경제발전

제 3 장

明清 시기 廣東에서의 국가권력 · 宗族의 위상

— 定期市 설립 주체의 분석을 통하여 본 —

1. 머리말

중국역사상 송대 이후, 황제는 정치권력의 주체로 등장하여 군주독재정치를 실현시켰고, 청대에 이르러 황제의 전제권력은 절정에 도달하였다고 보는 것[1]이 학계의 통설이다. 높은 생산력에 기초한 방대한 국가 재정, 충성스런 관료집단과 군대, 정교한 통치체제가 이러한 황제의 전제권력을 보장하는 배경이었다 하겠다.

반면 황제 권력에 순응 · 길항하는 紳士, 지주, 상인, 종족, 秘密結社 등의 여러 세력도 명 중엽 이후 농업생산력의 발전과 상품경제의 보급에 따라 그들의 경제력을 강화시키면서 자신들의 역량을 축적해 나가고 있었다. 따라서 황제 권력, 즉 국가 권력을 대리하는 지방 당국이 통치력을 발휘하는 과정에서 각 지방에서 성장해 오는 이 같은 여러 세력과 상호관계

1) 申採湜, 「宋 이후의 皇帝權」, 『東亞史上의 王權』, 東洋史學會 編, 서울 : 한울아카데미, 1993年 참조.

를 맺게 되는데, 그 상호관계는 일방적인 관계가 아니라 상대적 관계일 수 밖에 없다.

중국처럼 광대한 영역국가인 경우, 지역에 따라 국가권력에 순응 · 길항하는 여러 사회세력의 발전 양상은 다원적이고 복합적일 수밖에 없다. 특히 중앙으로부터 멀리 떨어진 邊境에 해당하는 廣東省의 경우, 국가권력과 사회세력이 지닌 當地에서의 영향력과 位相은 고정적일 수 없고 시기에 따라 내용을 달리하는 가변적 궤적을 그린다고 생각된다.

이러한 기본시각하에 본 고에서는 광동지방의 국가권력과 사회세력이 시기에 따라 어떠한 영향력과 위상을 지니는지를 경제적 측면 특히 시장(정기시: 墟市)의 개설 문제를 통하여 고찰해 보고자 한다. 각 지역의 시장은 그 지역 경제의 중심공간으로 당지의 物貨의 교류나 재화의 집중에 있어서 중요한 역할을 담당하였고, 이에 따라 시장을 설립하거나 그 주도권을 장악하는 집단이 지역경제의 주도권을 장악하는 집단으로 성장해 나갔다고 생각되기 때문이다. 시장은 지역경제의 분배구조, 나아가서는 지역사회의 권력구조를 드러내 주는 주요 현장의 하나라고 생각된다. 그러나 종래에는 시장을 이처럼 사회적 · 정치적 입장에서 고려하는 연구 시각이 충분히 제기되지 않았다.

한국에서의 명청시대 시장 연구는 아주 일천하여[2] 시장 설립자의 문제

2) 비교적 전문적으로 시장 문제를 다룬 논문은 4편에 불과하다. 韓承賢은 明末淸初인 1640년대 福建 寧化縣에서 발생한 黃通의 抗租蜂起를 소재로 하여 정기시와 항조의 문제를 정치하게 고찰하였다. 즉 시장을 통해 농민들이 연대의식을 갖게 되었을 뿐 아니라 황통의 항조 반란에서 시장이 대중 동원의 기지로서 작용하였고, 동시에 官과의 협상 장소 또한 항조 세력의 총본부로 기능하였으며, 항조의 지도부도 시장에서 활동하였던 無賴 집단임을 밝히고 있다. 시장과 항조의 관계를 縣이라는 공간 내에서 매우 미시적으로 생생하게 그리고 있다고 생각된다(韓承賢, 「17세기 福建에서의 定期市 發展과 抗租」, 『서울大 東洋史學科論集』 第18輯, 1994年). 鄭哲雄은 揚子江 中流(湖北,湖南,江西)의 상품생산과 이에 기초한 시장구조를 다루고 있는데 특히 호북성의 시장 수가 지역별로 감소와 증가를 보이는 원인을 해당지역의 경제변화와 연관지어 해명하고 있다(鄭哲雄, 「淸代 揚子江 中流 地域의 商品生産과 市場構造」, 『明淸史硏究』 第4輯, 1995年). 필자는 廣東 珠江三角洲의 경제작물 재배의 성황과 이에 기인한 農村市場(專門市場 : 專業墟市)의 급격한 발전상황을 縣志를 통해 수량적으로 입증한 바 있다(朴基水, 「淸代 廣東廣州府의 經濟作物 栽培와 農村市場의 發展」, 『明淸史硏究』 第13輯, 2000年).

를 다룬 것은 元廷植의 논문이 유일하다. 그는 명 말로부터 청대 중기에 이르기까지 福建南部(閩南)의 정치 · 사회 · 경제적 변화와 발전에 따른 시장의 증가를 고찰하고 있는데, 복건지역에 종족제가 발전하였다는 관점에서서 종족이 지역사회 속에서 어떻게 시장을 개설하고 지배해 나갔는가를 실증적으로 검토하고 있다.[3] 그러나 그의 연구는 복건지역 시장 개설에 대한 사료의 부족으로 인하여 지역경제 속에서 종족과 국가권력의 길항관계를 충분히 설명할 수 없었다.

외국학계의 경우 명청시기 일부 지역의 정기시의 설립 주체를 언급한 연구가 있기는 하나 이것도 이를 전문적으로 연구한 것은 아니고, 해당지역의 정기시에 대한 연구를 진행하는 과정에서 부분적으로 설립 주체 사례를 제시하고 있을 뿐이다.[4] 광동 정기시의 경우에는 중국학자 李華가 비교적 전문적 연구를 진행하였다.[5] 많은 광동의 지방지를 열람하여 설립 주체에 따라 정기시를 官墟, 紳墟, 民墟, 廟墟, 學墟 등으로 나누어 밝히고 있다. 그러나 이는 사실적 자료를 나열하는 수준에 머무르고 시간적 변화에 따른 설립 주체의 변화 양상과 그에 따른 국가권력 또는 종족의 지역사회 속에서의 위상이나 영향력 등의 문제에 대해서는 전혀 주목하고 있지 않다.

따라서 본 장에서는 명청시대 광동을 중심으로 시장(정기시)의 설립과 운영을 주도한 계층이나 집단은 어떠한 세력이었는가, 그리고 시간의 변화에 따라 시장을 설립한 주체에 어떠한 변화 양상이 나타나는가를 살펴보고자 한다. 이를 위해 광동을 중심으로 명청시대 지방지를 통하여 정기

3) 元廷植, 「明末-淸 中期 閩南의 市場과 宗族」, 『歷史學報』 第155輯, 1997年.

4) 山根幸夫, 「明 · 淸初の華北の市集の紳士 · 豪民」, 『中山八郞敎授頌壽記念明淸史論叢』, 東京 : 燎原書店, 1977年, pp.303~332에서는 河南과 山東의 정기시 설립 사례를 제시하고 있고, 許檀, 『明淸時期山東商品經濟的發展』, 中國社會科學出版社, 1998年, pp.245~256에서도 산동의 사례를 일부 제시하고 있다. 唐文基 主編, 『福建古代經濟史』(福州 : 福建敎育出版社, 1995年, p.470과 齋藤史範, 「明淸時代福建の墟市について」, 『山根幸夫敎授退休記念 明代史論叢』 下卷, 明代史硏究會明代史論叢編輯委員會 編, 東京 : 汲古書院, 1990年, p.829에서는 복건의 정기시 설립 사례를 몇 건 제시하고 있다.

5) 李華, 「明淸廣東墟市硏究」, 『平準學刊』 第4輯 下册, 1989年, pp.311~362.

시를 개설한 사례를 검출해 내고자 한다.[6] 지역경제에서 주요한 역할을 담당한 세력으로서 墟市를 설립한 계층 및 집단은 지방관, 신사, 종족 그리고 개인과 향촌 등으로 분류할 수 있을 것이다. 이들이 허시를 개설하고 운영한 실상을 분석함으로써 명청시기 광동 지역사회 속에서 국가권력, 신사층, 종족 등의 위상이나 역할을 설명할 수 있고 또 그것이 지역사회의 변화에 따라 어떻게 변화되었는지를 개괄할 수 있을 것이다.

2. 지방관의 墟市 개설

〈표 1〉은 필자가 열람하였던 광동 지방지의 자료와 이화의 연구[7]를 토대로 하여 명청시기 광동의 허시 중 지방관이 설립한 사례로 명기된 것을 정리한 표이다. 이를 통해 모두 25개 州縣에서 43개의 허시가 지방관의 주도로 개설되었음을 알 수 있다. 이들 43개 허시는 廉州府 소속이 10개, 肇慶府 소속이 9개, 韶州府 소속이 6개, 雷州府 소속이 5개, 潮州府 소속이 4개, 瓊州府 소속이 3개, 廣州府 소속이 2개, 高州府 소속이 2개, 嘉應直隷州 소속이 1개, 羅定直隷州 소속이 1개로 모두 8府, 2直隷州에 걸치고 있다. 嘉慶25(1820)년에 광동성은 9부, 4직예주, 2直隷廳이었으므로 대체로 광동 대부분의 지역에서 지방관이 허시를 개설하였다고 하겠다.[8]

6) 이 작업을 위해 약 128종의 廣東省 지방지를 열람할 수 있었는데, 그중 「墟市」, 「都鄙」, 「村鎭」, 「市埠」, 「墟集」, 「城市」, 「市集」, 「港埠」라는 항목하에 허시 관련 기사가 수록되어 있는 지방지는 100여 종이었다. 여기서 약 2,250여 개의 허시를 검토하였다. 廣東省中山圖書館 編, 『館藏廣東地方志目錄』에는 약 530종의 지방지 목록이 수록되어 있으므로 필자가 열람한 자료는 그 일부분에 불과하다. 따라서 본 고에서 제시한 통계자료는 불완전한 통계자료임을 미리 지적해두고자 한다.

7) 李華, 앞의 글, 1989年.

8) 譚其驤 主編, 『中國歷史地圖集』 第8册 『淸時期』, 地圖出版社, 1982年, pp.44~45. 그런데 청말 광동성의 행정구분은 부가 9개, 직예주가 7개, 직예청이 3개였고 그 소속 주현 수는 주 4개, 현 79개, 청 1개였다. 직예청에는 소속 주, 현, 청이 없었으므로 최말단 행정기구는 87개였다. 牛平漢 主編, 『淸代政區沿革綜表』, 北京 : 中國地圖出版社, 1990年, pp.265~269에서 계산.

〈표 1〉 명청시기 광동 허시의 설립 주체 : 지방관

주현	허시 명칭	설립자 직위	설립시기	기타	사료 근거
南海縣	承濟紗市	明刺史曾儲	명대		光緖『九江儒林鄕志』卷4「墟市」
三水縣	濠口市	知縣王永名	康熙24년		이화, 「明淸廣東墟市硏究」
封川縣	惠民墟	지현莫扞	弘治10년		康熙『封川縣志』卷6「墟市」
陽春縣	河亭墟	廓同知	萬曆年間	이전	康熙『陽春縣志』卷4「墟市」
廣寧縣	雲集墟	명지현藤如麒	명대		道光『廣寧縣志』卷3「墟市」
	迴龍墟	지현審堯采	청대		道光『廣寧縣志』卷3「墟市」
高明縣	三洲墟	지현徐純申		재건	康熙『高明縣志』卷2「地理」
	塔脚墟	지현張克振	嘉慶24년		光緖『고명현지』卷2「墟市」
開建縣	龍灣墟	지현姚從智	강희23년	捐俸每間給銀參錢	康熙『開建縣志』卷1「墟市」
恩平縣	尖石墟	지현佟世界	강희25년		이화, 「명청광동허시연구」
陽江縣	城內市場	知州劉慶鎧	광서34년		民國『陽江志』卷2「墟市」
大埔縣	樂前街	지현曾廣翰	嘉靖22년		이화, 「명청광동허시연구」
	小靖官市	지현蔡科	가정22년		이화, 「명청광동허시연구」
	中軍營墟	지현王演畤	강희6년		이화, 「명청광동허시연구」
普寧縣	流沙溪墟	지방관 가능성		官租	光緖『潮州府志』卷14「墟市」
欽州	防城墟	지주林希元	崇禎以前	재건	崇禎『廉州府志』卷2「墟市」
	埳沙墟	지현黃紹美	강희60년		이화, 「명청광동허시연구」
	古衛民墟	지부康基田	乾隆40년	以形家言	道光『廉州府志』卷9「墟市」
合浦縣	西場墟	지부徐化民	강희8년		이화, 「명청광동허시연구」
靈山縣	廣濟墟	지현林錦	숭정 이전	이전	崇禎『廉州府志』卷2「墟市」
	東墟	지현임금	숭정 이전		이화, 「명청광동허시연구」
	新墟	지현林長存	강희10년		이화, 「명청광동허시연구」
	那樓墟	지현임장존	강희10년		이화, 「명청광동허시연구」
	武利墟	지현임장존	강희11년		이화, 「명청광동허시연구」
	宋泰墟	지현임장존	강희11년		康熙『염주부지』卷2「墟市」
曲江縣	淸平市	지부陳大綸	가정26년	因風水地理設, 後因寇廢	光緖『곡강현지』卷7「墟市」
	청평시	지부馬元	강희11년	또 폐지, 재건	光緖『곡강현지』卷7「墟市」
	청평시	지부唐宗堯, 지현秦熙祚	강희24년	재건	光緖『곡강현지』卷7「墟市」

曲江縣	南皐墟	지부唐宗堯, 지현秦熙祚	강희24년		光緒「곡강현지」 卷7 「墟市」
仁化縣	太平墟	지현熊惟祺	강희7년		康熙「韶州府志」 卷2 「墟」
英德縣	菜市	지현施廷柱	宣統2년		民國,「英德縣續志」 卷5 「墟市」
電白縣	園墟	楊지현	명대		이화, 「명청광동허시연구」
	太平墟	汪遊擊			光緒「高州府志」卷10허시
興寧縣	泥陂墟	지현王綸部	강희20년		咸豊,「興寧縣志」卷1街路
西寧縣	建隆墟	지현王鉞	강희8년		이화, 「명청광동허시연구」
萬州	合嶺墟	지주曾某	明季		이화, 「명청광동허시연구」
會同縣	東美市	지현曹之秀	강희8년		이화, 「명청광동허시연구」
儋縣	那大鎭	雷瓊道方長華	광서15년		民國「儋縣志」 卷2 「市鎭」
遂溪縣	北門墟	지현朱先炳	숭정년간		이화, 「명청광동허시연구」
	南門墟	지현智如愚	강희11년		이화, 「명청광동허시연구」
	南門墟	署縣王亨祺	가경6년	재건	道光「遂溪縣志」 卷4 「墟市」
	林東墟	지현宋國川	강희25년		이화, 「명청광동허시연구」
海康縣	南興市	지현南			이화, 「명청광동허시연구」

그런데 명 중엽 이후에는 경제가 비교적 신속히 발달하여 광동의 경제적 선진지대로 평가되는 광주부나 조주부에서는 비교적 지방관의 허시 개설 사례가 다른 부에 비해 적을 뿐 아니라, 그 개설 시기도 명대(嘉靖年間)나 청초에 국한되고 있을 뿐이다. 반면 광동의 서쪽에 위치하여 비교적 낙후되었던 염주부 · 뇌주부, 광동의 북부에 위치하여 역시 광동의 낙후지역이었던 소주부 지역에서는 지방관의 활발한 허시 개설이 진행되고 있었다. 경제적 후진지역이니만큼 광동당국이나 지방주현에서 그 지역의 교역과 경제를 진흥시키기 위해 적극적으로 허시를 개설하려 하였음을 느낄 수 있다. 이에 비해 광주부, 조주부에서는 후술하듯이 민간부분의 활발한 허시 개설이 진행되고 있었으므로 지방관의 허시 개설 노력이 요청되지 않았다고 생각된다.

설립 지방관으로는 당연히 직접 지역을 통치하고 민간과 접촉하는 주현관이 중심을 이루고 있다. 26명의 知縣이 31개의 허시를 개설하였고, 3명의 知州가 3개의 허시를, 5명의 知府가 6개, 1명의 府同知가 1개의 허시를 개설하였으며, 비교적 고급 지방관인 刺史, 道臺도 각기 1개씩의 허시를 개설하였고, 무관에 속한 遊擊도 1개를 개설하고 있었다.

설립시기로 보아서 명대는 13개 허시가 개설되었는데, 弘治 · 嘉靖年間 4개, 萬曆 · 崇禎年間 6개, 명대(구체적 시기 不明) 3개의 분포로 비교적 고른 상황을 보이고 있음에 비해, 청대에는 康熙年間 19개, 乾隆年間 1개, 嘉慶年間 2개, 光緒年間 2개, 宣統年間 1개, 淸代(구체적 시기 불명) 1개의 분포로 대부분이 강희년간에 집중되고 있다.

그런데 43개의 허시 중 그 개설 동기나 경과가 분명하게 알려진 것은 다음의 네 가지 사례이다. 명 1547(嘉靖26)년 曲江縣에 개설된 淸平市는 지부 陳大綸이 筆峰山 밑에 개설하였는데, 이곳은 풍수지리상 "府龍의 맥이 지나가는 곳이"었다. "인가가 드물고 텅비면, 맥이 모이지 않으니, 허시를 세워 그 맥을 모으는 것이다"라는 輿經(풍수지리서?)의 말에 따라 허를 개설한 것이다.[9] 또한 청 1775(乾隆40)년 欽州에 세워진 古衛民墟는 "州城의 동쪽이 비어서는 안된다"는 形家(地官)의 말을 듣고 지부 康基田이 급히 점포 200여 간을 지어 상인을 불러모은 것이다.[10] 그리고 강희20(1681)년 興寧縣에서는 지현 王綸部가 신사들로부터 은 230냥을 모금하여 泥陂墟의 墟址를 구입하고 허에서 나오는 수입(舖租)으로 문묘와 文昌祠의 제사비용, 묘우 수리비용, 課藝 비용으로 삼았다.[11] 康熙23년(1684) 개설된 開建縣의 龍灣墟는 吳三桂의 난으로 황폐해졌었는데 지현 姚從智의 적극적인 노력에 의해 재건된 것이다. 그는 상인을 불러모으고 허를 회복하기 위해 자신의 녹봉을 털어 점포 하나당 은 3전씩을 지급하는 상인흡인 정책을 시

9) 光緒『曲江縣志』 卷7, 「輿地書 : 墟市」, p.8앞뒤(成文出版社 影印本, p.106). "淸平市: … 明嘉靖二十六年, 知府陳大綸立市於筆峰山下, 爲府龍過脈處. 輿經云, 人煙稀曠, 則脈不團聚, 立墟所以聚之也."

10) 道光『廉州府志』 卷9, 「建置三 : 墟市」. "古衛民墟 : 乾隆四十年, 知府康基田, 以形家言城東不可空寂, 卒民築廛舍二百餘間以招來商賈."

11) 咸豊6年『興寧縣志』 卷1, 「街路」, p.15뒤~p.16뒤(學生書局, 1973年, pp.1018~1020).

행하였다.[12] 이상의 네 가지 사례가 지방관이 허시를 개설한 동기와 경과를 모두 말해 주는 것은 아니겠지만 이 중 명대 가정년간의 사례나 청대 건륭년간의 사례가 풍수지리설에 기인하여 허시를 개설한 것이라는 사실은 매우 상징적이다. 즉 이 경우는 해당 지역의 경제적 발전을 추진하거나 민간의 요청을 받아들여 허시를 개설한 것이 아니다. 그러나 강희년간의 두 사례에서는 지역사회의 학술이나 문화를 진작시킬 의도에서 허시를 개설하고, 지방의 경제를 부흥시키려는 필요에서 지방관이 적극적으로 상인을 불러모으는 상황을 느낄 수 있다. 허시를 개설하는 사례는 아니지만 강희년간 臨高縣에서 지현 樊庶가 적극적으로 민간의 시장경제에 개입하고 시장을 관리하려는 사례[13]를 통해서도 강희년간 지방관의 적극적 시장정책을 엿볼 수 있다.

강희년간의 이러한 지방관의 적극적 허시 설립의지는 개별 지방관의 사례에 그치는 것이 아니라 19건이라는 사례가 말해 주듯이 적어도 광동성 전체의 상황을 말해 주고 나아가서는 강희년간의 시대적 상황과 분위기를 느끼게 해 준다. 광동성에 관한 한 강희년간에는 광동성 당국의 주도하에 허시설립이 이루어지고 있음을 볼 수 있다. 즉 국가권력이 적극적으로 허시를 개설하여 경제를 진흥시키려는 정책을 추진하고 있었음을 보여준다고 하겠다. 반면 그 이후 시대에는 지방당국에 의한 허시 개설이 미미하다는 사실에서 국가권력이 허시개설에 대해 무관심했거나, 민간의 자율에 맡기는 방임정책을 취하고 있었다고 할 수 있지 않을까?[14]

12) 康熙31年『開建縣志』 卷1, 「輿圖 : 墟市」, p.14앞. "龍灣墟 : 康熙十三年西逆(平西王吳三桂)變亂, 兵馬駐防, 其墟遂廢. 康熙二十三年知縣姚從智, 招徠商民, 復墟起舖, 捐俸每舖一間給銀參錢."

13) 康熙46年『臨高縣志』 卷3, 「建置志 : 墟市」(『日本藏中國罕見地方志叢刊』, 書目文獻出版社, 1992年), p.563. "多文市, 治東南三十里. 其市舊有, 地租每至年終, 市主橫收, 商者擾之. 康熙四十三年, 知縣樊庶, 捐俸悉買其地, 聽賈者建屋宇貿遷, 商民稱便, 其市日盛."

14) 이는 광동지역에서 지역사회에 대한 국가권력의 영향력이 청말로 갈수록 감소되었다고 판단할 수 있는 하나의 근거라고 생각된다. 그러나 광동지역에서 청대 후반으로 갈수록 국가권력의 영향력이 감소되기는커녕 오히려 강화되었다고 판단하는 연구도 있어 흥미롭다. 俞

강희년간 지방관들의 적극적인 허시 개설의 사례는 광동에만 국한되는 것은 아닌 것 같다. 〈표 2〉는 명청시기 山東, 河南의 市集 개설 사례를 설립 주체를 중심으로 山根幸夫와 許檀의 연구[15]에 기초하여 작성해 본 것이다.

〈표 2〉 명청시기 산동 · 하남 시집의 본 장

주현	허시 명칭	설립자	설립시기	기타	사료 근거
臨潁縣	縣市	지현李實	洪武29년		順治『臨潁縣志』 卷2 市廛
德州	民市 등	지주 추정	永樂9년	5시개설	乾隆,『德州志』 卷4 「市鎭」
青州府		지부孟迪	正統2년	建市集通貿貨	嘉靖『青州府志』 卷13 宦績
夏津縣		縣令薛正	天順2년	起立集場以貿遷有無	嘉靖『夏津縣志』 卷5 藝文志
內鄕縣	東街 등	지현沃頫	成化年間	4시개설	成化,『內鄕縣志』 卷2 市集
尉氏縣	南曹寨集	지현劉紹	성화년간		嘉靖『尉氏縣志』 卷1 市集
夏津縣	張里長屯集	지현鄭陽	홍치년간		嘉靖『夏津縣志』 卷5 藝文志
高唐州	州市 등	지주桑蓁	가정以前		嘉靖『高唐州』 卷7宦績志
尉氏縣	白家潭集	지현曾嘉誥	가정연간		嘉靖『尉氏縣志』 卷1 市集
伊陽縣	城集	지현張文德	順治5년		道光『伊陽縣志』 卷1 集市
淇縣	青龍鎭	지현柴望	순치8년	鄕集再興	順治『淇縣志』 卷1 集市
靈寶縣	西關集市	지현江蘩	강희19년	재건	光緒『靈寶縣志』 卷6 藝文志
濟源縣	北門城集	지현	강희23년	因民居爲市	乾隆『濟源縣志』 卷15 藝文志

長根 교수는 「淸代 兩廣의 地域社會와 國家權力」(『大丘史學』 第61輯, 2000年)에서 珠江三角洲의 沙田 개발과정에 국가권력이 적극 개입하였고 사전에 대한 과세를 통하여 청대 후반으로 갈수록 사전에 대한 관리능력을 강화시켜 갔다고 주장한다. 아울러 新政時期의 廣州商務總會(1905年)가 성립하여 상인의 세력이 강화되었고, 1907년 조직된 粵商自治會는 지역사회의 광범위한 분야에서 정부의 역할을 대행하였으며, 1842년 이후 홍콩의 상인단체에서 설립한 東華醫院도 국가의 역할을 대행하는 사례가 보이는데, 이들의 활동은 국가권력에 대한 도전이라기보다는 국가권력의 대행자 또는 분담자로서 국가권력의 영향력의 감소를 초래하지는 않았다고 보고 있다. 그렇다면 청대 후반 광동에서 국가권력은 경제정책상 소극적이거나 미온적이지 않고 적극적으로 대처하였다고 보아야 할 것인가?

15) 山根幸夫, 「明 · 淸初の華北の市集の紳士 · 豪民」, 『中山八郎教授頌壽記念明淸史論叢』, 東京 : 燎原書店, 1977年, pp.303~332. 許檀, 『明淸時期山東商品經濟的發展』(中國社會科學出版社, 1998年, pp.245~256.

裕州	北關集 等	지주潘雲桂	강희29년	4집개설	康熙「裕州志」 卷2 集鎭
	興隆集 等	지주董學禮	강희45년	3집개설	乾隆「裕州志」
商水縣	城集	지현修映辰	강희52년	관외 → 성내	乾隆「商水縣志」 卷1 集市
恩縣	惠民集 등	지현陳學海	강희58년	9시집개설	雍正「恩縣續志」 卷1 「市鎭」
裕州	栢樹岡集	지주金理	옹정9년	2집개설	乾隆「裕州志」
	高家集 等	지주宋名立	옹정13년	5집개설	乾隆「裕州志」
范縣	鄭興集	향신鄭邦士	천계말년		康熙「范縣志」 卷下 藝文
長葛縣	石固店集	사인楊愼成	숭정7년	향집	道光「長葛縣志」 卷2 鎭集
齊東縣	九扈鎭	향환唐夢賚	강희초년	經紀추방(義集化)	康熙「齊東縣志」 卷8 藝文篇
長山縣	禮參店	庠生馬輝祖	건륭14년	義集	嘉慶「長山縣志」 卷1 市集
文登縣	鄉集	신사陳守仁 등 10명 신사	건륭38년	모금 → 추방 牙儈(義集化)	民國「文登縣志」 卷3上 坊市
禹城縣	北辛店集	雜行李棟材	강희61년	義市化	嘉慶「禹城縣志」 卷4 街市
單縣	興元鎭	曹馬兩大姓			康熙「單縣志」 卷1 鄉村故名
內鄉縣	半川里	居民李謙吾	성화甲辰		成化「內鄉縣志」 卷2 市集
齊河縣	出家營集	王翔 형제	가정31년		民國「齊河縣志」 卷22 藝文

산동 · 하남성의 경우는 14개 부, 주, 현에서 19명의 지방관이 44개 시집을 개설하고 있다. 신사가 주도적으로 시집을 설립한 사례가 5건, 상인은 1건, 종족이 1건, 개인이 2건으로 지방관의 시집 건설이 주류를 이루고 있다. 화북지역 경제에 대한 국가권력의 영향력이 절대적임을 보여주는 통계자료라 할 것이다. 그리고 지방관에 의한 시집 개설시기를 보면 명 전기(洪武-天順年間)가 4명의 지방관에 의한 8개 시집 개설, 명 중기(成化-嘉靖年間)가 5명의 지방관에 의한 8개 시집 개설, 청 順治年間 2명의 지방관에 의한 2개 시집개설, 강희년간은 6명의 지방관에 의한 19개 시집의 개설, 옹정년간 2명의 지방관에 의한 7개 시집개설로 역시 강희년간이 가장 많은 비중을 점하고 있다. 산동 · 하남의 화북의 경우도 광동처럼 강희년간에 집중적으로 시집이 개설되고 있음을 알 수 있다.

광동과 인접한 복건의 경우도 지방관에 의한 허시 개설은 주로 강희년간에 이루어진 것으로 파악된다. 원정식 등의 연구[16]에 의하면 강희6년,

27년, 28년, 44년에 복건 南靖縣, 詔安縣, 歐寧縣, 海澄縣에서 지방관이 각기 허시를 개설한 네 가지 사례를 확인할 수 있다. 다른 시기의 사례를 들고 있지 않으므로 복건 역시 강희년간이 지방관에 의한 허시 개설의 정점이었다고 생각된다. 이를 통해 볼 때 청조의 경제정책 중 시장개설에 관해서는 강희년간에 국가의 영향력이 가장 강력하였고 그 이후 점차 감소되는 경향이었음을 看取할 수 있다.

3. 신사의 허시 개설

〈표 3〉은 명청시기 광동의 허시 중 신사들이 주도적으로 설립한 사례를 모아 도표화한 것이다. 13개 주현에서 18개 허시가 신사들에 의해 개설되었음을 알 수 있다. 이들 18개 허시는 광주부 6개, 경주부 5개, 惠州府와 조주부가 각각 2개, 조경부 · 고주부 · 뇌주부가 각각 1개씩이다. 광동에서 가장 일찍 개발되기 시작하고 경제와 문화가 발달한 광주부에서 가장 많은 사례를 보이는 것은 당연하게 여겨진다. 그러나 경주부에서도 비교적 많은 사례가 보여지고 있는데 이는 경주부(海南島)에도 신사집단이 상당히 형성되었다는 것을 의미한다. 우리에게 익숙한 명 초의 사상가이자 정치가인 丘濬(1420~1495)이 瓊山縣 출신이고 명 후기의 청렴결백한 명관 海瑞(1513~1587)도 경산현 출신이다. 청 강희49년에는 구준의 출생지 경산현에 瓊台書院이 설립되어 많은 과거급제자를 배출하고 있다.[17] 이러한 인문적 환경은 경주부에도 일정한 신사 세력을 형성하게 하였다고 생각된다.

---

16) 元廷植, 「明末-淸 中期 閩南의 시장과 종족」, 『역사학보』 第155輯, 1997年, p.104 ; 唐文基 主編, 『福建古代經濟史』, 福州 : 福建教育出版社, 1995年, p.470 ; 齋藤史範, 「明淸時代福建の墟市について」, 『山根幸夫教授退休記念 明代史論叢』 下, 明代史硏究會明代史論叢編輯委員會 編, 東京 : 汲古書院, 1990年, p.829.

17) 廣東百科全書編纂委員會 編, 『廣東百科全書』, 北京 : 中國大百科全書出版社, 1995年, p.655, 374, 653.

허시를 개설한 신사의 계층별 분포를 보면 進士 1건, 紳 3건, 貢生 1건, 監生 2건, 生員 4건, 그리고 단지 '紳士'로 표기된 경우가 7건이다. 상층의 紳이나 하층의 士나 비교적 고르게 허시 개설에 참여하고 있다.

설립 시기를 보면 명대 3건(명중기 1건, 명말 1건), 강희년간 5건, 건륭년간 5건, 가경년간 2건, 청후기 3건(道光1, 咸豊1, 光緒1)으로 지방관이 개설한 사례에 비해 강희년간 이후에도 비교적 많은 허시 개설이 이루어지고 있었음을 알 수 있다. 광동에서 신사세력이 청조 성립 이후 점차 경제력을 확대하면서 정기시 개설에 참여한 것으로 생각된다. 특히 광주부 南海縣에서 絲墟가 九江鄕의 신사들에 의해 가경년간에 公設된 사례나 東莞縣에서 布墟가 茶山鄕 '紳耆'들에 의해 건륭년간에 개설된 사례를 통해, 광주부의 신사들도 점차 주강삼각주에서 발전하고 있었던 상업적 농업이나 수공업생산에 참여하고, 그 산물(生絲, 棉布)을 시장에서 매매하는 데에 적극 관여하고 있었음을 간파할 수 있다. 특히 남해현의 구강향은 順德縣의 龍江鄕과 더불어 뽕나무 재배의 중심지였고 가경년간에는 뽕나무가 들에 가득하여 빈땅이 없을 지경이었다.[18] 이러한 뽕나무 재배를 토대로 양잠업이 진행되고 양잠업을 통해 생산한 누에고치에서 생사를 뽑는 繅絲業(제사업)이 발전하였으리라 생각된다. 구강향은 지리적 조건이 좋아 교통의 요지이므로 "뽕, 생사, 蠶種이 모두 구강에 모여 거래된다. 근자에는 구강의 생사가 坡山의 제품보다 훨씬 나아 광주나 佛山에 팔리고 외국에까지 수출된다."[19]라는 내용이 광서『九江儒林鄕志』에 기록되고 있는 것으로 보아 가경년간에도 일정 정도 소사업이 발전하였고 그 매매도 성행하였으리라 생각된다. 이러한 배경하에서 구강향의 신사들은 사허를 수

18) 拙稿, 「淸代 廣東의 對外貿易과 廣東商人」, 『明淸史硏究』 第9輯, 1998年, p.79.

19) 光緖9年『九江儒林鄕志』 卷3, 「輿地略」 · 「物産」, p.16뒤~p.17앞(『中國地方志集成 : 鄕鎭志專輯』 31, 南京 : 江蘇古籍出版社, 1992年, pp.376~377. "絲, 坡山之絲線良, 龍江之絲綢良, 然其蠶種率購之於九江. (廣東新語) 謹按蠶種不必九江, 猶土絲亦不盡九江, 惟九江地大水陸輻輳, 故桑絲蠶種皆來九江貿易, 又近日九江絲線遠勝坡山, 行於省佛, 販出外洋."

립하게 되었던 것이다.

동관현의 다산향에는 본래 墟場이 설립되어 있어 일상생활품의 매매에는 불편이 없었다. 그러나 면포나 면사의 공급이 유독 적어 방적을 하거나 직포하는 부녀자는 원료를 구입하거나 제품을 판매하기 위해 멀리 石龍墟까지 나가야 했는데 하루가 꼬박 걸리는 일정이었다. 이에 다산향의 紳耆들은 포허를 개설하기로 의견을 모아 시장터를 물색한바 향신 袁定宇가 토지를 제공하였다. 이곳에 鋪亭을 짓는 데 은 300냥이 소요되어 2냥을 한 구좌로 150구좌 300냥을 모았다. 시장의 점포세 수입은 지주인 원정우가 4분의 1을 갖고, 나머지 4분의 3에 대해서는 전체 300냥 중의 투자비율에 따라 분배하기로 하였다.[20] 그런데 포허 개설을 위한 기금모금 시 어떤 경우는 일족 단위로 기금을 납부하기도 하였다고 한다. 종족제가 발달한 광동이기에 이처럼 종족을 중심으로 한 허시 개설에의 참여가 이루어질 수 있었던 것이다.

20) 民國『茶山鄕志』 卷2, 「建置略」, p.16뒤~p.17앞(『中國地方志集成』 鄕鎭志專輯 32, 南京 : 江蘇古籍出版社, 1992年 영인), pp.378~379. “吾鄕茶山爲莞邑上里之中區, 自古設有墟場, 便民買賣, 而布縷獨少, 婦女之業袛績者, 皆赴石龍而沽往返, 必窮一日之力, 是以本鄕紳耆, 集同擬(?)議招集布墟而盖造布亭, 旣宜得地, 又需資財乃籌之. 鄕紳袁定宇租其土名鷓鴣嶺旁之地, … 今鋪亭修蓋已成, 計其費用, 共支銀三百兩, 其中或出自一族, 或出自一人, 多寡不一, 集衆公議, 以捐銀二兩爲一份, 歲中租利俱以四股均分, 地主袁定宇得一股, 其餘三股分爲一百五十份, 每捐銀二兩者得一份.”

〈표 3〉 명청시기 광동 허시의 본 장 : 신사

주현	허시 명칭	설립자	설립시기	기타	사료 근거
南海縣	儒林文社絲墟	闔堡(九江)紳士公設	가경4년	歲取廛, 供用堡士人課文之費	道光『南海縣志』 卷13 「墟市」
番禺縣	麥邊墟	庠生區鐍	가정년간		同治『番禺縣志』 卷18 「墟市」
	石岡墟	監生彭躍龍	가경17년	移轉	同治『番禺縣志』 卷18 「墟市」
順德縣	倉前市	庠生岑宗周	명대		咸豊『順德縣志』 卷5 「墟市」
	均安墟	紳士歐陽信 · 歐陽溟等	咸豊4년		宣統, 『順德縣志』 卷3 「墟市」
東莞縣	布墟	本鄉紳耆(鄉紳袁定宇)	건륭28년	開設費300兩	民國『茶山鄉志』 卷2建置略
四會縣	黃岡墟	庠生李復元	건륭17년		光緒『四會縣志』편2 「墟市」
連平州	東昌墟	生員謝呈芳	강희년간		이화, 「명청광동허시연구」
	城隍墟	進士湛口業	강희20년		이화, 「명청광동허시연구」
揭陽縣	楓口市	鄉紳江鳳鳴	건륭60년		光緒『揭揚縣續志』 卷1 「墟市」
澄海縣	白沙埠	紳士楊吉士, 鍾岳	건륭년간		이화, 「명청광동허시연구」
樂會縣	慶禮市	孝廉王啓祚	명말		이화, 「명청광동허시연구」
定安縣	龍門市	紳士王忠銘	강희년간		이화, 「명청광동허시연구」
瓊山縣	咸諒市	貢生宏仁	건륭간	捐地設	이화, 「명청광동허시연구」
	培龍市	郡紳	도광18년		民國『瓊山縣志』 卷5도시
	文嶺市	監生吳業那, 朱汝南等	광서33년		民國『瓊山縣志』 卷5도시
石城縣	小松墟	紳士溫秀逵	강희60년		이화, 「명청광동허시연구」
徐聞縣	大黃墟	紳士	강희30년		이화, 「명청광동허시연구」

신사들이 세운 허시이니만큼 허시에서 얻은 수입은 신사들의 생활과 관련된 곳에 지출되었다. 남해현 구강향의 경우 매년 점포에서 시장 이용세를 받아 구강향 전체 士人을 위한 비용 즉 과거응시자 격려 잔치(賓興) 비용이나 과거응시자의 학습교재(課文) 비용으로 사용하였다.[21)]

신사들은 지역사회의 가장 유력한 집단 중 하나였으므로 지역 경제에서 중요한 역할을 하였음은 잘 알려져 있다. 吳金成 교수의 연구에서 자세히 밝혀졌듯이 신사는 그들에게 부여된 優免特權을 이용하여 대토지를 집적하거나 개인의 영향력 혹은 관과 연결하여 水利用益을 장악하였다. 도로, 교량, 渡場 등을 사점하거나 시장을 개설하고 牙行에 관여하며, 고리대를 경영하고 객상에게 자본을 공급하며 鹽密賣나 해상밀무역에 참여하고, 수공업 경영에 간여하는 등 시장이나 상품유통구조를 지배하였다.[22] 이러한 신사의 지역경제에서의 역할은 지역경제를 추동하는 긍정적 역할을 하기도 했지만 사리추구로 지탄받는 상황에서도 알 수 있듯이 부정적 기능 또한 적지 않았다. 화북의 경우에서도 豪强, 勢豪 등으로 표현되는 상급신사나 生監層의 하급신사가 시집에서 아행을 통해 사리를 추구함으로써 폐해를 일으키는 일이 적지 않았다.[23] 이러한 사정은 광동에서도 마찬가지였을 것이다.

일부 지역의 사례이지만 雍正年間 동관현에서는 '豪食之徒' 가 그들의 재산을 이용하여 겸병을 일삼는 '武斷鄕曲' 의 행위를 자행하고 '山海之利' 를 독점하는 횡포를 저질렀다[24]고 한다. 여기서 '豪食之徒' 는 지주, 부상이나 고리대업자일 수도 있겠지만 무단향곡하고 산해지리를 독점한다는 내용으로 볼 때 가경 『동관현지』에서 말하는 豪强(즉 상층신사)과 동류라고 생각된다. 가경년간 동관현에서는 호강과 교활한 牙儈(豪强狙獪)가 허시에서 공적 시장세인 牙稅와 사적인 수수료를 수탈하는 무단향곡의 행

21) 光緖9年『九江儒林鄕志』 卷4, 「建置略 : 墟市」, p.76앞(『中國地方志集成: 鄕鎭志專輯』 31, 南京 : 江蘇古籍出版社, 1992年), p.435. "儒林文社絲墟, 在大墟心, 嘉慶四年己未, 闔鄕紳士聯稟上憲公設, 所有土絲蠶紙沙布皆於此儈賣, 歲取廛以供通鄕士人賓興應試課文諸費."

22) 吳金成, 「明 · 淸時代의 國家權力과 紳士」, 『講座 中國史Ⅳ-帝國秩序의 完成』, 서울대학교 동양사학연구실 편(서울 : 知識産業社, 1989年), p.222. 아울러 吳金成, 『中國近世社會經濟史硏究-明代紳士層의 形成과 社會經濟的 役割』(서울 : 一潮閣, 1986年)은 양자강 중류인 강서, 호남, 호북 3성의 구체적 지역에 근거하여 명대 신사층 형성과 사회경제적 역할을 실증적으로 규명한 저술이다.

23) 山根幸夫, 「明淸時代華北市集の牙行」, 『明淸華北定期市の硏究』, 東京 : 汲古書院, 1995年, pp.70~73.

24) 雍正10年『東莞縣志』 卷3, 「墟市」, p.1뒤. "豪食之徒, 役財兼併, 以武斷于鄕曲, 恣睢圉奪, 擅管山海之利."

위를 자행하자 허시에서 거래하는 사람들이 그 수탈을 두려워하여 허시에 출입하지 않았으므로 허시가 쇠망하게 되었다[25]고 한다. 여기서 호강은 광동 지역사회에서 유력자인 상층신사라고 생각된다. 그들이 아행(狙儈)을 사주하여 허시에서 가혹한 수탈을 하게 되자 결국에는 허시가 쇠퇴하는 부정적 결과가 초래되었던 것이다.

많은 物貨가 유통되는 시장은 지역사회의 유력자가 축재를 하기에 좋은 공간이었다. 따라서 사리추구에 적극적인 상층신사가 시장에 적극 개입하여 이익을 독점하는 사례가 적지 않았다고 생각된다. 그러나 지나친 사리추구가 시장을 폐허화하는 부작용을 낳았던 것이고 이러한 사정은 가경년간에 국한되는 것이 아니었다. 宣統『동관현지』 역시 그러한 사정을 전하고 있다.

> "鄕宦이 허시를 다투는 것을 근자에 목격한 바로 茅州의 경우는 가슴에 섬뜩할 정도이다. 모주는 옛 시장터로 수백가를 밑돌지 않아 富庶하다고 일컬어졌지만, 지금은 이미 무너진 담장과 여기 저기 기왓장 조각만 널려있을 뿐이다. 수백가의 백성은 죽은 자가 절반이요 달아난 자가 절반이다. 분노스러워도 감히 말할 수 없다. 분쟁의 재앙이 이 지경에 이르렀도다."[26]

이러한 향신의 허시 독점과 이로 인한 부작용은 동관현에 국한되지는 않았을 것이다. 그리고 신사의 시장 지배와 독점은 신사 개인에 의하여 진행되었다기보다 그와 밀접하게 연결된 아행, 서리, 무뢰 등의 세력과 연계되었을[27] 것임은 두말할 필요가 없을 것이다. 그런데 명 중기 이후 향촌에

25) 嘉慶『東莞縣志』 卷9, 「坊都：附虛市」, p.7뒤. "後世公取私斂, 商始病矣. 而豪强狙獪(儈), 武斷鄕曲, 貿易者畏其挾制, 裹足不前, 是以墟市遞相衰王(亡)."

26) 宣統3年『東莞縣志』 卷21, 「建置略 6：墟市」, p.1뒤(成文出版社 影印本, p.622). "鄕宦爭墟, 以近所目擊, 茅州可寒心也. 茅州舊墟地, 不下數百家, 稱富庶. 今已蕩然, 頹垣瓦礫壘壘矣. 此數百家之民, 死者半, 竄者半, 敢怒不敢言, 爭之流禍至此."

27) 吳金成, 「明淸時代의 無賴: 硏究의 現況과 課題」, 『동양사학연구』 第50輯, 1995年.

서는 신사를 중심으로 종족결합이 크게 증가하였고 심지어 '聚族而居' 하는 규모가 萬數를 헤아리는 村寨도 나타났다. 특히 신사의 강력한 영향력하에서 종족이 발전하는 경우가 많았다[28]고 설명되고 있다. 따라서 광동같이 종족제가 발달한 지방에서는 신사의 지역사회에서의 활동을 언급하면서 종족과의 관련을 무시할 수는 없을 것이다.

4. 종족의 허시 개설

〈표 4〉는 명청시기 광동에서 종족이 개설한 허시를 정리한 것이다. 모두 14개 현에 45개 허시가 종족에 의해 건설되었다. 우선 지역적 분포를 살펴보면 광주부에 19개로 가장 많고 다음이 조주부에 14개, 조경부에 6개, 고주부에 3개, 경주부 2개, 嘉應州 1개이다. 광주부는 주강삼각주의 중심부분이고, 조주부는 韓江三角洲의 주요부분이다. 광동의 선진적 경제지역은 주강삼각주와 한강삼각주라 하겠는데 그 지역에서 종족에 의한 허시의 개설이 가장 빈도가 높게 나타난다는 사실은 그 두 지역이 광동 중에서 종족의 발달이 현저한 지역이라는 사실을 말해 주고 있는 것이다.

광동 주강삼각주에서의 종족 발달은 이 지역의 사전 개발과 밀접한 관련을 맺고 있다. 沙田은 주강의 상류에서 실려온 모래톱을 개발하여 이루어진 토지로 오랜 시간에 걸쳐 이루어졌다. 사전 개발은 명대 중기에 이르러 농산물의 상품화가 진전되면서 더욱 촉진되었다. 청대에 들어서도 개발은 계속 이루어졌고, 그 결과 삼각주 지대는 청 중기에 이르면서 전국에서 몇 손가락 안에 꼽힐 정도로 경제가 발전한 선진지역으로 자리잡았다.[29] 사전 개발에는 많은 노동력이 필요하였는데 종족이 사전개발에 참

28) 吳金成, 「明淸時代 社會經濟史의 成果와 課題」, 『明淸史硏究: 明淸史學會創立二十周年紀念特輯號』 第19輯, 2003年 10月, p.24.
29) 유장근, 「淸代 兩廣의 地域社會와 國家權力」, 『大丘史學』 第61輯, 2000年, pp.36~37.

여한다면 다수의 노동력을 동원할 수 있었다. 아울러 사전 개발을 둘러싸고 많은 소유권 분쟁이 발생하였는데 이때도 인구수가 많거나 관과 밀착되어 있는 종족이 유리하였다.[30] 종족의 단결을 유지하기 위해서는 족전이 필수적이었다. 이러한 족전은 대부분 사전개발에 의해 형성되고 확대되었다. 사전의 개발과 이를 통해 조성된 족전은 종족을 재생산하고 그 영향력을 유지하는 데 더 없이 좋은 토대였다.[31]

사전의 개발이 진행되면서, 종족도 성장하고 종족이 성장함에 따라 족전도 확대되었다. 예컨대 番禺縣 沙灣의 留耕堂[32]의 족전은 만력15(1587)년에 겨우 14畝였으나 명 말에는 이미 2,144무로 증가하였고 강희57(1718)년에는 16,409무, 건륭년간에는 31,676무, 민국9(1920)년에는 56,575무로 늘어났다. 333년간 증가한 부분만 원래 족전의 4,040배에 달하였던 것이다. 新會縣의 종족인 何世德堂의 족전도 가경23년(1818)에 0.9무에 불과하였으나 광서17(1891)년에는 2,189무로 증가하였다.[33] 이에 따라 민국시기에는 주강삼각주 주요 현의 경지면적의 절반 이상이 족전인 이상 현상이 출현하였던 것이다.[34]

30) 유장근, 『近代中國의 秘密結社』(고려원, 1996年, p.44에 의하면 順德縣과 香山縣 사이에 사전 확보를 둘러싸고 분쟁이 일어났을 때 정부가 정해놓은 규정보다는 무력투쟁과 재판투쟁을 통해 사전을 확보할 수 있었다고 한다. 무력투쟁에서 승리하기 위해서는 武生 등 무예에 뛰어난 자들을 고용하거나 천지회를 끌어들이기도 하였겠지만 우선적으로 자신의 종족의 성원이 많아야 하였을 것이다. 아울러 재판투쟁에서 승리하기 위해서는 관과의 관계가 무엇보다도 중요하였다.

31) 유장근, 「清代 兩廣의 地域社會와 國家權力」, pp.39~40.

32) 留耕堂은 1854년 천지회 반란이 일어나자 진압을 위해 3만 5,000냥을 기부한 반우현 사만의 대호 何姓의 堂號이다. 유장근, 『근대중국의 비밀결사』, pp.45~46.

33) 葉顯恩 · 譚棣華, 「論珠江三角洲的族田」, 『明清廣東社會經濟形態研究』, 廣東歷史學會 編, 廣東人民出版社, 1985年, pp.26~27.

34) 1934년 광동의 주강삼각주 족전(太公田)을 조사한 陳翰笙의 자료에 의하면 반우현 경지면적의 50%, 순덕현의 60%, 신회현의 60%, 남해현의 40%, 中山縣 50%가 족전이었다. 사전지역 경지는 약 80%가 족전이었다 한다. 진한생, 『廣東的農村生產關係與農村生產力』, 中山文化教育館, 1934年(馮和法 編, 『中國農村經濟資料續編』 下, 臺北 : 華世出版社, 1978年에 수록).

〈표 4〉 명청시기 광동 허시의 본 장 : 종족

주현	허시 명칭	설립자	설립시기	기타	사료 근거
남해현	開邊墟	朱姓			도광『남해현지』 권13 「허시」
	埋邊墟	陳姓			도광『남해현지』 권13 「허시」
	里南墟	何黃 等各姓	강희27년		동치『남해현지』 권5 「허시」
	豬墟(大河洲嘴)	馮族	도광간		광서『九江儒林鄉志』 권4 「허시」
	新桑墟	朱族	함풍년간		상동
반우현	鑵岡墟	鍾守分 · 鍾百揆等	明宣德間		동치『반우현지』 권18 「허시」
	南岡墟	秦姓	건륭48년		이화, 「명청광동허시연구」
	迴龍市	兩鄉陸姓	도광9년		동치『반우현지』 권18 「허시」
순덕현	新墟	歐姓	함풍년간		함풍『순덕현지』 권5 「허시」
	倫敎繭市1	鄭姓	함풍6연 -선통간		선통『순덕현지』 권3 「허시」
	윤교견시2	梁姓	상동		선통『순덕현지』 권3 「허시」
	絲市1	鄭姓	상동	已廢	선통『순덕현지』 권3 「허시」
	사시2	梁姓	상동		선통『순덕현지』 권3 「허시」
	蠶紙市	鄭姓	상동		선통『순덕현지』 권3 「허시」
	繭綢市	鄭姓	상동		선통『순덕현지』 권3 「허시」
	繭綢市	鄭姓	상동		선통『순덕현지』 권3 「허시」
	紗綢市	鄭姓	상동		선통『순덕현지』 권3 「허시」
增城縣	派潭墟下墟	熊姓	건륭 이전	熊姓稅地	건륭『增城縣志』 권1 里塵
	파담허新墟	張姓		張姓稅地	동치『증성현지』 권1 里塵
揭陽縣	埔田市	埔田徐姓	가경간		광서『揭揚縣續志』 권1 「허시」
	車田鄉市	車田各姓	가경간		광서『게양현속지』 권1 「허시」
	永興市	桐坑鄉林姓	도광6년		광서『게양현속지』 권1 「허시」
	京溪員墟	長灘鄉陳姓	도광13년		광서『게양현속지』 권1 「허시」
	下鄉市	林姓鄉	도광간		광서『게양현속지』 권1 「허시」
	鎮江墟	五經富鄉曾姓	함풍11년		광서『게양현속지』 권1 「허시」
	庵後鄉市	鄉內高姓	함풍간		광서『게양현속지』 권1 「허시」
	洪聚鄉市	謝姓鄉人	광서간		광서『게양현속지』 권1 「허시」
普寧縣	鯉湖墟	方姓		方姓糧業	건륭『普寧縣志』 권1 「허시」
	大壩墟	방성		방성량업	건륭『보녕현지』 권1 「허시」

普寧縣	廣平墟	방성		방성량업	건륭『보녕현지』 권1「허시」
	湖東墟	李姓		李성량업	건륭『보녕현지』 권1「허시」
	新崑安市	衆姓		衆姓糧業	건륭『보녕현지』 권1「허시」
	貴嶼市	衆姓		衆姓糧業	건륭『보녕현지』 권1「허시」
四會縣	塔山艮墟	墟主李姓	건륭9년		광서『四會縣志』 편2「허시」
	地頭墟	허주吳林江李四姓			광서『사회현지』 편2「허시」
	下茅墟	허주陳李兩姓			광서『사회현지』 편2「허시」
	牛皮墟	허주潘姓	광서년간		광서『사회현지』 편2「허시」
	黃岡墟	허주陳姓	광서년간		광서『사회현지』 편2「허시」
陽春縣	河亭墟	胡楊二姓	만력년간	用胡楊二家地, 准二姓收稅	康熙『陽春縣志』 권4「허시」
茂名縣	梅菉墟	梅姓, 陸姓		曰梅陸墟	광서『고주부지』 권10「허시」
石城縣	小松墟	鄭姓	강희60년 이전	按期收稅, 管理權移轉(溫姓)	道光『石城縣志』 권1「허시」
電白縣	莊垌墟	蔡黃姓			광서『電白縣志』 권6「허집」
定安縣	嶺口市	莫張龍三姓	강희初年		광서『定安縣志』 권1「허시」
澄邁縣	福山市	王姓	만력년간		가경『澄邁縣志』 권2「허시」
長樂縣	水寨一墟	周曾二姓	명계(1639)		이화, 「명청광동허시연구」

종족에 의한 허시 설립시기는 명대가 4개, 청 전기(강희년간) 3개, 청 중기 4개(건륭년간 2개, 가경년간 2개), 청 후기 20개(도광년간 5개, 함풍~선통년간 15개)이다. 도광 이후의 청 후기로 갈수록 종족이 건립한 허시 숫자가 가파르게 늘고 있음을 볼 수 있다. 이 점에서도 청대 후기로 갈수록 광동의 종족은 지역사회에 대한 영향력을 확대시키고 종족 자체의 규모와 역량이 증대하고 있음을 알 수 있다.

이러한 종족의 성장은 사전의 확대에 수반한 상업적 농업이나 공업의 발전과 불가분의 관련을 맺고 있었다고 생각된다. 그리고 이러한 상업적 농업이나 공업의 발달은 광주부를 중심으로 한 주강삼각주와 조주부를 중심으로 한 한강삼각주에서 현저하였던 것이다. 광주부에 속한 순덕현의 경우 〈표 4〉에서 보듯이 종족이 개설한 9개의 허시 중에서 무려 8개가 양잠업 · 소사업 · 견직업과 관련된 것이었다. 양잠을 시작하면서 구입해야 하는 누에씨(蠶紙)의 시장인 蠶紙市, 생산된 누에고치(蠶繭)를 매매하는 繭市, 소사한 생사를 매매하는 絲市 · 繭紗市, 비단(絲綢)을 거래하는 紗綢市 · 繭綢市가 함풍년간 이후 同治 · 광서년간에 순덕현의 농촌에 개설되었던 것이다. 이는 순덕현의 양잠업 · 소사공업 발전과 밀접한 연관을 갖는다고 생각된다.

기실 동치 · 광서년간(1862~1908)을 거치면서 광동 주강삼각주의 뽕잎 재배와 양잠업은 이전의 규모와 정도를 훨씬 능가하는 커다란 발전을 보인다. 순덕현과 남해현의 해변은 모두 뽕밭(桑畦)이 되었고,[35] 뽕잎의 생산확대는 桑基魚塘의 발전으로 나타나 순덕현의 경우 논(禾田)이 基塘으로 바뀌어 전 경지의 1할도 안되는[36] 상황이 연출되었다. 양잠이 특히 발전하였던 순덕현의 경우 뽕잎의 수요는 상상을 초월하는 것이었다. 광서중엽 이후로는 수확 후 남아있는 약간의 뽕잎을 이삭줍기하던 관행조차 인정되지 않을 정도로 뽕잎 경쟁이 치열해졌다.[37] 뽕잎 재배와 양잠업의 놀랄 만한 확대는 1870년대 이후 순덕현 · 남해현 등 주강삼각주에 불어닥친 근대적 제사공장 건립붐에 기인하는 것이었다.

1872년 화교상인 陳啓源이 남해현 簡村에 최초의 근대적 제사공장 繼昌隆繅絲廠을 세운 후 순덕현에도 근대적 제사공장(繅絲廠)의 설립 풍조가 만연하였다. 순덕현은 종래 양잠업과 전통적 수공업으로서의 제사업이 발전한 지역이었고, 하운을 통한 교통운수가 편리하다는 등의 조건으로 인하여 1870년대 중반 이후 근대적 제사공장이 우후죽순처럼 설립되었다. 1874년 순덕현 사람이 龍山鄕에 처음으로 근대적 제사공장을 세운 이후

35) 同治9年修『廣州俯志』, 光緒5年 刊本 卷16, 「物産」, p.19뒤(成文出版社 影印本, 1974年, p.294).

36) 宣統『順德縣志』 卷1, 「輿地 : 物産」, p.20뒤(成文, p.17)

37) 宣統『順德縣志』 卷1, 「輿地 : 物産」, p.23뒤~p.24앞(成文, p.19). "咸同以前, 絲業未盛, 少養寒造蠶者, 往往任人採摘, 等諸遺秉滯穗而已. 光緒中葉洋庄絲盛行, 繭價日昻, 農人多養寒造蠶, 愛惜桑葉, 禁人摘取於是, 因爭桑花, 而械鬪者有之, 搆訟者有之."

순덕현에는 1911년까지 142개의 공장이 설립되었고, 1912년 중국농상부 조사에 따르면 당시 84개의 순덕현 제사공장이 생산한 생사가 34,949擔에 이르렀다 한다. 1887년 당시 순덕현에는 42개 공장이 있었는데 이는 당시 광동 전체의 90%에 해당되는 것[38)]이라 하니 순덕현은 광동의 근대적 제사업의 중심이었던 것이다.

이와 같은 사정으로 총생하게 된 순덕현의 제사공장에서는 대량의 누에고치가 필요하였고, 그러한 누에고치를 공급하자면 당연히 양잠업이 확대될 수밖에 없었으며,[39)] 이로 인해 양잠업을 위한 뽕잎 재배 또한 발전하였던 것이다.

이와 같이 순덕현에 양잠업이 발전하고 생사의 대량생산이 이루어지고 있었기 때문에 이러한 생산물을 교환하기 위한 전문시장(專業墟市) 또한 발전하였다. 순덕현에서 1856년 이후 선통년간 사이에 뽕잎을 매매하는 桑市가 40여 개, 桑秧市 2개, 蠶紙市 3개, 繭市 19개, 繭殼市 1개, 繭紗市 1개, 絲市 11개, 繭綢市 2개, 紗綢市 2개가 성립되었다는 사정이 이를 잘 설명한다.[40)] 이러한 배경하에서 순덕현의 종족인 鄭姓과 梁姓은 앞서 보았던 양잠업과 제사업, 견직업 관련 전문시장(전업허시) 8개를 개설하게 되었던 것이다.

남해현에서도 종족 집단에 의해 뽕잎을 거래하는 桑墟와 돼지를 매매하는 豬墟가 개설되었다. 남해현 역시 순덕현과 마찬가지로 양잠업이 발전한 지역이었으므로 상허의 개설은 당연하다 하겠다. 그러면 저허는 어떻게 형성되었던 것일까? 주강삼각주지역에서 양잠업의 발달에 따라 다각적이고

38) 程耀明, 「清末順德機器繅絲業的産生,發展及其影響」, 『明清廣東社會經濟形態研究』, 廣東人民出版社, 1985年, pp.237~278.

39) 宣統『順德縣志』 卷1, 「輿地 : 物産」, p.26앞뒤(成文, p.20)에는 근대적 제사공장이 경쟁적으로 설립되자 "南海順德産繭地方, 競相設立, 桑蠶區域, 亦逐漸擴充."하여 양잠지역이 확대되었다고 하고 있다.

40) 拙稿, 「清代珠江三角洲的商品生産和墟市之發展」, 『清史論叢』 2002年號, p.36의 〈표 3〉과 p.37 참고.

효율적인 농법이 창안되었으니 그것은 바로 상기어당이었다. 상기어당은 낮고 저습한 곳을 파서 연못을 만들어 양어를 하고, 연못에서 퍼올린 흙으로 쌓은 뚝에 뽕나무를 심는 것이다. 이는 뽕잎으로 누에를 치고 양잠의 부산물인 누에똥이나 번데기를 물고기의 사료로 삼으며 연못에 쌓인 진흙을 퍼올려 뽕나무에 거름을 주는 효율 높은 다각적 농업경영방식이었다.[41] 이 방식은 주강삼각주에서 청대 널리 보급되었는데 청대 후기 상기어당 방식은 한 차례 경영 기법상의 진보를 이룩한다. 그것은 기존의 種桑(뽕나무재배), 양잠, 양어 외에 양돈을 결합시키는 것이었다. 魚塘의 수면이나 桑基의 측면에 돼지의 사료를 키워 양돈을 하고 돼지의 분뇨는 뽕나무의 거름이나 물고기의 먹이로 이용하는 것이다.[42] 따라서 돼지의 사육도 대폭 늘어났고 이에 따라 저허도 개설된 것이다. 남해현에서 도광15년 이전에 豬市, 猪仔墟, 猪穀市가 각각 1개씩 출현하였고 1835~1872년 사이 저허 2개, 저시 1개가 새로이 개설된 것[43]도 상기어당의 경영방식과 관련이 있다고 생각된다.

그런데 광동의 종족이 허시를 개설할 때는 대부분 한 성씨가 주도적으로 추진하는 것이 일반적이었다. 전체 45건 중 34건의 사례가 한 성씨에 의한 허시 개설이었다. 광동지방에는 하나의 촌락이 하나의 성씨로 구성된 집성촌이 많았고, 촌이나 향에서 가장 영향력있는 유력한 종족이 허시를 설립하였기 때문일 것이다. 그러나 2성씨에 의한 허시 개설도 5건의 사례가 보이고 3성씨 이상의 경우도 6건이나 보인다. 여러 성씨에 의한 개설은 경우에 따라서는 세력이 약한 소성들이 힘을 합쳐 허시를 개설하는 것도 있었겠지만, 서로 경쟁적인 종족이 타협을 이룬 결과 허시가 성립되는 경우도 많았다고 생각된다.

41) 謝天禎, 「明清時期珠江三角洲的農業生態與農業經濟」, 『明清廣東社會經濟研究』, 廣東人民出版社, 1987年, pp.129~133 참조.

42) 拙稿, 앞의 글, 2002年, pp.39~40 참고. 이러한 방식은 순덕현에서 전형적으로 발전하였다.

43) 拙稿, 앞의 글, 2002年, p.36의 〈표 3〉 참고.

그러나 종족 간의 견해차이로 타협을 이루지 못하였을 경우는 소송이 일어나기도 하고, 분쟁시 관이 개입하여 처리한 경우도 있었다. 예컨대 開平縣에 소재한 赤墈市는 옹정·강희간 설립된 허시인데 도광26년 關姓과 司徒姓 사이에 시장터(場地)를 놓고 쟁송이 벌어져 관의 개입을 초래하였다.[44] 남해현에서는 朱姓이 개설한 開邊墟와 陳姓이 개설한 埋邊墟 사이에 서로 경쟁이 발생하고 兩 종족의 족인인 朱朝祿·陳掄書 등이 서로 소송을 제기하는 사태가 발생하자 관에서는 두 허시를 모두 封禁하고 제3의 허시에서 교역하도록 조치하였다.[45] 남해현의 正埠市 경우는 민간이 상호분쟁(民間互爭)을 일으키자 지현은 이를 관지로 삼고 민간인이 瓜菜를 팔도록 판결을 내렸다.[46] 여기서 종족제가 발전한 광동사회에서의 '民間互爭'은 개인 간의 분쟁이라기보다 종족 간의 분쟁으로 인식하는 것이 타당하다고 생각된다.

종족의 역량이 청말로 갈수록 강화되자 기존의 허시를 종족이 장악하는 현상 또한 출현하였다. 四會縣의 牛皮墟는 원래 건륭4(1739)년 邑人 龍彬業이 창설한 것인데 광서년간에 이르러 당지의 강력한 종족 潘姓이 시장의 관리권을 장악하게 되었다.[47] 사회현의 黃岡墟의 경우는 원래 건륭17(1752)년 생원 李復元이 창설한 것인데 광서년간에 이르러 陳姓의 종족이 시장을 장악하였다.[48] 조경부 사회현의 경우 종족에 의해 수립된 허시가 광서년간 이전에는 3개였으나, 광서년간에 이르면 기존의 허시 지배

44) 民國『開平縣志』 卷12 建置下, 「墟市」, p.6뒤(成文出版社 영인본, p.86). "赤墈市, … 雍正康熙間建. … 道光二十六年關姓與司徒姓因場地爭訟."

45) 道光15年『南海縣志』 卷13, 「建置略五」·「墟市」, p.25앞뒤. "縣册略, 特調南海縣正堂戴, 査九江絲墟, 先因朱朝祿·陳掄書等互控. 奉府憲提訊, 詳奉各大憲批飭, 將朱陳二姓所設開邊埋邊兩墟封禁, 聽客另往別墟交易等因."

46) 道光15年『南海縣志』 卷13, 「建置略五」·「墟市」, p.29앞. "正埠市, 又名瓜菜市, 在瀾石西南廠地, 舊爲民間互爭. 乾隆二年縣主魏斷爲官地, 聽民貿易販賣瓜菜, 視他處尤夥."

47) 光緒22年『四會縣志』 篇2下 「墟市」 建置十, p.69앞(成文出版社, p.213). "牛皮墟: … 高宗乾隆四年己未邑人龍彬業創設, 以二五九日爲期. 今墟主屬潘姓, 鋪戶一百一十餘家."

48) 光緒22年『四會縣志』 篇2下 「墟市」 建置十, p.69뒤(成文出版社 影印本, p.213). "黃岡墟: … 高宗乾隆十七年壬申, 邑庠生李復元創設. 以三六九日爲期. 今墟主屬陳姓"

세력을 제치고 새로이 허시를 두 개나 장악할 정도로 종족의 세력이 더욱 강화되었음을 알 수 있다.

한편 종족 중에서는 시대의 변천에 따라 성쇠를 겪게 되고 이에 따라 허시를 장악하는 종족이 바뀌는 경우도 있었다. 石城縣의 小松墟는 원래 鄭姓 宗祠의 허시였으나 강희60년 정성의 종족경제가 쇠락하자 溫姓 사당에 30석의 田租를 받고 팔아 온성 허시가 되었다.[49]

이처럼 종족이 허시의 개설이나 관리에 관여하는 사례는 종족제가 발달한 복건에서도 마찬가지로 나타난다. 복건 민남의 시장을 연구한 원정식 교수에 의하면 명말 이래 민남의 시장에 대한 국가권력의 개입이 사회안정이란 최소한의 범위로 제한되어 가자 시장을 지배한 것은 지역의 유력자 특히 종족이었다. 유력 종족이나 유력 인사가 공동 또는 단독으로 직접 시장을 개설하고 운영한 사례가 적지 않았으며 이것은 복건 전역에서 쉽게 볼 수 있다고 한다. 예컨대 건륭44년 長汀縣에서는 鄒氏 종족에 의해 公平墟가 개설되었는데 이를 위해 房支別로 각각의 토지를 내고 공동으로 대소 점포를 건축하였으며 수익을 일정한 비율로 각 房支別로 분배하였으므로 공평허는 추씨 종족의 중요한 族産이 되었다.[50] 복건의 허시에서도 종족 간의 이권을 둘러싼 분쟁과 械鬪가 발생하였으며 이 경우 지방관과 결탁이 손쉬운 상층신사를 배출한 종족집단(大姓)이 시장의 지배권을 획득하는 일이 많았다. 그렇지만 반드시 대성이 용이하게 시장의 지배권을 장악하는 것은 아니었다. 이는 강희 말 이후 성장해 온 小姓의 저항과 국가권력의 개입 때문이었는데 사실상 많은 허시는 여러 종족 간의 타협의 산물이라고 이해된다.

49) 道光『石城縣志』 卷1, 「墟市」(李華, 「明淸廣東墟市硏究」, 『平準學刊』 第4輯 下冊, 1989年에서 재인용).

50) 元廷植, 「明末-淸 中期 閩南의 市場과 宗族」, 『역사학보』 第155輯, 1997年, pp.106~116. 이후 복건의 사례는 별다른 각주가 없는 한 원정식 교수의 연구에 의한다.

5. 개인과 鄕의 허시 개설

광동의 지방지에는 허시의 개설자로서 지방관, 신사, 종족 이외에 여러 개인의 이름이 등장하고 있고, 또 하나의 鄕 또는 여러 개의 향이 힘을 합쳐 허시를 설립한 경우도 제시되어 있다. 다음의 〈표 5〉는 설립 주체가 개인인 경우를 도표화한 것이다.

〈표 5〉 명청시기 광동 허시의 본 장 : 개인

주현	허시 명칭	설립자	설립시기	기타	사료 근거
順德縣	悅來墟	里人陳德	강희47년		이화, 「명청광동허시연구」
番禺縣	東圃墟	鄕人簡湛東 · 王泰巖 등	명 가정년간		동치『반우현지』 권18 「허시」
四會縣	牛皮墟	邑人龍彬業	건륭4년	후에 墟主 潘姓으로 바뀜	광서『사회현지』 편2 「허시」
德慶州	九官墟	鄕人李九功			광서『德慶州志』 권2 「村鎭」
儋縣	珠江市	樂善里人	광서34년		민국『儋縣志』 권2 「시진」
瓊山縣	雷虎市	吳啓賢	건륭 초		함풍『瓊山縣志』 권5 「도시」
澄邁縣	龍鰲市	謝林梁	동치년간	并各姓同招	광서『澄邁縣志』 권2 「허시」

설립자의 이름을 제시한 경우는 사례가 많은 편은 아니라서 이를 보편화하여 해석하기는 곤란하다. 지역적으로 광주부 2건, 조경부 2건, 경주부 3건으로 분포되어 있고 설치시기도 명대 1건, 강희년간 1건, 건륭년간 2건, 동치년간 1건, 광서년간 1건 등 대체로 고른 분포를 보이고 있다. 개인의 이름 이외에 아무런 직책, 학위 등이 없으므로 민간의 지주이거나 상인이라고 추정된다. 그렇지만 종족제가 발달한 광동지방이므로 이들이 허시를 개설할 때 종족과 무관하게 진행되었으리라 보기는 힘들다. 직간접으로 지역사회의 종족집단과 일정한 연관을 맺고 허시를 개설하였으리라 생각된다.

〈표 6〉은 허시 설립자가 향이라는 지역명으로 표기된 경우이다. 향 이

외에 촌, 啚의 사례도 등장한다. 향은 보통명사로서의 촌락 즉 自然鄕을 의미하는 경우가 많지만, 광동의 경우는 보통 행정단위로서의 堡에 상응하는 보통명사이기도 하였다. 예컨대 도광년간의 남해현의 경우 남해현 휘하에는 6개의 都가 있고 6都 휘하에 68堡가 소속되어 있었다. 다시 보 휘하에 圖가 배속되었다.[51] 남해현 소속의 불산진은 西林都(西淋都)에 속하는 하나의 보(佛山堡)로서 보통 忠義鄕이라 불렸다.[52] 남해현 九江堡 역시 九江鄕, 또는 九江儒林鄕이라고 불렸다.[53]

〈표 6〉 명청시기 광동 허시의 본 장 : 향

주현	허시 명칭	설립자	설립시기	기타	사료 근거
남해현	沙口穀埠	闔鄕	도광23년		동치『남해현지』 권5「허시」
	沙口豬墟	合鄕	도광25년		선통『남해현지』 권6「허시」
	五鄕永和墟	五鄕	함풍6년		동치『남해현지』 권5「허시」
增城縣	派潭墟上墟	一啚		一啚稅地	동치『增城縣志』 권1「里廛」
반우현	石岡墟	茅岡鄕	건륭27년		동치『반우현지』 권18「허시」
	鎭湖市	蚌湖鄕集合各鄕	도광19년		선통『番禺縣續志』 권6「허시」
	瑞雲市	瑞雲堂十二鄕	도광년간		동치『반우현지』 권18「허시」
순덕현	大馬頭	通鄕			가경『龍山鄕志』 권2「허시」
順德縣	村頭墟	三十八啚	가경년간		함풍『순덕현지』 권5「허시」
高明縣	井頭墟	23鄕			광서『高明縣志』 권2「허시」
揭陽縣	永安墟	大嶺下員墩小溪等鄕	동치6년		광서『揭揚縣續志』 권1「허시」
瓊山縣	永都市	永都西堡17村居民	건륭초년		민국『경산현지』 권5「도시」

51) 道光15年『南海縣志』 卷6, 「輿地略 2」, p.4뒤~p.6앞.

52) 乾隆『佛山忠義鄕志』 卷1, 「鄕域志」(광동성사회과학원역사연구소중국고대사연구실, 광동성 불산시박물관 편, 『明清佛山碑刻文獻經濟資料』, 광동인민출판사, 1987年, p.263). 또한 卷1, 「鄕說 : 佛山鎭論」(p.265)에서는 불산이 西淋都에 속해 있다고 하였다.

53) 西川喜久子, 「珠江三角洲の地域社會と宗族 · 鄕紳 − 南海縣九江鄕の場合」, 『北陸大學紀要』 14, 1990年, p.129.

〈표 6〉에서 하나의 향에 의해 세워진 경우는 모두 4건이다. 그중 남해현의 沙口縠埠와 沙口豬墟는 모두 九江鄉에 의해 세워진 것이다. 구강향에는 광서년간에 허 10개, 시 17개, 埠 5개, 行 5개 등 도합 허시가 37개나 개설되어[54] 있을 정도로 구강향의 영역이 넓었다. 인구도 20여 만에 달하며 경제도 번성한 시진으로 불산진에 버금가는 향이었다. 大馬頭는 순덕현의 용산향에 의해 세워졌는데, 용산향은 가경년간에 허 2개, 시 13개, 埠 1개, 碼頭 1개 등 도합 17개의 허시[55]가 존재한 시진급 향이었다. 이처럼 향이라 하더라도 촌락수준의 자연향이 있는가 하면 구강향이나 용산향처럼 행정구역상 보에 해당되는 비교적 광역의 향도 존재하였다. 이처럼 하나의 향에 의해 허시가 세워진 경우는 대체로 보에 해당되는 광역의 향에서 설립을 추진한 것으로 이해된다. 반면 23개 향이나 17개 촌, 12개 향 등 다수의 향에 의해 세워진 허시는 6개인데, 여기서 향은 그 규모가 촌락에 상당하는 자연향으로 생각된다.[56] 예컨대 남해현의 五鄉永和墟은 土爐堡·大富堡에 소속한 塱邊古竈鄉·生村鄉, 西隆堡 휘하의 上七約鄉·江邊朱江鄉·大江羅姓鄉의 일반 자연향 5개가 연합하여 세운 것이다. 그리고 하나의 啚가 주도하여 세운 墟도 2개 있었다. 비는 순덕현, 增城縣에서 볼 수 있는 행정단위로 圖를 간략히 쓴 것으로 이해된다. 광동지역에서는 이갑이라는 표현 대신 도갑이라는 표현이 널리 쓰였으므로[57] 도는 리의 규모와 같다고 이해된다.

설립 주체가 향으로 표현되어 있으므로 그 주체의 구체성을 확인하기는

54) 光緒9年『九江儒林鄉志』 卷4, 「建置略 : 墟市」, p.76앞~p.82앞(『中國地方志集成: 鄉鎮志專輯』 31, 南京 : 江蘇古籍出版社, 1992年), pp.435~438.

55) 嘉慶10年『龍山鄉志』 卷2, 「鄉事志 : 墟市」, p.6뒤~p.7앞(『中國地方志集成: 鄉鎮志專輯』 31, 南京 : 江蘇古籍出版社, 1992年, 影印).

56) 한승현, 「17世紀 福建에서의 定期市 發展과 抗租」, p.129에 의하면 복건 寧化縣에는 365개의 촌이 있고 11개의 허시가 있으므로 약 33개의 촌이 하나의 허시를 보유하였다고 한다. 황통이 수십 향을 연락하여 조직한 長關의 관할 범위는 실로 수십촌으로 구성된 하나의 허시 범위와 일치한다고 여겨지므로 촌과 향을 같은 공간적 개념으로 보고 있다.

57) 劉志偉, 「清代廣東地區圖甲制中的總戶與子戶」, 葉顯恩 主編, 『清代區域社會經濟研究』 上, 北京 : 中華書局, 1992年.

쉽지 않으나 광동 향촌에 종족제가 발전되었다는 점을 주목하면 이 역시 종족과 무관하지 않을 듯하다. 물론 신사나 지주, 상인 등이 중심적 역할을 했을 수도 있겠지만 그럴 경우 신사나 지주 등의 구체적 성명이나 학위가 지방지에 표현된다는 점으로 미루어 볼 때 종족이 주도하여 개설한 것이라고 보는 편이 합리적일 것이다. 다만 하나의 종족에 의해서가 아니라 향에 거주하는 모든 종족의 합의나 협력에 의해 허시가 개설된 경우 이처럼 본 장를 향으로 표현하였을 것이라고 여겨진다. 특히 청대 광동에서 도갑제는 단순한 세량의 징수 · 납입기구가 아니라 동족조직에 의한 족인 지배를 보완하는 의의를 가진 장치, 즉 주강삼각주에서 도갑제는 이러한 동족조직에 의한 족인지배를 기반으로 하여 시행되었다는 주장[58]을 고려하면 啚가 중심이 되어 허시를 개설한 사례는 종족에 의한 허시의 개설이라고 할 수 있을 것이다.

향에 의해 설립된 허시는 모두 7개 현에 12개에 달하는데 광주부가 9개, 조경부 · 조주부 · 경주부가 각각 1개씩으로 광주부가 압도적으로 많았다. 광주부의 남해현에 수립된 허시 중 2개는 穀埠와 豬墟로 전문시장이었다. 청대 후기 광주부에 상업적 농업이 발달하자 이러한 상황하에서 향은 전업허시를 수립한 것으로 이해된다. 설립시기는 건륭년간 1개, 가경년간 1개, 도광년간 4개, 함풍년간 1개, 동치년간 1개로 청 후기에 6개가 설립되었다. 향에 의해 허시가 개설된 주요 지역이 광주부이고 그 개설시기도 주로 청대 후기라는 점은 광동에서 종족제가 가장 발달한 지역이 광주부 등 주강삼각주이며 그 현저한 발전시기도 청대 후기라는 것에 부응한다고 하겠다. 이런 점에서 향에 의한 허시의 개설이 실은 종족에 의한 허시 개설과 맥락을 같이한다고 할 수 있을 것이다.

58) 片山剛, 「清末廣東省珠江デルタの圖甲表とそれをめぐる諸問題」, 『史學雜誌』 91-4, 1982年. 片山剛, 「清代廣東省珠江デルタの圖甲制について」, 『東洋學報』 63-3 · 4, 1982年.

6. 맺음말

이상에서 명청시기 광동에서 허시를 설립한 주체를 지방관, 신사, 종족, 그리고 개인과 향의 네 집단으로 나누어 살펴보았다. 설립 주체를 확인할 수 있는 사례는 모두 125개 허시였다. 이 중 지방관이 설립한 허시는 43개, 신사 18개, 종족 45개, 개인과 향이 19개였다. 각 허시 설립 주체별 사례의 특징과 내용을 정리하면 다음과 같다.

광동의 허시 중 25개 주현에서 43개의 허시가 지방관의 주도로 개설되었음을 확인할 수 있었다. 지방관이 개설한 허시는 광주부 등 광동의 선진지역보다는 염주부 같은 낙후된 지역에 주로 개설되었고, 명대에는 비교적 고르게 개설되었지만 청대에는 강희년간에 집중적으로 개설되었다. 게다가 강희년간 지방관은 적극적으로 허시를 설립하는 모습을 보였는데, 이는 개별 지방관의 사례에 그치는 것이 아니라 19건이라는 사례가 말해주듯이 적어도 광동성 전체의 상황이라 생각된다. 결국 강희년간에는 광동성 당국의 주도하에 정책적으로 허시설립이 이루어지고 있었다고 하겠다. 즉 국가권력이 적극적으로 허시를 개설하여 경제를 진흥시키려는 정책을 추진하고 있었음을 의미한다. 반면 그 이후 시대에는 지방당국에 의한 허시 개설이 미미하였는데 이를 통해 국가는 허시개설에 무관심하였거나, 민간의 자율에 맡기는 방임정책을 취하고 있었다고 생각된다. 이 같은 정황은 산동 · 하남 · 복건에서도 마찬가지로 나타났다. 이에 따라 필자는 시장 개설정책에 관한 한 강희년간에 국가의 영향력이 가장 강하였고 그 이후 점차 감소되는 경향이었다고 인식한다.

강희년간 이후 지역경제에서 국가의 영향력이 점차 미약해졌다면 지역사회에서 그 권력의 공백을 메꾼 것은 어떤 사회집단이었을까? 이에 신사와 종족의 허시 개설을 살펴보았다. 13개 주현에서 18개 허시가 신사들에 의해 개설되었는데 광동에서 가장 선진적 지역이라 할 수 있는 광주부에서 가장 많은 사례를 보여주었다. 경제적 선진지역이어서 신사의 세력도 광동성에서는 가장 강하였다고 생각된다. 지방관의 경우와 달리 신사들은 강희년간 이후에도 비교적 많은 허시를 개설하고 있었는데, 이는 광동에서 신사세력이 청조 성립 이후 점차 경제력을 강화해 나가면서 정기시 개설에 참여했음을 말해 준다(명대의 경우는 사례가 적어 언급할 만한 상황이 못되었다). 특히 광주부 남해현 구강향의 사허나 동관현 다산향 포허의 예에서 보듯이 주강삼각주 일대에서 상업적 농업이나 수공업이 발전하자 신사들도 여기에 호응하여 전문시장(전업허시)을 설립함으로써 그들의 경제력 강화를 위해 적극 노력하였다. 한편 동관현에서는 시장을 독점하고 무단향곡을 일삼는 신사들도 출현하였다. 시장을 둘러싼 경쟁이나 사리추구는 시장을 쇠퇴시키는 부작용까지 발생시켰다. 이러한 신사층의 시장 독점은 아행, 서리, 무뢰 등과의 연계하에 추진되었지만 동시에 종족과도 결합하여 진행되었다고 생각된다.

자료에 의하면 14개 현에서 45개 허시가 종족에 의해 건설되었다. 그중 종족제가 발달하였다고 생각되는 광주부에 19개, 조주부에 14개가 종족에 의해 개설되었다. 그리고 종족에 의한 허시는 대개 청대 후기(시기를 알 수 있는 31개 중 20개)에 개설되었다. 이는 종족의 성장이 주강삼각주(광주부)에서의 사전의 개발과 이에 수반한 청대 후기의 상업적 농업이나 공업의 발전과 밀접한 관련을 맺고 있었기 때문이었다. 광주부 순덕현의 경우 동치 · 광서년간을 거치면서 양잠업이 급속히 확대되고 제사공장이 총생(1911년까지 142개 설립)하게 되었는데 이러한 배경하에서 순덕현의 종족이 8개의 양잠업 · 제사업 · 견직업 관련 전문시장(전업허시)을 개설한 것이 그 증거라 하겠다. 광동에서는 하나의 종족집단이 허시를 개설하는 것이 주류였지만(45건 중 34건), 여러 성씨에 의한 설립도 적지 않았다. 이는 종족 간의 협력이나 타협의 산물이라 여겨진다. 경우에 따라서는 허시의 지배권을 놓고 종족 간에 갈등을 빚고 소송을 걸고 종국에는 관이 개입하는 사례도 나타났다. 청말로 갈수록 종족의 역량이 강화되자 기존 허시의 지배권을 종족이 장악하는 사례(2건)를 조경부 사회현에서 볼 수 있었다. 종족제가 발달하였다고 생각되는 광주부나 조주부만이 아니라 조경부에서도 종족의 역량이 강화되고 있었던 것이다. 종족제는 광동 중심부에서 점차 주변부로 확산되고 청말에는 주변부지역에서도 종족제가 강화되는 현상이 나타났다.

허시 개설자 개인의 이름을 기록하고 있는 경우는 7건이다. 개인의 이름 이외에 아무런 관직, 학위 등이 없으므로 민간의 지주이거나 상인이라고 추정된다. 그렇지만 종족제가 발달한 광동지방에서 이들이 허시를 개설할 때 종족과 무관하게 진행하였으리라 보기는 힘들다. 향 등 향촌 전체의 이름으로 허시를 개설한 사례는 12개에 달하는데 광주부에서만 9개를 차지하고 그 설립시기도 청대 후기가(시기를 확인할 수 있는 사례 8개 중) 6개를 점한다. 종족제가 발달한 광동에서 향민 전체의 동의하에 허시가 개설된다면 그 주도적 역할을 맡는 것은 종족이라고 생각된다. 특히 12사례 중 啚(圖)에 의해 수립된 경우도 2개가 있었는데 광동에서는 도갑제가 종족지배의 일환으로서 시행되었다는 사실을 고려하면 이는 틀림없이 종족이 주도하여 허시를 수립한 경우이다. 광주부가 압도적으로 많고 그 개설 시기도 청대 후기가 많다는 것은 종족제의 발전지역 · 발전시기와 일맥상통하는 내용이다. 결국 향에 의한 허시의 설립도 종족과 밀접한 관련이 있었다고 생각된다.

산동 · 하남의 경우는 지방관에 의해 허시가 설립되는 것이 압도적으로 많았고 종족에 의한 것은 1사례에 불과하였다. 반면 광동의 경우는 지방관에 의한 허시의 개설이 적지는 않았지만 주로 강희년간에 집중되었고 청대 후기로 갈수록 적었다. 그러나 종족에 의한 허시의 개설은 주로 광주부 등 종족이 발달한 지역에 집중되었고 그리고 종족이 더욱 발전해 가는 청 후기에 집중되었다. 허시개설 등 지역경제에 대한 국가권력의 영향력은 강희년간을 고비로 하강 추세에 돌입하고 그 공백을 메꾼 것은 주강삼각주의 경제발전과 수반하여 성장해 온 신사와 종족이었다. 특히 청대 후기로 갈수록 종족이 지역사회에서 차지하는 위상과 역할은 더욱 높아지고 강화되었다고 하겠다.

제 4 장

淸代 佛山의 手工業·商業 발전과 市鎭의 擴大

1. 머리말

明淸時代 상품경제가 발달함에 따라서 상업이 번영하고 인구가 집결되며 이에 수반하여 市鎭이 각지에 叢生함으로써 종래와 다른 국면을 맞이하였다는 것은 주지의 사실이다. 많은 연구자들은 타 지역보다 경제적으로 先進地帶라고 여겨졌던 江南地域에서 그러한 현상이 典型的으로 나타났다는 것을 주저하지 않고 지적하곤 하였다. 그러나 전국적으로 유명한 시진을 단적으로 표현하고 있는 '天下四大鎭'(漢口鎭, 景德鎭, 朱仙鎭, 佛山鎭)이란 범주에 강남지방의 市鎭은 하나도 포함되고 있지 않다. 市鎭發達史 연구에 있어 종래 강남 중심으로 연구되어 왔던 것을 再考해야 할 것은 아닐까? 이런 점에서 漢口와 더불어 天下四大鎭은 물론 天下四大聚(北京, 漢口, 蘇州, 佛山)[1]의 하나로 지칭되었던 佛山鎭에 대한 연구가 요청되는 것

1) 劉獻廷, 『廣陽雜記』 卷4, 中華書局本, p.193.

이다. 漢口에 대해서는 이미 많은 연구가 이루어진 편이지만[2] 佛山에 대해서는 연구가 충분하다고 할 수 없다.[3] 본 장은 그러한 佛山에 대해 시진의 발전 문제를 手工業·商業의 번영과 관련지어 규명하려는 것이다.

佛山이 시진으로 발전한 것은 手工業 발전지역이라는 점과 무관하지 않다. 이 점에서 전형적 수공업 시진인 景德鎭과 유사한 성격을 갖는다고 할 수 있다. 또한 불산은 珠江의 水路交通의 要地에 위치하고 있음으로써 廣東商人은 물론 전국상인이 모여드는 지역이 되었다. 교통의 요지라는 요소가 시진으로서 불산의 발전에 중요한 또 하나의 요인이 되었다고 하겠다. 이런 점에서는 시진 발전에 있어 교통이 중요한 역할을 한 漢口鎭이나 朱仙鎭과 유사한 성격을 띤다고 하겠다. 불산은 여기서 그치는 것은 아니었다. 바로 옆에 아편전쟁 이전 일정기간 유일한 대외무역항이었던 廣州가 있었던 것이다. 불산의 발전에는 대외무역의 영향이라는 또 하나의 요소가 있었던 것이다.

기존에 佛山의 철기 제조업이나 불산의 상업, 상인, 도시형성 등에 대해 약간의 개별적 연구가 축적되어 있지만[4] 이상의 문제와 결부시켜 논의한 연구는 없었다. 본 장은 위에서 언급한 수공업의 발전, 교통 중심지로서의 상업의 발전, 그리고 대외무역의 영향이 불산의 시진 발전에 어떻게 작용

---

2) 單行本으로 출간된 것만 꼽아 보아도 다음의 연구가 있다. 武漢港史編委會, 『武漢港史』, 北京 : 人民交通出版社, 1994年. 皮明庥 主編, 『近代武漢城市史』, 北京 : 中國社會科學出版社, 1993. William T. Rowe, *Hankow : Commerce and Society in a Chinese City 1790~1889*, Stanford : Stanford University Press, 1984. William T. Rowe, *Hankow : Conflict and Community in a Chinese City, 1796~1889*, Stanford University Press, 1989.

3) 단행본으로는 중국학자 羅一星의 연구가 유일하다. 羅一星, 『明清佛山經濟發展與社會變遷』, 廣東人民出版社, 1994年.

4) 수공업에 대해서는 李龍潛, 「清代前期廣東採礦·冶鑄業中的資本主義萌芽」, 『中國社會經濟史論叢』 1, 1981年. 羅紅星, 「明至清前期佛山冶鐵業初探」, 『中國社會經濟史研究』 1983年 第4期. 羅一星, 「明清時期佛山冶鐵業研究」, 『明清廣東社會經濟形態研究』, 廣東人民出版社, 1985年 등의 연구가 있고, 상업과 상인에 대해서는 譚棣華, 「從『佛山街略』看明清時期佛山工商業的發展」, 『清史研究通訊』 1987年 第1期. 蔣祖緣, 「清代佛山商業繁榮的條件」, 『廣東社會科學』, 1984-1. 蔣祖緣, 「清代佛山的商業和商人」, 『明清廣東社會經濟研究』, 廣東人民出版

하였는가를 염두에 두면서 논의를 전개하고자 한다. 아울러 불산 시진의 구조나 특징에 대해서도 연구가 전무하다시피 하므로 이용가능한 자료에 근거하여 그 일단을 살펴보고자 한다.

2. 淸代 佛山의 手工業 展開

淸代 佛山에서는 炒鐵業 · 鑄鐵業 · 鐵鍋業 등의 鐵器 製造業과 金箔業 · 銅箔業 · 銅線業 · 錫箔業 등의 금속가공업, 繅絲業, 絹織業, 綿織業, 爆竹業, 陶磁器業, 製藥業, 染色業, 衣類 · 모자 · 댕기 · 신발 · 양말 · 단추 · 기성복 등의 製造業, 양조업, 식품제조업, 포장상자제조업, 제지업, 竹器 · 藤器 제조업, 인쇄업, 완구업 등 각종 수공업이 전개되고 있었다.[5] 본 장에서는 그중 불산의 대표적 수공업인 철기 제조업과 대외무역과 관련되어 발달한 견직업, 면직업에 국한해서 고찰하고자 한다.

(1) 鐵器 製造業

佛山에서 철기 제조업이 발달하기 시작한 것은 대체로 明 宣德年間(1426~1435)으로 추정된다. 宣德4年(1429) 佛山의 祖廟 門前에 철기를 주조하는 '爐房'이 있었음이 확인되고,[6] 佛山 李氏의 始遷祖 李廣成

社, 1987年. 羅一星, 「明淸時期的佛山商人」, 『學術硏究』 1985年 第6期. 羅一星, 「試論明淸時期的佛山商人資本」, 『廣東社會科學』 1985年 第3期 등의 연구가 있으며, 佛山의 市鎭經濟에 대해서는 羅一星, 「論明淸時期佛山城市經濟的發展」, 『中國史硏究』 1985年 第3期. 譚棣華, 「明淸時期佛山經濟繁榮的原因」, 『廣東社會科學』 1986年 第3期. 陳學文, 「佛山市鎭經濟的發展」, 『中國封建晩期的商品經濟』, 長沙 : 湖南人民出版社, 1989年 등의 연구가 있다. 이상의 연구내용이나 경향에 대해서는 拙稿, 「최근 中國에서의 明淸時代 地域史硏究 -淸代 廣東地域 經濟史硏究를 중심으로-」, 『中國學報』 第39輯, 1999年, pp.325~351 참고.

5) 冼寶幹 纂, 『佛山忠義鄕志』 民國15年 刻本影印 卷6, 「實業 : 工業」, p.9뒤~p.20뒤 (『中國地方志集成 : 鄕鎭志專輯』 30, 南京 : 江蘇古籍出版社, 1992年), pp.384~390. 이하 民國, 『佛山忠義鄕志』로 표현한다.

(1404~1469)은 佛山 인근 裏水에서 '鑄冶之法'을 배운 후 佛山에 이주하여 철기 제조에 종사하였다[7]고 하기 때문이다. 불산에서 철기 제조업이 발전하기 시작한 것은 불산이 西江과 北江 두 강의 요충지에 위치하여 수로교통이 편리하였고, 따라서 철기 제조의 원료가 되는 生鐵(무쇠)[8]이나 연료의 운송이 편리하였으며, 陶瓷業이 발달한 부근 石灣에서 용광로를 축조하는 데 유리한 기술과 도구를 제공받을 수 있었기 때문이라고 생각된다. 아울러 宋 이래 明初까지 대량의 인구가 남하하여 불산 철기제조업을 위한 충분한 노동력을 제공하였던 것이다.[9]

그러나 이러한 조건보다도 더욱 주목해야 할 점은 明 正德14年(1519) 廣東巡撫가 군비조달을 위해 廣東省에서 생산되는 生鐵에 대해 廣州城外에 廠을 설치하여 세금을 부과시킬 것을 상주했다는 사실이다. 이에 따르면 鐵商에게 '票'를 주어 생산지에서 생철을 수매하게 하는 대가로 생철 1萬斤당 銀 2兩을 세로 징수하며, 또한 생철을 佛山에 운반하여 熟鐵로 주조하거나 鐵器를 생산하여 판매하는 것을 허가한다는 것이었다.[10] 이는 오랜 시일 시행되면서 하나의 관행을 만들어 냈다. 광동 각지에서 생산되는 생철은 일단 佛山에 운반되어 鐵鍋, 農器具 등 철기를 제조하거나 熟鐵로

6) 梁禮昭, 『梁氏家譜』, 「諸祖傳錄」(羅紅星, 「明至清前期佛山冶鐵業初探」, 『中國社會經濟史研究』 1983年 第4期, p.45에서 재인용).

7) 李待問, 『李氏族譜』 卷5, 「世德記 : 廣成公傳」(廣東省社會科學院歷史研究所中國古代史研究室 · 中山大學歷史系中國古代史教研室 · 廣東省佛山市博物館 編, 『明清佛山碑刻文獻經濟資料』, 廣州 : 廣東人民出版社, 1987年, p.304. 이하 이 자료는 『佛山資料』라고 약칭함). 宣德年間은 그의 나이 22~31세에 해당되는데 이 시기 그가 철기제조를 배웠으리라 추정된다.

8) 鄧開頌의 연구에 의하면 明代 광동에서는 15개 현에서 철광이 생산되었으나 청대에는 철광산지가 31개 현 102개소로 증가할 정도로 철광의 개발이 추진되었다. 철광은 산지나 산지 부근에서 제련되어 生鐵로 가공되었는데 淸代(順治-道光年間)에는 31개 현 134개소에 冶爐(大爐)를 설치하여 이러한 가공을 담당하였다. 그 주요 지역은 從化 · 龍文 · 新豊 · 梅縣 · 平遠 · 羅定 · 英德 · 雲浮 · 淸遠 · 曲江 · 翁源縣 등이었다. 「明至淸代前期廣東鐵鑛産地和冶爐分布的統計」, 『明淸廣東社會經濟形態研究』, 廣東歷史學會 編, 廣東人民出版社, 1985年, pp.170~186.

9) 羅一星, 「明淸時期佛山冶鐵業研究」, 『明淸廣東社會經濟形態研究』, p.76.

10) 郝玉麟, 雍正『廣東通志』 卷22, 「貢賦」(『佛山資料』, pp.312~313) 그리고 戴璟, 『廣東通志初稿』 卷30, 「鐵冶」(『佛山資料』, p.312) 참조.

제련되었는데 관으로부터 허가(旗票)를 받지 않으면 마치 私鹽처럼 私鐵로 단속되었던 것이다.[11] 결국 광동 전지역의 생철이 불산으로 운반되어 불산에서 거의 독점적으로 철기가 제조되었던 것이고, 이는 관에서 부여한 하나의 특혜(官准專利)로 인식[12]되었다.

불산이 이러한 특혜를 국가로부터 받은 것은 언제부터였을까? 명대부터 그러하였다고 보는 견해[13]도 있으나 적어도 淸代 이후라고 생각된다. 불산의 철기 제조업 수준이나 여건으로 보아 明代에도 대부분의 생철이 불산에 운반되어 숙철로 제련되거나 鐵鍋, 農器具 등 철기가 제조되었을 것으로 보이지만, 그렇다고 명정부가 생철을 반드시 불산에 운반하여 가공하도록 강제한 것은 아니었다.[14] 그러나 청대에 들어서면 광동당국에서는 “全廣東省의 민간 일용필수품인 鐵鍋는 반드시 佛山 한 곳의 爐戶만 주조하도록 하고 그렇지 않으면 鐵鍋私鑄로 간주하였다.”[15] 이로 보아 청대에는 불산 수공업자가 생철이나 숙철로 철기를 제조하는 것을 독점하였음을 알 수 있다. 그 시점이 언제인지는 명확치 않으나 康熙年間에 쓰여졌다고 생각되는 『廣東新語』에 “모든 용광로의 철이 제련되면 모두 불산으로 운반되었다”[16]고 하는 표현이 있는 것으로 보아 康熙年間(1662~1722)부터가 아닌가 생각된다. 이처럼 철기 제조업이 佛山의 專利가 되어 국가의 특

11) 朱檀, 『粤東成案初編』 道光8年 卷24(『佛山資料』, p.313).

12) 民國『佛山忠義鄕志』 卷6, 「實業 : 工業」, p.15앞(『中國地方志集成 : 鄕鎭志專輯』 30, 南京 : 江蘇古籍出版社, 1992年), p.387. “鐵鑊行 : 向爲本鄕特有工業, 官准專利, 製作精良, 他處不及.”

13) 羅一星, 앞의 논문, pp.88~89. 그는 명확히 명대라고 지적하지는 않았으나 문맥상 명대로 인식하고 있다.

14) 戴璟, 『廣東通志初稿』 卷30, 「鐵冶」(『佛山資料』, p.312)에는 “有欲以生鐵佛山堡鼓鑄成錠, 熟而後賣者, 聽其所賣.”라고 하여 생철을 불산에 운반하여 鼓鑄하려는 경우 이것을 허가하고 있다. 曹騰騑 · 譚棣華, 「關于明淸廣東冶鐵業的幾個問題」, 『明淸廣東社會經濟形態硏究』, p.129에서도 명대에는 반드시 불산으로 생철을 운반하도록 강제한 것은 아니라고 보고 있다.

15) 『兩廣鹽法志』 卷35, 「鐵志」(『佛山資料』, p.315).

16) 屈大均, 『廣東新語』 卷15, 「貨語 : 鐵」(北京: 中華書局, 1985年), p.409. 屈大均의 생몰년대는 1630~1696년이고 광동신어는 康熙39年(1700)의 서문이 있는 것으로 보아 대체로 1680년대~1690년대에 쓰여졌다고 생각된다.

혜를 받게 된 것은 관의 그러한 정책을 가능하게 한 불산의 철기 제조 기술의 수준에 그 배경이 있었다고 생각된다. 다음의 기록은 이런 사정을 잘 보여준다.

> 대개 천하의 철은 廣東의 것보다 좋은 것이 없다. 그리고 광동의 철 중에 품질로서 羅定의 것보다 나은 것이 없다. 철이 광택이 나고 유연하기 때문에 뽑아 鐵線을 만들 수 있다. 또 주조하여 鐵器를 만드는 데에서 불산보다 잘하는 곳이 없다. 그러므로 廣州, 南雄, 惠州, 羅定, 連州, 懷集의 생철은 모두 불산으로 운반된다.[17]

이처럼 명 중엽 이후 광동 각지에서 생산되는 생철이 거의 모두 불산으로 운반되어 가공되다[18] 보니 불산은 자연스럽게 광동 철기 제조업의 중심으로 부상하였다.[19]

17) 『兩廣鹽法志』 卷35, 「鐵志」(『佛山資料』, p.297).

18) 그러나 乾隆末年 이래 이러한 원칙이 깨어지기 시작한다. 乾隆55年(1790) 嘉應州소속 興寧縣이 불산에서 멀고 수륙교통이 나쁘다는 이유로 現地에서 廢鐵로 鐵鍋나 농기구를 제조하는 것이 허가되었다. 嘉慶4年(1799) 韶州府 乳源縣에서도 철기 주조가 허가되고 있었다. 道光14年(1834)에는 민간의 편의를 위해 생산량이 500斤 이하라면 官의 허가없이도 철기 제조가 가능하였고, 관에 납세하는 官爐의 경우 佛山이 아닌 지역에서도 철기 주조와 판매가 허가되었다. 『兩廣鹽法志』 卷35, 「鐵志」(『佛山資料』, pp.313~315). 笹本重巳는 이러한 현상을 佛山鋪戶의 鐵鍋 주조 독점권이 붕괴되는 과정으로 이해하고 있다(「鐵政における佛山鋪戶と土鑪-續,廣東の鐵鍋」, 『東方學』 20, 1960年, pp.53~56).

19) 佛山 이외에도 土爐를 설치하여 숙철로 철기를 제조하는 지역이 乾隆55年(1790) 이후 17개현 30개소에서 확인되고 있다(鄧開頌, 앞의 논문, pp.181~183). 그러나 이들 지역에서의 생산은 1790년 興寧縣 太平堡의 土爐처럼 폐철을 수집하여 鐵器를 주조하는 것에 불과하거나(『兩廣鹽法志』 卷35, 「鐵志」 : 『佛山資料』, p.313), 1808년 韶州府 乳源縣 李福成의 경우처럼 생산한 鐵鍋, 農具를 韶州府에서만 팔도록 되어 있거나(『兩廣鹽法志』 卷35, 「鐵志」 : 『佛山資料』, p.314), 아니면 道光元年(1821) 河源縣 曾南茂의 경우처럼 鐵器를 불법적으로 私鑄한 것(『粵東成案初編』 卷24, 「劫囚奪犯」 : 李龍潛, 「清代前期廣東採礦·冶鑄業中的資本主義萌芽」, 『中國社會經濟史論叢』 第1輯, 山西人民出版社, 1981年, p.365)으로서 불산에 견줄 만한 대량생산은 아니었다. 다만 여기서 鐵器의 私鑄가 얼마나 성행하였을까 하는 문제가 남는다. 이에 대해 曹騰騑·譚棣華는 청대에도 명대의 엄격한 鑛業 통제정책을 이어받아 광산채굴이나 철기 私鑄를 엄중히 단속하였다고 보고 앞의 1821년 사례도 청정부가 철기의 私鑄를 엄중하게 단속한 사례로서 설명하고 있다(앞의 논문, pp.125~128). 그러나 嘉慶·道光年間 이후 지방통치가 점차 이완되어 가는 과정에서 淸地方政府가 얼마나 중앙의 정책을 철저

명 중엽 이후 불산에서는 철기 제조업자, 제조 노동자 그리고 이를 판매하는 鐵商이 늘어나 불산인구의 다수가 철기 제조업관련자였다.[20] 청초의 인물인 屈大均(1630~1696)에 의하면, "炒鐵(생철을 숙철로 제련하는 과정)하는 점포가 수십이고 노동자가 수천 명이다. 한 점포에 모루(砧) 수십 개가 있는데 모루 하나에 노동자가 10여 명이 달라 붙는다."[21]고 하였다. 수십을 20으로 낮추어 보아도 하나의 점포에 적어도 200여 명의 노동자가 있었다는 계산이 나온다. 淸 乾隆15年(1750)에 炒鐵行 會館에 소속된 炒鐵業所가 40여 개[22]라 하므로 건륭년간에 적어도 8,000여 명의 炒鐵 노동자가 있었던 셈이다. 乾隆年間(1736~1795)에는 鑄鐵의 점포가 100여 개 있었다[23] 하는데 鐵器를 주조하는 과정인 鑄鐵은 炒鐵에 비해 일반적으로 규모가 크므로 주철노동자는 최소 2만 명 이상이었을 것이다. 양자를 합쳐 철기 제조업 분야에 종사하는 전체 노동자를 추정하면 약 3만 명 정도였다고 볼 수 있다.

이처럼 철기 제조업 종사자가 많았을 뿐 아니라 생산 기술이 부단히 향상되고 분업화되었다. 일례로 明末淸初 金屬의 조직을 보다 치밀하게 하고 표면의 광도나 청결도를 높이며 순도도 100%에 가깝게 하는 紅模鑄造法이 창안되었다. 이러한 고난도의 기술에 더하여 주조한 기물의 문양과 장식도 더욱 정교해졌다.[24] 그런데 이 같은 기술적 발전은 분업화 과정을

히 집행하였는지 의문스러운 바가 있다. 게다가 1790년 이후 불산의 철기 제조의 專利權이 동요해 가는 상황하에서 1821년 曾南茂의 철기 私鑄는 점차 비합법적인 철기 제조가 확대되어 가는 모습을 반영하는 것이 아닐까?

20) 陳炎宗 總輯, 『佛山忠義鄕志』, 文盛堂刻本(乾隆19年) 卷6, 「鄕俗志 : 物産」, p.12 뒤~p.13 앞. "惟鐵鍋鐵線, … 鐵販於吳越荊楚而已. 鐵線則無處不需, 四方賈客, 各輂運而轉鬻之, 鄕民仰食於二業者甚衆."라 한다. 한편 丘濬, 『丘文莊公集』 卷7, 「東溪記」(『佛山資料』, p.295). "南海之佛山去城七十里, 其民居大率以鐵冶爲業." 丘濬은 생몰년대가 1420~1495년으로 1519년 이전이지만 이미 불산에서는 철기 제조업에 종사하는 사람이 다수였다.

21) 屈大均, 『廣東新語』 下 卷15, 「貨語 : 鐵」, p.410.

22) 「鼎建佛山炒鐵行會館碑記」, 乾隆15年(『佛山資料』, p.76).

23) 乾隆『佛山忠義鄕志』 卷6, 「鄕俗志 : 氣候」(『佛山資料』, p.297).

24) 羅一星, 앞의 논문, p.82.

겪으면서 더욱 진전된 것이었다. 明 天啓2年(1622) 炒鐵業과 鑄鐵業이 七行[25]으로 분화되었다. 이 七行은 鍋行, 鐵竈行, 炒鐵行, 鐵鎖行, 鐵線行, 農具雜品行, 釘行이다.[26] 이 중에서 鍋行은 乾隆年間 大鑊頭莊行 · 大鑊車下行 · 大鍋搭炭行 등으로 분화되었고, 炒鐵行은 炒煉鉗手行 · 炒煉頭莊行 · 炒煉二莊行 · 炒煉催鐵行으로 나뉘어졌으며, 이외에 鋸行 · 打拔鐵線通行 등이 새롭게 또는 명칭을 바꾸어 출현하였다.[27] 그리고 光緒年間에 單燒車下行, 雙燒扭行, 單燒助行, 大鍋助行, 大鍋車下行,[28] 그리고 鐵鍋剛濟堂, 宰燒行, 新釘行[29] 등이 새로이 출현하였다.[30]

철기 제조업 발전의 분명한 표징은 주조된 철기의 종류가 다양해지고 그 생산량이 증가하였다는 데서 쉽게 발견할 수 있다. 청초의 상황을 전하고 있는 『廣東新語』에 의하면, 가장 광범위하게 생산되고 있었던 鐵鍋만 하더라도 糖圍, 深七, 深六, 牛一, 牛二, 牛三, 牛四, 牛五, 五口, 三口, 牛魁, 清古 등 12가지였다.[31] 鐵線은 건륭년간에 5종이나 생산되고 있었으니 大纜, 二纜, 上綉, 中綉, 花絲가 그것이다.[32] 그외 鐵釘, 鐵鎖, 鐵灶, 鐵鏈, 煎盆鑊, 철제 농구, 鉤罐, 각종 軍器[33] 등이 제조되었고, 청초에는 해적을 막아 향촌을 자위하기 위해 大砲가 주조되었다.[34] 아편전쟁시기에는

25) 乾隆『佛山忠義鄉志』 卷3, 「鄉事志 : 紀略」, p.4뒤~p.5앞.

26) 羅一星, 앞의 논문, p.83.

27) 「乾隆年間佛鎮衆行捐款籌辦某公事殘碑」, 『佛山資料』, pp.100~101.

28) 「光緒二年歲次丙子重修佛鎮栅下天后元君古廟官紳値事善信芳名喜認各物簽題工金各行工料雜項費用進支數目刊列碑記」, 『佛山資料』, pp.156~201 참조. 이후 이 碑記는 「光緒二年天后元君古廟碑記」로 약칭한다.

29) 「佛山清涌碑記」, 光緒12年, 『佛山資料』, pp.210~248.

30) 光緒12年(1886) 이후 民國時代에 걸쳐서는 鑄砧行, 機器鐵杯行, 車磨鐵器行, 鐵磚行, 鐵釘行, 打刀行, 打剪鉸行, 土針行, 鑄發行, 拆鐵行, 白鐵行 등이 새롭게 출현하였다. 民國『佛山忠義鄉志』 卷6, 「實業 : 工業」, pp.387~393.

31) 屈大均, 『廣東新語』 下 卷15, 「貨語 : 鐵」, p.409.

32) 乾隆『佛山忠義鄉志』 卷6, 「鄉俗志 : 物產」, p.12뒤.

33) 「廣州府南海縣飭禁橫斂以便公務事碑」, 崇禎8年, 『佛山資料』, pp.13~15. 軍器 생산에 대해서는 蔣祖緣, 「試談明清時期佛山的軍器生產」, 『明清廣東社會經濟形態研究』, pp.132~143 참조.

영국군과의 일전을 위해 8,000근짜리 대포가 제작되기도 하였다.[35] 철강 생산량 역시 신속히 증가하여 雍正年間(1723~1735)에 이미 年産 약 34,000톤에 달하였다고 추정되는데 이는 산업혁명 전(1720)의 영국의 철강 생산량 17,350톤의 약 두 배에 달하는 수준이었다.[36]

이러한 불산 철기 제조업의 발전은 당시 珠江三角洲 및 전국의 경제발전과 밀접히 연관되었던 것으로 보여진다. 주강삼각주 일대에는 製糖業 · 製絲業이 발전하였는데[37] 설탕을 졸이기 위한 솥(糖圍)이 필요하였고, 누에고치에서 생사를 켜는 과정에서도 고치를 삶는 솥이 필요하였으며, 뽕나무 재배에도 철제 도구인 桑剪, 桑鉅, 桑鉤, 刮桑鈀 등이 필요하였다. 鐵鍋는 일반 가정에서도 취사도구로 필수적인 것이었으므로 그 수요는 막대하였다. 아울러 광동지방의 조선업이나 제염업에서도 鐵釘 · 鐵鏈 · 鐵錨 · 鐵線 및 소금 굽는 煎盆鑊 등의 철제 제품이나 도구가 필요하였다. 뿐만 아니라 무엇보다도 국내외 무역 발전과도 관계가 깊었다. 불산의 철제품이 팔리는 지역은 명대 이미 江蘇 · 浙江 · 湖南 · 湖北 · 江西 · 福建 등 8개 省 및 北邊互市였다.[38] 각지의 客商은 수십만의 자본을 가지고 철기를 구하러 佛山에 왔다. 清初 廣東商人은 鐵器 등 여러 가지 鐵製商品을 江西 · 江蘇 · 浙江 · 湖南北에 판매하였을 뿐 아니라 남으로 마카오에 가

34) 乾隆『佛山忠義鄕志』 卷8 「人物志」 p.24뒤. "丙戌(1646)海寇披猖, [李]敬問樹柵鑄礮, 簡練鄕勇, 以捍村堡."

35) 民國『佛山忠義鄕志』 卷11, 「鄕事」, p.14앞, p.480.

36) 黃國强, 「明淸時期廣東經濟的迅速發展」(湯明檖 · 黃啓臣, 『紀念梁方仲敎授學術討論會論集』, 廣州 : 中山大學出版社, 1990年에 수록 p.259). 한편 羅紅星은 廣東의 鐵爐가 50~60座를 밑돌지 않는다는 雍正12年(1734) 鄂爾達의 상주문에 의거하여 每座 90만 근의 철을 생산한다고 보아 60座의 鐵爐에서 5,400만 근의 생철을 생산하였고 이 중 약 5000만 근이 불산으로 운반되어 소모되었다고 추정하였다. 羅紅星, 앞의 논문, p.48 참고.

37) 拙稿, 「淸代 廣東의 對外貿易과 廣東商人」, 『明淸史硏究』 第9輯, 1998年, pp.82~89; 冼劍民 · 潭棣華, 「明淸時期廣東的製糖業」, 『廣東社會科學』 1994年 第4期; 冼劍民, 「淸代前期廣東手工業的發展及其特點」, 『廣東社會科學』 1993年 第4期 참조.

38) 羅一星, 앞의 논문, pp.84~87. 笹本重巳에 의하면 명대 廣東鐵鍋가 北邊互市에 등장하여 오이라트에게 수출되었다고 한다(「廣東の鐵鍋について-明淸代における內外販路」, 『東洋史硏究』 12-2, 1952年, pp.42~43).

서 교역함으로써 그 물품은 紅毛(서양 : 네덜란드)에 팔려 나갔고, 日本·琉球·泰國·필리핀 등지에도 팔았다.[39)]

중국학자 羅一星은 명청시대 철기 제조업의 全盛段階를 명 嘉靖年間에서 청 乾隆年間(1522~1795)까지로 잡고 嘉慶年間 이후(1800~1900)는 衰落段階로 비정하였다.[40)] 철광석 채굴량의 감소, 불산 鐵器製造 專利權의 동요, 하천 등 교통조건의 악화, 아편전쟁 이후 서양철의 수입[41)] 등으로 인해 전반적으로 불산의 철기 제조가 쇠퇴하는 추세에 있었다 하겠으나 일부 철기 제조업의 경우는 반드시 그렇지도 않았다. 鐵線과 鐵釘의 제조 부분에 있어서는 道光·咸豊년간(1821~1861)에 전성시기에 달하였고, 土針의 경우는 道光年間에 가장 생산이 왕성하였다. 鐵鑊(즉 鐵鍋)의 경우, 同治年間(1862~1874)에 외국인이 홍콩에서 주조코자 하였으나 중국 鐵鍋와의 경쟁에서 패하여 중지할 정도[42)]로 동치년간까지도 활발하게 생산되었던 것이다.

(2) 絹織業과 綿織業

佛山에는 淸初 생사 및 비단제조와 관련된 수공업 조직인 八絲緞行, 什色緞行, 元靑緞行, 綢綾行, 帽綾行 등 18行의 絲行[43)]이 있었는데 그 규모

39) 『廣東新語』 卷14, 「食語 : 穀」, pp.371~372. 笹本重巳는 프랑스인 Savary의 『세계상업대사전』을 인용하여 康熙57年(1718)경 광동의 철기는 마닐라, 일본, 통킹만, 인도차이나, 태국, 바타비아, 캄보디아 등지로 수출되었다고 한다(「廣東の鐵鍋について－明淸代における內外販路」, pp.44~45).

40) 羅一星, 「明淸時期佛山冶鐵業硏究」, pp.79~92.

41) 民國『佛山忠義鄕志』 卷6, 「實業 : 工業」, p.15앞뒤, p.387에는 서양철의 수입으로 불산의 철기 제조업이 타격을 받고 있음을 잘 보여주고 있다.

42) 民國『佛山忠義鄕志』 卷6, 「實業 : 工業」, p.15앞, p.387.

43) 18行: 八絲緞行, 什色緞行, 元靑緞行, 花局緞行, 紵綢行, 蟒服行, 牛郎紗行, 綢綾行, 帽綾行, 花綾行, 金彩行, 扁金行, 對邊行, 欄杆行, 機紗行, 鬪紗行, 洋綾綢行 等. 佛山檔案館 編, 『佛山史料匯編』 2(二), p.134[黃建新·羅一星, 「論明淸時期佛山城市經濟的發展」, 『明淸廣東社會經濟硏究』(廣東歷史學會 編, 廣東人民出版社, 1987年), p.36에서 재인용].

나 발전정도를 자세히 알 수는 없다. 다만 道光9年(1829)에 18행의 하나인 帽綾行이 廟를 짓기 위해[44] 모금하였는데 이에 호응한 機房主가 202家이고, 織工이 1,109명에 달하였으며 그 모금액수는 1,283兩 2錢 5分에 이르렀다[45]는 사실로 미루어 그 규모를 추정할 수 있을 뿐이다.

청초 이래 東南亞나 西洋과의 대외무역 과정에서 중국산 생사나 비단이 주요 수출상품의 하나였고 수출량이 증대됨에 따라 江浙産의 생사 · 비단만이 아니라 廣東産도 수출되기 시작하였다.[46] 이에 따라 광동지역에서 뽕나무의 재배, 양잠업, 제사업과 견직업이 발달하기 시작하였다. 불산에서도 그러한 영향을 살필 수 있는데 雍正年間(1723~1735) 불산에서는 土絲(광동산 생사)를 원료로 佛山紗라는 비단 제품이 직조되었다. 문양을 인쇄판(印板)을 사용하여 만들 정도로 생산이 대량적이었던 것 같다. 다만 토사의 품질이 江浙産만 못하여 쉽게 갈라지고 보풀이 일었다.[47] 道光年間에도 광동산 생사(本土之絲)의 품질은 크게 개량되지 못한 듯하다. 광동생사는 어두워서 광택이 없고 색깔도 좋지 않아 그저 광동 내에서만 팔릴 뿐이었다. 타지방 상인이 이를 구매하는 일은 적었다. 이러한 土絲를 이용해서 佛山紗가 직조되다 보니 그 품질이 雍正年間과 별 차이가 없었다.[48] 따라서 江蘇産 生絲를 원료로 직조하는 粤緞에서야 그러한 품질상의 문제가 해결되었다. 粤緞은 비단의 섬유질이 고르고 촘촘하며 색상이 곱고 화려하였으며, 광택도 뛰어났다.[49] 광동산 비단으로 타지방이나 외국에 수출되는 것은 아무래도 강소산 생사로 짠 비단이었다.

44) 실제 廟가 지어진 것은 道光19年(1839)이다. 「鼎建帽綾行廟碑」, 道光19年, 『佛山資料』, pp.140~141.

45) 「道光九年鼎建帽綾行助工金碑記」, 『佛山資料』, pp.139~140.

46) 1830년 전후한 시기에는 광동산 생사가 전 수출생사의 37.5% 내지 55.2%를 차지할 정도였다. 朴基水(1998年), 앞의 논문, pp.66~73 참고.

47) 雍正『廣東通志』 卷52, 「物産」(『佛山資料』, p.324).

48) 吳榮光 纂, 『佛山忠義鄕志』 道光11年 刊本 卷5, 「鄕俗 : 物産」, p.13뒤(『中國地方志集成: 鄕鎭志專輯』 30, 南京 : 江蘇古籍出版社, 1992), p.59.

49) 道光『佛山忠義鄕志』 卷5, 「鄕俗 : 物産」, p.13뒤, p.59.

光緖末年에 이르면 이 같은 상황이 일변한다. 불산에서는 廣東 順德縣 各鄕에서 생산한 생사를 구매하여 金銀緞, 八絲緞, 充漢府緞, 充貢緞 등 여러 가지 비단을 직조하였는데 그 품질이 우수하여 국내외에서 널리 환영받았다. 광동 내에서 팔리는 것은 2~3할에 불과하고 타성 각지로 2~3할, 외국으로 3~4할이 팔려 나갔다. 이에 따라 大機房이 20餘家, 小機房이 60~70家에 달하고 노동자도 2,000여 명이나 되었다.[50] 이는 오랜 제사업과 견직업의 기술축적으로 이루어진 결과일 것이다.

江蘇産 棉布만이 아니라 廣州일대에서 생산된 土布도 南京布(南京木棉)란 이름으로 외국에 수출되었는데, 이는 佛山에서 면방직업이 발전하였기에 가능한 것이었다. 그러나 廣東의 토질은 赤土여서 면화 재배가 신통치 않았고 이 점은 광동의 면방직업 발전의 장애였다. 雍正年間 이후 광동의 廣州府 · 潮州府에서 사탕수수를 재배하여 설탕을 생산하게 되면서 그 설탕을 江浙地方 · 天津에 판매하고 그 대신 그곳에서 면화를 구입해 옴으로써 광동에서도 약간의 면방직업이 일어나기 시작하였다.[51] 乾隆年間에는 그러한 면화를 판매하는 棉花行이 불산에 22家가 있었다.[52] 그들은 주로 佛山鎭의 부녀자나 인근 향민의 機戶에게 면화를 공급하였던 것 같다. 당시 불산 인근의 향촌에는 여러 종류의 紡織機가 있었는데 이는 雍正年間 이래 성장한 생산기술 발전의 결과라고 생각된다. 道光 『南海縣志』[53]의 기록에 의하면, 李村機, 紫洞機, 疊滘機, 大瀝機, 裏水機, 鹽步機 등이 있었고 불산인은 이를 '外機'라고 불렀다.[54] 불산에서 면방직업 경영방식의

50) 民國『佛山忠義鄕志』 卷6, 「實業 : 工業」, 機房土布行條, p.9뒤, p.384.

51) 예컨대 潮州府 潮陽縣 상인은 嘉慶年間 浙江의 嘉興府, 江蘇의 松江 · 蘇州府에 설탕을 판매하고 면화를 구입해 왔는데, 이를 원료로 부녀자들은 棉紗를 뽑아 棉布를 짰다. 唐文藻 等, 嘉慶『潮陽縣志』 卷11, p.28[彭澤益 編, 『中國近代手工業史資料』 第1卷(北京 : 中華書局, 1962年), p.233]. 周恒重 等, 『潮陽縣志』 光緖10年 刊本 卷12, 「物産」, p.7앞 「甘蔗條」, p.27앞 「棉布條」(臺北 : 成文出版社 影印本), p.156, 166.

52) 『粵東例案』 抄本, 「行市 : 行戶執照毋庸遞年逐任更換」(『佛山資料』, p.343).

53) 潘尙楫 主修 鄧士憲 總纂, 『南海縣志』 道光15年 卷之八, p.24뒤, p.25앞.

54) 道光15年『南海縣志』 卷之六, 『都堡』에 의하면 疊滘과 鹽步는 佛山과 더불어 남해현 68堡의

특징은 바로 이러한 근교의 향촌민에게 원료와 '上機'(經線을 잘 짜는 機頭를 上織機 대신 장치한 것)를 공급하고 완성된 상품을 수매하는 방식을 통하여 대량의 농촌가정을 공장의 場外 부분으로 바꾸어 놓는 것이었다. 직접 사람을 고용하여 織布하는 경우는 드물었다. 이로 인해 '外機'는 불산의 '本地機'를 훨씬 초월하였다.[55] 면직업의 이러한 분산적 생산의 특징은 絹織業의 '機房' 생산과 크게 달랐다.

그러나 면화공급의 문제로 면방직업 발전에는 여러 한계가 있었다. 즉 강절지방에서 원료를 구매해 옴으로써 유통비용이 추가되어 비교적 높은 생산비가 들었고, 광동 면방직업의 收支는 면화나 설탕의 시장가격의 변동에 영향을 받기 쉬웠다.[56]

이와 같은 조건임에도 불구하고 佛山의 면방직업에 대한 다음의 1833년 기록은 그 규모와 정도에 있어서 놀라운 사정을 전하고 있다.

> 여기에 고용된 노동자와 완성된 작업 수량은 아주 볼만하다. 매년 1만 7,000명의 남자, 여자, 아동이 織造 작업에 종사한다. 그들의 직기는 아주 간단하다. 그러나 생산되어 나오는 물품은 일반적으로 아주 정치하다. 각종 布匹을 직조하는 일에 종사하는 노동자는 모두 약 5만 인이고 생산물 수요가 폭주하는 시기에 노동자는 대량으로 증가한다. 노동자들은 각각 대략 2,500家(shops)의 직포공장에서 일을 한다. 평상시 한 공장마다 평균 20명의 노동자가 있다.[57]

한 공장마다 평균 20명의 노동자가 있다는 이상의 설명을 보면 직포과

하나이고, 李村은 남해현 海舟堡의 한 村이며, 紫洞은 남해현 綠覃堡의 한 村이고, 裏水는 남해현 豊岡堡의 한 村이며, 大瀝은 남해현 白石堡의 한 村이다. 결국 佛山과 같은 남해현에 속해있지만, 불산과는 다른 鄕(堡), 村이므로 이곳의 직기를 外機라고 부른 듯하다. p.5앞~p.15앞.

55) 黃建新 · 羅一星, 「論明淸時期佛山城市經濟的發展」, p.37.

56) 山本進, 「淸代廣東の商品生産と廣西米流通」, 『東洋學報』 71-3 · 4, 1990年, pp.135~149.

57) *Chinese Repository*, Vol.Ⅱ - November, 1833.- No 7., Description of the city of Canton, 1834, pp.305~306.

정은 매뉴팩처적 상태에 도달해 있었다는 인상을 준다. 그것도 2,500家에 달한다니 대단한 숫자의 수공업 공장들인 셈이다. 이러한 면방직업의 발전은 어떻게 가능하였을까? 1817~1819년 사이 중국의 면화 수입액은 毛織物, 阿片, 白銀, 綿織物 등 모든 수입상품 중 가장 큰 비중을 점하였고 (28.6%) 年平均 수입액은 약 665萬 元에 달하였다.[58] 1825~1829년 사이에도 면화의 수입액은 年平均 599萬元에 달하였다. 이렇듯 대량 수입된 면화가 원료 공급 문제를 해결시켜 준 셈이었다. 인도 면화는 주로 광동성 내에서 소비되었고, 봄베이에서 수입된 면화는 전부 兩廣에서 팔렸으며, 벵골 면화는 일부가 兩廣에서 대부분이 福建에서 사용되었다.[59] 대량의 인도면화 수입품 중 광동에서 소비되는 부문은 주로 불산지구에서 발전한 면방직업에 원료로 제공되었다고 보여진다.

佛山地區의 면방직업이 발전함에 따라 면포 염색업도 흥기하게 되었다. 불산에는 의류염색을 전담하는 染坊行이 존재하였고[60] 여기에 염료를 제공하는 靛行이 소재하고 있었다.[61] 他省에서 생산되어 광동으로 운반된 土布는 불산에서 생산된 토포와 더불어 모두 불산에서 염색되었다. 불산에서 염색 가공된 토포가 광동인이 가장 좋아하는 青布[62]로 바로 '長青布' 이다. 이러한 長青布는 싱가폴 및 광동인이 퍼져나간 해외 각지로 수출되었다.[63]

58) 拙稿(1998年), 앞의 논문, p.74의 〈표 4〉 참조. 이 표는 姚賢鎬 編, 『中國近代對外貿易史資料』(1840~1895年) 第1册(中華書局, 1962), pp.256~257을 참조하여 작성한 것이다.

59) 彭澤益, 「鴉片戰爭前廣州新興的輕紡工業」, 『歷史研究』 1983年 第3期, p.113.

60) 民國『佛山忠義鄉志』 卷6, 「實業 : 工業」, p.11앞, p.385에 의하면 染坊行은 불산의 유명한 수공업이었다.

61) 「佛山清涌碑記」, 『佛山資料』, pp.210~248의 기부자 명단에는 靛行이 5개소 나열되고 있다.

62) 民國『佛山忠義鄉志』 卷6, 「實業 : 商業」, p.24뒤, p.392에는 青靛行에 관한 기사가 소개되어 있다. 염료의 색이 주로 청색임을 알 수 있다.

63) "Report of the Mission to China of the Blackburn Chamber of Commerce 1896~1897", p.134(彭澤益 編, 『中國近代手工業史資料』 2卷, p.245).

3. 淸代 佛山 商業의 繁榮

(1) 佛山 商業 繁榮의 背景

여러 기록들은 불산의 도시발전과 상공업의 번영을 강조하고 있는데 그 번영의 정도는 광동성의 省都이자 성내에서 최고로 번영한 대외무역항구 광주를 초월한다고 주장한다. 예를 들어 廣東布政使 郎廷樞가 康熙23年(1684)에 저술한 「修靈應祠記」[64]에 의하면 다음과 같다.

> "南海縣 所屬의 佛山堡는 會城(廣州)에서 50리 떨어져 있는 상류지역이다. … 粤江과 鬱江이 그 북쪽으로 지나가며 사방의 상인 중에 광동에 오는 자는 대개 불산을 돌아갈 곳으로 삼는다. 강폭이 넓어 열 길 이상이고 정박하는 선박은 물고기 비늘처럼 늘어서있고 개미처럼 달라붙어 있다. … 노와 삿대가 서로 부딪는 소리, 시장에서 흥정하여 다투며 떠드는 소리가 4, 5리 밖에서도 들린다. 郡會(府城: 즉 廣州)가 미치지 못하는 정도이다. 강 연안에는 가옥이 빽빽하고 멀리 바라보아도 끝이 없다. 종횡으로 거리와 가로가 뻗어나가 거의 千街路로 헤아린다. 저자가 층층이 늘어서 있고 백화가 산처럼 쌓여 있어 모두 사고 싶은 물건들이다. 이는 會城에서도 갖추지 못한 것이고, 여기에서는 취급하지 않는 것이 없다. 사람의 왕래가 끊이지 않아 발뒤꿈치를 나란히 하고 어깨가 부딪힌다. 곳곳마다 가게와 점포, 주민들이고, 건물 기둥이 10만 개도 넘는다.

심지어 北京보다도 더 번성하였다고 하는 지적조차 있다.

> 불산의 汾水(鋪) 舊檳榔街는 가장 번성한 구역이다. 상인이 떼지어 모여있으며 저자는 풍성하고 넉넉하다. 하늘을 찌를 듯한 상점의 간판은 京師보다도 더욱 크다. 萬家에 등불을 밝히고 百貨가 가득 찼으니 省垣[廣州]도 미치지 못한다.[65]

---

64) 道光『佛山忠義鄕志』 卷12, 「金石 上」, p.37뒤~p.38앞, p.231.

65) 徐珂, 『淸稗類鈔』 第5冊, 「農商類」, 北京 : 中華書局, 1984年, p.2333.

이상 예로 든 사료에서 나타나는 것처럼 불산 상업의 발달과 번성은 省都인 廣州를 능가할 정도의 모습이었다. 이러한 불산의 발달정도에 착안하여 羅一星은 청대 광동에서는 대외무역 중심의 廣州와 국내무역 중심의 佛山이라는 두 개의 중심이 있었다고 주장한다. 광주에서는 대외무역과 관련된 상품 즉 洋貨가 주요 교역상품이었던 데 비해 불산에서는 省內貿易과 관련된 민생일용품 즉 廣貨(광동산 상품)와 北貨가 주요 교역상품이었다는 것이다. 이에 따라 광주가 해외시장, 연해 各省市場 및 省內 연해지역과 시장망을 형성하였다면, 불산은 省內 내륙시장 및 내륙 각성시장과 연계를 맺고 있었다는 것이다.[66)]

그렇다면 불산은 어떤 이유로 이처럼 번성할 수 있었을까? 우선 들 수 있는 점은 불산의 교통조건이다. 불산은 珠江水系를 이루는 西江과 北江의 합류지점에 위치하여 서쪽으로는 廣西, 雲南, 貴州, 四川과 연결이 쉬우며, 북으로는 江西, 湖南, 湖北, 江蘇 등과 연결된다. 특히 불산은 廣州의 상류에 위치하여 廣州로 들어오는 各省의 일반상품 및 수출상품이 먼저 통과하는 곳이다. 아울러 외국에서 수입되어 각성으로 팔려나가는 상품도 우선 廣州에서 佛山으로 운반된 후 확산된다. 이처럼 화물 교류 集散의 중심지역이 불산이었다. 청대에는 12개의 河涌(하천 및 작은 하천)이 불산을 그물처럼 둘러싸 수로교통이 편리하였고 곳곳마다 碼頭가 설치되어 있었다. 특히 불산의 중심하천 佛山涌은 서강과 북강으로 연결되기에 좋은 지리적 위치와 水量, 폭을 이루고 있었다.[67)]

다음으로는 불산에서 수공업 제품의 생산이 활발하였기 때문이었다. 앞 장에서도 보았듯이 명대 이래 불산은 철기 제조업이 발달하여 수많은 농기구(鐵犁), 조선 · 건축자재(鐵釘, 鐵鏈, 鐵錨, 鐵線), 양잠도구(桑剪, 桑

66) 羅一星, 「淸代前期嶺南二元中心市場說」, 『廣東社會科學』 1987年 第4期(複印報刊資料編輯部, 複印報刊資料 F7 『經濟史』, 北京 : 中國人民大學書報資料中心, 1988年 第2期)

67) 물론 佛山涌의 수송능력을 높이기 위해 여러 차례 준설작업을 시행하였다. 嘉慶21年(1816), 道光元年(1821), 道光6年(1826), 光緖8年(1882), 光緖10年(1884)에 준설작업이 시행되었음을 碑文을 통해 알 수 있다. 『佛山資料』, pp.138~139, pp.202~210 참조.

鉅, 桑鉤, 刮桑鈀 등), 제당업도구(鐵鍋), 생활용품(鐵鍋, 鐵針 등)으로서의 철제품이 생산되었는데, 이런 제품을 필요로 하는 불산 이외의 廣東商人뿐 아니라 他省商人도 이를 구하러 불산에 몰려들었던 것이다. 명대에도 불산의 철은 8개 성으로 팔렸는데 "매년 浙江, 直隸, 湖北, 湖南의 상인으로 허리에 전대를 둘러차고 梅嶺을 넘는 자가 수십만이었다. 그들은 모두 철제품을 사서 북으로 운송한다."[68]고 할 정도였다.

또 다른 한 요인은 珠江三角洲 일대의 상업적 농업의 발달과 수공업의 전개 및 대외무역의 활성화이다. 이는 불산의 상업을 번영케 한 직접적 원인이라기보다는 하나의 배경을 이룬 것이라고 하겠다. 명청시기 주강삼각주 일대에는 廣東省 · 他省 주민의 소비수요를 위해서 또는 대외무역 수출품으로서 경제작물을 재배하는 풍조가 일반화되었다. 사탕수수의 재배, 뽕나무 재배 및 양잠업과 차의 재배 등이 대표적 사례이다. 설탕, 생사, 비단, 차엽은 중국 내의 소비만이 아니라 대외수출품으로서도 각광을 받았다. 또한 광동에서는 제염업, 도자기업, 제지업, 조선업 등 수공업이 발전하였다. 이에 따라 광동의 소금은 광서로 팔렸으며,[69] 石灣의 도자기도 양광지역에 팔리고 외국으로 수출되기도 하였다.[70] 한편 청대 대외무역의 발전은 괄목할 만하였다. 1750년대에서 1830년대 사이에 粵海關에서 진행된 중국의 대외무역액은 약 4.3배로 늘었고, 월해관에 도착한 서양선박 수는 1732년에서 1832년까지 100년 사이에 약 10.3배, 톤수는 17.3배로 늘었다.[71] 당시 중국에서 수출된 주요 상품은 江浙지방의 생사와 비단 그리고 南京布, 江西 景德鎭의 도자기, 福建 武夷山의 차엽 등이었다. 이들 상품은 육로와

68) 霍與瑕, 『霍勉齋集』 卷之二, 「上吳自湖翁大司馬」(軍需)(『皇明經世文編』 卷369, p.6앞, 臺北 : 國聯圖書出版有限公司 影印本 第23冊, p.41에 수록).

69) 朴基水, 「淸 中葉 廣西商業과 廣東商人」, 『京畿大學校論文集』 第33輯, 1993年, p.125, 137.

70) 『廣東新語』 卷16, 「器語 · 錫鐵器」 下, p.458. "故石灣之陶遍二廣, 旁及海外之國. 諺曰, 石灣缶岡瓦, 勝於天下." 또한 範端昂, 『粵中見聞』 卷23, 「物部三 : 瓦缸」, 廣東高等教育出版社, 1988年, p.264.

71) 拙稿, 앞의 논문, 1998年, pp.61~76.

수로를 통하여 大庾嶺을 넘은 후 北江을 따라 남하하여 佛山에 도착한 뒤 廣州로 들어갔다. 마찬가지로 廣州로 수입된 모직물, 면포, 면사, 시계, 안경 등 각종 洋貨도 일단 佛山에 운반된 후 중국 각지로 운송되었다. 이러한 점은 불산의 상업을 발전시키는 주요한 배경이 되었다.

(2) 佛山 商業 繁榮의 實狀

1) 流通商品의 種類

道光年間에 간행된 『佛山忠義鄕志』에서는 佛山에서 유통되는 상품의 종류를 鐵鍋·鐵線 등 철제품, 粵緞·佛山紗 등 견직물, 白糖·말린 龍眼·말린 荔枝·陳皮·糖梅·糖欖 등의 가공식품, 灰爐·磚爐·土工·木工·石工·金工 등에 의한 수공업 제품, 鈕·針·鞋·帽 등의 일용 잡화, 門神·門錢·金花·蓪花·條香·燈籠·爆竹 따위의 민간신앙용품 등으로 구분하여 제시하고 있다.[72] 물론 이것은 불산에서 유통되는 상품의 전모는 아니다. 그러나 그 대강을 보여주고 있다고 생각된다.

다음 〈표 1〉은 道光10年의 상황을 보여주는 『佛山街里』[73]에 나타난 유통상품의 종류를 정리해 본 것이다. 이 표로부터 우리는 몇 가지 사실을 알 수 있다.

우선 불산에서 생산되는 수공업제품의 종류가 많다는 것이다. 철제품만 하더라도 14종류가 된다. 특히 鐵器는 7개 街路에서 매매되고, 鐵線은 4개 가로에서 판매된다. 생사 및 비단제품이 모두 佛山産은 아니겠지만 앞에서도 본 것처럼 불산에서 대체로 제조되었을 것인 바 모두 7종이다. 면

72) 道光『佛山忠義鄕志』 卷5, 「鄕俗志 : 物産」, p.13앞뒤, p.59. 유사한 기사가 道光『南海縣志』 卷之八, p.8앞 ; 戴肇辰 等, 『廣州府志』 光緖5年 刊本 卷15, 「風俗」, p.18앞(成文出版社 影印本, p.278)에도 보인다. 후자 2종의 내용은 道光『佛山忠義鄕志』에 근거하여 작성된 듯하다.

73) 『佛山街里』 道光10年, 怡文堂[譚棣華, 「從『佛山街里』看明淸時期佛山工商業的發展」, 『廣東歷史問題論文集』(臺北 : 稻花出版社, 1993年), pp.226~233].

제품은 土布, 양말 등 4종이다. 불산에는 양말을 제조하는 布襪行이 존재하고[74] 면포를 취급하는 布行[75]이 있었다. 그외 衣料原料 6종, 모자 및 신발은 무려 16종, 기타 衣料는 12종, 여성용품 10종, 금속제품 10종 등등 도합 약 200종 가량이다. 사실 불산에는 거의 모든 수공업이 존재하였는데 그러한 수공업 제품이 판매되고 있었던 것이다.

〈표 1〉 佛山에서 유통된 상품 종류(1830년경) : (숫자)는 매매되는 街路數

상품분류	상품명	상품분류	상품명
철제품	鐵器(7), 鐵鍋, 鐵鎖, 縫針(2), 錘, 鐵釘(2), 釘(2), 鐵線(4), 開刀, 鑄鐵, 炮料, 洋刀, 犁鈀, 鉡口, 蹖釘	생사 · 비단 제품	土絲, 包頭線緯, 紅絨絲帶, 紗燈(紗燈籠), 繡錦, 緞靴, 絲邊
면화 · 면제품	棉花, 京土布匹, 布匹(2), 機布, 각종 洋布, 扣土布各襪, 布底鞋	衣料原料	金線(2), 絨線, 紅絨, 福線, 麻線, 鈕扣, 鍍金鈕扣
모자 · 신발	涼帽, 冬帽, 帽, 帽線, 藤帽, 色襪, 襪, 紅纓, 預壽具巾, 皀靴, 蒲緞布鞋, 鞋靴, 鞋(3), 屐(3), 皮鞋, 布鞋	기타 의료	原當衣服(2),舊紳服,田衣服(袈裟), 新衣, 皮裘, 毯毡, 花衫, 兜肚(2), 手巾(2), 夏布, 花角絨, 絨領, 錦被, 布補
여성용품	梳篦, 頭梳, 首飾店, 花角, 頭繩, 妝盒, 銅鏡, 鏡(2), 胭脂(2), 粉	귀중품(보석)	玉器, 珠, 金珠, 寶石(2), 玉石, 水晶, 翠花(비취비녀), 玻璃
가구 · 장식품	金花(3), 蘇杭美物, 珠燈, 花絲, 衣箱, 琉璃, 床, 櫃, 抬椅, 寫扁額(2),	기타 금속제품	白銅(2), 打銀, 鉛錫, 銅器, 銅絲, 錫器(2), 金箔(3), 金張, 錫箔, 銅箔(2)
약재	川廣藥材, 藥材(3), 蔘茸藥材, 黃藤, 陳皮, 蓪花(3)	香	龍香, 沉香, 料香, 香, 線香
도자기	瓷器	무기	戰盔(2), 大砲
곡물	米(4), 米沙(碎米), 糙米(6), 麥	채소	黃薑, 番薯, 蘿白(무우), 藕, 菜(3)
가공식료품	麵食, 麵, 麥麵, 糖糕(2), 響糖(2), 油豆(油豆腐), 燒臘, 明油, 口香, 醬料, 醋	해산물	海味(2), 蟹, 膏蟹, 海蔘(2), 燕窩, 鹹蝦, 蝦, 蜆, 魚樣(2), 鹹魚, 海鮮, 鯉魚
과일	檳榔, 椰子, 花紅(능금), 檳榔行 鮮果	가축 · 육류	蛋, 牲口, 生口, 豬, 羊肉

74) 民國『佛山忠義鄕志』 卷6, 「實業 : 工業」, p.11앞, p.385.
75) 龍廷槐, 『敬學軒文集』 卷2, 「初與邱滋畬書」(『佛山資料』, p.342).

생활용품	牛燭, 燭籠, 燈籠, 燒脂, 葵扇(2), 扇, 油扇(2: 興寧油扇), 雅扇, 金扇, 毛扇, 帳檐, 帒索(가방끈), 年貨, 餅印(떡살), 里席, 皮草(가죽제품), 煙筒, 牛角器皿, 鑲杯, 快子, 雨傘, 竹器(3), 竹簾	작업원료	顔料(2), 靛行, 力木料, 杉料, 杉木(2), 木料, 木殼, 油紙, 蠟丸(3), 竹蓬田料(田料:비료), 蘇白扇骨, 花麻西貨, 藤落, 果箱, 蒲包, 麻繩, 紙盒, 描金色盒, 石(2), 早晚二造秧栽, 木窗扇, 酒餅(누룩)
문화용품	琴瑟, 簫笙, 鼓樂色館(2), 鼓樂, 銅鑼班鼓, 書籍(2: 蘇杭書籍), 古玩(2), 筆墨(2), 蘇裱字畵, 雲額, 柬帖(쪽지편지), 黃白紅紙, 染紙, 千層紙, 紙, 雜色紙札, 紙料	신앙 및 장례용품	門神(3), 對聯, 神儀(2), 醮料, 生木神像, 塑神, 元寶(3), 香爐, 祭軸, 生花燈, 花登, 長生壽板(관: 2), 占卦鋪
기호품	茶, 酒, 烏煙, 生煙, 竹烟袋, 烟袋, 煙竿, 부싯깃(火絨),부싯돌(鎌石)	오락용품	棋子, 牛角骨牌, 炮竹(爆竹)(3)
원예	枝花	가축사료	猪料
금융기관	換錢店, 找兌錢銀, 找換, 找換錢糧	생산도구	竹籠, 竹升, 木桶, 棕籠, 주판, 稱戥, 秤砣, 風箱(풀무), 水車, 風櫃, 犁鈀, 磨石, 篩擇, 木磨
교통수단	馬鞍, 開花轎, 花轎(2)	연료	柴炭, 炭(2), 煤炭廠, 炭館, 浮炭
기호품점	上等茶店, 酒店	기타	雜項, 羅斗(2), 西貨, 銀窩, 寶寶雜貨, 班館

인근 주강삼각주 지역 또는 광동성에서 생산되어 불산으로 유입된 상품도 종류가 상당히 많았다. 우선 생사와 비단제품의 일부가 그러하였다. 順德, 南海, 程鄕, 新會 등지에서 제사업이나 견직업이 발전하였기 때문이다.[76] 면포도 그러하였다. 興寧에서 棉布가 불산으로 유입되었는데 興寧棉布를 전담하여 취급하는 興寧布幇이 존재할 정도였다. 또한 土布는 佛山 인근의 사방에서 유입되었는데 南海縣 소속 疊滘과 平洲에서 유입되는 면포가 가장 많았다.[77] 香제품은 東莞縣에서 주로 재배되어 莞香[78]이라는

76) 冼劍民, 「淸代前期廣東手工業的發展及其特點」, 『廣東社會科學』 1993年 第4期, p.71. 또한 拙稿, 앞의 논문, 1998年, p.83 참조.

77) 民國『佛山忠義鄕志』 卷6, 「實業 : 商業」, p.24뒤, p.392.

78) 屈大均, 『廣東新語』 下 卷26, 「香語 : 莞香」, p.678.

명칭을 얻었으므로 대체로 東莞의 생산품이 유입하였다. 여성용품인 香粉은 羅定에서 불산으로 光緒年間 매년 3萬元어치 정도가 유입되었다.[79] 도자기는 石灣에서 생산된 것이고, 糖製品이나 과일도 대체로 주강삼각주(番禺, 東莞, 增城, 新會)의 생산품이었다.[80] 葵扇도 주강삼각주의 新會産이 유명하였는데, 그 원료가 新會나 興寧에서 유입되기도 하였다.[81] 龍江雜貨는 명백히 산지를 밝히고 있으므로 順德縣 龍江産임을 알 수 있다. 연료인 柴炭도 淸遠, 英德, 四會, 廣寧, 羅定 등지에서 불산으로 반입되었다.[82] 佛山에는 南北紙行이 존재하였는데 이는 광동 南雄이나 북강유역에서 생산된 종이(北江紙)를 반입하여 판매하는 상인조직이었다.[83] 이를 통해서도 광동일대의 종이가 불산에 유입되었음을 알 수 있다.

다음으로 광동 이외의 다른 성에서 유입된 것도 다수 보인다. 우선 분명히 생산지를 밝힌 것으로는 京土布匹, 川廣藥材, 蘇杭美物, 蘇杭書籍, 蘇裱字畵 등이 있다. 이 중 京土布匹은 南京, 蘇州, 松江 등 江南産 면포[84]를 말하며 나머지는 표기된 대로 四川과 廣西의 약재, 蘇州 · 杭州産의 美物 · 서적 · 표구제품들이다. 불산에 존재한 藥材行은 廣西 · 四川 이외에도 山西 · 陝西 등지에서 약재를 들여오고, 參茸行은 吉林 · 寧古塔 등지에서 인삼과 녹용을 들여왔다.[85] 『佛山街里』에 의하면 福祿里에는 약 三百餘家의 店鋪가 있는데, 京省의 巨客之貨를 판다고 하였으니 北京의 여러 가지 상품이 유입되고 있었음을 알 수 있다. 한편 糙米는 貴縣街에서 판다고 하였

79) 佚名, 『南海鄕土志』 光緒34年 抄本(孫中山文獻館 소장) 卷14, 「物産」, p.6앞.

80) 冼劍民, 「明淸時期石灣製陶業」, 『14世紀以來廣東社會經濟的發展』(明淸廣東省社會 · 經濟硏究會 編, 廣東高等敎育出版社, 1992年) ; 李華, 「明淸時代廣東農村經濟作物的發展」, 『淸史硏究集』 第3輯(成都 : 四川人民出版社, 1984年).

81) 民國『佛山忠義鄕志』 卷6, 「實業 : 工業」, p.20앞, p.390.

82) 民國『佛山忠義鄕志』 卷6, 「實業 : 商業」, p.22뒤, p.391. "柴欄行, 有松柴,柯柴,雜柴之別. 來自淸遠, 英德, 四會, 廣寧, 羅定及廣西藤縣等處."이라 한다. 그 수량은 光緖『南海鄕土志』 卷14, 「物産」에 의하면 光緖年間에 매년 100여 萬元이라 한다.

83) 民國『佛山忠義鄕志』 卷6, 「實業 : 商業」, p.25뒤, p.392.

84) 위의 사료, p.24뒤, p.392에 "京布行, 所沽之布以來自南京蘇松者爲最佳."라고 한다.

85) 위의 사료, p.24앞, p.392.

는데 원래 광동은 미곡이 부족하여 廣西 등지에서 수입하고 있었으므로 貴縣街에서 판매하는 米는 대부분 廣西 貴縣産였을 것이다. 그외 柴炭도 광서 등지에서 유입된 것이며 銅은 銅鑛이 많은 雲南에서 반입된 것이다.[86] 한편 종이류는 복건에서 생산되는 것이 유명하였으므로 복건산도 많았다. 특히 불산에는 福建紙行이 존재하여 福建의 汀州 등지에서 만든 종이가 유통되었다.[87] 그외 복건이나 광서에서 목재도 유입되었고, 염료인 靑靛 등은 廣西와 雲南에서 유입되었으며, 油는 上海나 天津에서 유입되었다.[88]

한편 외국에서 수입된 상품도 유통되고 있었는데 각종 洋布, 機布, 西貨, 洋刀, 花麻西貨, 西貨行店 등이 그것이다. 외국상품은 청말로 갈수록 종류도 다양해지고 수량도 많아졌음은 물론이다. 인도면화가 수입되었음은 이미 앞 장에서 지적하였는데 수입된 면화는 洋花로 불려 花紗行에서 취급하였다. 가격이 중국산 면화보다 싸[89] 면업농가가 즐겨 이용하였다고 생각된다. 〈표 1〉에는 나타나 있지 않지만 1831년경 영국제 棉紗 수입량은 95만 5천 파운드였는데[90] 廣州近郊에서는 수입 면사가 紡紗에 종사하던 부녀자와 아동의 생계를 빼앗는 현상이 발생하였다.[91] 불산 소재의 花紗行 역시 洋紗를 취급하였는데 양사의 가격이 저렴하여 방직농가가 주로 양사를 사용하였다.[92] 洋布 역시 아편전쟁을 전후한 시기에 대량으로 수

86) 위의 사료, p.22뒤, p.391. 그리고 위의 사료, 「實業：工業」, p.14뒤, p.387.

87) 民國『佛山忠義鄕志』 卷6, 「實業：商業」, p.25뒤, p.392.

88) 民國『佛山忠義鄕志』 卷6, 「實業：工業」, p.16뒤, p.388. 그리고 같은 사료, 卷6, 「實業：商業」, p.24뒤~p.25앞, p.392. 光緖『南海鄕土志』 卷14, 「物産」, p.6앞뒤에서는 靛이 광서에서 유입되는데 그 수량이 光緖年間 매년 10여 萬元이라 하였고, 油는 유입량이 매년 10餘萬元이라 하였다.

89) 民國『佛山忠義鄕志』 卷6, 「實業：商業」, p.24앞, p.392.

90) 彭澤益 編, 『中國近代手工業史資料』 卷1, p.248의 표 참조.

91) 이에 대해 그곳 주민들은 洋紗에 반대하는 운동을 벌여 洋紗로 직포하지 말 것과 향촌에 유입된 洋紗를 불태워 버릴 것을 결의하였다. Peter Auber, *China*, London, 1834, pp.63~64 ; 嚴中平, 「英國資産階級紡織利益集團與兩次鴉片戰爭史料」, 『鴉片戰爭史論文專集』(列島 編, 人民出版社, 1990), pp.34~35.

92) 民國『佛山忠義鄕志』 卷6, 「實業：商業」, p.24앞, p.392.

입되기 시작하였다. 영국의 기계제 면포(機布, 洋布)의 수입량은 1831년에 173만 야드, 1835년에 1,035만 야드, 1,838년에 2306만 야드에 달하였다.[93] 西貨로 표기된 것에는 영국에서의 대표적 수입품인 모직물이 포함되어 있었다고 생각된다. 불산의 綢緞行은 서양에서 수입된 모직물(絨毯氈羽之屬)을 취급하고 있었다.[94] 洋刀라는 상품명칭도 보이는데 아편전쟁을 전후한 시기에 서양 철제품이 수입되고 있었음을 보이는 사례다. 洋鐵의 수입으로 불산의 전통적 철기 제조업이 크게 타격받았음은 鐵磚行이 없어지고, 鐵線行도 數家에 불과하게 되었으며 鐵釘이나 土針 제조도 격감하였다는 사실[95]에서 잘 알 수 있다. 光緖年間에는 香港을 통하여 밀가루(麵粉)도 수입되었는데 그 가치액은 매년 20여 萬元이라 하였다.[96]

이상에서는 상품을 생산지별로 분류해 설명해 보았는데 다음으로는 이들 상품의 소비지를 고려하면서 설명해 보고자 한다. 〈표 1〉에 보이는 상품 중에는 佛山 자체에서 소비되는 것이 다수를 이룬다. 수공업 원료로서의 의료원료 · 작업원료, 생산과정에 필요한 생산도구나 연료는 佛山 手工業의 발달에 따라 불산에서 소비되는 생산수단을 이룬다. 그외 불산주민이 일상생활에서 소비하는 곡물, 채소, 가공식료품, 해산물, 과일, 육류, 생활용품, 문화용품, 신앙용품, 원예품, 기호품 등이 있다.

한편 廣州나 광동의 다른 지역으로 팔려 나가는 상품으로는 鐵線 · 土針 등 철제품,[97] 金箔 · 銅線 · 金花 등 금속제품,[98] 각종 모자와 신발, 비단 · 면포 · 苧麻 등의 직물,[99] 絨線(털실) · 刺繡 · 양말 · 단추 등 衣料 관련 제

93) 嚴中平, 「英國資産階級紡織利益集團與兩次鴉片戰爭史料」, p.34.
94) 民國『佛山忠義鄕志』 卷6, 「實業 : 商業」, p.24뒤, p.392.
95) 民國『佛山忠義鄕志』 卷6, 「實業 : 工業」, p.15뒤, p.387.
96) 光緖『南海鄕土志』 卷14, 「物産」, p.7앞.
97) 民國『佛山忠義鄕志』 卷6, 「實業 : 工業」, p.15뒤, p.387.
98) 위의 사료, p.14앞~p.15앞, p.387. 金花는 금박을 입힌 조화이다.
99) 비단은 綢緞行에서, 토포는 京布行에서, 저마는 苧麻行에서 취급하여 광동 각지로 판매하였다. 民國『佛山忠義鄕志』 卷6, 「實業 : 商業」, p.22뒤, p.24뒤, p.391, 392.

품,[100] 缸瓦와 술,[101] 여성용품, 약재, 곡물, 해산물, 생활용품, 문화용품, 신앙용품, 장례용품, 오락용품 등이 있다. 특히 미곡 등 곡물은 광서, 호남 등지에서 수입되어 廣州로 공급되는 주요 상품이었다. 綢緞, 布匹, 해산물 등 불산의 衣料나 食料 상품이 내륙지역인 廣寧으로 반입되었다는 기사[102]에서도 불산제품이 광동내륙으로 유통되었음을 볼 수 있다.

아울러 廣東 이외의 다른 省으로 팔려 나가는 상품이 있었다. 철제품이나 외국에서의 輸入品, 보석 등 귀중품, 관료가 쓰는 모자, 가죽 신발, 장식품, 향, 부채, 폭죽 등이 다른 성으로 유출되었을 것이다. 예컨대 철기 제품은 강소, 절강, 호북, 호남 등에 팔렸고 특히 鐵線은 필요하지 않은 곳이 없어 사방의 상인이 운반하여 판매하였다.[103] 단추도 불산의 저명한 수공업 제품으로 광동성은 물론 멀리 牛莊이나 煙臺에까지 팔렸다.[104]

한편 철제품, 금속제품, 차, 생사나 비단제품, 면포, 설탕, 도자기, 각종 종이류 등은 외국으로 수출되는 상품이었다.[105] 특히 불산 철제품의 수출은 두드러졌다. 雍正年間 鐵鍋가 거의 모든 서양선박(夷船)에 의해 每船당 적게는 100連에서 200~300連, 많게는 500連에서 1,000連까지 팔려 나갔다. 1連이 큰 鐵鍋 2개, 작은 鐵鍋 4, 5, 6개로 대략 20근이라 하니 최고 한 척의 서양선박이 2만 근의 철과를 구입해 간 셈이다.[106] 아편전쟁 직전 가치액상 광동에서 제1위의 수출품은 차였다. 주로 복건의 武夷茶, 절강의 龍井茶, 안휘의 綠茶가 광동으로 운반되어 수출되었는데[107] 운반

---

100) 民國『佛山忠義鄕志』 卷6, 「實業 : 工業」, p.10앞~p.11앞, p.20앞, p.385, 390.
101) 光緖『南海鄕土志』 卷14, 「物産」, p.8앞뒤.
102) 黃思藻 總輯, 『廣寧縣志』 道光四年 刻本 卷12, 「風俗志 : 四民」, p.5앞뒤.
103) 乾隆『佛山忠義鄕志』 卷6, 「鄕俗志 : 物産」, p.13앞.
104) 民國『佛山忠義鄕志』 卷6, 「實業 : 工業」, p.14뒤, p.15앞, p.387.
105) 姚賢鎬 編, 『中國近代對外貿易史資料』 第1册, p.258의 표 참고.
106) 『雍正朱批諭旨』 第52册, p.4, 雍正9年 10月 25日, 「廣東布政使楊永斌奏摺」(彭澤益 編, 『中國近代手工業史資料』 卷1, p.252).
107) *Chinese Repository*, Vol.Ⅱ – November, 1833.– No 7., Description of the city of Canton, 1834, pp.289~294.

도중 佛山을 경과하므로 불산에서 차의 유통이 많았을 것이다. 江浙産 생사나 비단이 佛山을 경과해 수출되었음은 물론이고 심지어 불산에서 생산되는 비단(金銀緞, 八絲緞, 充漢府緞, 充貢緞)이 光緖年間에 수출되고 있었다.[108] 불산의 유명 수공업 제품인 金箔은 싱가포르, 멜버른, 샌프란시스코 등지로 팔려 나갔고, 서양제품보다 우수한 銅箔도 서양으로 수출되었다.[109] 石灣의 磁器나 불산 磁器도 光緖年間 수출되었다.[110]

이상 불산에서 유통되는 상품을 생산지나 소비지에 따라 유형별로 살펴보았는데, 이러한 일반 상품 이외에 상품유통을 보조하기 위한 상품 · 업종도 있었다는 점이 주목된다. 예컨대 포장업, 금융업, 교통업 등이 그것이다. 불산에서 유통된 상품 중에 과일을 포장하는 果箱과 蒲包(부들 꾸러미), 상품을 묶는 麻繩, 여러 가지 중요 상품을 담는 紙盒(종이 상자), 특히 귀중한 상품을 포장하는 描金色盒(금박 상자) 등이 보인다. 板箱行, 板箱楔斗行, 板箱同善堂[111] 등은 바로 이러한 포장재료를 만들거나 판매하는 수공업자, 상인의 조합이었다고 생각된다. 특히 板箱行은 貨箱, 皮箱, 棕箱을 제조하였는데 이런 제품은 藥材, 爆竹, 京果, 海味 등의 貨物을 포장하여 운반하는 데 필수적이었다.[112] 換錢店, 找兌錢銀, 找換, 找換錢糧 등으로 표현된 점포는 銀과 銅錢의 교환을 담당하는 금융기관이었다. 광동에는 서양 각국의 銀貨 및 중국 銀兩 · 銅錢 등 여러 종류의 화폐가 복잡하게 사용되었으므로 이러한 금융기구가 필요하였다. 또한 상인이나 수공업자에게 자금을 대여하는 典當業도 발전하였다. 光緖2年(1876) 불산의 柵下소재 天后元君古廟에 기부한 점포명단을 보면 當이 4개소, 押이 29개

108) 民國『佛山忠義鄕志』 卷6, 「實業 : 工業」, 「機房土布行」, p.9뒤, p.384.

109) 위의 사료, p.14앞뒤, p.387.

110) 光緖『南海鄕土志』 卷14, 「物産」.

111) 「光緖二年天后元君古廟碑記」 · 「佛山淸涌碑記」(『佛山資料』, p.179, 183, pp.211~212).

112) 民國『佛山忠義鄕志』 卷6, 「實業 : 工業」, p.16앞, p.388. 棕箱은 종려털로 짠 커버를 씌운 상자이다.

소나 된다.[113] 불산에서는 水路를 이용해 화물과 사람을 실어 나르는 渡船行[114]이 조직될 정도로 수로교통이 발달하였다. 光緒2年(1876) 天后元君古廟에 기부한 명단 중에는 埠, 渡, 船, 艇 등 64개 단위의 수로교통 기관이나 시설이 보인다.[115] 불산에서 수로교통업의 비중이나 규모를 짐작하게 해주는 사례이다.

2) 商人과 商人組織

불산에서 활동한 상인을 분석해 보면 몇 가지 특징을 볼 수 있다. 우선 특정 상품을 전문적으로 취급하는 專門品目 商人으로서 비교적 규모가 큰 것으로는 鐵商, 米商, 絲商, 布商 등이 있었는데 그중 鐵商이 현저히 많았고 세력도 강하였다.[116] 철기 제조업의 발전에 따라 그 제조품을 廣東省內나 他省, 또는 외국에 수출하기 위해서는 그 상품거래를 전업적으로 취급하는 철상이 존재하기 마련이었다. 명대 鐵商 冼灝通은 正統年間(1436~1449) 불산의 鐵鍋유통을 지배하였다.[117] 康熙30年(1691) 태어나 乾隆39年(1774)까지 살았던 黃拱宸은 많은 돈을 축적하자 鐵鍋店을 운영하였다.[118] 한편 廣西의 미곡이 西江을 통해 운반되면 우선 불산에 집적된다. 이에 따라 미곡을 전문적으로 취급하는 米商이 출현하였다. 雍正8年(1730) 雲貴總督 鄂爾泰의 상주에 의하면 광서에서 광동으로 유입되는 미곡의 양이 1년에 100~200만 석 이상[119]이라하므로 그 유통규모가 어떠한

113) 「光緒二年天后元君古廟碑記」, 『佛山資料』, pp.156~201.

114) 民國『佛山忠義鄉志』 卷6, 「實業 : 商業」, p.25뒤, p.392.

115) 「光緒二年天后元君古廟碑記」, 『佛山資料』, pp.156~201.

116) 「鼎建佛山炒鐵行會館碑記」, 乾隆15年, 『佛山資料』, p.76. "炒鐵之爲用至廣, 上資軍仗, 下備農器, 其解人間之雜需更不可枚擧. 故論者以爲諸商冠"이라 한다.

117) 冼寶幹, 『南海鶴園冼氏家譜』 宣統二年(1910) 卷六之二, 「六世月松公傳」, p.2앞뒤. "月松公者, … 諱灝通. … 佛山商務以鍋業爲最. 各省鉅商聞公信誼, 咸投其家, 公命諸弟姪經理其事惟謹. 商客人人得以充其貨, 毋後期也. 乃人人又益喜, 輒厚謝之, 公以故家饒于財."

118) 『江夏黃氏族譜』(『佛山資料』, p.309).

119) 『宮中檔雍正奏摺』 第16輯 雍正8年 4月 20日.

지를 알 수 있다. 乾隆55年(1790) 불산에서 영업한 米商 梁太盛 · 梁升平 · 黃興臣 등은 雇工을 7~8인 내지 10여 인 고용하여 미곡상점을 운영하고 있었다[120] 하므로 米商의 규모도 매우 컸음을 알 수 있다. 또한 불산에서 생사나 비단이 생산되거나 유통되었으므로 絲商이 존재하였고, 면포의 생산이나 유통에 따라 布商도 활동하였다. 이외에 인근 石灣의 도자업이 발전함에 따라 도자기를 유통시키는 陶商, 약재를 매매하는 藥材商, 목재를 공급하는 木商, 연료를 제공하는 柴商, 선박으로 화물운송을 담당하는 船商, 소금의 매매를 전담하는 鹽商, 보석의 매매를 취급하는 珠寶商, 고리대업을 하는 典當商 등이 있었는데[121] 이들을 전문 품목 상인이라 할 수 있겠다. 이 중 藥材商은 매우 규모가 크고 자본도 雄厚하였다. 이들은 乾隆32年(1767) 회관을 건립하기 위해 기금을 모집하였는데 27개 점포가 銀 2,778兩을 모금하였다. 최고의 기부를 한 점포는 保濟堂이란 약재상으로 銀 213兩 2錢을 냈다.[122] 道光20年 다시 이 회관 重修를 위해 기금을 모았는데 28개 점포가 銀 3,835兩餘를 모았다.[123]

다음으로 꼽을 수 있는 특징은 불산이 수공업이 발달한 市鎭이다 보니 수공업과 상업을 겸한 상인이 많이 출현하였다는 점이다. 예컨대 嘉靖年間(1522~1566) 冶鐵 수공업자 李壯은 대량의 상품을 생산하여 강소나 호남북지방에 판매함으로써 일시에 巨富가 되었다.[124] 앞서 들었던 黃拱宸은 鑄鐵爐와 鐵鍋店을 동시에 운영하였다. 철기를 제조하는 수공업자와 이를 객점에서 판매하는 상인이 연합하여 鑄發行을 조직하였는데 이는 생산과 판매를 유기적으로 연결시키는 기구였다. 이들은 이미 乾隆44年

120) 「奉憲嚴禁示碑」, 乾隆55年, 『佛山資料』, p.91.

121) 羅一星, 「明淸時期的佛山商人」, 『學術硏究』, 1985~1986年.(複印報刊資料 F7 『經濟史』 1986年 第2期 참조).

122) 「參藥行碑記」, 乾隆32年, 『佛山資料』, pp.79~80.

123) 「重修參藥會館碑記」, 道光20年, 『佛山資料』, pp.141~143.

124) 羅一星, 「試論明淸時期的佛山商人資本」, 『廣東社會科學』 1985年 第3期(F7 『經濟史』 1986年 第2期, p.94).

(1779)에 그 회관을 건립하였다.[125] 앞서 보았던 약재상의 경우는 원료로서의 약재를 구입하여 약으로 제조하고 이를 판매하는 상인이었다. 수공업과 상업을 겸하는 분야라 하겠다.

수공업과 상업의 兼營은 상인이 수공업에 투자함으로써 이루어지는 경우도 있었다. 명 말 盧克敬은 儒業을 포기하고 다년간 상업에 종사하여 巨富를 이루었다. 그의 아들 盧從慧는 아버지를 따라 상업에 종사하다 장성하여 불산에서 銅鐵을 업으로 하였다.[126] 이는 상인이 직접 수공업에 투자한 사례이지만 상인이 선대제의 방식으로 생산자를 지배하는 방식도 출현하였다. 불산의 鐵釘業에서 그 전형적인 모습을 발견할 수 있다. "불산 부근의 鄕民은 매일 오후 제조한 鐵釘을 짊어지고 불산에 와서 鐵釘行에 넘기고 행점으로부터 熟鐵과 炭을 받아 집으로 돌아간다. 이를 민간에서는 替釘者라고 불렀는데 길에 끊이지 않을 정도였다"[127]고 한다. 洋鐵 수입으로 불산의 鐵釘業이 타격받기 이전의 道光·咸豊年間의 일이다. 鐵釘行商人이 원료와 연료를 제공하고 수공업자는 자신의 작업장에서 鐵釘을 제조하여 넘기는 전형적 선대제적 생산방식이라 하겠다.

셋째로 불산은 인구의 자연증가에 의해 시진이 형성된 것이 아니라 주변 농촌에서 인구가 유입되어 시진이 발전하였으므로 상인도 불산인보다는 주변출신이 많았다. 佛山商人 중에서 가장 많은 비중을 점한 것은 주강삼각주 출신의 상인이다. 乾隆年間의 인물인 龍廷槐에 의하면 불산상인은 順德縣 사람이 3할, 新會縣 사람이 2할, 南海縣 사람이 2할, 番禺 및 광동각지 그리고 外省 사람이 2할[128]을 이루었다. 대략 8할 정도가 주강삼각주 출신 상인이었던 셈이다.[129] 他省出身 상인도 적지 않았다. 1876년 天

125) 民國『佛山忠義鄕志』 卷6 「實業 : 商業」, p.26앞, p.393. 물론 이들이 수공업자이면서 상인인 것은 아니지만 이들중에 양자를 겸하는 자도 있었을 것이다.

126) 盧子駿, 『新會潮連蘆鞭盧氏族譜』 卷24, 「家傳譜」(『佛山資料』, p.311).

127) 民國『佛山忠義鄕志』 卷6, 「實業 : 工業」, p.15뒤, p.387.

128) 龍廷槐, 『敬學軒文集』 卷2, 「初與邱滋畬書」(『佛山資料』, p.342).

129) 光緖2年(1876) 天后元君古廟에 기부한 명단을 보면 商號 앞에 불산 이외의 광동지역명을

后元君古廟에 기부한 명단 중 상호 앞에 他省 명칭이 병기된 사례는 49건인데 福建이 21, 江西 8, 湖南 6, 江蘇 4, 廣西 3, 雲南 3, 浙江 · 河南 · 陝甘 · 湖北 각 1건이다.[130] 이 자료로는 복건출신 상인이 가장 많았음을 알 수 있다. 이 기부자 명단은 구체적 사항에 관련된 상인의 수만을 알려 주므로 他省出身 상인의 전모를 파악하기는 힘들다. 이런 점에서 타 지역 상인이 佛山에 건립한 會館의 공사비를 출연(出捐)한 상인 명단을 살펴본다면 특정 지역출신 상인의 규모를 파악할 수 있을 것이다. 乾隆45(1780)년에 건립된 山陝會館을 重修하기 위해 嘉慶17(1812)년에 山西 · 陝西商人 191명이 출연하였고, 道光14(1834)년 중수를 위한 모금 시에는 적어도 209명이 출연하였다.[131] 그렇다면 불산에서 활약한 山西 · 陝西상인이 200명 전후였다고 할 수 있다. 그렇다면 福建 · 江西상인도 상당수 존재하였을 가능성이 있다.

상인은 자신들의 상호부조와 정보교환, 友誼를 위해서 상인조직을 건립하곤 하였는데 佛山도 예외는 아니었다. 불산에서의 상인조직을 業種別 · 取扱商品別 行과 會館, 지역별 會館으로 나누어 볼 수 있다. 먼저 業種別 · 取扱商品別 行에 대해 살펴보면, 이는 대체로 같은 상품을 취급하거나 같은 업종에 종사하는 상인 사이의 조직이었다. 몇 가지 사료에 나오는 行에 대해, 취급상품이나 업종에 따라 분류하여 정리해 보면 〈표 2〉[132]와

병기한 사례가 모두 68건이다. 참고로 광동 각 지역명을 병기한 사례를 들면 다음과 같다. 廣州(3), 潮州(5), 韶州(6), 嘉應州(1), 興寧(2), 恩平(1), 淸遠(2), 三水(5), 順德(3), 茂明縣 梅菉(1), 香山(3), 江門(2), 惠州(1), 廣寧(1), 樂昌(2), 徐聞(1), 南雄(4), 北海(2), 番禺縣 沙灣(3), 台山縣(12), 赤坎(3), 水口(4), 寶安縣 黃崗(1) 「光緖二年天后元君古廟碑記」(『佛山資料』, pp.156~201).

130) 「光緖二年天后元君古廟碑記」, 『佛山資料』, pp.156~201.

131) 「重修山陝會館捐簽碑」 道光元年 ; 「重修山陝會館福地碑記」 道光三十年(『佛山資料』, pp.126~127; pp.144~153). 후자의 자료에는 모두 212명 기부하고 있으나 3명은 布施라고 표현되어 있어 山西陝西 상인이 아닐 수도 있다.

132) 「光緖二年天后元君古廟碑記」 ; 「佛山淸涌碑記」 ; 龍廷槐, 『敬學軒文集』 卷2, 「初與邱滋畲書」 ; 「乾隆年間佛鎭衆行捐款籌辦某公事殘碑」(『佛山資料』, pp.156~201, pp.210~248. pp.341~342, pp.100~101) ; 『佛山街里』 道光10年, 怡文堂(譚棣華, 앞의 책, pp.226~233) ; 民國『佛山忠義鄕志』 卷6, 「實業 : 商業」, p.21앞~p.27뒤, pp.390~393.

같다. 〈표 2〉에 표시된 각종 行은 乾隆年間, 道光年間, 光緖年間에 걸쳐 존재하였던 것을 모아 놓은 것이므로 시간의 경과에 따라 동일한 행이 이름이 다소 변경된 경우도 있었을 것이다. 도합 134종류로 불산에서 유통되는 상품이나 업종이 모두 망라되어 있다는 느낌을 준다. 다만 〈표 2〉는 상업에 관련한 행만 모아 놓은 것으로 수공업 관련 행은 포함되지 않았다. 수공업 行에서도 제품을 만들고 판매를 담당한 경우가 있었을 것이므로 이를 포함시킨다면 行의 종류는 〈표 1〉에서 보았던 상품종류와 거의 일치될 수 있을 것이라고 생각된다.

〈표 2〉 清代 佛山의 취급상품별 · 업종별 상인조직(行)

취급 상품 · 업종	行會 명칭
철기 제품	生鐵行 · 鐵鍋剛濟堂 · 鐵器行 · 鑄發行 · 新釘行
금속 제품	金箔寶光堂 · 金絲行 · 銅線行 · 銅葉行 · 銅行 · 銅器行 · 錫箔元興祖會 · 錫薄行 · 錫行
견직물 · 면직물	綢緞棉花行 · 布行 · 京布行 · 花紗行 · 興寧布幇
의복 · 의복부착물	成衣行 · 麗袞金銀鈕行 · 鑿花鈕行 · 花鈕行
모자 · 양말 · 신발	秋帽祖會 · 秋帽行 · 冬帽祖會 · 綿襪行 · 履行
衣料 원료	麻行 · 麻行棧房 · 青麻行 · 綢緞棉花行 · 苧麻行
염색 및 염료	味砂年紅行 · 靛行 · 青靛行 · 至寶生色行 · 至寶聯興生色行 · 知色堂 · 彩生聯行 · 南洋染料行 · 土靛木膏行
곡식과 채소	米行 · 豆行 · 七市糙米行 · 村尾新菜市
가공식품	糖行 · 白糖行 · 百歲社餅行 · 酒餅行 · 油行 · 油豆行 · 麵行
가축	金猪行 · 四沙宰猪行 · 豬欄行
과일과 乾果	京果行 · 果乾行 · 檳榔行 · 枝圓行
해산물	鮮魚行 · 海味行 · 食鹽行
기호품 · 오락용품	敬業酒行 · 煙葉行 · 煙行 · 酒餅行 · 酒行敬業堂 · 茶紙行 · 菸葉行 · 福建條絲行 · 爆竹行
도자기	磁器行 · 缸瓦行
건축자재	泥水榮盛堂 · 履昌石行 · 石行永慶堂 · 磚窯合德堂
목재 및 대나무	木幇安順堂 · 木行 · 集木行 · 青竹行 · 香竹行

비료	糞草行 · 田料行
종이류	攬磨紙行 · 福建紙行 · 蓮峰紙行 · 黃白紙行 · 抄紙首成行 · 南北紙行
약재	參藥行 · 蔘茸行 · 藥材行
연료 · 부싯돌	格柴行 · 大炭行 · 美薪柴行 · 柴排行 · 柴行 · 柴欄行 · 五桂柴行 · 聚慶炭行 · 炭行 · 火水行 · 火石行
수입상품	西貨行 · 花梨西貨怡思堂 · 洋貨行
종교 · 장례용품	元寶行合盛堂 · 神香行
귀금속 · 보석	銀器行 · 至寶玉成行 · 至寶祖社 · 玉器行
상품포장	板箱同善堂 · 板箱 楞斗行 · 板箱行
상품유통 · 교통업	浮貨行 · 五斗總埠 · 平碼行 · 渡船行
금융업 · 숙박업	按押行 · 錢行 · 旅館行 · 歇客行
노동력공급 · 서비스업	包頭行 · 包辦行 · 翦髮行
기타 상품	鼓樂樂興堂 · 硝務公愼堂 · 鋒貨行 · 篩擇行 · 南北雜貨行 · 香粉香竹行

이들 각 行의 구조나 기능, 규모 등에 대해서는 사료가 영성하여 자세한 내용을 알기가 곤란하다. 다만 일부 행에 대해서는 소속 점포의 수를 알 수 있고 會館을 구비하고 있는 行도 존재하고 있다. 앞에서 본 것처럼 參藥行은 道光年間에 점포 수가 28개였고, 新釘行은 光緖年間에 10여 家, 檳榔行도 청말에 10여 家, 土靛木膏行은 청말에 4~5家였다.[133] 按押行은 민국시기에 36家라 하는데 光緖2年 天后元君古廟에 기부한 押이 29 家[134]라 하므로 대체로 청대 30家 전후였을 것이다. 京布行은 민국시기에 104~105家, 綢緞行은 민국시기 50여 家라 하므로 청대에도 그 정도의 점포가 소속되었을 것이다. 福建紙行은 민국시기에 8家인데 청말 이후 洋紙의 수입으로 쇠퇴하였으므로 청말에는 8家 이상이었다. 이처럼 서양 제품의 수입으로 쇠퇴하는 업종도 생겨났지만, 서양 제품의 수입이 늘어남에

133) 民國『佛山忠義鄕志』 卷6, 「實業 : 商業」.
134) 「光緖二年天后元君古廟碑記」, 『佛山資料』, pp.156~201.

따라 발전한 업종도 있으니 洋貨行이 그 전형적인 경우라 하겠다. 洋貨行은 민국시기 수십 家에 이르렀던 것이다.[135)]

또한 일부 행은 상인 간의 단결을 더욱 공고히 할 수 있었고 그들만의 회관을 건립할 정도의 역량을 갖추기도 하였다. 그러한 상업회관으로는 鑄發行江濟堂會館, 新釘行會館, 金絲行會館, 綢緞行闔義會館, 布行會館, 京布行樂和會館, 軒轅會館(成衣行), 冬帽行會館, 參藥行會館, 藥材會館, 西土藥材行靖安堂會館, 篩擇檳榔行會館, 油豆行會館, 蘇扇行會館, 杉行集慶堂會館, 青靛行同福堂會館, 雲南外洋染料行裕安公所, 紗紙顏料行會館, 顏料行五云會館, 洋紙行華德堂會館, 楮公堂會館, 西貨行會館, 當行會館, 道巫行會館, 肩輿行會館, 鼓樂行會館[136)] 등이 있었다. 대체로 철제품, 금속제품, 비단과 면포제품, 약재, 과일, 油豆, 목재, 염료, 顏料, 종이, 수입품, 금융, 서비스업 부문의 회관임을 알 수 있다. 철제품 관련회관이 두 개밖에 안 보이는 것은 熟鐵行會館, 鐵鍋會館 등 6개 수공업회관이 별도로 있었기 때문이다.

지역별 회관으로는 광동 출신 상인의 회관과 광동 이외 지역 출신 상인의 회관으로 나누어 볼 수 있다. 먼저 광동 출신 상인의 회관으로는 懷陽會館(懷集, 陽山), 潮藍行會館(潮州府), 瓊花會館(瓊州府)[137)] 등을 들 수 있고 他省 출신 商人 會館 및 집단으로는 江西會館, 楚南會館, 楚北會館, 陝西會館, 山陝會館, 江西別墅, 江西衆號, 蓮峰會館(福建紙行)[138)] 등의 명칭이 나타난다.

135) 民國『佛山忠義鄉志』 卷6, 「實業 : 商業」.

136) 道光『佛山忠義鄉志』 卷5, 「鄉俗 : 會館」, p.36뒤~p.37앞, p.71 ; 黃建新 · 羅一星, 앞의 논문, p.40 ; 民國『佛山忠義鄉志』 卷6, 「實業 : 工業 · 商業」 ; 『佛山街里』 道光10年, pp.225~242 ; 「重修軒轅會館碑記」 光緒24年 ; 「參藥行碑記」 乾隆32年(『佛山資料』, pp.253~254, pp.79~80). 이외에도 炒鐵行會館, 機房土布行東友會館 등 수공업 회관 20종을 확인할 수 있으나 여기서는 상업회관만 적시하였다.

137) 「光緒二年天后元君古廟碑記」, 『佛山資料』, p.196 ; 『佛山街里』 道光10年, 怡文堂(譚棣華, 앞의 책, p.231) ; 道光『佛山忠義鄉志』 卷5, 「鄉俗 : 會館」, p.36뒤~p.37앞, p.71.

138) 『佛山街里』 道光10年, 怡文堂(譚棣華, 앞의 책, pp.226~233) ; 道光 『佛山忠義鄉志』 卷5, 「鄉俗 : 會館」, p.36뒤~p.37앞, p.71 ; 「重修山陝會館捐簽碑」 道光元年 ; 「佛山清涌碑記」(『佛山資料』, pp.126~127, pp.211~212).

4. 淸代 佛山 市鎭의 擴大와 그 特徵

(1) 人口의 增加와 人口 構成

廣東省 南海縣에 소속된 佛山鎭은 송대 이래 향촌의 墟市로부터 점차 市鎭으로 성장하기 시작하였다. 명 말 청초 이래로는 漢口鎭, 朱仙鎭, 景德鎭과 더불어 天下四大鎭으로 불릴 정도로 명성이 드높았다. 이는 불산진의 철기 주조업이 특히 발달한 덕분이었다고 생각된다. 청대에는 수공업과 상업의 발달에 따라 인구가 급증하고 '嶺南一大都會'[139]라고 불리었다. 따라서 거주인구가 많고 많은 사람이 모여든다는 의미에서 北京, 蘇州, 漢口와 더불어 '天下四大聚'로 불리게 되었다. "貨物과 財貨의 出入, 관리와 상인의 왕래, 문물의 번성에서 京邑과 견줄만 하다"[140]고 여겨졌기에 天下四大聚의 하나로 불리는 것도 당연하였다.

명대 景泰年間(1450~1456)에는 약 萬여 家[141]의 인구를 기록하던 불산이 청 乾隆年間(1754년경)에는 무려 3만여 家[142]로 3배 정도 인구의 증가

139) 乾隆『佛山忠義鄕志』 卷1, 「鄕說」, 「佛山鎭論」(『佛山資料』, p.265).

140) 跡刪鶩, 『咸陟堂文集』 道光25年 卷5, 「龍翥祠重浚錦香池水道記」, p.12앞.

141) 道光『佛山忠義鄕志』 卷12, 「金石 上」, p.13앞, p.219[陳贄, 「祖廟靈應祠碑記」 景泰2年(1451)作]에 "南海縣佛山堡, 東距廣城僅五十里. 民廬櫛比, 屋瓦鱗次, 幾萬餘家." 그러나 陳贄, 「佛山眞武祖廟靈應記」 景泰2年(『佛山資料』, p.3)의 碑文에는 "南海縣佛山堡, 東距廣城僅六十里. 民廬櫛比, 屋瓦鱗次, 幾三千餘家."로 되어 있다. 후자에 따른다면 약 3,000家인데 乾隆年間에 3만 家 즉 10배로 증가하였다는 것은 지나친 감이 있다. 게다가 陳贄, 「佛山眞武祖廟靈應記」에 의하면 1449년 해적 黃蕭養이 불산을 공격하려 하자 불산에서는 참호를 파고 목책을 세웠는데 목책에 따라 35개의 鋪를 설치하였다. 鋪마다 長을 한 사람씩 두고 300여 명을 통솔하게 하였다 하므로 1만 500명 이상의 병력을 보유한 셈이다. 3,000여 家라면 약 1만 8,000인데 그중에서 1만 이상의 병력을 모집한다는 것은 무리이다.

142) 乾隆『佛山忠義鄕志』 卷3, 「鄕事志 : 墟市」, p.28뒤. "論曰 吾鄕謬以饒富聞, 而無蓄積之實. 鱗次而居者三萬餘家." 한편 黃興禮, 「新建忠義鄕亭記」 乾隆九年(道光『佛山忠義鄕志』 卷12, 「金石 下」, p.5앞, p.242)에 "佛山, 嶺南巨鎭也. … 地靈人傑, 烟火萬家, 衣冠相繼."라 하는데 이는 당시 불산의 인구를 정확히 표현하였다기보다 하나의 관용적 표현이라 여겨진다. 乾隆『佛山忠義鄕志』는 이어서 인구수를 "擧鎭數十萬人"라 하고 있으므로 3만여 家로 보는 것이 실정에 맞는다고 생각된다.

를 보인다. 민국년간에 불산의 戶數는 5만 3,504호이고 인구는 31만 4,816명[143]이라 하므로 1호당 인구수는 5.9인이다.[144] 명대나 청 건륭시기도 이와 같은 가족규모라 한다면 불산의 인구는 明 景泰年間(15세기 중엽) 약 6만에서 淸 乾隆年間(18세기 중엽) 약 18만 정도로 증가한 셈이다. 道光年間의 인구를 정확히 알 수는 없지만 최대 26만 명에 육박하였으리라 생각된다.[145]

청대 이 18만 내지 26만의 인구가 어떤 구성을 이루고 있었는지는 정확히 알 수 없지만 농민은 적고 상인과 수공업자가 다수를 이루고 있었음[146]에는 틀림이 없다. 사료에 잘 드러나지는 않지만 無賴도 상당수 존재하였을 것이다.[147] 보다 산술적으로 그 구성비를 제시한 사람은 龍廷槐인데 그에 따르면 佛山이 속한 南海縣은 농민이 2할, 상인이 6할, 수공업자가 2할이다.[148] 남해현 전체가 이럴진대 市鎭인 佛山鎭은 그 이상이었을 것이다. 건륭년간 "四方의 商賈"와 "사방의 貧民"이 불산에 몰려들었다. "자본을 가지고 장사하러 오는 사람이 10 중 하나였고 빈손으로 먹을 것을 구하여 몰려드는 빈민은 10 중 아홉이었다"[149]고 한다. 자본을 가지고 불산에 와

143) 民國『佛山忠義鄕志』 卷1, 「輿地 : 舖」, p. 15뒤~p.31앞, pp.319~327. 28舖의 戶口數는 52,376戶, 30萬7060口, 여기에 鷹嘴沙의 戶口數 1128戶, 7756口를 합한 숫자이다.

144) 중국에서는 고금을 불문하고 1호 5인이라는 계산이 일반적이다. 여기서 5.9인이라는 것은 상점이나 수공업공장에 고용된 점원, 노동자가 戶口계산에 포함된 결과 그런 수치가 나오지 않았나 생각된다.

145) 黃建新 · 羅一星, 앞의 논문, p.43에서는 약 30만으로 추산하고 있으나 지나친 감이 있다. 우선 그들은 民國15년의 불산인구가 34만, 호수가 5.2만 호라고 계산하고 있으나 이는 오류이다. 그들은 戶數는 28舖만을, 口數계산에서는 28舖와 四沙를 포함시키고 있다(당시 불산은 28舖와 鷹嘴沙로 구성되어 있고 四沙 중의 3沙는 불산이 아니다). 따라서 1호당 인구수도 6.5명이라고 잘못 계산되고 있다. 본문에서 지적한 대로 民國年間 1호당 인구수는 5.9명이어야 한다. 民國『佛山忠義鄕志』 卷1, 「輿地 : 舖」, p.12뒤~p.13앞, p.318.

146) 『佛鎭義倉總錄』 卷1, 「奉憲建立義倉碑」 乾隆60年. "佛鎭耕田人少, 逐末工作者多."(『佛山資料』, p.98).

147) 명청시대 都市의 無賴에 대해서는 吳金成, 「明淸時代의 無賴 : 硏究의 現況과 課題」, 『東洋史學硏究』 第50輯, 1995年 참고.

148) 龍廷槐, 『敬學軒文集』 卷2, 「初與邱滋畬書」(『佛山資料』, p.341).

149) 乾隆『佛山忠義鄕志』 卷6, 「鄕俗志」, p.8앞. 불산에 몰려드는 십에 아홉인 빈민이 모두 취업

상점을 내고 수공업공장을 경영하는 사람들에 의해 시진은 번영하고 일자리가 창출되었다. 동시에 이러한 빈민의 증가는 값싼 노동력을 제공하여 불산의 철기제조업, 견직업, 면직업 등 수공업 발전에 중요한 요인이 되었을 것이다. 아울러 불산에 몰려든 빈민은 수많은 상점의 점원, 짐꾼, 그리고 교통운수업 노동자로 변신하였을 것이다. 그것은 도시 주민 중 수공업과 상업 종사자의 비율을 높혔음에 틀림없다.

(2) 市街의 擴大

불산의 街路의 수나 규모를 알 수 있는 것은 『佛山忠義鄕志』가 편찬된 淸 乾隆年間 이후이다. 乾隆鄕志는 乾隆19년(1754)에 편찬되었고 道光鄕志는 道光11년(1831)에, 民國鄕志는 民國15년(1926)에 편찬되었다.

불산의 도시 區劃 단위는 기본적으로 舖이다. 明 景泰初(景泰元年 즉 1450)에 廣東 일원을 소요시키던 海賊 黃蕭養(1449년 봉기)의 침략에 대비하여 불산 市街를 24개 舖로 나누어 지키게 한 데서 유래하였다. 舖는 원래 鋪로 列肆의 의미인데 와전되어 舖가 되었다[150]는 설명으로 보아 불산 시가지를 구획하여 방어구획으로 하였음을 알 수 있다. 따라서 黃蕭養의 침략을 물리친 후에도 舖는 자연스럽게 시가지 구획으로 존속 · 유지되었다고 생각된다.

24舖의 구획은 그 후에 별다른 변동이 없었던 것 같다. 嘉靖32년(1553)에도 여전히 24舖[151]였으며 乾隆 『佛山忠義鄕志』를 편찬하던 당시에는 하나가 늘어 25舖였다. 도시 구획을 대폭적으로 바꿀 정도로 도시의 규모가 팽창되지는 않았던 모양이다. 다만 각 舖 내의 街路數가 증가하였다. 乾隆

할 수 있었던 것은 아니다. 이들은 無賴로서 살아갔을 것인바 이에 대해서는 추후 보다 자세히 논구되어야 할 것이다.

150) 乾隆『佛山忠義鄕志』 卷1, 「鄕域志 : 舖社」, p.5뒤.

151) 盧夢陽, 「世濟忠義記」 嘉靖32年(1553)立石(『佛山資料』, p.7).

시기 25舖는 각 舖마다 크기가 달랐고 소속 街路數가 달랐다. 예컨대 가장 많은 하부 구획을 보유하고 있는 汾水舖에는 37개의 里, 街, 口, 巷이 소속되어 있었다. 다음으로 많은 祖廟舖에는 17개가 속해 있었고, 石路舖 등 4개 舖에는 각각 4개의 하부 구획이 소속되어 가장 적은 규모였다. 25개 舖에 소속된 모든 里, 街, 口, 巷은 234개였다.[152]

약 80년이 흐른 道光年間의 사정은 어떠하였을까? 乾隆年間 25개의 舖에서 27개 舖로 두 개가 늘었을 뿐이다. 반면 각 舖에 소속된 里, 街, 口, 巷, 坊, 路의 숫자가 대폭 늘었다. 예컨대 건륭년간에 예하 구획이 17개였던 祖廟舖는 道光年間에 40개의 예하 구획을 보유한 祖廟舖로 확대된 것이다. 45개를 보유한 富文舖, 14개를 소속시킨 鶴園舖가 새로이 추가되었다.[153] 그리하여 도합 594개 하부 구획을 보유하게 된 것이다. 실로 街路數상 2.5배로 늘어난 것이다. 도광년간 불산의 인구는 최대 26만 정도로 추산할 수 있으므로 가로수가 증가한 것만큼 인구나 가옥이 늘어난 것은 아니었다.[154] 기존의 街路에 점포 수가 늘면서 두 개, 세 개의 街路로 나뉜 경우가 대부분이었을 것이다. 乾隆年間 豊寧舖에 속하였던 新安街는 道光年間에 新安上街, 新安大街, 新安正街, 道接新安의 넷으로 늘어났다. 건륭년간 汾水舖에 속하던 快子街는 도광년간에 인근 潘涌舖로 소속이 바뀌면서 快子大街, 快子直街, 快子新街, 快子正街, 快子上街의 다섯으로 늘어났다.

街路數가 80년 만에 2.5배로 늘어난 것은 주로 외부로부터 건륭년간 이래 "四方의 商賈"와 "사방의 貧民"이 불산으로 몰려들었기 때문일 것이다. 특히 "자본을 가지고 장사하러 오는 사람"들에 의해 점포가 늘어나고 노동자나 점원을 고용하면서 街路數가 늘었다고 보여진다. 한편 기존에

152) 乾隆『佛山忠義鄉志』 卷1, 「鄉域志 : 里巷」, p.8앞~p.13앞.

153) 道光『佛山忠義鄉志』 卷1, 「鄉域志」, p.14앞~p.29앞, pp.21~28.

154) 民國『佛山忠義鄉志』 卷1, 「輿地 : 舖」, p.15뒤~p.31앞, pp.319~327에 의하면 民國시기에는 불산의 가로수는 (28舖의 街巷 1565條, 鷹嘴沙의 街道 25條) 모두 1590개이다. 道光年間에 비해 2.7배 늘어났으나 인구도 2.7배 늘어난 것은 아니다.

불산에서 영업하던 상인이 자본을 축적하여 점포를 늘리거나 다른 가로에 분점을 내는 과정을 통하여 街路數가 늘기도 하였을 것이다. 光緖2年(1876)의 자료에 의하면 金錢大街에는 다른 街路에 본점을 둔 점포의 분점으로 판단되는 점포가 13개소나 있고 聚義會에는 그러한 것이 9개소나 있다.[155] 1880년대의 사정을 알려주는 「佛山淸涌碑記」에 의하면 福寧里에는 다른 가로에 본점을 둔 점포의 분점으로 판단되는 3개 점포가 있으며, 明照鋪에는 그러한 점포가 2개다.[156]

墟市도 시간의 추이에 따라 확대일로를 걷고 있다. 원래 佛山에는 3墟 6市가 설치되어 있었는데 건륭년간에는 4墟 9市로 늘었고 동치년간에는 5墟 11市로 늘어났다.[157] 이러한 墟市의 증대 과정도 불산 시가지 확대과정의 하나의 요인이 되었다고 생각한다.

(3) 市街의 特徵

불산은 앞에서 보았던 것처럼 수공업과 상업이 발전한 시진이었으므로 市街 중에서 상공업 점포가 차지하는 비중이 높았다. 정확히 그 비율이나 전체 점포 수를 계산할 수는 없지만, 그 대강을 알려주는 자료가 있다. 光緖2年(1876) 불산의 주민이나 상공업자가 바닷길을 수호하는 媽祖(天后)[158]와 여자 신선(元君)을 모시는 天后元君古廟에 금전이나 물품을 기증

155) 「光緖二年天后元君古廟碑記」, 『佛山資料』, p.172, 177.

156) 『佛山資料』, pp.216~217.

157) 乾隆『佛山忠義鄕志』 卷3, 「鄕事志」 · 「墟市」, p.17앞뒤. 그리고 民國『佛山忠義鄕志』 卷1, 「輿地 : 墟市」, p.31뒤, p.33앞뒤, pp.327~328.

158) 黃炳元 主編, 『泉州天后宮』(泉州天后宮修繕基金董事會, 1990), pp.1~2에 의하면 媽祖는 北宋 莆田縣 湄州嶼人으로 建隆元年(960)生이다. 어려서부터 총명하여 10세에 금강경을 모두 이해하였고 13세에는 道士 玄通에게서 道典秘法을 전수받았다. 15세에 길흉화복을 말하면 적중하였고 위험에서 사람을 구제하거나 특히 水災海難에서 사람을 구제하는 기이한 행적을 보였다. 그녀는 생전에 神女, 龍女라 불렸고 사후 마을 사람들이 사당을 지어 제사지냈다. 1123년 宋朝는 사당에 順濟라는 廟額을 하사하고 專司海岳의 神으로 봉하였다. 명대에도 媽祖는 天妃로 불려 항해의 보호신이 되었다. 명조는 선박에는 반드시 媽祖의 神

한 목록이 碑記形態로 남아 있다.[159] 기증한 개인이나 단체 또는 점포의 종류를 분석하면 다음과 같은 〈표 3〉을 얻을 수 있다.

〈표 3〉에서 알 수 있듯이 기부자 명단 중 상업의 점포나 수공업 작업장으로 판단되는 경우가 3,542개소로 전체 4,013개소의 88.3%를 차지한다. 단체·개인·상점 등을 모두 하나의 개체로 계산해서 합산하는 것에는 문제가 있겠으나 다만 市街에서 상점, 수공업 점포의 비중을 대략적으로 파악한다는 데는 별로 무리가 없을 것이다. 〈표 3〉에서 지역단체 ○○里, ○○坊, ○○巷, ○○塘, ○○街는 해당 街巷에서 영업하는 상인이나 수공업자가 기금을 모아 街路의 이름으로 기부한 것이라 생각된다. 6번째 란을 "상업 또는 수공업 점포"라 한 것은 참고내용 항목의 제5행 ○○爐 이하는 분명히 수공업 작업장이라 판단할 수 있는 것이고, 제1행~제4행 중에 ○○堂, ○○店, ○○記, ○○號 등으로 표기된 업소명이 반드시 상점만을 의미하는 것은 아니고 수공업 작업장을 가리키는 경우도 있기 때문이다. 예컨대 鑄發行에 속하는 업소로서 철기를 주조하는 작업장을 旣濟堂이라 부르고[160] 불산 18絲行의 하나인 帽綾行에서는 작업장의 명칭을 ○○堂, ○○號, ○○記라고 부르는 사례[161]가 있었기 때문이다. 교통업소 및 시설은 수공업원료, 수공업제품, 유통상품을 운송하거나 운송을 보조하는 상업·수공업의 지원·보조 업종이므로 상업·수공업 부문에 포함시켰다. ○○當, ○○押, ○○錢도 상인·수공업자에게 자금을 대여하거나, 銀兩과 銅錢을 환전함으로써 상업·수공업을 지원·보조하므로 역시 포함시켰다.

位를 안치할 것을 규정하고 출항전 正副使는 먼저 출발하는 항구의 天妃宮에 가서 제사를 지내고 媽祖가 上船하여 항해를 보호해 줄 것을 요청하도록 하였다. 清 康熙年間에는 天后라는 호칭을 사용하고 춘추 2회 제사를 지내게 하여 국가의 祀典에 포함시켰다.

159) 「光緒二年天后元君古廟碑記」, 『佛山資料』, pp.156~201.

160) 民國『佛山忠義鄉志』 卷6, 「實業 : 商業」, p.26앞, p.393.

161) 「道光九年鼎建帽綾行助工金碑記」 乾隆32年(『佛山資料』, pp.139~140).

〈표 3〉 佛山의 市街 업소의 종류 및 수량(1876년)

부문	단위수	참고 내용
종교단체	7	○○塔, ○○宮, ○○廟, ○○庵, 竹院 등
사회단체	27	○○會
종족	235	○○祠 13, ○○◯人名)堂 222
개인, 가족	138	
지역단체	108	○○里, ○○坊, ○○巷, ○○塘, ○○街 등 점포일 가능성
상업 또는 수공업 점포	3,277	○○堂: 115. 店: 2,479. 상점, 점포라 판단되는 업소(○○盛, ○○益, 隆, 合, 和, 榮, 信, 昌, 泰, 利, 安, 興, 源, 恒, 豊, 祥, 升 등): 336. ○○記: 123. 號: 43. 棧: 57. 亭: 3. 閣: 6. 齋: 10. 軒: 4. 樓: 8. 欄: 16. 館: 17. 鐵商: 1. ○○爐: 37. 染房: 4. 局: 1. 料: 3. 工科: 1. 紡綫東友: 1. 窯: 7. 醬園: 1. 單燒挾燒, 雙燒燒模, 雙燒助模, 雙燒車下
상인, 수공업자 조합	59	○○行: 57. 懷陽會館. 公所部: 1.
관청 및 공공시설	10	廳: 1. 粵海關: 2. 公府劉: 1. 標 등 군대단위: 2. 稅館: 1. 家塾: 1. 育嬰堂: 1. 稅廠沈: 1.
교통업소 및 시설	64	○○埠: 6. 艇: 3. 舫: 1. 船: 13. 磚船: 2. 渡: 38. 船生記店: 1.
금융기관	34	○○當: 4. 押: 29. 錢: 1.
노동자	4	西友(永興棉花西友, 同聯堂擔灰西友, 永聯西友, 單燒陶賢堂)
기타	8	○○園: 5. 蘭: 1. 寶安砦 分府東科
미확인	42	비석마멸
총 단위수	4,013	이 중 상업, 수공업 점포 및 단위수 3,542개소

그런데 불산은 철기 제조업의 도시답게 冶鐵이나 鑄鐵과 관련된 업소가 많이 발견된다. ○○爐가 37개소나 보이고 單燒挾燒, 雙燒燒模, 雙燒助模, 雙燒車下[162] 등 철기 제조업과 관련된 단위명이 보이기 때문이다. 표에는 나와 있지 않지만 熔炟行, 單燒車下行, 雙燒扭行, 單燒助行, 大鍋助行, 大鍋車下行 등의 철기 제조업자 조직인 行도 기금을 내고 있다. 아울러 철기 제조업부분에 연료를 제공하는 柴排行, 五桂柴行, 格柴行, 大炭行 등도 기부금을 내고 있다.

불산의 수공업 · 상업의 발전에 따라서 많은 수공업 노동자 · 상점 점원

162) 民國『佛山忠義鄉志』 卷6, 「實業 : 工業」, p.15앞, p.387에 의하면 鐵鍋의 종류 중에 單燒, 雙燒 등이 있다.

이 취업하고 그들의 조직인 永興棉花西友, 同聯堂擔灰西友, 永聯西友, 單燒陶賢堂[163] 등이 기금을 낸 점도 특기할 만하다.

이처럼 불산 市街에서 상업 · 수공업 업소의 비중이 높은 것은 다른 자료에서도 확인된다. 光緒7年부터 10年(1881~1884)까지 佛山涌을 준설하기 위하여 기금을 모았는데 그 기부자 명단이 비석에 기록되어 있다.[164] 그 기부자 명단을 부문별로 표를 만들면 〈표 4〉와 같다.

〈표 4〉 佛山 市街의 업소 종류 및 수량(1881~1884)

부문	단위수	참고 내용
종교 · 사회 단체	25	佛鎮義倉: 1,656兩. 祖廟靈應祠: 1,440兩 등. 총 3,633兩 1錢1分 기부. 廟 14. 宮 2. 禪院 2. 竹院 1. 觀音堂 1. 社 1. 祠 1. 書院 1.
종족단체	40	祠堂: 10. 379兩 2錢 2 分기부
各姓醮會	30	52兩 4錢 5分5 釐
상인 · 수공업자 조직	47	819兩 8錢 9分 5釐
상업 · 수공업 점포	1,827	店: 1,421. 堂: 43. 行: 27(靛行 5개, 四沙宰猪行, 炭行, 田料行, 鍋行, 新釘行, 糞草行). 記: 41. 號: 4. 棧: 12. 欄(柴欄, 猪欄 등): 4. 館: 6. 閣: 8. 齋: 14. 軒: 3. 樓: 1. 商店認定 店鋪: 204(小布 2: 城門頭 포함). 상업장소-- 米市 1, 鐵埠 1, 鹽埠 2. 爐: 33(爐屋源合店). 窯: 2.
금융업	5	押
교통기구	17	米艇: 15. 艇: 1. 沙艇老丁: 1.
인명	35	
미상	38	
기타	3	園
전체단위	2,067	상업, 수공업 점포: 1,896

〈표 4〉에서도 전체 단위수 2,067개소 중 상업 · 수공업 관련 점포로 판단되는 업소가 1,896개소로 전체의 91.7%에 이른다. 佛山涌은 불산의 수

163) 民國『佛山忠義鄉志』卷6, 「實業 : 工業」, p.15앞, p.387. 「鐵鑊行」에 西家堂名陶全會館이라 한 것으로 보아 노동자의 조직이라 판단된다.

164) 「佛山淸涌碑記」, 『佛山資料』, pp.210~248.

로교통에서 아주 중요한 위치를 차지하였으므로 많은 기금을 조성하여 준설작업을 지속적으로 벌이고 있었다. 광서년간의 준설을 위해서는 무려 1萬 1千餘兩을 모금하였다. 수공업 원료, 수공업 제품, 일반 상품 등의 운송에 절대적으로 중요한 기능을 하는 水路였으므로 상인이나 수공업자가 집단적으로 기부한 것은 당연한 일이었다. 그런데 여기서 특기할 만한 것은 수공업자 조직, 상인 조직인 行이 다수 참여했다는 점이다. 비문에는 "各行捐助"라 하여 기부한 行의 명단을 열거[165]하고 있는데 먼저 수공업 조직을 살펴보면, 철기 제조와 관련된 鐵鍋剛濟堂 · 宰燒行 · 鍋行 · 新釘行, 금속가공업에 속하는 銅葉行 · 錫箔元興祖會 · 金箔寶光堂 · 銅線行, 모자 · 단추 · 염색 등 衣料 제조와 관련된 秋帽行 · 秋帽祖會 · 冬帽祖會 · 花鈕行 · 知色堂 · 彩生聯行 · 至寶生色行, 木工 · 石工 · 土工 · 벽돌 등 건축과 관련된 木幇安順堂 · 石行永慶堂 · 履昌石行 · 泥水榮盛堂 · 磚窯合德堂, 초석을 제조하는 硝務公愼堂 등이 있었다. 다음으로 상품유통과 관련된 상인 조직으로는 연료를 공급하는 聚慶炭行 · 炭行 · 美薪柴行이 있고, 보석을 취급하는 元寶行合盛堂 · 至寶祖社 · 至寶玉成行도 있으며, 농민에게 비료를 공급하는 田料行 · 新涌田料行 · 糞草行, 미곡 · 생선 · 채소 · 육류 · 떡 등을 취급하는 식료관계 상인조직 七市糙米行 · 鮮魚行永合堂 · 村尾新菜市 · 四沙宰猪行 · 百歲社餅行, 술을 취급하는 酒行敬業堂, 향과 대나무를 취급하는 香竹行, 오락과 관련된 鼓樂樂興堂, 종이를 취급하는 抄紙首成行, 교통시설 埠頭의 연합조직이라 할 五斗總埠, 상품의 포장을 담당하는 板箱同善堂, 수입품을 취급하는 花梨西貨怡思堂 등이 있었다. 수공업 노동자들의 조직도 같은 行 부분에 병기되고 있으니 興綸西友行, 醬料西友榮德堂, 華光廟遠記挑夫가 그것이다. 아울러 강서상인들의 상호부조 조직도 한 자리를 차지하여 江西衆號, 江西別墅가 포함되어 있었다.

佛山 市街의 또 하나의 특징은 특정업종 점포가 한 지역에 집중적으로

165) 「佛山淸涌碑記」, 『佛山資料』, pp.211~212.

배치되어 있었다는 점이다. 전국에서 몰려든 많은 전문 품목 상인이 불산을 찾아 해당 상품을 구매한다거나 판매하였으므로 한 지역에 해당상품, 제품을 취급하는 업소가 몰려 있는 것이 여러모로 상인이나 소비자에게 편리하였기 때문이었을 것이다.

3절에서 보았던 것처럼 『佛山街里』에는 道光年間 594개 街巷 중 146개 街巷에서 어떤 상품이 취급되는가를 기록하고 있다.[166] 福祿里처럼 한 거리에서 15종류의 품목을 다양하게 판매하는 곳도 있었지만, 대체로 두서너 가지를 취급하고 있었고 한 종류만 판다고 기록되고 있는 街巷도 적지 않았다. 예컨대 明殿公 · 鶯崗 · 四姑廟 · 醫靈廟의 네 街路에서는 鐵器 제품을 판다고 하며, 北勝社에서는 鐵鍋, 善門街 · 白米街에서는 米, 大新街에서는 銅箔 · 銅紗 등 銅제품, 潘湧里에서는 緞鞋, 快子街에서는 鍍金鈕扣(도금한 단추), 公正坊에서는 蒲緞布鞋, 高地에서는 土絲, 原頭街에서는 京土布匹 등 43개 街路에서는 한 가지 품목을 전문적으로 팔거나 만들고 있었다. 그 품목을 열거하면 鐵鍋 · 鐵線 · 鐵器 등 철제품, 銅箔 · 銅紗 등 銅제품, 土絲, 京土布匹, 兜肚(배두렁이), 原當衣服, 靛, 蒲緞布鞋, 鞋靴, 緞鞋, 鍍金鈕扣, 米, 糙米, 米沙(碎米), 菜, 藕, 生豬, 魚, 海鮮蝦蜆, 葵扇, 蘇白扇骨, 炭, 棕籠, 竹蓬田料(田料: 비료), 寶寶雜貨 등이 있었고, 전문적 업종의 점포인 找兌錢銀, 占卦鋪, 上等茶店, 麻行棧房도 있었다. 뿐만 아니라 한 가지 수공업제품을 전문적으로 만드는 街路로는 年紅紙札를 염색하는 福新街, 炒鐵爐가 분포한 福寧里, 木窗扇(여닫이 창문짝)을 만들어 파는 西街 등이 있었다.

이렇게 특정 상점이나 작업장이 한 장소에 몰려있는 현상은 앞서 자료로 제시하였던 碑文에서도 찾아볼 수 있다. 光緖年間 철기 제조를 담당한 ○○爐가 집중적으로 몰려 있는 街路는 明照鋪(8개), 東勝中街(6개), 對涌(5개), 福寧里 · 水便(각 4개) 등이었고, 염료를 취급하는 靛行은 會龍街에

166) 『佛山街里』 道光10年, 怡文堂(譚棣華, 앞의 책, pp.226~233).

4개소나 있었으며, 미곡운반 선박을 운영하는 업소 ○○米艇은 普君墟에 6개소, 문화상품이나 종교상품 판매점으로 추정되는 ○○齋는 福興街에 7개소가 모여 있었다.[167] 아울러 상업거래 차 불산을 방문한 상인의 숙박을 담당하는 ○○棧은 白米街에 8개소, 石桂街에 5개소, 東寧街에 4개소가 있었다.[168]

상품만이 아니라 각 지역별 상인도 주로 모여드는 街路가 따로 있었다. 三界廟後街에는 蘇州 · 杭州 · 北京의 상인이 주로 운집하였고, 太平坊에는 廣東의 南雄 · 龍川 · 英德 · 河源 · 連州의 상인이 많이 모여 들었으며, 板枋閘에는 광동의 肇慶 · 高州 · 雷州 · 廉州 상인이 많이 집결하였다. 그리고 각 지방회관의 소재지에 그 지방 상인이 모였음은 두말할 나위가 없다. 예컨대 江西會館(頭菽巷), 楚南會館(昇平街), 楚北會館(青雲, 沙洛), 陝西會館(西邊頭)[169] 등이 그러하였다. 각 지역 상인이 주로 점포를 개설한 특정 市街도 존재하였다. 〈표 5〉[170]는 각 지역상인이 불산의 특정시가에서 개설한 점포의 숫자를 나타낸 것이다.

물론 天后元君古廟에 기부한 명단에 기초한 것이므로 완전하지는 않지만 특정지역 상인은 특정 지역 街路에서 점포를 개설하는 경향이 있었다는 것을 확인하기에 족하다.

167) 「佛山清涌碑記」, 『佛山資料』, pp.216~239.
168) 「光緒二年天后元君古廟碑記」, 『佛山資料』, p.176.
169) 『佛山街里』 道光10年, 怡文堂(譚棣華, 앞의 책, pp.226~233.
170) 「光緒二年天后元君古廟碑記」, 『佛山資料』, pp.156~201.

〈표 5〉 각 地域商人의 개설점포 위치

지역상인	개설 점포 위치(상점수)
佛山 이외 廣東商人	龍慶街(7), 永興西街(7), 連勝會(4), 聚義會(10), 福善堂(7), 聯敬會(22)
福建商人	福寧街(20), 排草街(多開在此)
江西商人	朝觀里(3), 榮義會(4)
湖南商人	榮義會(3), 聯敬會(3)
江蘇商人	聯敬會(3)

불산은 교통의 요지로서 수공업과 상업이 발전한 市鎭이므로 교통시설의 발전이 두드러진다. 교통시설 중에서도 수로교통과 관련된 업소들의 발전이 두드러졌다. 이 지역이 수로교통이 발전한 지역이었기 때문일 것이다. 〈표 3〉에서 보듯이 天后元君古廟에 기부한 교통업소나 시설이 64개 단위에 이르고 있다. 이는 불산이 埠頭(碼頭)시설이 발전한 지역이므로 나타난 현상이라고 생각된다. 그런데 불산은 단순히 일반 상품을 선적 · 하역하는 碼頭로서만 기능한 것이 아니라 특정상품을 취급한 전문적 碼頭라는 특징을 지니고 있었다. 이미 乾隆年間에 '大馬碼'는 승객을 태우는 '馬碼'와 화물을 선적 · 하역하는 '埠頭(步頭)'로 분화되었으며, '小馬頭'로서 곡식을 취급하는 '穀埠', 생선을 취급하는 '魚埠', 사료(겨, 밀기울)를 취급하는 '糠步', 연료를 취급하는 '炭步' 등으로 분리되어 있었다.[171)]

5. 맺음말

佛山은 明代 이래 鐵器 製造業이 발전하였고, 淸代에는 광동 철기 제조업의 중심지로 성장하였다. 종사자가 늘어나고 생산기술이 향상되며 분업화가 추진됨에 따라 다양한 종류의 철기를 생산할 수 있었고, 그 생산량도

171) 乾隆『佛山忠義鄕志』 卷3, 「鄕事志 : 墟市」, p.18 뒤.

산업혁명 직전의 영국을 능가할 정도였다. 따라서 중국 화중지방 등 8개성 각지에서 상인이 몰려들었고 불산의 철기 제품은 일본, 동남아, 서양으로도 팔렸다. 이러한 소비시장의 존재는 불산 철기 제조업을 발전시키는 동인이 되었고, 결국 불산의 시진 발달에 큰 영향을 미쳤다. 불산의 견직업이나 면직업은 대외무역의 발전에 따라 발전하기 시작하였다. 서양이나 동남아로 수출되는 중국의 생사, 비단, 南京布의 수량이 늘어남에 따라 불산에서도 絹織業이나 棉織業이 성행하게 되었다. 특히 광동에서는 면화재배가 순조롭지 않았지만 불산에서는 수입 면화를 이용하여 棉布를 직조함으로써 아편전쟁 이전 면직업이 대대적으로 발전하였다.

불산 상업의 번영은 이미 청대 여러 논자들에 의해 주목되었고, 그 발전 정도가 省都 廣州를 능가한다고 지적되었다. 그토록 불산의 상업이 발전하였던 이유는 불산이 수로 교통의 요지이고 광주에 들어가는 關門이라는 데에 있었다. 아울러 불산에는 철제품이라는 유명 상품이 존재하였던 것이다. 게다가 대외무역을 위한 수출입 상품이 불산을 거쳐 광주로 반입되고 또 불산을 통해 전국으로 퍼져나갔다. 廣州 → 佛山 → 廣東省·全中國이라는 상품유통과 全中國·廣東 → 佛山 → 廣州라는 상품유통을 불산에서 유통된 상품 종류를 통해 확인할 수 있었다. 따라서 이러한 상품을 취급하는 전문품목 상인이 존재하였고 수공업이 발전한 市鎭답게 수공업과 상업을 겸하는 상인도 많았다. 그러나 불산은 사방에서 모여든 사람들에 의해 발전한 시진이었으므로 佛山出身의 상인보다는 外地出身 상인이 압도적으로 많았다. 佛山에서 활동하는 상인·수공업자는 그들 간의 상호부조, 정보 교환, 우의를 위해 업종별로, 취급상품별로, 출신지역별로 行會와 會館을 조직하였다.

불산의 인구는 불산의 시진 발전과 더불어 크게 늘어났다. 明 中葉 6만 정도에서 清 乾隆年間 18만 정도로 늘었으며 道光年間에는 최대 26만에까지 육박하였으리라 생각된다. 물론 그 인구의 대부분(8할 이상)은 상인과 수공업주, 수공업노동자였을 것이다. 이런 점에서도 불산의 수공업과 상업이 시진 형성에 중요한 역할을 하였음을 볼 수 있다. 불산의 市街는 명대에서 청대사이 기본적 구획단위인 舖가 24개(1450, 1553年) → 25개(乾隆年間) → 27개(道光年間) → 28개(民國時期)로 완만하게 늘었으나, 舖 하부의 街巷의 숫자는 234개(乾隆年間) → 594개(道光年間) → 1,590개(民國時期)로 아주 급격하게 늘었다. 불산은 수공업과 상업이 발전한 시진이었던 만큼 市街 중에서 상업이나 수공업 점포가 차지하는 비중이 대단히 높았다. 天后元君古廟나 佛山涌 준설사업에 기부한 사람들의 명단 속에서는 상공업 점포 주인이 전체 기부자의 90% 전후를 점하는 것을 확인할 수 있었다. 불산 시가는 특정 업종의 점포가 特定 街巷에 집중한 경우가 많았다는 데서도 특징을 보이고 있었다. 이는 그만큼 수공업과 상업이 전문화되고 있었다는 반증이라고 생각된다. 각지에서 온 상인도 特定 街路에 점포를 내고 特定 街路에 집결하는 특징을 보여 주었다. 아울러 수로교통이 발전한 시진이었으므로 교통시설인 부두(碼頭)도 취급품목에 따라 전문화 · 특성화되고 있었다.

이상의 분석을 통하여 市鎭으로서의 佛山은 철기 제조업이라는 手工業의 發展을 기초로 하여 여기에 水路交通의 便利라는 이점이 첨가되어 크게 발전하였고, 특히 바로 이웃한 廣州가 청대 유일한 대외무역항이었으므로 對外貿易에 의해 그 발전이 극대화될 수 있었음을 알 수 있었다. 이러한 수공업, 교통의 요지, 대외무역이라는 조건을 갖추었기에 佛山은 중국에 天下四大鎭, 天下四大聚의 하나가 될 수 있었다고 생각한다.

제 5 장

清代 佛山의 都市 發展과 手工業 · 商業 行會

1. 머리말

제4장에서는 明末淸初 이래 天下四大鎭의 하나, 天下四大聚의 하나로 불리던 佛山鎭의 도시 발전을 수공업과 상업의 번영이란 측면에서 다루어 보았다. 그 결과 佛山鎭의 발전을 초래한 철기 제조업의 실상이나 상업의 發展像을 나름대로 그려볼 수 있었다. 그렇지만 그러한 수공업 · 상업의 발전을 몸소 실현시킨 상인, 수공업자 또는 그 組織에 대해서는 심층적 분석을 가하지 못하였다. 따라서 본 장에서는 실제 佛山의 수공업과 상업의 발전을 체현한 商人, 手工業主, 手工業 勞動者의 조직인 行會와 會館 등에 대해 그 組織狀況과 사회변화에 따른 盛衰를 살펴보고자 한다.

佛山에 대한 연구성과가 다소 있기는 하지만 佛山의 行會나 會館 등에 대해 專論한 연구는 거의 없는 형편이다. 중국의 蔣祖緣이 불산의 상업과 상인을 다루는 가운데 行會나 會館을 개괄적으로 언급하였고,[1] 羅一星은 그의 최근 저서에서 하나의 절[2]을 설정하여 비교적 자세히 다루고 있지만

靜態的 분석에 머물러 청말 급격한 사회변화에 따라 行會가 어떤 변화양상을 보이는지 動態的 측면에 대해서는 다루고 있지 않다.

본 장에서는 行會나 會館의 조직화가 갖는 佛山 都市發展史에서의 의미, 청말 급격한 사회변화에 따른 行會의 변화양상 등을 염두에 두면서 논의를 전개하고자 한다. 우선 제2절에서는 佛山의 도시발전을 외형적으로 보여주는 人口 集中과 人口 增加의 문제를 고찰하고 그러한 인구증가가 필연적으로 수반한 도시 구조나 도시 기반 시설의 변화 등 도시 外觀의 변화에 대해 고찰하고자 한다. 제3절, 제4절에서는 이러한 외관의 변화를 채워주는 내면적 변화의 하나로서 수공업과 상업 行會의 出現, 행회 조직 발전과정에서 나타나는 會館이나 堂의 諸側面, 아편전쟁 이후 서양제품의 유입 등에 기인한 행회의 盛衰, 그리고 상업·수공업 도시인 불산에서의 상공업자의 사회적 지위나 위상에 대해서도 검토하려 한다.

2. 清代 佛山의 都市 發展

(1) 佛山의 人口增加

清代 乾隆年間(1736~1795) 이후 중국에서는 인구가 급증하였고 그 결과 鄕村에 人口過剩 상태가 나타났다는 것은 주지의 사실이다. 이러한 향촌의 과잉인구는 비교적 인구가 조밀하지 않고 토지가 풍족한 지방이나 아직 개간의 가능성이 많은 산악지역 등으로 이주하여 농업·임업 등에 종사하기도 하였지만, 그 일부는 생계를 해결하기 위해 일자리가 많은 도

1) 蔣祖緣, 「清代佛山的商業和商人」, 『明清廣東社會經濟研究』, 廣東人民出版社, 1987年.

2) 羅一星, 『明清佛山經濟發展與社會變遷』, 廣東人民出版社, 1994年. 제5장 제3절 「經濟組織的雙重分化與發展」에서 會館과 行會를 다루고 있다. 그런데 구체적 내용분석에서 필자의 분석과 서로 다른 부분도 존재하고 있다.

시로 나가 수공업이나 상업에 종사하는 경향을 보여주었다. 이러한 경향은 淸代 廣東省에서도 마찬가지로 나타났다.

廣東省의 경우 이러한 과잉인구나 파산실업한 농민들이 몰려들 수 있는 대표적 도시로는 省城인 廣州와 鐵器 製造業의 발달로 명대 이래 현저한 발전을 보여주었던 佛山鎭이 있었다. 특히 佛山鎭은 明末淸初 이래 天下四大鎭 또는 天下四大聚의 하나로 명성을 떨치고 있었으므로 파산실업한 농민은 생계를 해결하기 위해, 상인은 더 많은 돈을 벌기 위해 이곳으로 몰려들었다. 乾隆19年(1754) 편찬된 佛山의 鄕志에서는 "四方의 商賈"와 "四方의 貧民"이 불산에 몰려들었는데, "자본을 가지고 장사하러 오는 사람이 10 중 하나였고 빈손으로 먹을 것을 구하여 몰려드는 빈민은 10 중 아홉이었다"[3]고 한다. 移住民의 대부분은 생계를 해결하기 위해 도시로 모여드는 빈민 즉 파산실업한 농민임을 알 수 있다. 이들 貧民은 불산에서 주로 어떤 직종에 취업하였을까?

이에 대한 단서를 보여주는 자료가 있다. 廣東 肇慶府의 『四會縣志』에는 다음과 같이 서술되어 있다.

> 乾隆 · 嘉慶 이전 풍속은 순박하였다. 부자는 토지를 지키고 貧者는 직업에 부지런하였다. 물가는 높지 않아 그런 대로 여유 있게 살 수 있었다. 생계를 꾸리기 위해 縣 밖으로 나가는 자도 없었다. … 嘉慶末年에 이르러 자제를 佛山이나 省城 廣州에 보내 기술을 배우거나 장사를 돕게 하는 자가 있었다(乃有遣子弟學工藝佐懋遷于佛山,省城者). 그런 사실을 꺼리어 말하지 않았지만 친구들은 모이면 사사로이 말하곤 하였다. "아무개는 요즘 가난해졌나봐. 자기 자제를 밖에 내보내 장사를 배우게 하니 말이야" 하였다. … 道光 初年 풍속은 점점 사치스럽게 되어 부자는 날로 가난해지고, 가난한 자는 더욱 살기 어렵게 되어 서로서로 佛山이나 省城에 가서 생계를 꾸리게 되었다.[4]

3) 乾隆19年『佛山忠義鄕志』 卷6, 「鄕俗志」, p.8앞.
4) 民國18年『四會縣志』 篇1, 「輿地志 : 風俗」, p.58앞뒤(成文出版社 影印本, p.108).

이 자료로부터 몇 가지 사실을 지적할 수 있다. 첫째는 嘉慶年間(1796~1820)에서 道光年間(1821~1850)으로 갈수록 향촌의 經濟 狀況이 악화되어, 처음에는 가족 중 청소년이 도시로 나가 돈벌이를 함으로써 생계를 돕다가, 나중에는 전 가족이 도시로 나가서 일해야 할 정도로 상황이 심각해졌다는 사실이다. 그만큼 향촌의 사회경제적 모순이 심화되었고 過剩人口도 늘었기 때문일 것이다. 둘째, 도시로 몰려드는 사람들은 佛山이나 廣州에 가서 수공업 기술을 배우거나 상점에서 일하게 되었다. 결국 佛山 같은 상공업 도시에서 수공업이나 상업에 종사하게 되었다는 이야기다. 셋째는 佛山과 廣州를 병칭하되, 佛山을 앞에 두는 것으로 보아 廣州에 이주하는 사람보다 佛山에 이주하는 사람들이 더 많았을 것이라는 점이다.

향촌의 파산실업한 농민이 佛山 같은 도시에 가서 수공업 점포의 견습공이 되거나 상점의 점원, 짐꾼이 되는 것이 일반적이었지만 그 외에도 상인, 지식인, 전직 관리들도 상업을 위해, 학업을 위해, 그리고 노후를 위해 佛山에 이주하였다.[5] 그러한 이주민의 숫자는 정확히 계산할 수는 없지만 이미 康熙末年 "사방에서 불산에 來游하는 자가 하루에 만 명을 헤아린다"[6]고 지적되는 것을 보면 결코 적지 않았을 것이다. 그리고 그 숫자는 乾隆, 嘉慶, 道光年間을 거치면서 더욱 늘었을 것이다. 그리하여 불산에서는 사방에서 많은 인구가 폭주함에 따라 이주민(附圖占籍者)이 토착인의 몇 배가 되었던[7] 것이다.

---

5) 吳榮光, 「重修佛山海口文昌閣記」 道光6年(1826) 立石(道光11年『佛山忠義鄕志』 卷12, 「金石 下」, p.37뒤~p.38앞에 수록 : 『中國地方志集成 : 鄕鎭志專輯』 30, 南京 : 江蘇古籍出版社, 1992年, p.258). "佛山爲省垣西南重鎭, 四面環海, 氣運所鍾. 商賈輻輳, 人文奮興, 于今爲盛. 四方之遷者,僑者, 從學而來者, 宦成而歸者, 權緡算以起家者, 執藝事以自食其力者, 咸以風淳俗美, 鄕有賢耆, 梯航簦笈, 鱗萃雲集, 偕來以卜居焉."

6) 朱相朋, 「建茶亭記」 康熙61年(道光11年『佛山忠義鄕志』 卷12, 「金石 上」, p.49앞 : 『中國地方志集成 : 鄕鎭志專輯』 30, p.237에 수록). "禪山, 東南一巨鎭也. 其西北一帶, 上溯湞水, 可抵神京, 通陝洛以及荊吳諸省. 四方之來游者日以萬計, 然皆以舟舶泊岸, 不少勞餘力也."

7) 冼寶楨, 「重修佛山堡八圖祖祠碑記」(廣東省社會科學院歷史研究所中國古代史研究室 · 廣東省佛山市博物館 編, 『明淸佛山碑刻文獻經濟資料』, 廣東人民出版社, 1987年, p.257. 이하 『佛山資料』라고 약칭함).

거주인구가 많고, 많은 사람이 모여든다는 의미에서 北京, 蘇州, 漢口와 더불어 '天下四大聚'의 하나로 불리던 佛山鎭의 인구는 얼마나 되었을까? 명대 景泰年間(1450~1456)에는 약 萬여 家[8] 정도의 호구 수를 기록하던 佛山이 淸 乾隆年間(1754년경)에는 무려 3만여 家[9]로 3배 정도 호구 수의 증가를 보인다. 민국시기에 불산의 戶數는 5만 3,504호이고 인구는 31만 4,816명[10]이라 하므로 1호당 인구수는 5.9인이다. 중국에서는 古今을 불문하고 1호 5인이라는 계산이 일반적이다. 佛山의 1호당 인구수가 5.9인이라는 것은 상점이나 수공업 점포에 고용된 점원, 노동자가 戶口계산에 포함된 결과 그런 수치가 나오지 않았나 생각된다. 불산의 대표적 수공업 지역중 하나인 明照舖는 점포와 가옥이 549戶이고 大小 男女 인구가 4,834口라 한다. 그렇다면 1戶당 가족 수가 8.8人인 셈이다. 그리고 대표적 상업 지역의 하나인 汾水舖는 점포와 가옥이 4,794戶이고 大小 男女 인구가 4만 2,876口라 하니 1호당 가족 수가 8.9人인 셈이다.[11] 이러한 사례들은 불산에서 1호당 인구수가 5인 이상인 이유를 설명해 주는 것이라 생각된다. 즉 상업과 수공업이 발전한 지역이어서 상점이나 수공업 점포에 늘상 고용된 점원이나 노동자가 몇 명씩 존재하였고 그들은 종족제가 발달한 광동에서 상인이나 수공업주의 친척일 가능성이 많으며, 따라서 그 숫자가 인구통계 속에 포함된 것이라고 생각되는 것이다. 明代나 淸 乾

8) 陳贄, 「祖廟靈應祠碑記」, 景泰2年(1451)作(道光11年『佛山忠義鄕志』 卷12, 「金石 上」, p.13앞, p.219). 명대 불산인구에 대한 논란은 본 서 제2부 제4장 참조.

9) 乾隆19年『佛山忠義鄕志』 卷3, 「鄕事志 : 墟市」, p.28뒤. "論曰 吾鄕謬以饒富聞, 而無蓄積之實. 鱗次而居者三萬餘家." 한편 黃興禮, 「新建忠義鄕亭記」 乾隆九年(道光11年『佛山忠義鄕志』 卷12, 「金石 下」, p.5앞, p.242)에 "佛山, 嶺南巨鎭也. … 地靈人傑, 烟火萬家, 衣冠相繼."라 하는데 이는 당시 불산의 인구를 정확히 표현하였다기보다 하나의 관용적 표현이라 여겨진다. 乾隆『佛山忠義鄕志』는 이어서 인구수를 "擧鎭數十萬人"라 하고 있으므로 3만여 家로 보는 것이 실정에 맞는다고 생각된다.

10) 民國15年『佛山忠義鄕志』 卷1, 「輿地 : 舖」, p.15뒤~p.31앞(『中國地方志集成 : 鄕鎭志專輯』 30, 南京 : 江蘇古籍出版社, 1992年, pp.319~327). 28舖의 戶口數는 52,376戶, 30萬7060口, 여기에 鷹嘴沙의 戶口數 1,128戶, 7,756口를 합한 숫자이다.

11) 民國15年『佛山忠義鄕志』 卷1, 「輿地 : 舖」, p.16뒤, p.28뒤(p.320, p.326).

隆時期도 이와 같은 가족규모라 한다면 佛山의 인구는 明 景泰年間(15세기 중엽)에 약 6만에서 清 乾隆年間(18세기 중엽)에 약 18만 정도로 증가한 셈이다. 道光年間의 인구를 정확히 알 수는 없지만, 乾隆年間에서 民國時期까지의 인구가 같은 속도와 비율로 증가하였다고 본다면 26만 명에 육박하였으리라 생각된다.[12] 최근 중국학자 羅一星은 아편전쟁 직전의 불산의 인구를 약 27만으로 추정하고 있는데[13] 필자의 추정과 유사하다 하겠다.

(2) 都市 構造 및 外觀의 變化

불산에서의 이러한 이주민에 의한 人口增加는 당연히 주거지역의 확대와 점포 수의 증가를 초래하였다. 예컨대 三穴崗은 明代에 묘지였으나 청 乾隆年間에는 "이미 平地가 되어 점포가 늘어섰고"[14] 乾隆60年(1795) 擧人 李天達 등은 자금을 내어 汾水正埠碼頭 閘內 양쪽 공터에 점포 10間을 건축하여 상인에게 대여하였다.[15] 水田이나 桑地도 개발되어 민간인 주택이나 작업장, 부두 같은 시설로 이용되었으며, 他地에서 온 상인이 불산에 이주하여 주택이나 莊園을 건축하는 일도 잦았다.[16] 이처럼 불산에 많은 점포와 주택이 들어서다 보니 清末에 가서는 점포와 주택이 밀집하여 더 이상 신축할 주택지나 건축용지가 없어지게 되었다.[17] 인구 유입에 따라 가옥을 임대

12) 黃建新·羅一星, 「論明清時期佛山城市經濟的發展」, 『明清廣東社會經濟研究』(廣東歷史學會 編, 廣東人民出版社, 1987年), p.43에서는 약 30만으로 추산하고 있으나 지나친 감이 있다. 우선 그들은 민국15년의 불산인구가 34만, 호수가 5.2만 호라고 계산하고 있다. 그들은 戶數는 28舖만을, 口數계산에서는 28舖와 四沙를 포함시키고 있다(당시 불산은 28舖와 鷹嘴沙로 구성되어 있고 四沙 중의 3沙는 불산이 아니다). 따라서 1호당 인구수도 6.5명이라고 계산되고 있다. 본문에서 지적한 대로 민국년간 1호당 인구수는 5.9명이어야 한다고 생각한다. 民國『佛山忠義鄉志』 卷1, 「輿地 : 舖」, p. 12뒤~p.13앞(p.318) 참조.

13) 羅一星, 『明清佛山經濟發展與社會變遷』, 廣州 : 廣東人民出版社, 1994年, pp.277~279.

14) 乾隆『佛山忠義鄉志』 卷1, 「鄉域志」.

15) 「廣儲義倉碑示」, 道光『佛山忠義鄉志』 卷13, 「鄉禁」, p.24앞뒤(p.276).

16) 이러한 사례에 대해서는 羅一星, 앞의 책, pp.256~258 참조.

하여 돈을 벌려는 풍조도 생겨났다. 清初 南海人 陳子升(1614~1673年 이후)이 南海縣 知縣에게 보낸 서한은 그러한 점을 잘 보여준다. 서한에서 陳子升은 佛山이 廣州와 인접하기 때문에 "근래 이주민(流寓)이 모여들고 상인이 가득차자 토착인은 이익을 노려서 (가족들이) 함께 방을 사용하고 남는 방을 빌려주어 임대료를 취합니다."[18]라고 지적하였다.

이상에서 본 인구 증가, 주거지역의 확대와 점포 수의 증가 등에 의해 나타난 佛山의 도시 공간구조의 변화나 기타 시설의 증가상황은 어떠하였을까? 불산의 街路의 숫자나 규모, 기타 도시 시설의 증가상황을 알 수 있는 것은 『佛山忠義鄉志』가 편찬된 清 乾隆年間 이후이다. 乾隆鄉志는 乾隆19년(1754)에 편찬되었고 道光鄉志는 道光11년(1831)에, 民國鄉志는 民國15년(1926)에 편찬되었다. 이러한 佛山鄉志를 통해 佛山鎮의 변화상황을 일괄해 볼 수 있다.

〈표 1〉과 〈표 2〉는 乾隆19年『佛山忠義鄉志』 卷1 「鄉域志」와 卷3 「鄉事志」, 道光11年『佛山忠義鄉志』 卷1 「鄉域志」와 卷5 「鄉俗」, 民國15年『佛山忠義鄉志』 卷1 「輿地志」와 卷8 「祠祀志」의 자료에 기초하여 청대 불산의 도시구역과 도시시설의 발전상황을 도표로 만들어 본 것이다.

불산의 도시 區劃의 기본 단위는 舖이다. 舖는 明 景泰初(景泰元年 즉 1450)에 廣東 일원을 소요시키던 海賊 黃蕭養(1449년 봉기)의 침략에 대비하여 불산 市街를 24개 舖로 나누어 지키게 한 데서 유래하였다. 舖는 원래 鋪로 列肆의 의미인데 와전되어 舖가 되었다[19]는 설명으로 보아 불산 시가지를 구획하여 방어구획으로 하였음을 알 수 있다. 따라서 黃蕭養

17) 民國『佛山忠義鄉志』 卷9, 「氏族 : 祠堂」, p.31앞 「方伯家廟記」(p.448)에 "佛山居人稠密, 未易得地."라 하였다.

18) 道光15年『南海縣志』 卷之八, 「輿地略四 : 風俗」, p.8앞. "陳子升與南海某明府書曰, 南海爲廣州首邑, 所治鄉落, 佛山九江並稱繁盛, 所以治之則異, 佛山地接省會, 向來二三巨族爲愚民率其貨利惟鑄鐵而已. 邇年流寓叢雜, 商賈充塞, 土著射利, 併室而居, 以取賃值, 客勝於主, 里巷駢闐, 比於城市."

19) 乾隆『佛山忠義鄉志』 卷1, 「鄉域志 : 舖社」, p.5뒤.

의 침략을 물리친 후에도 鋪는 자연스럽게 시가지 구획으로 존속 · 유지되었다고 생각된다. 乾隆年間에 鋪의 숫자는 25개로 늘었고 다시 道光年間에 27개로 民國時期에 와서는 28개가 되었다. 鋪의 숫자로 볼 때 불산 시가지의 확대는 매우 완만했던 것으로 보인다.

〈표 1〉 淸 · 民國時期 佛山 도시구역 및 시설의 발전개황

항목	乾隆19年(1754)		道光11年(1831)		民國15年(1926)		
	개수	지수	개수	지수	개수	지수	道光=100
鋪	25	100	27	108	28	112	103.7
街道	234	100	594	253.8	1590	679.5	267.7
墟	4	100	4	100	6	150	150
市	9	100	9	100	12	133.3	133.3
津渡碼頭	11	100	28	254.5	62	563.6	221.4
橋梁	9	100	19	211.1	23	255.6	121.1
寺廟	55	100	117	212.7	195	354.5	166.7
里社	13	100	68	523.1	79	607.7	116.2
宗祠	146	100	177	121.2	376	257.5	212.4

鋪의 증가가 완만한 것에 비해 街道의 증가는 매우 두드러졌다. 乾隆年間에 街, 巷, 里, 口, 路, 坊 등이 234개이던 것이 道光年間에 594개로, 다시 민국시기에는 1,590개로 각기 2.5배, 6.8배로 늘어났다. 그만큼 시가지에 상점이나 수공업 점포, 그리고 일반 가옥이 증가하였기 때문일 것이다. 또한 이처럼 街道가 늘어난 것은 주로 외부로부터 "四方의 商賈"와 "사방의 貧民"이 불산에 몰려들었기 때문일 것이다. 특히 "자본을 가지고 장사하러 오는 사람"들에 의해 점포가 늘어나고 노동자나 점원을 고용하면서 街路數가 늘었다고 보여진다. 한편 기존에 불산에서 영업하던 상인이 자본을 축적하여 점포를 늘리거나 다른 가로에 분점을 내는 과정을 통하여 街路數가 늘기도 하였을 것이다. 光緖2年(1876)의 자료에 의하면 金錢大街에는 다른 街路에 본점을 둔 점포의 분점으로 판단되는 점포가 13개소나 있었고 聚義

會에는 그러한 것이 9개소나 있었다.[20] 1880년대의 사정을 알려주는 「佛山淸涌碑記」에 의하면 福寧里에는 다른 가로에 본점을 둔 점포의 분점으로 판단되는 3개 점포가 있었으며, 明照鋪에는 그러한 점포가 2개 있었다.[21]

墟市는 원래 3墟 6市[22]였는데 乾隆年間에 4墟 9市로 늘었다. 道光年間까지는 더 이상 증가가 없다가 그 후 墟가 두 개, 市가 세 개 늘었다. 道光年間의 인구를 26만으로 추정할 때 墟市 하나당 이용 인구수는 무려 2만 명에 달한다. 民國時期에는 인구가 31만 4,816명이므로 墟市 하나당 평균 이용 인구수는 약 1만 7,500명에 달한다. 상업이 발달하고 일상생활품을 시장에 의존하는 도시로서는 지나치게 墟市 숫자가 적은 셈이다. 광동의 定期市 하나당 평균 인구수를 8,149명이라고 계산한 加藤繁의 연구[23]에 비추어 보더라도 불산의 墟市數는 지나치게 적은 셈이다. 이는 佛山鎭 자체가 하나의 거대한 시장에 해당되므로 정기적으로 상품교역이 이루어지는 정기시 자체에 대한 수요가 적었기 때문일 것이다. 즉 불산에 존재하는 수많은 街道에서 상품교역이 매일같이 이루어지고 있었으므로 특별히 墟期를 정해 교역이 이루어지는 정기시는 별반 불필요하였을 것이라 생각된다. 다만 일반 街道에서 거래되는 상품과 달리 墟市에서만 교역되는 상품이 존재하였을 것인바 이에 대해서는 자료상의 한계로 그 상품종류는 알 수가 없다.

'津渡馬頭'(즉 碼頭)의 증가가 乾隆年間에 비해 道光, 民國時期에 각각 2.5배, 5.6배로 급증하는 것은 佛山에서의 상품교역의 발전과 인구유동의 증가로 인하여 나타난 현상이라고 여겨진다. 그만큼 佛山이 상업도시로서

20) 「光緖二年歲次丙子重修佛鎭柵下天后元君古廟官紳値事善信芳名喜認各物簽題工金各行工料雜項費用進支數目刊列碑記」(『佛山資料』, p.172, 177). 이후 이 碑記는 「光緖二年天后元君古廟碑記」로 약칭함.

21) 『佛山資料』, pp.216~217.

22) 民國15年『佛山忠義鄕志』 卷1, 「輿地 : 墟市」, p.33뒤(p.328).

23) 加藤 繁, 「淸代に於ける村鎭の定期市」, 『東洋學報』 23-2, 1936年(『支那經濟史考證』 下, 東洋文庫, 1952年), pp.505~556. 加藤繁은 直隸, 山東, 山西, 河南, 福建, 廣東, 廣西 등 7省의 상황을 개략적으로 탐구하였는데 정기시 하나당 인구수가 광동성의 경우 8,149명으로 산동성 7,895명에 이어 가장 적은 부류에 속한다고 하고 이것은 이 두 성이 다른 성에 비하여 정기시가 많기 때문이라 보고 있다.

의 면모를 갖고 있었다는 설명이 가능할 것이다. 橋梁의 증가 역시 인구 유동성의 확대로 인한 결과이다. 그외 寺廟나 里社, 그리고 宗祠의 증가를 통해 불산에서의 민간신앙의 확산이나 신앙체계의 조직화, 지연적 단결의 공고화, 종족의 확산과 응집 등의 현상을 엿볼 수 있다.

한편 〈표 1〉을 통해 乾隆年間을 기준으로 한 지수와 道光年間을 기준으로 한 지수(〈표 1〉에서 道光=100은 道光年間을 100으로 한다는 의미)를 비교함으로써 건륭년간에서 도광년간까지의 발전정도, 도광년간에서 민국시기까지의 발전정도를 서로 비교해 볼 수 있다. 비율상 舖, 津渡碼頭, 橋梁, 寺廟, 里祠 등은 道光以前 시기에 더욱 빠른 발전을 보여주고 있고, 街道, 墟市, 宗祠는 도광 이후에 더욱 빠른 발전을 보여주고 있다. 전반적으로는 도광 이전 시기에 도시의 발전이 더욱 신속하였음을 보여준다고 하겠다. 그러나 이는 순수히 비율에 의한 것일 뿐 실제 각 항목에 대한 절대적 숫자의 증가를 살펴보면 상황은 바뀐다. 이에 따라 건륭년간에서 도광년간사이에 늘어난 각 항목별 숫자와 도광년간에서 민국시기까지 사이에 늘어난 각 항목별 숫자를 비교하면 다음 〈표 2〉를 얻을 수 있다.

〈표 2〉 淸 · 民國時期 佛山 도시구역 및 시설의 발전개황

항목	乾隆	道光11年		民國15年	
	개수	개수	증가 수	개수	道光 → 民國 증가 수
舖	25	27	2	28	1
街道	234	594	360	1,590	996
墟	4	4	0	6	2
市	9	9	0	12	3
津渡碼頭	11	28	17	62	34
橋梁	9	19	10	23	4
寺廟	55	117	62	195	78
里社	13	68	55	79	11
宗祠	146	177	31	376	199

〈표 2〉를 보면 도광년간 이후에 舖, 橋梁, 里社를 제외한 街道, 墟市, 津渡碼頭, 寺廟, 宗祠 부분의 숫자가 도광년간 이전보다 더욱 급속히 증가하고 있다. 佛山鎭의 경우 阿片戰爭以後에 도시로서의 발전이 더욱 신속하게 진행되었다고 하겠다.

〈그림 1〉 淸代 佛山鎭 地域圖

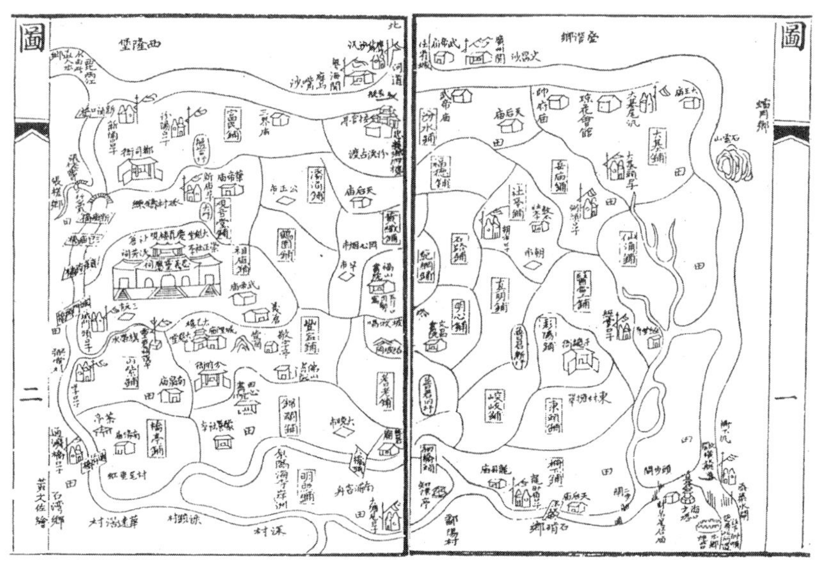

자료: 道光『佛山忠義鄕志』, '圖: 忠義鄕域圖', pp. 1뒤~2 앞.

불산진은 都市의 북쪽으로 汾江이 흐르고 東西南 삼면으로는 佛山涌이 굽이쳐 흘러 강과 수로로 둘러싸인 형국이다. 전체적으로 동서로 늘어진 장방형 모습을 띠고 있다(〈그림 1〉 참조). 羅一星의 연구에 따르면 淸代 前期 불산의 도시 공간구조는 기능상 크게 세 부분으로 나뉘었다고 한다. 동남과 남부는 철기 주조·야철업 등 수공업 지구로, 汾江연변의 북부지역은 수로교통을 이용한 상업지구, 그리고 그 사이에 해당하는 중부가 주택 및 商業·手工業이 혼재하는 혼합지구로 점차 형성되어 갔다는 것이다.[24)]

실제 불산의 남부에 속하는 錦瀾舖에는 철기 주조업과 관련된 街道名이 乾隆『佛山忠義鄕志』에는 두 개(鑄鑽街, 鑄犁嘴[25]), 道光年間에도 두 개(鑄砧街, 鑄犁大街[26])가 보이는 데 비해 민국 鄕志에서는 무려 6개로 늘어난다. 鐵廊巷, 鐵香爐街, 鑄鑽街, 鑄鑽上街, 鑄犁大街, 鑄犁橫街[27]가 그것이다. 이는 錦瀾舖에서 鐵器 鑄造業이 발전하고 있었음을 보여주는 것이라 하겠다. 또한 錦瀾舖와 이웃하고 있는 明照舖에서는 炒鐵의 점포(爐)가 8개소, 橋亭舖 水便에서는 4개소가 보이고 있다.[28] 이들 사례로써 불산의 남부에 해당되는 지역에서 철기제조업이 성행하고 있었음을 알 수 있다.

한편 불산의 북부에 해당되는 汾水舖, 富文舖, 大基舖 3舖(〈그림 1〉 참조)는 汾水(汾江)에 면하여 道光年間 부두(碼頭)가 19개나 설치되어 있었는데 이는 당시 佛山鎭 전체 부두 28개의 68%에 달하는 것이다. 결국 이 세 舖는 수로교통의 요지에 위치하여 사람이나 물자의 교류에 유리한 입지적 조건을 갖추고 있었다. 따라서 점차 하나의 전문적 상업지역을 형성하였다. 이는 3舖의 街道 수에서도 확인할 수 있다. 도광년간 불산은 27舖, 594街道로 1포당 街道 수는 22개인 데 비해 汾水舖 47개, 富文舖 45개, 大基舖 26개[29]로 평균을 훨씬 상회할 뿐 아니라 전체 街道 중에서 3舖의 街道가 약 20%를 차지하고 있었다. 民國時期에도 이러한 현상은 계속되어 불산은 28舖, 1590街道로 한 舖당 약 57개의 街道를 옹유하고 있었는데, 3舖의 街道 수는 각기 84개, 129개, 99개로 도합 312개 街道에 달하여 역시 전체 가도의 약 20%를 점하였다. 인구수로 본다면 민국시기의 경우이지만 그 비중은 더욱 높아 3舖의 인구 11만 1,992명은 전체 불산인구 31만 4,816명의 35.6%를 점하였다.[30] 汾江에 면한 3舖 지구가 가장 번

24) 羅一星, 앞의 책, pp.260~274 참조.
25) 乾隆『佛山忠義鄕志』 卷1, 「鄕域志」(『佛山資料』, p.275에 수록).
26) 道光『佛山忠義鄕志』 卷1, 「鄕域志」, p.28앞(p.28).
27) 民國『佛山忠義鄕志』 卷1, 「輿地志」, p.18뒤(p.321).
28) 「佛山淸涌碑記」, 『佛山資料』, pp.217~218, p.237.
29) 道光『佛山忠義鄕志』 卷1, 「鄕域志」, p.14앞~p.21뒤(pp.21~24).

화한 시가지였음을 알 수 있다. 이런 상황은 청말 불산 汾水舖의 상업의 번성을 언급한 기록을 통해서도 확인할 수 있다. "佛山의 汾水舖 舊檳榔街는 가장 번성한 구역이다. 상인이 떼지어 모여 있으며 저잣거리는 풍성하고 넉넉하다. 하늘을 찌를 듯한 상점의 간판은 京師보다도 더욱 크다. 萬家에 등불을 밝히고 百貨가 가득 찼으니 省垣(廣州)도 미치지 못한다."[31]

불산의 남부나 동남부가 수공업지구로 특화되고 북부가 상업지역으로 번성하였음에 비해 중부에 해당되는 지역은 특성을 찾을 수 없는 복합적, 혼합적 지역이었다. 鶴園舖 鶴園社, 祖廟舖 花衫街, 豊寧舖 鶯崗等處에 土針行의 수공업 작업장이 있는가 하면[32] 潘涌舖에는 綢緞行의 零翦店[33]이 들어선 상업지역이기도 하였다. 동시에 이 지역은 불산의 유명 종족의 집단적 주거지이기도 하였다.[34]

그러나 이는 하나의 경향성에 불과하다. 행정당국의 철저한 도시계획에 의한 도시건설이 수반되지 않는 전통사회에서 佛山의 도시 공간구조가 羅一星의 주장처럼 뚜렷하게 세 부분으로 나뉠 수는 없을 것이기 때문이다.

3. 佛山의 手工業 行會·會館과 그 盛衰

(1) 手工業 行會

불산은 명 중엽 이래 철기 제조업으로 번영하기 시작한 手工業 市鎭이었으므로 종래 수공업이 발달해 왔다.[35] 그 수공업은 鐵器 이외에도 각종 금속 주조업, 견직물업, 의료업, 의복업 등 각 방면에 미치고 있었는데,

30) 民國『佛山忠義鄕志』 卷1, 「輿地 : 街道」, p. 15뒤~p.31앞(pp.319~327).
31) 徐珂, 『淸稗類鈔』 第5冊, 「農商類」, 北京 : 中華書局, 1984年, p.2333.
32) 民國『佛山忠義鄕志』 卷6, 「實業 : 工業」, p.15뒤(p.387).
33) 民國『佛山忠義鄕志』 卷6, 「實業 : 商業」, p.24뒤(p.392).
34) 羅一星, 앞의 책, pp.268~270 참조.
35) 이에 대해서는 본 서 제2부 제4장 참고.

〈표 3〉[36]에 보이는 청대 불산에서의 수공업 業種別 行을 통해서도 그러한 사정을 충분히 짐작할 수 있다.

〈표 3〉 淸代 佛山의 手工業 業種別 行會

手工業 部門	手工業 行會 名稱
鐵器 製造業	炒鐵行, 熟鐵行, 鐵鑊行, 土針行, 鑄發行, 鐵發行, 鐵釘行, 打拔鐵線通行, 大鑊頭莊行, 大鑊車下行, 炒煉鉗手行, 炒煉頭莊行, 炒煉二莊行, 炒煉催鐵行, 鋸行, 熔炟行, 單燒車下行, 雙燒担行, 單燒助行, 大鍋助行, 大鍋車下行, 宰燒行, 鐵鍋剛濟堂, 鑄砧行, 機器鐵杯行, 車磨鐵器行, 打刀行, 打剪鉸行, 拆鐵行, 白鐵行, 大鍋搭炭行, 新釘行
金屬 鑄造業	金箔行, 銀器行, 打銅行, 銅線行, 銅箔行, 銅器行, 一字銅行, 錫行, 錫箔行
衣料業, 衣服業	新衣行, 成衣行, 顧繡行, 頭繩行, 絨線行, 氈料行
단추제조	麗袞金銀鈕行, 鏨花鈕行, 花鈕行, 鈕扣行
신발, 양말, 모자製造業	唐鞋行, 革履行, 布襪行, 綿襪行, 秋帽行, 冬帽祖會, 冬帽行, 製帽行
染色, 染料業	染房行, 花紅行, 自製顔料行
製紙業	花紅染紙行, 雜色染紙行, 攪磨紙行, 楮公堂, 硃砂年紅染紙行
製藥業	蠟丸行, 藥材行
釀造業	製造酒行, 蒸酒行
包裝原料	板箱行, 板箱 楔斗行, 扎作行
信仰, 文化關聯	門神行, 書籍行, 印刷行, 香行
부채제조	葵扇行, 蘇扇行
嗜好品, 娛樂用品	玩具行, 炮行
裝飾品 製造	花盆行, 金花行
建築木材業	泥水行, 大料行
기타	石行永慶堂, 宰猪行

36) 「乾隆年間佛鎭衆行捐款籌辦某公事殘碑」；「光緖二年天后元君古廟碑記」；「佛山淸涌碑記」(『佛山資料』, pp.100~101 ; pp.156~201 ; pp.210~248) ; 龍廷槐, 『敬學軒文集』 卷2, 「初與邱滋畬書」, p.10앞 ; 『佛山街里』 道光10年, 怡文堂[譚棣華, 『廣東歷史問題論文集』(臺北 : 稻花出版社, 1993年), pp.226~233. 「從『佛山街里』看明淸時期佛山工商業的發展」] ; 民國 『佛山忠義鄕志』 卷6, 「實業 : 工業」, p.9뒤~p.20뒤, pp.384~390 등을 이용하여 작성.

전체 90개의 行이 철기 제조업(32개)을 비롯해 금속 주조업(9), 견직물업(2), 의료업 · 의복업(6), 단추(4), 신발 · 양말 · 모자 제조업(8), 염색 · 염료업(3), 제지업(5) 등 각 부문에 걸쳐 존재하고 있었다. 이들 각 부문의 수공업은 크게 鐵器 등 金屬關聯 手工業, 絹織物業 등 衣料關聯 수공업으로 대별할 수 있다. 그중에서도 가장 두드러진 것은 철기 제조업인바 철기 제조업에서의 行의 발전상황을 개략해 볼 필요가 있겠다.

명 중엽 이후 廣東 각지에서 생산되는 生鐵이 거의 모두 佛山으로 운반되어 가공되었고 그 결과 불산은 광동 나아가 중국의 철기 제조업의 중심으로 부상하였다. 따라서 철기 제조 기술도 발전하였는데 이러한 과정은 철기 제조업의 분업화 과정을 통하여 더욱 고도화되었다고 생각된다. 明 天啓2년(1622)에는 기존의 炒鐵業과 鑄鐵業이 분화되어 七行[37]으로 발전되었다. 이 七行은 鍋行, 鐵竈行, 炒鐵行, 鐵鎖行, 鐵線行, 農具雜品行, 釘行이다. 이 중에서 鍋行은 乾隆年間 大鑊頭莊行 · 大鑊車下行 · 大鍋搭炭行 등으로 분화되었고, 炒鐵行은 炒煉鉗手行 · 炒煉頭莊行 · 炒煉二莊行 · 炒煉催鐵行으로 나뉘어졌으며, 이외에 鋸行 · 打拔鐵線通行 등이 새롭게 또는 명칭을 바꾸어 출현하였다.[38] 그리고 光緒年間(1875~1908)에 單燒車下行, 雙燒担行, 單燒助行, 大鍋助行, 大鍋車下行,[39] 鐵鍋剛濟堂, 宰燒行, 新釘行[40] 등이 출현하였고, 光緒12년(1886) 이후 民國時代에 걸쳐서는 鑄砧行, 機器鐵杯行, 車磨鐵器行, 鐵磚行, 鐵釘行, 打刀行, 打剪鉸行, 土針行, 鑄發行, 拆鐵行, 白鐵行 등이 새롭게 출현하였다.[41]

이러한 철기 제조업에서의 업종의 다양화, 분업의 심화 그리고 이에 따른 行의 발전은 불산이라는 도시의 발전이 철기 제조업의 발전에 힘입은

37) 乾隆『佛山忠義鄉志』 卷3, 「鄉事志 : 紀略」, p.4뒤~p.5앞.
38) 「乾隆年間佛鎭衆行捐款籌辦某公事殘碑」, 『佛山資料』, pp.100~101.
39) 「光緖二年天后元君古廟碑記」, 『佛山資料』, pp.156~201.
40) 「佛山淸涌碑記」 光緖12年, 『佛山資料』, pp.210~248.
41) 民國『佛山忠義鄉志』 卷6, 「實業 : 工業」, pp.387~393.

것이라는 사실을 웅변적으로 보여주고 있다.

〈표 3〉에서 제시된 行들이 어느 시기에 성립되었는지 일일이 밝히는 것은 매우 어려운 일이지만 「乾隆年間佛鎭衆行捐款籌辦某公事殘碑」와 龍廷槐의 『敬學軒文集』 卷2 「初與邱滋畬書」의 두 사료에 나오는 45개 정도의 行[42]들은 적어도 乾隆年間 이전에 성립되었다고 생각된다. 물론 명대로부터 존재한 것이 있는가 하면 청말에 비로소 출현한 것도 있었을 것이다.

여기서 行은 같은 종류의 제품을 제조하는 手工業主 · 手工業 勞動者의 조직이거나 같은 종류의 상품이나 용역을 제공하는 상점 또는 상인조직이다. 이들 중 일부의 行 예컨대 花盤行,[43] 雜鐵行[44] 등의 行에 行規가 존재하는 것으로 보아 길드적 성격을 갖는 行會로 파악해도 별 무리가 없으리라 생각된다. 그런데 嘉慶, 道光 이래 상공업 조직은 종전의 行會나 會館 등의 명칭 대신 公所라고 불리는 것이 일반적이었다. 특히 청말 上海에는 114개, 蘇州에는 66개의 公所가 설립되었다. 특히 수공업 부문에 있어 公所라는 조직이 淸後半 이후 다수 출현하였다.[45] 그러나 불산의 경우는 이와 사뭇 다르다. 公所라는 명칭은 거의 쓰이지 않고[46] 여전히 行 또는 會館, 堂 등으로 불리고 있었다. 행회나 회관 등의 명칭이 계속 쓰이는 것은

42) 「乾隆年間佛鎭衆行捐款籌辦某公事殘碑」, 『佛山資料』, pp.100~101에는 다음의 行名이 등장하고 있다. "打包祖案衆信, 糙米鋪, 屐行, 黃白紙行, 篩擇行, 油行, 打拔鐵線通行, 大鑊頭莊行, 大鑊車下行, 炒煉鉗手行, 炒煉頭莊行, 炒煉二莊行, 炒煉催鐵行, 鋸行, 大鍋搭炭行, 包頭行, 錫行, 銀器行, 綿襪行, 鮮魚行, 神香行." 또한 龍廷槐, 『敬學軒文集』 卷2, 「初與邱滋畬書」, p.10앞에는 다음의 기사가 보인다. "其大鎭爲省城 · 佛山 · 石灣. 其行店爲當商, 放賑鋪, 換銀鋪, 洋貨鋪, 珠寶鋪, 蔘茸行, 布行, 木行, 生鐵行, 鐵器行, 綢緞棉花行, 靑麻行, 銅行, 錫行, 西貨行, 海味行, 京果行, 油行, 豆行, 穀埠, 米行, 檳榔行, 煙葉行, 金絲行, 磁器行, 果乾行, 藥材行, 柴行, 炭行, 糖行."

43) 「陶藝花盤行規」 光緖25年(1899), 『佛山資料』, p.254.

44) 「各貨工價單」에는 行規가 있었음을 추정케 하는 내용이 있다. 羅一星, 앞의 책, pp.351~312.

45) 許滌新 · 吳承明 主編, 『中國資本主義發展史』 卷1, 『中國資本主義的萌芽』, 北京 : 人民出版社, 1985年, pp.290~302.

46) 南洋染料行의 堂名이 裕安公所라 불리고(民國, 『佛山忠義鄕志』 卷6, 「實業 : 商業」, p.25앞, p.392. 黑白鉛行의 조직이 鉛務公所라 불리는(羅一星, 앞의 책, p.339) 두 경우 이외에는 사례를 찾을 수 없다. 그런데 이 두 경우도 청대의 사정이라기보다는 민국시기의 상황이 아닌가 생각된다.

불산지역 상공업상의 특징 중 하나라 하겠다.

(2) 手工業 會館

이러한 行會는 조직이 확대되고 일정한 경제력을 가지게 되면 조직성원의 친목이나 단결을 위한 會館 또는 堂 등의 독립적 건물이나 공간을 갖기에 이른다. 다음에는 불산에 존재한 수공업 行會 중에서 會館이나 堂을 보유한 경우를 정리해 보았다.

〈표 4〉 淸代 會館 · 堂을 保有한 佛山手工業 行會

行會名	會館 · 堂名	會館設立年	店鋪 · 人數	會館 所在地	기타
金箔行	金箔寶光堂	雍正2年	30餘家	祖廟舖 祖廟大街	大者日行, 小者日館
唐鞋行	福履堂(東家)	乾隆8年	約百數十家	潘涌舖 潘涌大街	各店多在潘涌大街
	儒履堂(西家)	乾隆8年		潘涌舖 潘涌大街	
炒鐵行	炒鐵行會館	乾隆15年	炒爐40餘所	豊寧舖 豊寧里	
鑄發行	旣濟堂	乾隆44年		祖廟舖 鑿石大街	상업행회와 겸함
雜鐵行	日升堂(東家)	嘉慶6年			
	鋭成堂(西家)	嘉慶6年			
帽綾行	興仁堂會館(東家)	道光9年	192店	社亭舖 接龍大街	博望侯廟(신앙대상)
	興仁堂會館(西家)	道光9年	1,109인	社亭舖 舒步街	
鐵鍋行	剛濟堂會館	道光10年 以前		黑衍口	
冬帽行	冬帽行會館	道光10年 以前		福德舖 水巷正街	
熟鐵行	熟鐵行會館	道光10年		豊寧舖 走馬路	
	楮公堂會館	道光10年		瓦巷上街	
蒸酒行	蒸酒行會館	道光11年	家數三四十	祖廟舖 祖廟大街	甑數七八十
鐵線行	同慶堂(東家)	道光15年	十餘家		佛山特産. 店: 城門頭, 聖堂鄉等處
	同志堂(西家)	同治元年	工人千餘		
鐵鑊行			土爐三十家	祖廟舖 鑿石中街	本鄉特有工業, 官准專利. 各店多在柵下舖
	陶全堂會館(西家)	道光17年		柵下舖 司直坊	額題太尉廟

銅鐵行	利金堂	同治元年			
赤線行	聯勝堂	同治元年			
打鎖行	萬興堂	同治元年			
香行	香行會館	同治2年		潘涌舖 公正市車巷	
硃砂年紅染紙行	同志堂	光緖2年 以前	大店數十家		又稱染館者數十
	至寶祖社	同上	數百		
宰猪行	緊全堂	光緖10年 以前	五十餘家 工人五六百	大基舖 大基頭康勝街	
絨線行	○○會館	光緖8年	大小二十餘家	潘涌舖 潘涌橫街	店鋪多在畸畛街, 三角市
板箱行	同善堂	光緖10年 以前			
土針行	○○堂	光緖12年	約二三十家	豊寧舖 通勝街蘭桂坊	本鄕特産. 店: 多在鶴園社, 花衫街, 鶯崗等處
機房土布行	東友會館(興仁堂)	光緖15年 重修	八九十餘家	社亭舖 接龍大街	博望侯古廟
	西友會館(興仁堂)		工人二千餘	社亭舖 舒步街	博望侯廟
成衣行	軒轅會館	光緖24年 以前	점포75개 공인425명		점포당 노동자 수: 5.7명
新衣行	福勝會館	光緖33年		豊寧舖 豊勝街	商業行會存在
泥水行	榮盛會館(東家)	光緖33年 重修	百五十餘家	祖廟舖 鑿石街	額題北城侯廟
	桂澤堂(西家)		工人1,300餘	大基舖 康勝街	
製帽行	製帽行會館		二十餘家	福德舖 水巷街	本鄕業此者頗多
自製顔料行	五雲會館			汾水舖 南擎後街	
一字銅行	ㅁㅁ會館		二十餘家	觀音堂舖 古洞	
鈕扣行	東家行會館		二十餘家	祖廟舖 鑿石中街	本鄕著名工藝
	ㅁㅁ會館			潘涌舖 快子街	
金花行	廣怡會館		家數三四十 女工數百人	福德舖 金水街	本鄕特産 女工居家製作
蘇扇行	蘇扇行會館			祖廟舖 祖廟大街	
大料行	建築東家 廣善堂				各店多在上沙沙口大基尾等處
	大料西家 敬業堂				

〈표 4〉[47]에서 보듯이 33개 手工業 行이 會館이나 堂을 보유하고 있었다. 여기서 會館은 手工業 行會 조직의 집회장소 내지는 그 건축물을 의미한다. 堂 또한 會館과 유사한 기능을 담당하였으리라 생각된다. 會館이나 堂을 보유한 行會의 종류를 살펴보면, 鐵器 製造業이 발전한 도시답게 철제품과 관련된 9개의 行이 회관이나 당을 보유하고 있었다(炒鐵行, 鑄發行, 雜鐵行, 鐵鍋行, 熟鐵行, 鐵線行, 鐵鑊行, 打鎖行, 土針行). 다음으로 금속과 관련된 4개의 行(金箔行, 銅鐵行, 赤線行, 一字銅行), 견직물과 관련된 두 개의 行(帽綾行, 機房土布行), 모자 제조업 두 개의 行(冬帽行, 製帽行), 의복업 두 개의 行(成衣行, 新衣行), 건축과 관련된 두 개의 行(泥水行, 大料行)에서 會館과 堂을 보유하고 있었다. 이상을 통해서도 불산에서 철기 제조업이 점하는 비중이나 철기 수공업주의 단결과 조직화 현상 등을 확인할 수 있다.

〈표 4〉에서 나타나는 또 하나의 특징적 현상은 行會가 업주(東家)의 行과 노동자(西家, 西友)의 行으로 나뉘어 각각 조직되었다는 사실이다. 보통 이를 廣東 지방에서는 東家行, 西家行으로 부르고 있다. 廣州의 견직업 行會인 機行에서도 東家行, 西家行으로 나뉘었는데 東家行은 수공업 점포 주인의 조직이고 西家行은 노동자의 조직이었다.[48] 광주의 打石業者가 세운 石行에서도 東家行과 西家行으로 나뉘어져 있었다.[49] 불산의 경우에는 철기 제조와 관련된 雜鐵行(東家: 日升堂, 西家: 銳成堂), 鐵線行(東家: 同慶堂, 西家: 同志堂), 鐵鑊行(東家: 미상, 西家: 陶全堂會館)에서 東家行, 西家行의 조직이 만들어졌고 그외 견직물업 행회인 帽綾行과 機房土布行, 건축과 관련된 泥水行과 大料行, 신발과 관련된 唐鞋行, 제지업과 관련된

47) 「鼎建佛山炒鐵行會館碑記」 乾隆15年；「乾隆年間佛鎮衆行捐款籌辦某公事殘碑」；「道光九年鼎建帽綾行助工金碑記」；「鼎建帽綾行廟碑」；「光緒二年天后元君古廟碑記」；「佛山淸涌碑記」；「重修軒轅會館碑記」 光緒24年(『佛山資料』, pp.75~76；pp.100~101；pp.139~140；p.140；pp.156~201；pp.210~248；pp.253~254)； 龍廷槐, 『敬學軒文集』 卷2, 「初與邱滋畬書」, p.10앞；道光『佛山忠義鄉志』 卷5, 「鄉俗：會館」, p.36뒤~p.37앞, p.71.；『佛山街里』, 道光10年, 怡文堂 ； 民國『佛山忠義鄉志』 卷6, 「實業 ： 工業」, p.9뒤~p.20뒤, pp.384~390 등을 이용하여 작성.

48) 廣東省文史硏究館 編, 『三元里人民抗英鬪爭史料』, 中華書局, 1978年；「廣州工人參加三元

硃砂年紅染紙行, 단추제조와 관련된 鈕扣行 등 모두 10개 行會에서 東家行과 西家行의 조직화가 이루어졌다. 회관이나 당의 존재 유무는 확실치 않지만 花盆行의 경우 이미 乾隆6년(1741)에 東家와 西家로 구분된 조직이 있었음[50)]을 알 수 있고 興綸西友行, 醬料西友榮德堂[51)]의 단체명이 사료에 등장하는 것으로 보아 해당 업종에서 노동자들의 조직화가 상당히 이루어지고 있었음을 알 수 있다.

이처럼 行會에서 노동자들의 조직인 西家行이 나타나는 것은 노동자의 숫자가 늘어나고 노동자 간의 친목이나 이익을 확보하려는 노동자 의식이 발전한 결과라 할 수 있다. 〈표 4〉에서도 보이듯이 帽綾行의 노동자 수는 1,109인이나 되고, 鐵線行도 1,000여 명, 機房土布行은 2,000여 명, 泥水行은 1,300여 명으로 천 명 이상의 노동자를 보유한 行會가 여럿이나 존재하였다. 〈표 4〉에는 포함되지 않았지만 打銅行은 대소 수십가 점포에 노동자가 2,000여 명에 달하였고,[52)] 鐵釘行은 道光·咸豊時期(1851~1861) 最盛期를 맞이하였는데 工人이 數千명에 이르렀으며,[53)] 書籍行도 전성시기에는 공인이 1,000명을 밑돌지 않았다.[54)] 불산의 대표적 수공업인 철기 제조업의 노동자 수를 추정해 보면 철기 제조업 관련 行會에는 훨씬 많은 노동자가 포함되었음을 알 수 있다. 청초의 인물인 屈大均(1630~1696)에 의하면, "炒鐵(생철을 숙철로 제련하는 과정)하는 점포가 수십이고 노동자가 수천 명이다. 한 점포에 모루[砧] 수십 개가 있는데 모루 하나에 노동자가 10여 명이 달라 붙는다"[55)]고 하였다. 수십을 20으로 낮추어 본다고 해도 하나의 점포에 적어도 200여 명

里抗英鬪爭情況調査記錄: 第三次訪問絲織工人」, pp.184~185.

49) 『三元里人民抗英鬪爭史料』, 「廣州工人參加三元里抗英鬪爭情況調査記錄: 第三次訪問打石工人」, pp.188~189.

50) 「花盆行歷例工價列」, 『佛山資料』, pp.47~60.

51) 「佛山清涌碑記」, 『佛山資料』, pp.211~212.

52) 民國『佛山忠義鄕志』 卷6, 「實業 : 工業」, p.14뒤, p.387.

53) 위의 사료, 卷6, 「實業 : 工業」, p.15뒤, p.387.

54) 위의 사료, 卷6, 「實業 : 工業」, p.19앞, p.389.

55) 屈大均, 『廣東新語』 下 卷15, 「貨語 : 鐵」, 北京 : 中華書局, 1985年 p.410.

의 노동자가 있다는 계산이 나온다. 淸 乾隆15년(1750)에 炒鐵行 會館에 소속된 炒鐵業所가 40여 개[56]라 하므로 건륭년간에 적어도 8,000여 명의 炒鐵 노동자가 있었던 셈이다. 乾隆年間(1736~1795)에는 鑄鐵의 점포가 100여 개 있었다[57] 하는데 鐵器를 주조하는 과정인 鑄鐵은 炒鐵에 비해 일반적으로 규모가 크므로 주철노동자는 최소 2만 명 이상이었다.

이처럼 각 업종마다 노동자의 수가 늘어나고 이에 기초하여 노동자의 독자적 조직이 출현함에 따라 노동자와 手工業主 사이에 갈등과 대립이 나타났으리라 추정할 수 있다. 淸初 蘇州에서 絹織業, 踹布業과 같이 雇工이 많은 업종에서 발생한 고용주와 雇工 사이의 분규[58]를 감안한다면 불산에서도 그러한 대립과 분규가 당연히 존재하였으리라 생각될 것이다. 그러나 실제 상황은 그렇지 않았다. 청대 불산의 노동자가 임금 때문에 고용주와 분쟁을 일으켰다는 기록은 아직 발견되지 않았다.[59] 오히려 수공업 行會의 東家와 西家 사이에 협조와 상호 조정의 사례들이 발견되고 있다. 공동의 회관을 짓기 위해 함께 기금을 모으는 사례가 있는가 하면 行會가 제조한 제품에 대하여 工價를 상호 議定하는 일들이 발견된다. 예컨대 道光9년(1829) 帽綾行의 회관을 건립할 때 192명의 東家가 기금을 내는 외에도 西友 1,109명이 기금을 출연하여 일을 성사시키고 있었다.[60] 光緖24년(1898) 成衣行의 軒轅會館을 重修할 때도 店主 75명과 425명 이상의 노동자가 기금을 공동으로 마련하여 일을 처리하였다. 이때 東家는 점포당 銀2元, 西友는 임금의 10분의 1을 부담하였다.[61] 花盆이나 금붕어 어항, 건축부품을 생

56) 「鼎建佛山炒鐵行會館碑記」 乾隆15年, 『佛山資料』, p.76.

57) 乾隆 『佛山忠義鄕志』 卷6, 「鄕俗志 : 氣候」(『佛山資料』, p.297).

58) 蘇州歷史博物館 等編, 『明淸蘇州工商業碑刻集』에 수록된 비각자료를 분석해 보면 모두 28건의 고용주와 雇工의 분규를 확인할 수 있는데 이 중 15건이 임금 문제에 기인한 것이다. 許滌新 · 吳承明 主編, 『中國資本主義的萌芽』, pp.314~315.

59) 『申報』 光緖7年 8月 30日(彭澤益 主編, 『中國工商行會史料集』 下册, 北京: 中華書局, 1995年, p.702)에는 銅器行 내의 工人 사이에서 분쟁이 발생하였다는 기사를 싣고 있다. 공인과 점포주의 분쟁이 아니라 한 점포 공인과 다른 점포 공인 사이의 분쟁이다.

60) 「道光九年鼎建帽綾行助工金碑記」, 『佛山資料』, pp.139~140.

산하는 花盆行(또는 花盤行)에서는 乾隆6년(1741) 東家와 西家가 '面議' 하여 생산한 제품 337종의 工價를 규정하였다.[62] 다시 甲寅年(1794, 1854?)에 이 규정을 東家와 西家가 상의하여 重修[63]한 후 光緖25년(1899)에도 東家와 西家가 상호 상의하여 재규정하였다.[64] 蘇州의 경우처럼 갈등이나 대립으로 인해 분규를 일으키기 보다 東家와 西家가 상호 협의하여 일을 결정하는 관행은 불산의 특이한 현상이었다. 그러한 관행이 어떤 배경과 과정에서 생겨났는지는 좀 더 고찰해 보아야 할 문제이다.

다음으로는 會館이나 堂이 설립된 시기의 문제이다. 현존하는 사료에 의거하면 가장 이른 것은 金箔行인데 雍正2년(1724)에 金箔寶光堂이 설립되었다. 그리고 唐鞋行이 乾隆8년(1743), 炒鐵行이 乾隆15년(1750), 鑄發行이 乾隆44년(1779), 雜鐵行이 嘉慶6년(1802)에 자신의 회관을 설립하였다. 그리고 나머지 대부분은 道光年間 이후에 會館이나 堂을 건립하였다. 설립년대가 빈칸으로 되어 있는 것들은 대체로 光緖年間(1875~1908)에 설립되었을 것으로 추정된다. 民國『佛山忠義鄕志』가 간행된 民國15년(1926) 시점에서 "製帽行: 從前에는 이 업종에 종사하는 자가 비교적 많았다"[65]라는 방식으로 기록되어 있는데, 여기서 '從前'은 아마도 光緖年間 정도를 의미한다고 생각되기 때문이다. 이를 통해 行會의 조직에 비해서 會館이나 堂의 설립이 비교적 늦은 것을 알 수 있다. 어느 업종에 行會가 조직되었다 해도 그 行會 조직의 會館이나 堂을 설립하기 위해서는 건축비가 필요하고 건축비 마련을 위해서는 조직의 성장이나 발전이 전제되어야 하기 때문일 것이다. 이를 통해 佛山 手工業 行會의 괄목할 만한 성장도 康熙·雍正·乾隆 등 청대 초기나 중기보다는 道光~光緖 등 청대 후반

61) 「重修軒轅會館碑記」 光緖24年(『佛山資料』, pp.253~254).
62) 「花盆行歷例工價列」, 『佛山資料』, pp.47~60.
63) 「花盆行歷例工價列」, 『佛山資料』, pp.60~72. 이때는 제품 303종의 工價를 규정하고 있다.
64) 「陶藝花盤行規」 光緖25年, 『佛山資料』, p.254.
65) 民國『佛山忠義鄕志』 卷6, 「實業 : 工業」, p.10뒤, p.385.

에 이루어졌다고 생각할 수 있다.

會館이나 堂의 소재지를 분석해 보면 祖廟舖에 6개, 潘涌舖에 5개, 豊寧舖에 4개, 社亭舖에 4개, 福德舖에 3개, 大基舖에 2개, 柵下舖에 1개, 汾水舖에 1개, 觀音堂舖에 1개가 있었다. 이 중 豊寧舖, 社亭舖, 柵下舖가 앞에서 본 불산 시가지 구분에서 수공업지구에 속하는데 모두 9개의 會館과 堂이 있었다. 祖廟舖, 潘涌舖, 福德舖, 觀音堂舖가 혼합지구인데 가장 많은 15개의 會館과 堂이 소재해 있었다. 大基舖, 汾水舖는 상업지구인데 3개가 있었다. 수공업 행회의 會館이나 堂은 수공업지구보다도 혼합지구에 더 많이 소재하고 있었음을 알 수 있다.

(3) 手工業 行會의 盛衰

〈표 4〉에는 표시되어 있지 않지만 청말 사회경제의 변화에 따라서 불산의 수공업 行會가 어떠한 변화를 겪었는지 살펴보기로 한다. 우선 행회가 쇠퇴한 경우가 자주 사료에 등장하는데, 가장 두드러진 현상은 서양 상품의 유입으로 쇠퇴한 行會가 적지 않았다는 점이다. 주지하다시피 아편전쟁 이후 중국이 개항되면서 서양과의 무역이 증가되었고 그 결과 서양의 면사, 면포, 철제품, 금속제품 등이 중국으로 몰려 들어왔다. 광동의 경우는 그러한 제품 중에서도 철제품이나 금속제품의 유입이 해당 行會나 업종에 큰 타격을 가하였다. 다음의 사료를 보자.

> 鐵磚行은 生鐵을 熟鐵로 煉成하여 磚形의 형태로 만들어 그것을 鐵器를 주조하는 자에게 판다. 따라서 鐵磚은 佛山의 特産品이어서, 蠕岡銀, 佛山鐵이란 속담조차 나왔다. 鐵磚이 많음을 말한 것이다. 전에는 10餘 家가 있었으나 지금은 洋鐵이 輸入되자 이것을 생업으로 하는 자는 거의 사라졌다.
>
> 鐵線行에서 생산하는 鐵線 역시 불산의 특산물이다. … 전에는 10餘 家가 있었다. … 道光·咸豊시기에 가장 성행하여 노동자는 1,000여 명에 달하였다. 후에 洋線이 수입되자 겨우 몇 家만이 남게 되었다.

> 鐵釘行은 … 道光·咸豊시기에 가장 성행하여 노동자가 많으면 수천 명에 달하였다. 매일 오후 부근 鄕民이 鐵釘을 등에 짊어지고 佛山에 가져와서 炭·鐵과 바꾸어 향촌에 돌아가는 자가 많았다. 이를 替釘者라 불렀는데 길에 끊이지 않았다. 후에 洋釘이 수입되어 裝船用 欖核釘 一種을 제외하고는 나머지는 대부분 洋釘을 사용하니 鐵釘의 제조는 날로 적어졌다.
>
> 土針行에서 생산하는 土針 역시 불산 특산품이다. … 咸豊·同治年間 이전에 가장 성행하여 家數는 약 20~30에 달하였다. … 후에 洋針이 수입되어 판로가 점차 막히고 지금은 겨우 몇 家만 남았다.[66]

洋鐵이나 洋線, 洋釘, 洋針 등 서양에서 제조한 철제품의 유입으로 불산의 철기 제조업 관련 행회가 쇠퇴하는 모습이 여실히 묘사되고 있다. 불산의 가장 중요한 산업인 철기 제조업의 쇠퇴는 불산의 경제를 불경기 상태로 몰아 넣었으리라 생각된다. 그런데 그 시기는 同治年間(1862~1874) 이후 光緖年間에 해당된다고 생각된다. 철기 제조업만이 아니라 佛山의 銅器 제조업도 銅製品의 수입으로 쇠퇴하였다. 一字銅行에는 20여 家의 제조업체가 있었으나 洋銅 수입으로 민국시기에는 10여 家만 남았으며, 銅線行도 불산의 '特有工業'이었으나 洋銅 수입으로 배척되어 겨우 數家만이 남았다[67] 한다. 불산의 '特有工藝'인 打銅行 종사 노동자가 2,000여 명에서 700~800명으로 감소한 것[68]도 洋銅 수입과 무관하지는 않을 것이다.

서양 직물의 수입은 불산의 衣料관련 行會에도 부정적 영향을 미쳤다. 布襪行은 洋布가 수입되자 洋布를 원료로 布襪을 제조하여 일정 정도 발전을 보았다. 그러나 각종 서양식 양말이 수입되자 布襪을 신는 사람이 줄어들어 布襪行 소속 업체 수가 십여 家에서 겨우 몇 家로 감소하였다.[69] 製帽行도 굴곡을 겪었다. 민국 수립 후 服制 改革으로 수요가 줄어든 데다가 서양식

66) 위의 사료, 「實業 : 工業」, p.15뒤, p.387.
67) 위의 사료, 「實業 : 工業」, p.14뒤, p.387.
68) 위의 사료, 「實業 : 工業」, p.14뒤, p.387.
69) 위의 사료, 「實業 : 工業」, p.11뒤, p.385.

모자의 등장으로 소비자를 빼앗겼다. 때문에 판로가 급격히 위축되어 종전의 20여 家 중에서 겨우 몇 家만 살아남았다.[70] 정월 초하루 판매로 성행을 이루던 玩具行도 서양 玩具가 수입됨에 따라 衰落하게 된 行會였다.

行會의 쇠퇴는 주로 서양상품의 수입에 의한 것이었지만 광동당국의 정책이나 風俗의 변화로 쇠퇴한 경우도 있었다. 鐵鑊行은 불산의 特有工業으로 관의 독점권이 보장되고 官에 군수물자를 납품하게 되어 상당한 발전을 보았다. 그러나 光緖14年(1888) 兩廣總督이던 張之洞이 관에 납품하던 것을 중지시키고 行會를 해산시키자 크게 쇠퇴하였다. 종전에는 生産價額이 1년에 30여 만 兩에 달하였으나 그 3분의 1에도 미치지 못하게 되었다. 따라서 土爐가 30餘家에서 10餘家로 감소되고 鍋店도 10餘家에서 數家로 줄어들게 되었다.[71] 鈕扣行은 단추를 제조하는 불산의 저명한 工藝行으로 그 제품은 동북의 牛莊이나 산동의 煙臺로까지 팔려 나갔다. 그러나 사람들이 단추 대신 布結을 즐겨 하게 되자 20餘家나 되던 제조업체가 겨우 數家로 줄어들었다.[72] 대문에 붙이는 神像을 제조하던 門神行도 사람들의 신앙대상이 바뀌고(神權日替), 인쇄방식이 바뀜에 따라 예전만 못하게 되었고,[73] 파초부채를 만드는 葵扇行도 복식이 바뀌면서 사용이 줄어들어 쇠퇴하게 되었다.[74]

반면 청말의 격변의 시기에 오히려 번성하게 된 行會도 나타났다. 이는 생사나 견직물의 대외수출량이 증가함에 따라 발전하게 된 機房土布行, 중국의 제조기술이 서양제품보다 우수한 결과 서양제품의 수입품이 밀려오는 상황 속에서도 경쟁에 승리한 철제품이나 금속제품을 제조하는 行會의 경우였다.

청초 이래 東南亞나 西洋과의 대외무역 과정에서 중국산 생사나 비단이

70) 위의 사료, 「實業 : 工業」, p.10뒤, p.385.
71) 위의 사료, 「實業 : 工業」, p.15앞, p.387.
72) 위의 사료, 「實業 : 工業」, p.14뒤~p.15앞, p.387.
73) 위의 사료, 「實業 : 工業」, p.18뒤, p.389.
74) 위의 사료, 「實業 : 工業」, p.20앞, p.390.

주요 수출상품의 하나였는데, 그 수출량이 증대됨에 따라 江浙産의 생사·비단만이 아니라 廣東産도 수출되기 시작하였다. 그러나 광동산 생사로 짠 견직물은 품질이 열악하여 광동 내에서만 소비될 뿐 省外나 國外로 수출되지는 못하였고, 강소산 생사를 원료로 한 광동비단이 성외나 국외로 수출될 수 있을 뿐이었다. 光緖末年에 이르면 이 같은 상황이 일변한다. 佛山에서는 廣東 順德縣 各鄕에서 생산한 생사를 구매하여 金銀緞, 八絲緞, 充漢府緞, 充貢緞 등 여러 가지 비단을 직조하였는데 그 품질이 우수하여 국내외에서 널리 환영받았다. 廣東內에서 팔리는 것은 2~3할에 불과하고 他省 各地로 2~3할, 外國으로 3~4할이 팔려 나갔다. 이에 따라 機房土布行이 발전하여 소속 제조업체가 大機房 20餘 家, 小機房 60~70家에 달하고 노동자도 2,000여 명이나 되었다.[75] 이는 오랜 製絲業과 絹織業의 기술축적으로 이루어진 결과일 것이다.

불산은 철기 제조업과 금속 가공업의 오랜 기술축적이 있었던 지역이었다. 그 결과 일부 行會는 그 기술수준이 서양제품보다 우수하여 경쟁에 이길 수 있었다. 鐵鍋를 생산하는 鐵鑊行은 불산의 '特有工業'으로 제작기법이 우수해서 다른 지역에서 따라올 수 없었다. 同治年間 외국인이 香港에서 노동자를 모집하여 주조하려고 하였으나 佛山産 제품보다 不良하여 중도에 포기하였다.[76] 금박을 생산하는 金箔行의 상품은 품질이 우수하여 국내만이 아니라 홍콩이나 마카오, 싱가포르, 멜버른, 샌프란시스코에까지 팔려 나갔다. 매년 매출액이 50~60만 元에 달하였다. 銅箔行에 속한 점포에서 만드는 銅箔은 불산에서 제조하는 一字銅을 이용하여 제조하였다. 洋銅의 질이 무르고 쓰기에 적합하지 않았기 때문이다. 이 또한 外洋에 운반되어 팔렸다.[77]

75) 위의 사료, 「實業 : 工業」, p.9뒤, p.384.
76) 위의 사료, 「實業 : 工業」, p.15앞, p.387. 그러나 앞에서 본 것처럼 兩廣總督 張之洞의 정책으로 쇠퇴하게 되었다.
77) 위의 사료, 「實業 : 工業」, p.14앞뒤, p.387.

4. 佛山의 商業 行會·會館과 그 盛衰

(1) 商業 行會

상인들은 상호부조와 정보교환, 친목 등을 위해서 상인조직을 건립하였는데 佛山 역시 예외가 아니었다. 佛山은 명 중엽 이래 전개된 手工業을 토대로 중국 각지나 海外에서 필요로 하는 상품을 제조할 수 있었고, 이러한 상품을 유통시키기 위한 상인이나 상인조직 역시 발전하였다. 清代 佛山에 존재한 상업 行會를 취급상품별, 업종별로 분류하면 〈표 5〉[78]와 같다.

〈표 5〉에 표시된 각종 行은 雍正年間(1723~1735), 乾隆年間, 道光年間, 光緒年間에 걸쳐 존재하였던 것을 모아 놓은 것이므로 시간의 경과에 따라 동일한 行의 이름이 다소 변경된 경우도 있었을 것이다. 도합 134종류로, 불산에서 유통되는 상품이나 업종이 모두 망라되어 있다는 느낌을 준다. 일부 行은 수공업 行會에 포함되었던 것이다. 이는 수공업 行이 동시에 자신이 제조한 상품을 판매하는 기능 즉 상업적 行의 역할도 하였기 때문이었다. 예컨대 鑄發行은 철기를 주조하는 수공업 점포의 조직으로서 수공업 行會(會館: 旣濟堂)가 존재하였고 그 생산물을 판매하는 상인의 조직으로서 상업 行會(會館: 江濟堂)도 조직되었다.[79] 新衣行 역시 의복을 제조하는 수공업 行會[80]의 성격을 띠면서 동시에 의복을 판매하는 상업 行會[81]이기도 하였다.

佛山은 광동성의 省都 廣州 이상으로 상업이 번성한 도시[82]였으므로 이

---

78) 「乾隆年間佛鎭衆行捐款籌辦某公事殘碑」；「光緒二年天后元君古廟碑記」；「佛山淸涌碑記」；(『佛山資料』, pp.100~101；pp.156~201；pp.210~248)；龍廷槐, 『敬學軒文集』 卷2, 「初與邱滋畬書」, p.10앞；『佛山街里』 道光10年, 怡文堂(譚棣華, 앞의 책, pp.226~233)；民國 『佛山忠義鄕志』 卷6, 「實業：商業」, p.21앞~p.27뒤, pp.390~393.

79) 民國『佛山忠義鄕志』 卷6, 「實業：商業」, p.26앞, p.393.

80) 위의 사료, 「實業：工業」, p.11앞, p.385.

81) 위의 사료, 「實業：商業」, p.24뒤, p.392.

82) 羅一星, 「淸代前期嶺南二元中心市場說」, 『廣東社會科學』 1987年 第4期(複印報刊資料編輯部, 複印報刊資料 F7 『經濟史』, 北京：中國人民大學書報資料中心, 1988年 第2期). 또한 拙

처럼 각양각색의 상업 行會가 나타난 것이다. 특히 불산은 유리한 수로교통의 요지에 위치하였으므로 外國에서 廣州로 수입된 상품은 중국 각지로 運送·販賣되기 위해 이곳을 거쳤다. 또한 외국에 수출되기 위해 廣州로 운반되는 중국 내지의 상품도 佛山을 거쳤기 때문에 불산에서 유통되는 상품이 특히 많았다. 이에 따라 이러한 유통상품을 취급하는 수많은 상업 行會를 보유하게 되었던 것이다. 수입상품을 취급하는 西貨行이나 洋貨行, 수입 면화·면사를 취급하는 花紗行,[83] 수출상품인 견직물, 차, 남경포, 도자기, 설탕, 金箔 등을 취급하는 綢緞棉花行, 茶紙行, 京布行, 磁器行, 白糖行, 金箔行은 바로 대외무역과 관련하여 발전을 보았던 상업 行會였다.

대외무역만이 아니라 국내 각 지역과의 상품유통에 의해서도 불산의 상업은 발전하였다. 광동성 내의 산물뿐만 아니라 국내 다른 省에서 유입된 상품도 많았고 다른 지역으로 유출되는 상품도 많았다. 따라서 그러한 상품을 취급하는 行會도 다수 존재하였다. 예컨대 광동 嘉應州 興寧縣에서 생산되어 불산으로 유입된 면포는 興寧布幇에서 취급하였으며, 羅定에서 생산되어 불산에 유입된 香粉[84]은 香粉香竹行에서 취급하였을 것이다. 廣西, 四川, 山西, 陝西 등지에서 불산으로 들여온 약재는 藥材行에서 취급하였고, 吉林, 寧古塔 등지에서 들여온 인삼과 녹용은 參茸行에서 취급하였다.[85]

稿, 「淸代 佛山의 手工業·商業 발전과 市鎭의 擴大」, 『東洋史學硏究』 第69輯, 2000年, pp.138~141 참고.

83) 民國『佛山忠義鄕志』 卷6, 「實業 : 商業」, p.24앞, p.392.

84) 佚名, 『南海鄕土志』, 光緖34年 抄本(孫中山文獻館 소장) 卷14, 「物産」, p.6앞.

85) 民國『佛山忠義鄕志』 卷6, 「實業 : 商業」, p.24앞, p.392.

〈표 5〉 淸代 佛山의 취급상품별 · 업종별 行會

취급 상품 · 업종	行會 명칭
철기 제품	生鐵行 · 鐵鍋剛濟堂 · 鐵器行 · 鑄發行 · 新釘行
금속 제품	金箔寶光堂 · 金絲行 · 銅線行 · 銅葉行 · 銅行 · 銅器行 · 錫箔元興祖會 · 錫薄行 · 錫行
견직물 · 면직물	綢緞棉花行 · 布行 · 京布行 · 花紗行 · 興寧布幇
의복 · 의복부착물	成衣行 · 麗衮金銀鈕行 · 鑿花鈕行 · 花鈕行
모자 · 양말 · 신발	秋帽祖會 · 秋帽行 · 冬帽祖會 · 綿襪行 · 屐行
衣料 원료	麻行 · 麻行棧房 · 靑麻行 · 綢緞棉花行 · 苧麻行
염색 및 염료	硃砂年紅行 · 靛行 · 靑靛行 · 至寶生色行 · 至寶聯興生色行 · 知色堂 · 彩生聯行 · 南洋染料行 · 土靛木膏行
곡식과 채소	米行 · 豆行 · 七市糙米行 · 村尾新菜市
가공식품	糖行 · 白糖行 · 百歲社餠行 · 酒餠行 · 油行 · 油豆行 · 麵行
가축	金猪行 · 四沙宰猪行 · 豬欄行
과일과	乾果 京果行 · 果乾行 · 檳榔行 · 枝圓行
해산물	鮮魚行 · 海味行 · 食鹽行
기호품 · 오락용품	敬業酒行 · 煙葉行 · 煙行 · 酒餠行 · 酒行敬業堂 · 茶紙行 · 菸葉行 · 福建條絲行 · 爆竹行
도자기	磁器行 · 缸瓦行
건축자재	泥水榮盛堂 · 履昌石行 · 石行永慶堂 · 磚窯合德堂
목재 및 대나무	木幇安順堂 · 木行 · 集木行 · 靑竹行 · 香竹行
비료	糞草行 · 田料行
종이류	攬磨紙行 · 福建紙行 · 蓮峰紙行 · 黃白紙行 · 抄紙首成行 · 南北紙行
약재	參藥行 · 蔘茸行 · 藥材行
연료 · 부싯돌	格柴行 · 大炭行 · 美薪柴行 · 柴排行 · 柴行 · 柴欄行 · 五柱柴行 · 聚慶炭行 · 炭行 · 火水行 · 火石行
수입상품	西貨行 · 花梨西貨怡思堂 · 洋貨行
종교 · 장례용품	元寶行合盛堂 · 神香行
귀금속 · 보석	銀器行 · 至寶玉成行 · 至寶祖社 · 玉器行
상품포장	板箱同善堂 · 板箱 枅斗行 · 板箱行
상품유통 · 교통업	浮貨行 · 五斗總埠 · 平碼行 · 渡船行 · 挑夫行
금융업 · 숙박업	按押行 · 錢行 · 旅館行 · 歇客行
노동력공급 · 서비스업	包頭行 · 包辦行 · 鬜髮行
기타 상품	鼓樂樂興堂 · 硝務公愼堂 · 鋒貨行 · 南北雜貨行 · 香粉香竹行

일반 상품을 유통시키는 상인조직으로서의 行會 이외에도 상품유통을 보조하기 위한 포장업, 금융업, 숙박업, 교통업과 관련된 行會도 존재하였다는 것이 불산 상업 行會의 특징이었다. 〈표 5〉에 보이는 板箱同善堂 · 板箱椤斗行 · 板箱行은 상품포장에 종사하는 行會였고, 按押行 · 錢行은 상인이나 수공업자에게 금융상의 편의를 제공하는 行會였으며, 旅館行 · 歇客行은 숙박업과 관련된 行會였고, 五斗總埠 · 平碼行 · 渡船行 · 挑夫行은 교통 · 운수관련 行會였다.

불산에서는 이상에서 제시한 몇 가지 요인 즉 상업 行會와 수공업 行會의 중복 설치, 대외무역과 관련된 상업 行會의 존재, 국내 각지와의 상품유통 및 이러한 유통을 보조하기 위한 여러 업종의 존재 등의 이유로 상업 행회의 종류 수가 수공업 행회의 種類數보다 훨씬 많았음을 알 수 있다.

(2) 商業 會館과 地緣性 會館

이러한 상업 行會 중에서 자신들의 會館이나 堂을 가진 경우는 얼마나 되었을까? 상인들의 會館이나 堂은 두 가지로 분류할 수 있다. 하나는 취급상품이나 업종별로 조직한 行會의 會館이나 堂이고, 다른 하나는 같은 지방출신의 상인이 모여 조직한 會館이다. 〈표 6〉은 청대 불산에 존재한 같은 업종, 같은 상품을 취급하는 상인의 會館과 堂을 도표화한 것이고, 〈표 7〉은 같은 지방 출신의 상인회관을 정리한 것이다.[86]

〈표 6〉은 모두 25개의 같은 업종의 商業(서비스업 포함) 行會가 會館이

86) 〈표 6〉과 〈표 7〉은 다음의 자료를 이용하여 작성하였다. 「參藥行碑記」 乾隆32年 ; 「乾隆年間佛鎮衆行捐款籌辦某公事殘碑」 ; 「重修山陝會館捐簽碑」 道光元年 ; 「重修山陝會館福地碑記」 道光三十年 ; 「光緒二年天后元君古廟碑記」 ; 「佛山淸涌碑記」 ; 「重修軒轅會館碑記」, 光緒24年(『佛山資料』, pp.79~80 ; pp.100~101 ; pp.126~127 ; pp.144~153 ; pp.156~201 ; pp.210~248 ; pp.253~254) ; 龍廷槐, 『敬學軒文集』 卷2, 「初與邱滋畬書」, p.10앞 ; 道光『佛山忠義鄕志』 卷5, 「鄕俗 : 會館」, p.36뒤~p.37앞, p.71 ; 『佛山街里』 道光10年, 怡文堂 ; 民國『佛山忠義鄕志』 卷6, 「實業 : 工業」, p.9뒤~p.20뒤, pp.384~390.

나 堂을 보유하고 있었음을 보여준다.[87] 그 업종을 정리해 보면 藥材 관련 行會 4개, 織物 및 衣服 行會 4개, 서비스업 종류 행회 4개, 染料 및 顔料 행회 3개, 鐵製品 행회 2개, 과일 및 식품 행회 2개, 종이, 목재, 수입품, 장식품, 전당포, 상품도매업 등이 각각 1개씩이다. 수공업 행회에 비해 비교적 다양한 업종에서 행회가 발전하여 會館이나 堂을 설치하고 있었음을 알 수 있다. 그것은 원래 상업 행회 종류가 다양한 때문이리라. 그러나 수공업 행회 중 33개가 會館이나 堂을 보유하고 있었던 것에 비하면 상대적으로 적은 편이다. 이 점에서도 불산은 수공업 도시로서의 면모를 보여주고 있었다고 할 수 있겠다.

상업분야는 수공업에 비해 각 점포에 종사하는 노동자 또는 점원의 숫자가 일반적으로 적다. 따라서 수공업에 비해서 노동자만의 조직인 西家行이 별로 눈에 띄지 않는다. 유일하게 杉行에서만 東家의 회관인 集慶堂會館, 西友의 堂인 樂成堂이 나타날 뿐이다. 따라서 상업 행회의 會館이나 堂은 상점 점포주들의 친목과 정보교환, 상호부조를 위주로 한 조직이었음을 알 수 있다.

회관이나 당의 설립시기는 수공업 행회와 유사한 행태를 보인다. 가장 이른 것이 雍正11년(1733) 설립된 福建紙行의 蓮峰會館이다. 건륭년간에 두 개(參藥行과 鑄發行), 嘉慶年間에 하나(新釘行), 그리고 나머지는 대개 道光年間 이후에 설립된 것들이다. 수공업행회의 경우와 마찬가지로 설립년대가 빈칸으로 되어 있는 경우는 대체로 光緖年間으로 추정되는 것들이다. 그렇다면 수공업 행회의 경우처럼 상업 행회 중 會館이나 堂이 설립된 시기는 道光~光緖年間으로 추정된다. 이를 통해 불산에서 상업 행회의 괄목할 만한 성장은 康熙 · 雍正 · 乾隆 등 청대 초기나 중기보다는 道光~光緖 등 청대 후반에 이루어졌다고 볼 수 있다.

87) 이 중 福建紙行과 潮藍行(廣東 潮州府)은 같은 업종에 종사하는 상인 중에서 같은 지방출신의 상인이 조직한 行會이다.

〈표 6〉 清代 佛山 商業行會(會館 · 堂 보유)

行會名	會館 · 堂名	會館設立年	店鋪數	會館 所在地	기타
福建紙行	蓮峰會館	雍正11年		汾水舖 長興街	福建長汀, 連城兩縣衆紙商建
參藥行	參藥行會館	乾隆32年	27개소	富文舖 三界	豆豉巷二十餘肆
鑄發行	江濟堂會館	乾隆44年		潘涌舖 快子上街	수공업행회와 겸함
新釘行	金玉堂會館	嘉慶年間	十餘家	豐寧舖 新安街	
藥材行	藥材會館	道光10年 以前	五十餘家	汾水舖 畸畛街	分生藥, 熟藥兩行
熟藥行	壽世祖安堂		四十餘家		
杉行	集慶堂會館(東家)		道光10年 以前	上沙口	
	樂成堂(西家)				
檳榔行	篩擇檳榔行會館	道光10年 以前	十餘家	富文舖 直義街	故亦稱篩擇行
西貨行	西貨行會館	道光10年 以前		富文舖 昇平街	
金絲行	金絲行會館	道光10年 以前		潘涌舖 快子上街	
戲幇	瓊花會館	道光10年 以前		大基尾	
潮藍行	潮藍行會館	道光10年		汾水舖 東慶街	
當行	當行會館	道光10年		祖廟舖 祖廟大街	
道巫行	道巫行會館	道光17年		祖廟舖 新華里	
鼓樂行	鼓樂行會館	咸豊9年		祖廟舖 協天勝里	
肩輿行	肩輿行會館	光緒7年		山紫舖 中正里	
京布行	樂和會館	光緒16年 重修	百四五家	汾水舖 汾流街	
平碼行	光裕堂		數家		상품판매대행업
西土藥材行	靖安堂		數家		北勝街等處
油荳行	油荳行會館		十餘家	汾水舖 永興街	祀關帝
綢緞行	闡義會館		大小五十餘家	汾水舖 汾流街	零翦店多在公正市, 發行店多在富文里, 北勝街等處
新衣行	福勝堂		二十餘家	豐寧舖 豐勝街	수공업행회 新衣行 존재
紗紙顔料行	源順堂會館		約數家	汾水舖 排草街	
苧麻行	昭遠堂				大者:麻行, 小者: 麻店
靑靛行	同福堂		十餘家		

行會의 규모를 검토해 보면 104~105개의 상점이 참여한 京布行이 있는가 하면 數家에 불과한 西土藥材行도 있을 정도로 그 편차가 컸다. 藥材業은 불산에서도 중요한 업종의 하나였을 것으로 생각되는데 會館이나 堂이 4개나 존재하였고 소속된 점포 수도 비교적 많았다. 藥材行이 50餘 家, 熟藥行이 40여 家, 參藥行이 27家, 西土藥材行이 數家에 달하였다. 약재업은 소속 점포 수도 많은 편이지만 점포 각각의 경제력도 일반적으로 컸던 것 같다. 乾隆32년(1767) 參藥行 회관을 짓기 위해 行會소속 점포로부터 기부금을 받았는데 保濟堂이 213兩 2錢을, 茂生堂이 201兩을 기부하였고, 100兩 이상 기부한 점포만 해도 전체 27개 점포 중 17개에 달하였다.[88] 이를 통해 參藥行에 속한 각각의 약재상의 규모가 비교적 컸음을 알 수 있다. 杉나무 등 목재판매를 담당하는 杉行도 50~60家가 있었을 정도로 비교적 큰 行會에 속하였다. 불산에서는 견직물 생산과 판매가 활발한 만큼 綢緞行도 비교적 규모가 큰 행회로 약 50餘家가 소속되었다.

商業 會館의 소재지를 보면 汾水舖에 7개, 富文舖에 3개, 祖廟舖에 3개, 潘涌舖에 2개, 豊寧舖에 2개, 山紫舖에 1개가 있었다. 불산의 상업지구인 汾水舖, 富文舖에 도합 10개, 혼합지구에 5개, 수공업지구에 3개가 분포한 셈이다. 그렇다면 商業 會館의 소재지는 상업지구에 주로 분포하고 있었다고 하겠다.

이상에서 業種別 商業 行會와 그 會館에 대해 살펴보았는데 불산에서는 다른 市鎭과 마찬가지로 같은 지역 출신 상인의 회관도 조직되었다. 〈표 7〉은 불산에 소재한 地緣性 會館을 정리해 본 것이다.

88) 乾隆32年, 「參藥行碑記」, 『佛山資料』 pp.79~80.

〈표 7〉 淸代 佛山 所在 地緣性 會館

行會名	會館	會館設立年	店鋪數	會館 所在地	기타
	流源會館	乾隆年間		汾水舖	
潮藍行	潮藍行會館	道光10年		汾水舖 東慶街	潮州府
	源流會館	道光10年		祖廟舖 祖廟大街	
	南邑道祖廟	道光11年 以前		祖廟舖 城門頭橋外	
戲幇	瓊花會館	道光11年 以前		大基尾	
	懷陽會館	1876年 以前			懷集, 陽山
福建紙行	蓮峰會館	雍正11年		汾水舖 長興街	福建 長汀, 連城 兩縣衆紙商建
	山陝會館	乾隆45年	191家	汾水舖 升平街	山西, 陝西
	楚北會館	道光10年		潘涌舖 青雲街	湖北
	江西會館	道光10年		富文舖 豆豉巷	
	山陝福地會館	道光10年	209家	祖廟舖 西邊頭	山西,陝西
	楚南會館	道光11年 以前		富文舖 昇平街	湖南

地緣性 會館은 크게 보아 廣東出身의 상인이 건립한 회관과 他省 출신 상인이 조직한 회관으로 양분할 수 있다. 流源會館, 源流會館에 대해서는 명칭 이외에 다른 기록이 없으므로 자세히는 알 수 없으나 명칭으로 보아 불산에 거주하는 土着 商人들의 회관이었을 것으로 추정된다. 시기에 따라 명칭과 장소를 바꾸면서 회관을 건립한 것일 수도 있고 불산 상인 사이의 의견차이로 다른 장소에 다른 명칭으로 새로이 회관을 세웠을 수도 있을 것이다. 潮藍行會館은 염료인 藍을 취급하는 潮州府 출신 상인들의 조직으로 판단된다. 佛山은 행정구역상 南海縣에 소속되어 있었는데 南海縣을 南邑으로 부르기도 하였으므로[89] 南邑道祖廟는 불산을 포함한 南海縣 상인들의 조직으로 보인다. 명청시기 불산진 祖廟舖에 위치한 祖廟는 佛山 住民의 信仰의 중심지였으므로 그 祖廟를 중심으로 불산이나 남해현

89) 『申報』 光緖7年 8月 30日(彭澤益 主編, 『中國工商行會史料集』 下册, 北京: 中華書局, 1995年, p.702)에서는 南海縣 知縣 徐某를 南邑尊徐明府이라 칭하고 있다.

상인이 집회하기도 수월하였을 것이다. 瓊花會館은 廣東 演劇인 粵劇 공연자들의 회관으로 이미 明 萬曆年間에 粵劇 戱班의 行會가 조직되었다고 한다.[90] 懷陽會館은 廣西 梧州府 懷集縣과 廣東 連州直隸州 陽山縣 상인들의 회관으로 추정된다. 懷集縣은 廣東 肇慶府와 접해 있을 뿐 아니라 광동쪽으로 돌출해 있는 지역이므로 광동과 종래 왕래가 많았고 중화인민공화국 이후(1952) 광동성으로 이적되었다.[91] 광동 출신 상인이 조직한 會館의 특징은 潮州府 등 府 단위로 성립되거나 南海縣, 陽山縣, 懷集縣 등 縣 단위로 성립되어 보다 세분된 지역단위로 건립되었다는 점이다.

他省 출신 상인들의 회관은 〈표 7〉에서 보듯이 福建, 湖南, 湖北, 山西, 陝西, 江西 等省의 상인들에 의하여 건립되었다. 이 중 山西와 陝西省 출신 상인에 의해 건립된 會館은 乾隆45년(1780)에 세워진 山陝會館과 道光10년에 세워진 山陝福地會館 두 곳이 있는데 각기 191家, 209家가 참여하고 있었다. 특히 후자는 회관을 重修하기 위해 4,567兩餘를 모금하였다. 상인의 숫자나 모금액수로 보아 山西商人과 陝西商人의 세력이 결코 약소하지 않았음을 알 수 있다. 그런데 주목할 것은 山西나 陝西商人이 불산에서 활동하는 他省 상인의 대표적 세력은 아니었다는 점이다. 물론 他省 商人의 규모나 세력을 정확히 알 수는 없지만 간접적으로 추정할 수 있는 자료가 있다. 1876년 天后元君古廟를 重修하기 위해 모금하였는데, 이때 기부한 상인이나 단체의 명단 중 상호 앞에 他省 명칭이 병기된 사례는 49건이다. 그중 福建이 21건, 江西 8, 湖南 6, 江蘇 4, 廣西 3, 雲南 3, 浙江 · 河南 · 陝甘 · 湖北 각 1건이다.[92] 陝西商人은 1명만 보일 뿐이고 山西商人은 보이지 않으며, 이 자료로 볼 때 타성상인으로 기부한 상인 중에서

90) 戱班의 行會는 火災를 두려워하였으므로 火神인 '華光'을 祖師로 제사지냈다고 한다. 전설에 의하면 옥황상제는 華光에게 '瓊花之宴'을 베풀어 주었기에 회관의 명칭은 이에 비롯하였다고 한다. 『廣東省佛山市地名志』, 廣東科技出版社, 1991年, p.362.

91) 『廣東省地圖册』, 廣東省地圖出版社, 1989年, p.213.

92) 「光緖二年天后元君古廟碑記」, 『佛山資料』, pp.156~201.

복건출신 상인이 가장 많았음을 알 수 있다. 福建商人은 〈표 7〉에 보이는 것처럼 蓮峰會館(福建紙行)을 건립한 이외에도 살담배(條絲煙)를 취급하는 福建條絲行을 조직하였으며[93] 20家의 복건상인이 汾水舖 福寧街에서 집단적으로 점포를 개설하고 있었다.[94] 이런 점들을 통해 불산 내에서 他省商人으로는 福建 상인이 가장 많았으리라 추정된다. 또한 江西商人도 적지 않았을 것으로 보인다. 同治12년(1873)의 「禪鎭江西義莊官示抄刻碑記」[95]에는 "저의 고향 江西 사람으로서 광동에 客商으로 와서 생계를 도모하는 자는 그 수가 많습니다. 허리춤에 萬貫의 돈을 차고 와서 금의환향하는 자가 결코 적지 않습니다."라고 기록되어 있다. 이러한 기록을 통해 江西商人으로서 불산에서 활동하는 자가 적지 않았음을 알 수 있다. 그런데 佛山에서 교역하던 江西商人 중에서 불행히도 客死하는 자가 나오게 되자 이들을 위해 강서인들은 시신을 가매장하는 葬地로 義莊과 義塚을 건립하였다.[96]

불산 소재 地緣性 會館들의 건립연대는 대체로 道光年間이거나 그 이전 시기이다. 업종별 회관에 비해서 대체로 좀 더 이른 시기에 건립되었다. 商業이나 商人組織의 발전과정 중에 아직 취급상품의 전문화 · 분업화가 나타나기 이전에는 우선 同鄕商人에 의한 조직이 먼저 이루어지고, 상품유통의 전문화나 분업화가 진전됨에 따라 취급상품별, 업종별 상인들의 행회나 회관이 건립되었음을 알 수 있다. 또 그것이 자연스런 상업의 발전과정이었다고 할 수 있다.

地緣性 商人會館의 소재지를 보면 汾水舖에 4개, 富文舖에 2개, 祖廟舖에 3개, 潘涌舖에 1개가 있다. 제2절에서 분류해 보았던 시가지 종류의 하나인 상업지구에 6개, 혼합지구에 4개가 존재한 셈이다. 地緣性 商人會館

93) 民國『佛山忠義鄕志』卷6, 「實業 : 商業」, p.26앞, p.393.
94) 「光緒二年天后元君古廟碑記」, 『佛山資料』, pp.166~167.
95) 『佛山資料』, pp.154~155.
96) 「禪鎭江西義莊官示抄刻碑記」, 『佛山資料』, pp.154~155.

의 소재지 역시 상업지구에 주로 분포하고 있었음을 알 수 있다.

(3) 商業 行會의 盛衰와 商人의 社會的 地位

청말 사회경제의 변화에 따라서 불산 상업 行會도 흥망성쇠의 변천을 겪었다. 수공업 行會와 마찬가지로 쇠퇴한 행회가 있는가 하면 발전을 보인 행회도 있었다. 쇠퇴한 경우에는 여러 이유가 있겠지만 우선 서양상품의 수입에 의해서 타격을 받았다는 점을 꼽을 수 있다. 福建紙行은 福建汀州 山場에서 생산된 종이를 불산으로 운반하여 각지에 팔아왔는데 洋紙의 수입으로 판로가 점차 위축되어 상점이 8家에 불과하게 되었다.[97] 鐵釘을 판매하는 新釘行의 점포가 光緖年間에 十餘 家이던 것이 6家로 감소한 것[98]은 洋釘의 수입으로 불산에서 생산하는 鐵釘에 대한 수요가 감퇴하였기 때문이었을 것이다. 이처럼 서양상품의 수입으로 인하여 전통적 중국 토산품에 대한 수요가 줄어들어 해당상품 行會가 쇠퇴한 사례는 이외에도 洋麵의 수입으로 土麵의 판매가 쇠퇴한 麵行,[99] 서양 염료의 유행으로 붕괴된 土靛木膏行[100] 등이 있다.

또한 부싯돌을 취급하던 火石行은 성냥이 출현함으로써[101] 더 이상 존재이유를 상실하였고, 檳榔行은 釐金의 부담이 무거워 香港으로 점포들이 옮겨갔기 때문에 쇠퇴하였다.[102] 南北紙行은 종래 수운을 통하여 불산으로 먼저 종이가 운반되어 왔기에 번영하였으나 새로운 교통수단인 철로가

97) 民國『佛山忠義鄕志』卷6, 「實業 : 商業」, p.25뒤, p.392.

98) 위의 사료, 「實業 : 商業」, p.22앞, p.391.

99) 위의 사료, 「實業 : 商業」, p.23뒤, p.391.

100) 위의 사료, 「實業 : 商業」, p.26뒤, p.393. "土靛木膏行: 土靛前有四五家, 今無存"이라 한다. 서양염료 수입에 의해 土靛 판매가 축소되었다는 지적은 없으나 서양염료를 취급하는 南洋染料行이 10여 家에 달하였다(같은 사료, 「實業 : 商業」, p.25앞, p.392)는 점을 보면 土靛의 쇠퇴는 서양 염료의 수입에 기인한 것이라 생각된다.

101) 위의 사료, 「實業 : 商業」, p.19뒤, p.389.

102) 위의 사료, 「實業 : 商業」, p.24앞, p.392.

놓여짐에 따라 점포들이 철로를 이용할 수 있는 廣州로 이주하는 바람에 점포 수가 급감하였다.[103] 광서년간에는 苧麻行에 종사하는 상인은 자못 이익을 올렸지만 麻의 수입이 廣州로 집중되었기에 불산의 영업은 종전만 못하게 되었다.[104]

한편 서양상품의 수입으로 인한 위기상황임에도 계속 行會의 수준을 유지해 나간 경우도 있었다. 전통적인 염료상인의 조직인 青靛行은 洋靛의 수입이 계속됨에도 불구하고 土靛의 품질이 洋靛보다 우수하였으므로 쇠퇴를 면할 수 있었다.[105] 청말에 서양상품의 대표격인 洋布가 범람하였다는 것은 주지의 사실이다. 이는 광동지역도 마찬가지 상황이었다고 생각되지만 의외로 불산의 京布行은 洋布에 대해 일정한 경쟁력을 갖추고 있었던 것 같다. 京布行은 주로 南京이나 蘇州, 松江産 棉布를 취급하였지만, 江西布나 광동 興寧, 불산 近郊 등의 土布도 취급하고 있었는데 1920년대까지도 아직 쇠퇴의 기미를 보이지 않았다. 점포의 숫자가 104~105개였다[106]는 점이 이를 보여준다. 광동산 설탕을 취급하였던 白糖行도 洋糖 수입이라는 상황 속에서도 여전히 쇠퇴하는 기색이 없었다.[107]

일부 行會는 서양상품의 유입이란 상황 속에서 변신을 기도함으로써 행회 자체의 번영을 계속 유지하기도 하였다. 종래 견직물을 주로 취급하던 綢緞行은 서양에서 수입된 '絨毯氈羽之屬'도 취급함으로써 국내산 직물과 수입 직물을 모두 경영하였다. 그 결과 청말에 50餘家가 활동하고 있었다.[108] 南洋染料行은 外洋에서 수입된 염료와 운남산 염료를 함께 취급함으로써 계속 유지되어 갈 수 있었다.[109]

103) 위의 사료, 「實業 : 商業」, p.25뒤, p.392.
104) 위의 사료, 「實業 : 商業」, p.22뒤, p.391.
105) 위의 사료, 「實業 : 商業」, p.24뒤, p.392.
106) 위의 사료, 「實業 : 商業」, p.24뒤, p.392.
107) 위의 사료, 「實業 : 商業」, p.23뒤, p.391.
108) 위의 사료, 「實業 : 商業」, p.24뒤, p.392.
109) 위의 사료, 「實業 : 商業」, p.25앞, p.392.

한편 서양상품의 수입으로 行會가 발전하게 된 업종도 있었다. 물론 서양상품을 취급하는 상점으로 이루어진 行會였다. 석유를 취급하는 火水行의 경우, 동치 말년 이래 석유가 수입되고 사용자가 날로 늘어나면서 석유를 취급하는 상점도 늘어나고 행회도 이에 따라 발전하였다.[110] 이러한 사정은 洋紙를 취급하던 洋紙行, 수입 면화나 면사를 취급하였던 花紗行, 서양의 잡화를 취급하던 洋貨行의 경우도 마찬가지였다.[111]

상업의 발전과 상인세력의 확대는 필연적으로 상인들의 사회적 지위를 향상시키기 마련이다. 清代 佛山에서는 "儒를 버리고 상업에 종사하는(棄儒而商)" 풍조가 확산되었는데[112] 상업을 통한 理財가 과거에 의한 출세보다 용이하고 또한 유리하다고 판단되었기 때문이었을 것이다. 예컨대 佛山의 鹽商 梁玉成은 집안이 넉넉한 편이었으나 儒業을 버리고 상업에 종사하였다.[113] 상업을 통해 축재한 가문에서 자제를 교육시켜 신사나 관리로 立身揚名케 하는 것은 중국의 일반적 현상이었는데 불산도 예외는 아니었다. 清代 佛山의 吳氏는 鹽商으로 집안을 일으켜 부호가 되었다. 乾隆年間 鹽總商 吳濟運은 아들 吳榮光을 열심히 교육시킨 결과, 嘉慶4년(1799) 吳榮光은 進士가 되었으며 도광년간에는 점차 승진하여 湖南巡撫가 되었다. 吳氏는 당시 불산에서 가장 명망있는 가문으로 성장하였다.[114] 梁玉成은 과거를 포기하고 鹽商이 되어 수년 만에 거만의 부를 쌓았다. 梁玉成은 재산을 이룬 후 두 동생에게 재산을 나누어 주었으며 동생 梁藹如를 학업에 전념케 함으로써, 梁藹如는 과거에 합격하여 進士가 되었다.[115] 한편 관리가 되거나 퇴직한 후 상업이나 고리대에 관여하여 재부를 축적하는 것도 일반

110) 위의 사료, 「實業 : 商業」, p.25뒤, p.392.

111) 위의 사료, 「實業 : 商業」, p.24앞, p.25뒤, p.26앞, pp.392~393.

112) 蔣祖緣, 「清代佛山的商業和商人」, 『明清廣東社會經濟研究』(廣東歷史學會 編, 廣東人民出版社, 1987年), p.18.

113) 民國『佛山忠義鄉志』 卷14, 「人物六 : 義行」, p.27앞뒤, p.590.

114) 羅一星, 『明清佛山經濟發展與社會變遷』, pp.314~317 참조.

115) 民國『佛山忠義鄉志』 卷14, 「人物六 : 義行」, p.27앞뒤, p.590.

적 현상 중 하나였다. 嘉慶年間에 山東鹽運司를 지낸 李可瓊은 佛山으로 퇴거한 후에 高利貸를 경영하여 불산의 '晋豐', 廣州의 '安盛' 등 銀鋪에서 대량의 출자금을 점유하였다.[116] 佛山의 參藥店은 자본이 자못 雄厚한 약재점이었다. 道光20년(1840)에 『重修參葯會館碑記』 중에 기록된 6명의 발기자 중 3명이 南海縣의 主簿로 있으면서 각각 福裕堂, 大德堂, 萬春堂 등 3 家의 參藥店을 개설한 店主였다.[117]

이러한 현상은 상인에 대한 일반인의 의식을 바꾸게 하는 하나의 요인이 되었다고 생각한다. 儒者가 과거를 포기하고 상인의 길로 나아가는 풍조가 만연될 때 일반인들은 상업의 길이 비천한 직업이라고 더 이상 여기지 않게 될 것이다. 또한 현재 紳士나 官僚로 입신한 사람의 부모형제가 상인이라는 상황은 역시 일반인들이 상인에 대해 종전과 같이 비하하거나 천시하지 않게 했을 것이다. 현직 또는 퇴직 관료가 직접 상업이나 고리대에 관여할 때에는 더더욱 그러했을 것이다.

청말 불산에서 가장 사회적 지위가 높은 계층은 관료나 신사였다. 그리고 불산의 公的인 사업을 처리하고 결정하는 것은 그러한 전직관료나 신사들에 의해 조직된 大魁堂이었다. 大魁堂은 본래 崇正社學의 한 건축물 이름이지만 이곳이 佛山 紳士들의 집결지가 되면서 불산의 중요한 사업 예컨대 義倉의 건설과 운영, 佛山涌의 준설사업인 淸涌 등의 일을 주도적으로 계획하고 처리하는 기구가 되었다. 大魁堂의 실무를 담당하는 値事는 紳士들이 公選하였는데 이에 충당되는 사람은 功名의 高下보다는 업무에 대한 성실성과 능력을 보았다.[118] 嘉慶 이후 상인으로서 大魁堂의 値事를 맡게 되는 경우가 점차 늘어났다. 大魁堂의 주도하에 佛山 24鋪에서 3인의 義倉値事를 추대하는데 그중 1명은 殷實한 行店에서 맡는다는 규정

116) 羅一星, 「試論明淸時期的佛山商人資本」, 『廣東社會科學』 1985年 第3期, F7 『經濟史』 1986年 第2期, p.95.

117) 蔣祖緣, 「淸代佛山的商業和商人」, p.18.

118) 羅一星, 앞의 책, pp.362~370.

이 嘉慶17년(1812) 마련되었다.[119] 光緖9년(1883) 불산에서 河涌의 준설 즉 淸涌을 추진하면서 淸涌値事를 선정하였는데 紳士가 26명, 行店은 무려 430개, 상인단체 5개, 冶鐵爐(점포명) 33개에 달하였다.[120] 行店은 商號로 표기되고 있는데 상점이름 아니면 수공업 점포 명일 것이다. 하여간 상공업에 종사하는 상인이나 수공업주가 대량으로 値事로 선임되고 있음을 볼 수 있다. 이는 그만큼 청말 불산에서 상인이나 수공업주 등 경제인의 사회적 지위가 상승하고 있었다는 표지였다.

이러한 상인이나 수공업주의 사회적 지위 상승에 수반하여 당시 사람들의 인식도 일정한 변화를 보이게 되고 그러한 인식의 변화는 宗族의 家訓에도 반영되었다. 宣統2년(1910) 간행된 『嶺南冼氏宗譜』의 家訓은 이러한 점을 잘 보여 주고 있다.

> 本業에 힘쓰라 : 천하의 民에는 각기 본업이 있다. 바로 士農工商이다. 士는 학업에 힘쓰면 작위와 봉록을 얻을 수 있고, 農은 田畝(농사)에 힘쓰면 농작물의 수확을 거둘 수 있으며, 工은 기술익히기에 힘쓰면 衣食과 바꿀 수 있고, 商이 교역에 힘쓰면 재화를 축적할 수 있다. 이 네 가지는 모두 인생의 本業이며 만일 그 하나라도 잘할 수 있다면 위로는 부모를 섬기고 아래로는 처자를 부양하여 평생의 일을 무사히 마칠 수 있다.[121]

이는 일종의 四民皆本論이라 할 수 있다. 佛山에서 商工人의 사회적 지위가 상승하면서 商工業에 대한 인식 또한 변화하였음을 보여 준다고 하겠다.

119) 「佛鎭義倉總錄」 卷1, p.38.

120) 「佛山淸涌碑記」 光緖9年, 『佛山資料』, pp.202~208.

121) 冼寶翰 總纂, 『嶺南冼氏宗譜』 宣統2年(1910) 刻本(卷五之一 「藝文譜 上」, 「家訓」 卷1, 湖州知府 冼國幹 撰), p.18뒤, p.19앞. "力本業: 天下之民各有本業, 日士日農日工日商, 士勤於學業, 則可以取爵祿, 農勤於田畝, 則可以聚稼穡, 工勤於技巧, 則可以易衣食, 商勤於貿易, 則可以積貨財. 此四者皆人生之本業, 苟能其一, 則仰以事父母, 俯以育妻子, 而終身之事畢矣."

5. 맺음말

佛山鎭은 명 중엽 이래 鐵器 手工業의 발전에 따라 手工業 都市로서 흥성하기 시작하였다. 특히 수로교통의 이점에 기반하여 국내 省間貿易과 대외무역의 중개지가 됨으로써 廣東의 省都인 廣州를 능가하는 商業都市로서 두각을 나타냈다. 본 고에서는 불산의 수공업과 상업의 발전을 이끈 수공업자와 상인들의 조직인 行會와 會館에 대해 여러 측면에서 살펴보았다.

불산의 인구 구성이나 도시 구조의 제측면을 고찰한 결과 佛山이 수공업도시이면서 동시에 상업도시라는 특징이 두드러지게 나타났다. 그러한 측면은 첫째, 불산의 1戶當 인구수가 通常的인 戶當 인구수(5인)와 달리 5.9인에 달하였다. 이는 수공업 점포나 상점에 고용된 수공업노동자, 상점 점원이 인구통계에 포함된 결과라 보여진다. 둘째, 도시 구역이나 시설에서 街道나 碼頭, 橋梁 등의 숫자가 비약적으로 증가하였다. 이는 상품이나 원료의 유통이 활발하였던 결과로 그만큼 상업이나 수공업의 흥성을 반영한다. 셋째, 도시의 공간구조가 佛山 남부 · 동남부의 수공업 지구, 북부의 상업 지구로 특화되었다.

도시의 발전을 이끈 手工業 · 商業의 번영은 수공업자와 상인의 동업조직인 行會와 會館을 대량으로 출현시켰는데 각기 몇 가지 특징을 보여 주었다. 우선 수공업의 경우, 鐵器 製造業으로 흥성한 도시답게 전체 수공업 행회 90개 중 철기 수공업과 관련된 행회가 32개에 달하였고, 수공업 회관 33개 중 9개에 달하였다. 철기 제조업이 불산의 수공업을 선도한 산업 분야임이 여기서도 명확히 드러난다. 또한 수공업 행회에서는 수공업주의 조직인 東家行과 노동자의 조직인 西家行이 출현하였는데, 특히 西家行은 불산 수공업에서의 노동자 수의 규모나 조직화 정도를 반영해 주는 것이었다. 그러나 西家行은 東家行과 대립하여 분쟁을 일으키기 보다는 東家行에 협조하였고, 東家行도 서가행을 협의의 대상으로 인정하였다. 업주와 노동자의 분쟁과 대립이 치열하였던 蘇州의 경우와는 현저히 다른 양상이었다. 상업의 경우, 행회 수에 있어서 상업 행회(134개)는 수공업 行會를 훨씬 능가하였다. 이는 불산에서 유통된 상품의 종류가 그만큼 다양하였기 때문이고 상품유통을 보조하는 여러 분야가 존재하였기 때문이었다. 그러나 그런 다양성에도 불구하고 회관 숫자(25개)에 있어 수공업 회관에 미치지 못하였다. 행회는 다양하지만 각 행회의 규모가 수공업 행회보다 약소하였기 때문일 것이다.

수공업이나 상업을 막론하고 공통의 특징을 보이기도 하였는데 첫째, 다른 지방에서 흔히 보이는 公所라는 조직 명칭은 거의 보이지 않았다. 둘째, 行會는 淸代 前半부터 조직되었지만 會館은 각 행회가 충실히 성장·발전한 청대 후반(道光~光緖年間)에 주로 건립되었다. 이 점은 불산의 도시 발전이 아편전쟁 이후에 보다 신속히 이루어졌다는 제2절의 내용과 부합되는 것이다. 셋째, 청말의 사회변화에 따라 手工業 行會나 商業 行會는 흥망성쇠를 거듭하였다. 주로 阿片戰爭後 철제품, 금속제품, 면제품 등 서양제품이 유입됨에 따라 해당 수공업·상업 行會가 쇠퇴하였다. 철기 제조업과 철기 판매업 분야에서 그 영향이 심각히 나타났다. 風俗의 변화나 정책의 변화, 교통수단의 변화 등으로 침체를 보였던 行會도 적지 않았다. 그러나 이런 사회적 변화에 맥없이 무너진 것만은 아니었다. 일부 업종의 행회는 오랜 기술축적을 바탕으로 서양제품과 경쟁하였고, 어떤 행회(機房土布行)는 수출이 확대됨에 따라 청말로 갈수록 오히려 발전을 보였으며, 일부 행회는 서양제품을 함께 취급함으로써 생존해 나갈 수 있었다. 그리고 수입 제품을 취급하던 일부 행회는 수입의 증가에 따라 조직이 확대되었다.

수공업과 상업이 발전한 불산에서 상공업자의 사회적 지위는 나날이 향상되어 갔는데 이 또한 불산 사회 변화의 주요 내용의 하나였다. 科擧를 포기하고 상업에 종사하는 경향도 나타났고, 상업으로 부를 이룩한 가문에서는 자제를 신사나 관료로 만들려고 노력하였다. 청말 불산의 公共 事業에 상인이나 수공업자가 다수 참여하기도 하였다. 이러한 사회적 분위기 속에서 일반인들은 상공인에 대한 인식을 새롭게 하였다. 청말 종족의 家訓 중에는 상공업을 긍정하고 상공업 종사를 장려하는 내용이 보이기도 하였는데 이는 四民皆本論의 광범위한 확산이라 하겠다.

출전

1부. 일본의 사회질서

구태훈, 「일본 근세사회의 성립과 봉건질서의 재편」, 『한일군사문화연구』 2, 2004.

구태훈, 「'사'와 '농공상' 사이의 인간존재 – 직역의 관점에서 살펴본 신분의 주변」, 『일본학보』 61, 2004.

구태훈, 「에도시대 무가사회의 신분과 형식」, 『한일군사문화연구』 3, 2005.

구태훈, 「에도시대의 무사와 직분론」, 『한일군사문화연구』 1, 2003.

2부. 중국의 경제발전

박기수, 「최근 중국에서의 명청시대 지역사연구 – 청대 광동지역 경제사연구를 중심으로」, 『중국학보』 39, 1999.

박기수, 「청대 광동 광주부의 경제작물 재배와 농촌시장의 발전」, 『명청사연구』 13, 2000.

박기수, 「명청시기 광동에서의 국가권력 · 종족의 위상 – 정기시 설립 주체의 분석을 통하여 본」, 『새로운 질서를 향한 제국질서의 해체』, 청어람미디어, 2004.

박기수, 「청대 불산의 수공업 · 상업 발전과 시진의 확대」, 『동양사학연구』 69, 2000.

박기수, 「청대 불산의 도시발전과 수공업 · 상업 행회」, 『中國歷代 都市構造와 社會變化』, 서울대학교출판부, 2003.

찾아보기

ㄱ

繼昌隆繅絲廠 : 195, 223
加藤繁 : 168, 289
가마쿠라 : 19, 27
가부키 : 23, 54, 55, 56, 63
가부키모노 : 17, 22, 23, 24, 25, 26, 27, 41, 42, 54, 55, 56, 57, 63
가타나시시 : 60
江西商人 : 278, 316
게이세이 : 116
겐로쿠 : 91, 101
겐카료세이바이법 : 38, 39, 40
結城家法度 : 37, 38
景德鎭 : 151, 154, 235, 236, 251, 267
瓊台書院 : 213
京布行 : 265, 266, 308, 313, 318
瓊花會館 : 266, 315
고다이고 : 19
고모노 : 60, 83
고산케 : 32, 48, 114
고시 : 76, 81, 82, 86
高王淩 : 149
고쿠다카 : 61
고토가 : 24
公平墟 : 227
果基魚塘 : 149, 150, 193, 194
광동지역사 : 136, 137, 162
廣州府 : 148, 156, 167, 168, 170, 175, 177, 180, 186, 191, 193, 198, 200, 206, 246
廣州商務總會 : 211
廣彩 : 152
廣貨 : 160, 250
교고쿠 : 19
교토쇼시다이 : 58, 78, 79
구마자와 반잔 : 116
구마타니 미쓰코 : 44
구비짓켄 : 109
區域市場 : 162
丘濬 : 213
屈大均 : 174, 180, 190, 241, 300
錦瀾舖 : 292
기계제 면포 : 257
機房主 : 245
기술관 : 66, 69, 70, 72, 73, 85

기슈 도쿠가와가 : 32
金錢大街 : 271, 288

ㄴ

나가자에몬 : 82, 83
羅一星 : 152, 156, 159, 160, 244, 250, 281, 286, 291, 293
南京布 : 152, 246, 251, 279
남북조 : 18, 19
南北紙行 : 255, 317
內地販運商 : 157
노리요리 : 27

ㄷ

다이도지 유잔 : 91, 95
다이묘 : 20, 22, 32, 34, 35, 36, 37, 38, 40, 47, 48, 49, 52, 53, 54, 57, 60, 61, 75, 77, 80, 81, 82, 98, 99, 100, 101, 106, 107, 108, 109, 110, 122
다카하시 세이치 : 82
다테 : 36, 37
譚棣華 : 154, 158
唐森 : 148
大機房 : 246, 306
대도금령 : 51, 52, 53, 75, 76, 80, 86
대도인 : 44, 64, 67, 75, 76, 77, 79, 80, 83, 84, 86, 87
대도청원운동 : 82
대도통제 : 44, 45, 49, 55, 63, 75
對外貿易 : 137, 138, 165, 280
對外貿易商 : 157
덴카비토 : 107
도갑제 : 231, 234
도검정책 : 63
도요토미 히데요리 : 24
도요토미 히데요시 : 17, 18, 20, 21, 22, 24, 25, 41, 110
陶磁器 : 154
도자마다이묘 : 57
陶磁業 : 151, 159
도쿠가와 : 18, 32, 37, 42
도쿠가와 쓰나요시 : 52
도쿠가와 이에미쓰 : 94
도쿠가와 이에야스 : 17, 18, 19, 22, 23, 24, 25, 27, 28, 29, 30, 34, 35, 38, 41, 42, 105, 109, 110, 118
도쿠가와 히데타다 : 25
도키 : 19

東家行 : 299, 300, 322
드와이트 퍼킨스 : 131
鄧開頌 : 141, 146

ㄹ

來新夏 : 138, 143
嶺南一大都會 : 267
盧克敬 : 262
로닌 : 25, 26, 44, 57, 58, 59, 62, 63, 64, 67, 76, 77, 78, 79, 80, 86
로닌초 : 79, 80
爐房 : 237
盧從慧 : 262
루스이 : 100, 101
루즈 베네딕트 : 93

ㅁ

마쓰다이라 노부쓰나 : 78
마에다 : 46, 61
마츠나가 : 19
마치부교소 : 59, 79
막번권력 : 42, 55, 62, 86, 97, 123
막번체제 : 80, 110
万青芝 : 139
帽綾行 : 244, 245, 272, 299, 300, 301
모리 모토나리 : 20, 21
무가봉공인 : 46, 55, 56, 60, 62, 76, 83, 84, 86, 92, 97, 113
무가제법도 : 34, 35
武斷鄕曲 : 217
무로마치 : 19, 20
문화혁명 : 133
미나모토노 요리토모 : 27
미도번 : 81
미쓰히데 : 20
미요시 : 19
미즈노 주료자에몬 : 56

ㅂ

법가 : 33
병농분리 : 43, 107, 108
福建商人 : 316
福建紙行 : 256, 265, 311, 316, 317
富文舖 : 270, 292, 313, 316
북조 : 19
北貨 : 160, 250
분국법 : 36

汾水舖 : 270, 285, 292, 293, 303, 313, 316
佛山紗 : 245, 252
佛山鎭 : 152, 157, 158, 160, 165, 235, 246, 267, 268, 281, 283, 285, 287, 289, 291, 292, 322
비리법권천 : 30, 31, 34
檳榔行 : 265, 317

ㅅ

사다케 : 46, 47
사무라이 : 60, 95, 97
四民皆本論 : 321, 324
사이토 도산 : 19
沙田 : 219
사카이 타다카쓰 : 78
山根幸夫 : 211
産業資本 : 160
山海之利 : 217
參藥行 : 265, 311, 313
상급신사 : 217
桑基魚塘 : 149, 150, 155, 176, 177, 193, 194, 200, 201, 223, 225
商業資本 : 160
西家行 : 299, 300
서민대도금령 : 76, 77, 86
서얼 : 66, 68, 71, 73, 74, 85
葉顯恩 : 132, 135, 157, 158, 166
세키가하라 : 22, 24, 38, 57, 77, 80, 109
小機房 : 246, 306
繅絲業 : 153, 195, 214, 237
스케에몬 : 83
冼劍民 : 151, 154
冼灝通 : 260
시바씨 : 19
市鎭 : 146, 148, 158, 162, 235, 261, 267, 268, 278, 279, 280, 293, 313
신미 마사토모 : 93
신사 : 83, 206, 209, 212, 213, 214, 216, 217, 218, 219, 228, 231, 232, 233, 234, 319, 320, 323

ㅇ

아라이 하쿠세키 : 80
아베 타다아키 : 78
아사노 : 48
아사오 나오히로 : 44
아사이 : 19

아사쿠라 : 19
아사히 몬자에몬 : 115
아시가루 : 60, 83
아시카가 요시아키 : 21
牙儈 : 217
阿片戰爭 : 167, 193, 291
아행 : 217, 218, 233
按押行 : 265, 310
야마가 소코 : 106, 107, 116, 118, 119, 120, 121, 122
梁光商 : 150
梁藹如 : 319
梁玉成 : 319
洋行商人 : 143
楊曉堂 : 150
에도시대 : 35, 36, 43, 44, 64, 68, 75 ,81, 89, 90, 91, 110, 111, 118, 119
연기봉공인 : 55, 56, 61, 62, 84
蓮峰會館 : 311, 316
染坊行 : 248
吳建雍 : 143, 146
오규 소라이 : 100, 101, 118
吳金成 : 216
오다 노부나가 : 18, 20, 21
오다 노부카쓰 : 20
오다 : 19
오사카 전쟁 : 78
吳承明 : 156
吳榮光 : 319
오와키자시 : 45
오츠단지로 : 114
오토리 이치베에 : 26
오토리 이치베에사건 : 26
와카토 : 60, 61, 83
汪敬虞 : 135, 140
外機 : 246, 247
요시쓰네 : 27
요키쿠비 : 108, 109
龍廷槐 : 262, 268, 296
우메기타 구니카네 : 21
優免特權 : 217
원정식 : 205, 212, 227
粤海關 : 142, 144, 145, 251
윌리암 스키너 : 131
유메노 이치로베 : 56
유이 쇼세츠 : 58, 59, 78
劉志偉 : 154, 155
유키 : 37
유형원 : 68
絨毯氈羽之屬 : 257, 318
衣料 : 253, 257, 258, 275, 304
李可瓊 : 320
李廣成 : 237

이마카와 : 19, 36
이바라쿠미 : 25
李復元 : 226
李龍潛 : 148, 166
이이 나오타카 : 78
李壯 : 261
이즈 아시카가 : 19
이치방쿠비 ; 98
이케다 : 46, 47, 49, 91
이케다 미쓰마사 : 91
李華 : 148, 156, 161, 166, 205
일용봉공인 : 61, 62, 84
일용좌 : 62
林和生 : 166

ㅈ

자본주의 맹아 : 139, 147, 151, 153, 154, 159, 160, 166
自然鄕 : 229
將軍在洛中法度 : 47, 48
蔣祖緣 : 149, 160, 281
정약용 : 68, 69
程耀明 : 195
조닌 : 24, 44, 49, 50, 51, 52, 53, 54, 55, 56, 62, 64, 65, 75, 76, 77, 79, 80, 81, 92, 111, 116
조닌대도금령 : 44, 50, 51, 52, 62, 64
祖廟舖 : 270, 293, 303, 313, 314, 316
조지 크리시 : 131
조카마치 : 77, 95, 101, 107
족전 : 220
존 로싱 버크 : 131
존비관계 : 29, 41
종족제 : 205, 215, 219, 226, 227, 231, 233, 234, 285
종족집단 : 227, 228, 233
주강삼각주 : 137, 149, 150, 153, 154, 156, 157, 158, 160, 161, 167, 168, 170, 177, 180, 194, 198, 199, 200, 214, 219, 220, 222, 223, 224, 225, 231, 234, 243, 251, 254, 255, 262
주겐 : 60, 83, 92, 97
綢緞行 : 257, 265, 293, 313, 318
主動貿易 : 145
鑄冶之法 : 238
주종질서 : 107
중인 : 67, 68, 69, 70, 71, 72, 73, 74, 85, 86, 87
지베에 : 114
陳啓源 : 195, 223

陳尙勝 : 142, 145
陳子升 : 287
陳忠平 : 161

ㅊ

차야가 : 24
天下四大鎭 : 158, 235, 265, 280, 281, 283
天下四大聚 : 235, 267, 280, 281, 283, 285
天后元君古廟 : 259, 260, 263, 265, 271, 277, 278, 315
炒鐵 : 241, 292, 301
聚義會 : 271
聚族而居 : 219
七行 : 242, 295

ㅋ

카마쿠라 : 27
켐페르 : 98, 99

ㅌ

太平天國運動 : 196
土靛木膏行 : 265, 317

ㅍ

板箱行 : 259, 310
彭澤益 : 135, 151
閉關鎖國 : 140, 141, 147
閉關政策 : 138, 139, 140
플린트사건 : 138, 192
被動貿易 : 145

ㅎ

夏秀瑞 : 141
하야시신고자에몬 : 114
하타모토 : 26, 56, 80, 97
하타모토 시바야마 겐에몬 : 26
鶴園舖 : 270, 293
한강삼각주 : 219, 222
陝西商人 : 263, 315
海商 : 157, 159
海瑞 : 213
行會 : 134, 279, 280, 281, 282, 294, 296, 297, 299, 300, 301, 302, 303, 304, 305, 306, 307, 308, 309, 310, 311, 313, 314, 315, 317, 318, 319, 322, 323
향리 : 68, 69, 70, 71, 72, 74, 75
香市 : 174, 181

許檀 : 174, 181, 211
헤이안 : 18
호소카와 : 19
호시나 마사유키 : 78
豪食之徒 : 217
호조 소운 : 19
호조 우지나가 : 119, 120
혼다 마사노부 : 19
貨幣地代 : 148
黃啓臣 : 140, 144, 145, 157, 158, 161
黃拱宸 : 260, 261
黃國强 : 147
黃君萍 : 166
黃蕭養 : 269, 287
懷陽會館 : 266, 315
후다이봉공인 : 60, 61
후루카와 데츠시 : 111
후지와라 세이카 : 19
후지키 히사시 : 44

저자소개

구태훈

- 성균관대학교 문과대학 사학과 졸업
- 일본 국립 쓰쿠바(筑波) 대학 대학원 역사 · 인류학 연구과 졸업(문학박사)
- 성균관대학교 문과대학 사학과 교수
- 일본역사문화학회 회장, 한국일본학회 회장 역임
- 저서로 『遊藝文化と傳統』(吉川弘文館 日本 共著), 『日本武士道』(태학사), 『日本歷史探究』(태학사) 등이 있고, 논문으로는 「帶刀禁令と近世身分秩序の特質」(『史境』 第19號), 「德川時代 초기의 天道思想과 道理觀念」(『日本歷史研究』 第10輯), 「德川幕府의 '가부키風俗' 規制」(『大東文化研究』 第27輯) 외 다수가 있다.

박기수

- 성균관대학교 대학원 사학과 졸업(문학박사)
- 성균관대학교 사학과 교수
- 저서로 『中國歷代 都市構造와 社會變化』(공저, 2003), 『近代中國的城市與鄕村』(공저, 中文, 2006), 『명청시대 사회경제사』(공저, 2007) 등이 있고, 역서로 『마카오의 역사와 경제』(공역, 1999), 『기후의 반역-기후를 통해 본 중국의 흥망사』(공역, 2005), 『사료로 읽는 중국 고대 사회경제사』(共譯註, 2005) 등이 있으며, 논문으로는 「清代珠江三角洲的商品生産和墟市之發展」(中文, 2002), 「清代佛山鎭的城市發展和手工業,商業行會」(中文, 2006), 「한국과 중국의 자본주의맹아론」(2007) 외 다수가 있다.